北京白云观与近代中国社会

The White Cloud Temple of Peking and
Local Society in Modern China

付海晏 著

中国社会科学出版社

图书在版编目(CIP)数据

北京白云观与近代中国社会 / 付海晏著 . —北京：中国社会科学出版社，2018.6

ISBN 978 - 7 - 5203 - 1160 - 1

Ⅰ.①北… Ⅱ.①付… Ⅲ.①白云观—研究—北京②中国历史—近代史—研究 Ⅳ.①B957.21②K250.7

中国版本图书馆 CIP 数据核字(2017)第 244822 号

出 版 人	赵剑英
责任编辑	刘志兵
特约编辑	张翠萍等
责任校对	周　昊
责任印制	李寡寡

出　　版	中国社会科学出版社
社　　址	北京鼓楼西大街甲 158 号
邮　　编	100720
网　　址	http://www.csspw.cn
发 行 部	010 - 84083685
门 市 部	010 - 84029450
经　　销	新华书店及其他书店
印　　刷	北京君升印刷有限公司
装　　订	廊坊市广阳区广增装订厂
版　　次	2018 年 6 月第 1 版
印　　次	2018 年 6 月第 1 次印刷
开　　本	710×1000　1/16
印　　张	19.5
插　　页	6
字　　数	350 千字
定　　价	89.00 元

凡购买中国社会科学出版社图书,如有质量问题请与本社营销中心联系调换
电话:010 - 84083683
版权所有　侵权必究

高仁峒画像
（载李信军主编《水陆神全：北京白云观藏历代道教水陆画》）

高仁峒与冈仓天心

高仁峒与冈仓天心、姚霱云
（载ワタリウム美術館《岡倉天心：日本文化と世界戦略》）

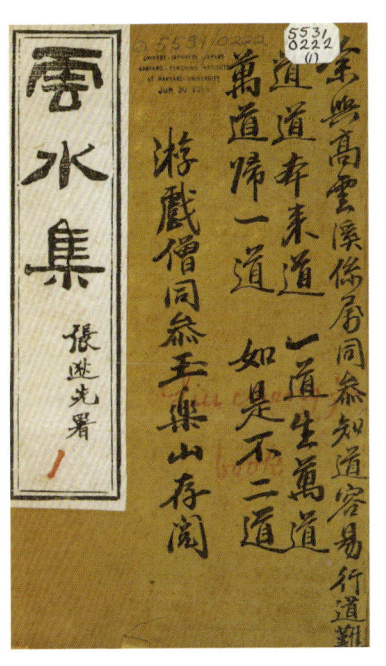

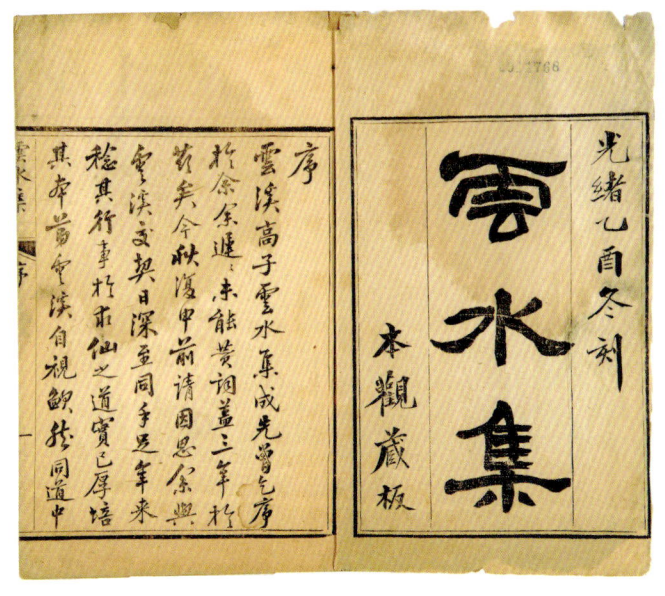

高仁峒《云水集》书影(笔者摄)

陈明霦画像
（载李信军主编《水陆神全：北京白云观藏历代道教水陆画》）

1944年前后的安世霖
（载吉冈义丰《白雲觀の道教》）

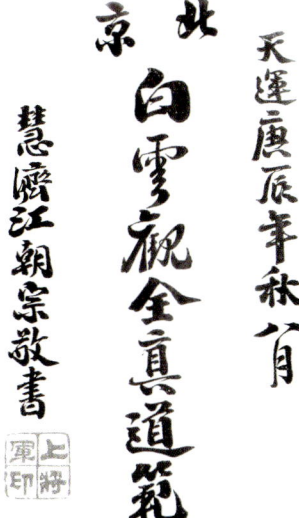

安世霖编《白云观全真道范》封面（笔者摄）

20 世纪 40 年代的白云观大门(摘吉冈义丰《白云观の道教》)

民国年间的云集山房(局部)

民国时期的白云观"打金钱眼"

国家社科基金后期资助项目
出版说明

　　后期资助项目是国家社科基金设立的一类重要项目，旨在鼓励广大社科研究者潜心治学，支持基础研究多出优秀成果。它是经过严格评审，从接近完成的科研成果中遴选立项的。为扩大后期资助项目的影响，更好地推动学术发展，促进成果转化，全国哲学社会科学规划办公室按照"统一设计、统一标识、统一版式、形成系列"的总体要求，组织出版国家社科基金后期资助项目成果。

全国哲学社会科学规划办公室

目 录

导论 ………………………………………………………… (1)

第一章 白云观与晚清社会 ………………………………… (8)
第一节 白云观与全真龙门声势之高涨 ………………… (8)
第二节 白云观与晚清政治 ……………………………… (29)
第三节 雅士与俗人：高仁峒的社会生活 ……………… (68)
第四节 白云观与晚清城市生活 ………………………… (81)

第二章 白云观与民初社会 ………………………………… (101)
第一节 道教改革之先声？ ……………………………… (102)
第二节 维持或振兴？ …………………………………… (109)
第三节 白云观的信众网络 ……………………………… (116)
第四节 物质与精神生活 ………………………………… (124)
第五节 城市旅游与大众媒体中的白云观 ……………… (139)

第三章 20世纪30年代白云观的住持危机 ……………… (157)
第一节 陈明霦之被革 …………………………………… (157)
第二节 安世霖继任住持风波 …………………………… (168)
第三节 白云观住持危机中的道教与政治 ……………… (179)

第四章 20世纪40年代白云观宫观制度的改革 ………… (186)
第一节 《白云观全真道范》之颁布 …………………… (186)
第二节 白云观组织纲目之革新 ………………………… (188)
第三节 道士教育班：白云观宫观改革的新事物 ……… (200)
第四节 白云观的宫观管理制度 ………………………… (205)
第五节 白云观的经济制度与生活 ……………………… (212)

第六节　被遗忘的道教改革？ ………………………………（222）

第五章　安世霖的悲剧：1946年白云观火烧住持案 ………（227）
　　第一节　夺观 ………………………………………………（229）
　　第二节　缠讼 ………………………………………………（238）
　　第三节　惨案 ………………………………………………（248）
　　第四节　变动社会中的道士、道教与政治 ………………（273）

结论：国家、宗教与社会
　　——以白云观为中心的历史透视 ………………………（284）

附录一　《白云观住持安世霖为整饬观务声明书》(节录) ……（290）

附录二　北平地方法院刑事判决(三十五年度重字
　　　　　第九十二号) ………………………………………（292）

参考文献 ………………………………………………………（296）

后记 ……………………………………………………………（303）

导　论

白云观位处北京[①]西便门外白云观街一号[②]，自金元以来，作为全真龙门祖庭的白云观历来受到各界高度的重视。清代白云观声势之炽，时人多有记载[③]。自民国以来，虽不复清代之盛势，然在北京影响亦甚大[④]。现如今，它既是全真第一丛林，又是中国道教协会的所在地。

尽管自民国以来，白云观处于不断的颓势之中，但是由于它道教祖庭的地位，仍吸引了不少海内外学者的关注，特别是冈仓天心、常盘大定、小柳司气太、吉冈义丰、窪德忠等学者先后到白云观考察，多数均有研究成果存世。常盘大定曾于1920—1923年三次访问白云观，常氏对白云观的调查除在《朝日新闻》上有报道外，还汇集为《古贤的踪迹》一书，"如此图文并茂的中国道观调查报告，在日本出版史上可算首次"。常盘大定对北京白云观的实地调查，被视为"年代最早，影响亦

[①] 1928年国民政府南迁后，北京改称为北平。1937年北平沦陷后，改称为北京。1945年9月日本投降后，复改称北平。1949年新中国成立，改北平为北京。

[②] 根据寺庙登记的资料，民国时期白云观坐落西郊二分署白云观街一号（载北京市档案馆编《北京寺庙历史资料》，中国档案出版社1997年版，第191页），现地址位于北京市西城区白云路白云观街9号。

[③] 张祖翼记有《白云观道士之淫恶》一则野史，内云："京师西便门外有白云观，每年元宵后，开庙十余日，倾城士女皆往游，谓之会神仙，住持道士获赀无数，然犹其小焉者也。其主要在交通宫禁，卖官鬻爵。"《清代野记》，中华书局2007年版，第18页。此外《清稗类钞》《庚子国变记》等史料中也均有细致的描述，蔡鸿生的《璞科第与白云观高道士》（《近代史研究》1991年第1期，第287—291页）曾有初步的讨论。

[④] 虞公编《民国骇闻》有"白云观道士"云："白云观道士在前清时代声势煊赫，炙手可热。如高仁峒之流，与朝贵通声气，督抚入京，且敬礼之，莫敢与抗。民国以来，权势压落，然微闻今方丈陈某犹与江朝宗吴炳湘辈称盟弟兄。东方汇理银行买办，及第一舞台大股东孙某之子且拜为义父。而伶界中人往来频繁，尤以杨小楼为最密切。"参见虞公编《民国骇闻》，襟霞图书馆1919年版，第19—20页。

最为深远"①。

在常盘大定之后，1921年秋天，小柳司气太在北京逗留九个月，其间也曾参诣白云观、东岳庙，但因为"当时尚无道教研究的目的，这些经验遂成过眼烟云"。直到1931年8月小柳氏在日本外务省专项调查资金赞助之下，才着手北京白云观和东岳庙的调查研究，这些调查结果后来被编辑成《白云观志》②。

吉冈义丰留有《白雲觀の道教》（新民印书馆1945年版）以及《道士的生活》一文（载《道协会刊》，余仲珏译，1983年第1期）。相对《道士的生活》一文流传较广外，尽管朱越利教授等较早注意到他与白云观的关系，但是长期以来《白雲觀の道教》作为重要的研究与史料价值仍未得到应有的重视③。在吉冈之后，著名学者窪德忠曾长期在白云观考察，并有诸多研究问世④。1942年窪德忠到白云观调查时，强调白云观规模宏大，保持着名副其实的道观式面貌和风格⑤。

李养正编著的《新编北京白云观志》（宗教文化出版社2003年版）是在小柳司气太后第一部中国人编著的《白云观观志》，它既是难得的研究成果，也是嘉惠学界的重要研究资料。马颂仁（Pierre Marsone）的《白云观的碑刻与历史》详细介绍了白云观自元代以来的碑刻历史（《三教文献》1999年第3期）。2011年白云观李信军道长主编的《水陆神全：北京白云观藏历代道教水陆画》由杭州西泠印社出版，引发学术界的高度重视，尹志华教授利用《水陆神全：北京白云观藏历代道教水陆画》中白云观第一代至第二十一代律师、方丈、监院画像36幅以及题词，初步厘清

---

① 吴真：《1920年的北京白云观：日本最早的中国道观实地调查》，《中国道教》2010年第5期。吴真教授指出葛兆光的《当代日本的中国道教研究》（《传统文化与现代化》1996年第2期第86页注释）较早提到常盘大定曾考察白云观："常盘大定到中国考察佛教遗迹，顺便就把白云观、东岳庙当作考察点，见《支那佛教史迹踏查记》。"
② 吴真在前文详细介绍了小柳调查的始末，小柳氏的调查成果见《小柳研究员调查报告讲演：白云观研究》，《东方学报》（东京：东方文化学院东京研究所）1932年第3号，第362—372页。此报告又以《白云观调查报告》之名，作为附录收入《白云观志：附东岳庙志》（东京：东方文化学院东京研究所1934年版），第357—388页。《白云观志》后来也被收入广陵书局编《中国道观志丛刊》第1辑，江苏古籍出版社2000年版。
③ 参见《吉冈义丰与道教研究及中日关系》，《中国道教》1989年第3期。
④ 参见《北京白云观的现况について》，《支那佛教史学》1944年第7号1—3期。此调查报告后收入窪德忠《道教と佛教》，东京第一书房1998年版，第273—302页。
⑤ 参见[日]窪德忠《道教史》，萧坤华译，上海译文出版社1987年版，第286页。

了白云观法脉传衍①。

诸多外人近代以来对白云观的调查及初步研究从一个侧面反映了其在道教史中的重要地位。事实上，从民国时期的陈垣开始，已有不少学者对白云观进行了较多的研究，在卿希泰、任继愈主编的不同版本《中国道教史》中，我们可以发现对白云观均有重要的论述。从宗教社会史的角度而言，白云观不仅在道教史，而且在政治、社会等层面具有重要的影响力。如果放宽历史的视野，我们或许能更准确且全面地看出白云观在近代中国社会的丰富面相与历史角色。

法国学者高万桑（Vincent Goossaert）在研究北京道士的杰出著作 The Taoists of Peking, 1800-1949: A Social History of Urban Clerics [Cambridge (Massachusetts) and London: Harvard University Press, 2007] 中曾专辟两章研究了高仁峒、陈明霦、安世霖三位管理者以及白云观道士的生活。作为近代重要的三位住持，高仁峒、陈明霦、安世霖几乎成了白云观历史与命运的代名词。

高仁峒在晚清政治与外交史中发挥了重要影响，被视为"神仙中人兼政治中人"，以往的研究多从中国本土文献来论证此点。蔡鸿生的《璞科第与白云观高道士》（《近代史研究》1991年第1期）强调高道士在结交俄国密使璞科第、重倡联俄方面扮演了重要角色。李养正称高仁峒使白云观声势高涨②。刘迅的"Visualized Perfection: Daoist Painting, Court Patronage, Female Piety and Monastic Expansion in Late Qing (1862-1908)"③、王见川的《清末的太监、白云观与义和团运动》④研究了高仁峒结交内廷宦官以及拓展白云观宫观及权势方面的努力。

孔祥吉、村田雄二郎利用日本情报档案揭露了高道士与俄国、日本间谍交往的真相，指出高道士确是不折不扣的"政治中人"，并在晚清宫廷外交中发挥了举足轻重的作用⑤。最近又有新的史料表明早在清末日本著

---

① 参见尹志华《北京白云观藏历代律师方丈监院画像的史料价值》，《中国道教》2014年第1期。
② 参见李养正编著《新编北京白云观志》，宗教文化出版社2003年版，第26—28页。
③ Harvard Journal of Asiatic Studies, Vol. 64, June, 2004, pp. 57-115.
④ 《台湾宗教研究通讯》第7卷，2005年7月，第123—156页。
⑤ 参见孔祥吉、村田雄二郎《京师白云观与晚清外交》，《社会科学研究》2009年第2期，第159—164页；《日本机密档案的白云观与高道士》，《福建论坛》2011年第1期，第86—97页。

名学者冈仓天心就曾两次访问白云观，并向时任方丈高仁峒请教道教思想①。林超纯根据冈仓天心在白云观逗留20天的日记，记载了冈仓与高仁峒的交往。除了多次聆听高云溪道长讲道，冈仓还在日记本中认真记录高道长关于修道的建议："欲问修道之法需先见道藏辑要。"冈仓甚至得到高道长的允许见到白云观珍藏的道藏经典真迹，并获赠宝贵道藏古籍。又经高道长的介绍认识其徒弟——西安八仙宫方丈李宗阳②。

关于高仁峒，像刘迅较早就曾利用《云水集》初步讨论其在白云观内部的矛盾与冲突。盖菲的《高仁峒及其思想研究》利用《云水集》较系统地研究了高仁峒的著作及其思想渊源，特别是分析了高仁峒的《云水集》以及高仁峒之思想，如内丹中炼己、祛魔的理论以及三教圆融思想③。

至于陈明霖，卿希泰主编的《中国道教史》（第4卷修订本）④注意到他在民初道教革新中的积极作用，如联合全真派道士成立中央道教会，欲图兴办慈善事业，促进道教革新。对于监院兼代理住持的安世霖，他于1946年被白云观道士活活烧死的惨剧，被视为民国白云观颓势最典型的象征事件，笔者著有《安世霖的悲剧：1946年北平白云观火烧住持案研究》⑤，对1940年以来白云观的诉争以及安世霖被烧死的惨案做了较为详细的阐述。

尹志华的论文《北京白云观藏〈龙门传戒谱系〉初探》⑥研究了白云观第一至第二十一代传戒律师的简历以及传法情况。2014年6月，尹志华的《清代全真道历史新探》一书由香港中文大学出版社出版，该书利用地方志、道教名山宫观志、碑刻、清人文集、教内宗谱等文献，对清代全真道的发展历史做了全面系统的考察。其中，对清代白云观的传戒、咸丰宣统年间白云观道士与政治等用力颇深。中国社会科学院世界宗教研究所王卡研究员曾研究了雍正与白云观道士贾士芳。感谢北京大学王宗昱老师的提醒与帮助，本书注意到最近海内外涌现了不少新的研

---

① 参见孙道凤《冈仓天心的国际思想》，载中国社会科学院应用伦理研究中心、广西民族大学政治学与国际关系学院编《中国应用伦理学：国际伦理专辑（2011—2013）》，金城出版社2013年版，第446页。
② 参见林超纯《冈仓天心的中国文化观：形成、内涵及亚洲主义的定位》，硕士学位论文，香港中文大学，2013年，第73页。
③ 参见盖菲《高仁峒及其思想研究》，硕士学位论文，厦门大学，2012年。
④ 陈明霖、卿希泰主编的《中国道教史》（第4卷修订本），四川人民出版社1996年版，第426—430页。
⑤ 《安世霖的悲剧：1946年北平白云观火烧住持案研究》，台北《"中央研究院"近代史研究所集刊》2008年第62期，第43—90页。
⑥ 尹志华：《北京白云观藏〈龙门传戒谱系〉初探》，《世界宗教研究》2009年第2期，第72—82页。

究成果，如美国堪萨斯大学2012年完成的一篇博士学位论文系统探讨了白云观各宫殿的建筑史。①

尽管自20世纪20年代以来常盘大定、小柳司气太、窪德忠、李养正、高万桑对白云观均次第有重要的研究。然而，坦率地说，仍有不少黑洞、重大问题值得我们更进一步探讨。其中至少包括如下几个方面：一是晚清白云观的历史与宗教认同、白云观与晚清社会文化；二是近代白云观最著名的方丈高仁峒的研究；三是民初白云观在道教改革以及教团争执中的地位与角色；四是20世纪三四十年代白云观的住持危机以及1946年白云观代理住持安世霖被焚烧事件，等等。

本书主要内容除导论、结论外有五个部分。

第一部分研究了白云观与晚清社会。本部分拟从宗教史、政治史、社会生活史三个路径研究白云观在晚清社会中的角色。从宗教史的角度而言，本书将研究晚清白云观在拓展、高涨全真龙门声势方面的成绩，重点研究晚清白云观如何强化自身的历史与宗教认同；从政治史的角度而言，晚清白云观尤其是方丈高仁峒发挥了超越道教的作用，不折不扣是一个"政治中的神仙"，然而除了"神仙中人兼政治中人"外，根据学界几乎未曾利用到的高仁峒《云水集》，我们发现高仁峒还有"雅士兼俗人"的另外两重复杂身份。从社会生活与社会文化的角度而言，本书试图回答"城市为何需要宗教"这一国际学界所关注的问题，根据系统的"竹枝词"等材料，本书强调晚清白云观是北平百姓重要的宗教生活以及游乐场所。

第二部分研究了民国初年的北京白云观。相对于近代道教正一派道士、道观曾多次被地方政府严加取缔的困窘而言，民国时期白云观的境遇要好得多，它并没有受到政治上的直接冲击。尽管如此，民国初年白云观仍采取了种种措施力图重振全真乃至道教的声势。与正一派创立道教团体努力的失败相对应的是，白云观住持陈明霖联合全真道派创建的中央道教会则被内务部核准登记。从近代道教改革角度而言，民国初年白云观住持陈明霖倡导成立中央道教会，这一行为在民国创立之初倡导宗教信仰自由、统一道教、改革道教的象征意义；从白云观本身而言，陈氏以白云观住持身份率领全真宫观倡导成立道教会无疑是巩固提升白云观作为龙门祖庭的重要举措。通过阅读民初白云观等碑刻，可以初步

---

① Youmi Kim Efurd, "Baiyun Guan: The Development and Evolution of a Quanzhen Daoist Temple", M. Haufler Kansas, 2012 (https://kuscholarworks.ku.edu/handle/1808/10813).

发现白云观信众之广泛，甚至在伶人中也具有重要影响力。此外，通过民国时期寺院财产登记表，可以发现白云观出租房间作为铺面以及从耕地所得之地租，具有极为丰硕的财富，初步建立了白云观道士们物质与精神生活的基础；白云观的图书收藏，除了道家经典外，还大量收集了史部典章、诗文笔记类等图书。陈明霦1930年印刷《白云集》初步展示了近代知名道人的读书与阅读世界。

第三部分研究了20世纪30年代白云观的两次住持危机。立足于北京市档案馆所藏白云观及其下院的档案，本部分较细致地探讨了20世纪30年代白云观的两次住持危机。第一次危机发生在1930年6月，由于白云观没有遵守北平市社会局限期登记的指令，住持陈明霦被社会局撤革。在被迫认捐后，陈明霦才得以复职，白云观亦恢复了其日常的轨道。不幸的是，这种局面并未能持续太久，随着1936年初陈明霦的病卒，围绕白云观继任住持人选安世霖的资格问题，白云观陷入了新的住持危机。北平市社会局以及北平道教会的调查发现，安世霖继任住持有诸多不合惯例之处，但是由于寺庙登记任务的迫切，或另有重要权势人物的帮助，社会局改变最初的反对态度，同意安世霖以监院身份暂时代理住持，由此埋下了白云观20世纪40年代内部剧烈纷争并最终导致安世霖被烧死的种子。20世纪30年代白云观的两次住持危机表明，在建立现代性国家的过程中，道观被打上了国家严格控制与管理不善的政治烙印，同时亦反映了白云观在衰败过程中内部复杂的矛盾冲突。

第四部分是20世纪40年代白云观近代宫观制度的改革。安世霖在白云观的住持危机中取得胜利，成为白云观的兼代住持，由于安世霖后来悲惨的结局，导致他以及在他管理下的白云观成为白云观以及道教历史研究中的黑洞。根据学者甚少注意的《白云观全真道范》《白雲觀の道教》等资料，本部分研究了安世霖改革近代宫观制度的重要努力。主要内容包括宫观管理、宫观组织、宫观经济、宫观道士教育等方面。作为近代道士自我革新与自我教育的开拓者，安世霖在现代宫观制度建立过程中起到了非常重要的作用，但是安世霖革新白云观的出发点与目的只是加强对白云观的控制，这不仅加剧了白云观的内部矛盾，最终还导致他自己被活活烧死的悲剧。

第五部分研究了20世纪40年代白云观的诉争以及住持安世霖被活活烧死的惨案。1946年11月，安世霖以及督管白全一被活活烧死，这不仅是安世霖以及白云观自身的悲剧，亦是近代变动时代下白云观乃至中国道教衰败的最典型象征之一。本部分从白云观惨案为什么会发生这一问题出发，从较长的时期，对20世纪40年代白云观诉争做较全面与深入的阐释，强调1946年白云观惨案实乃1940年以来白云观内部矛盾冲突不断激化的不幸结果，它不仅牵涉道教派系冲突、庙产纠纷等问题，亦与近代政治、道士的社会角色、道教革新等问题息息相关。

第一章 白云观与晚清社会

白云观历史悠长，上可溯自唐代的天长观，金元之际因丘处机之故而成为全真龙门祖庭。清初有赖于王常月的努力，白云观以及全真龙门得以重振。迨至晚清，白云观的声势更为显赫。从既有资料来看，晚清白云观在宗教、政治、社会生活等各方面均有着极为重要的影响，其中一个典型的例子就是，晚清白云观第二十代方丈高仁峒以"神仙中人"兼"政治中人"名震京师。正是如此，长期以来，白云观吸引了众多海内外学者的关注，相关的研究成果也不断问世，从不同方面拓展了近代白云观的研究[①]。在学习、继承海内外学界已有重要成果的基础上，本章拟从宗教史、政治史、社会生活史三个角度对晚清白云观略作梳理。从宗教史的角度而言，晚清白云观在拓展、高涨全真龙门声势方面颇有功绩，白云观的传戒步入正规与常态，白云观的历史与宗教认同得到了强化；从政治史的角度而言，白云观尤其是高仁峒发挥了超越道教的作用，不折不扣是一个"政治中的神仙"[②]。从社会生活的角度而言，晚清白云观方丈高仁峒则既是雅士，又是俗人；白云观是北平百姓重要的宗教生活以及游乐场所。

第一节 白云观与全真龙门声势之高涨

从宗教史的角度来看，作为全真龙门祖庭的白云观无疑具有重要的地位，尤其是在晚清时期，白云观以其在宫观拓展、传戒活动的开展与常态化、显赫信众的扶持以及宗教认同强化的显著成效昭示着晚清全真龙门高

[①] 具体可参见本书导论有关介绍。
[②] 参见刘迅《政治中的神仙：高仁峒方丈与清末全真道在北京的眷顾和权力网络及宫观扩展》，载熊铁基、麦子飞主编《全真道与老庄学国际学术讨论会论文集》上册，华中师范大学出版社2009年版。白云观藏《太上律派龙门正宗》曾介绍高仁峒为第二十代传戒律师，法名明峒，字云溪，号寿山子。感谢尹志华教授惠赠《太上律派龙门正宗》相关资料。

涨的声势，成为全真龙门发展最好的时期之一。

　　庙宇或宫观在宗教史中无疑具有极为重要的地位，在最近的一项近现代中国城市道士与庙宇研究计划中，主持者高万桑教授提出了一个颇有意思的问题：究竟道士与庙宇是近现代中国城市宗教中两个独立的方面，还是他们有牢不可破的关系？在本书看来，道士与宫观都是宗教的重要内容，二者之间不仅存在牢不可破的关系，而且互相促进。晚清白云观的拓展以及住持道士颇有成效的劝募，全真龙门的声势才得以日渐高涨。

　　根据已有的观志以及碑刻资料可知，作为长春真人丘处机的藏蜕之所，白云观自建立以来就在全真道的历史上占据了重要的地位。由于岁久倾圮，明洪武二十七年（1394），燕王朱棣令中官董工重建前后两殿、廊庑库房及道侣藏修之室。宣德三年（1428）创建三清殿，正统五年（1440）建造玉皇阁、长春殿以及道舍钵堂，此后在正德年间屡有兴修。然而到清初，白云观的观基仍是"隘窄"，康熙朝中，有王善人者，创建三清阁，"规模宏丽"[①]。康熙四十五年（1706），白云观再次有兴修之举，扩东西南北四至，重建玉皇殿、三清殿、长春殿、七真殿、灵官殿、四圣殿、山门牌楼等[②]。乾隆十一年丙子（当为乾隆二十一年，1756）曾加修葺，"越三十年丙午，行春过此，顾念陊剥"，又发内帑八千六百余，完饰如旧[③]。

　　嘉庆十二年（1807）在张本瑞传戒后，"天建弟子"蔡永清与"彭蓬生太史，廖东生户部，各出赀，于院中西偏，立纯阳专殿，计金四千八百两"[④]。在郭教仁住持白云观时，蔡永清又"改立圜堂，修理戒堂，

---

① 蔡永清：《白云观捐产碑记》，李养正《新编北京白云观志》，宗教文化出版社2003年版，第707页。
② 民国时期，白云观监院安世霖著有《白云观志稿》，强调是王常月重修之力，并概述经过："王常月方丈以观宇颓败，请帑重建，就明内官刘顺所建三清大殿重葺为二层阁楼，上层奉三清，下层奉玉皇，阁左右增二楼，东曰藏经阁，西曰朝天楼，接以东西客堂并东厨西库。原为玉皇阁者改奉斗姥，易名斗姥阁。三清阁之前处顺堂，兹加修缮，额曰贞寂堂。再前七贞翕光之堂，以奉七真，盖移李得晟所增塑仙像六躯于此，中座丘祖之像所固有者也。再前为玉历长春之殿，旁建配殿，西曰儒仙，以奉讷庵张本；东曰丰真，以奉张三丰。更前置四帅殿，今之灵官殿也。其前为石梁，即甘河桥，溯重阳甘河迁仙，全真所以开道也。……观门之内，树双杆以张旗。"参见刘厚祜《白云观与道教》，《道协会刊》1980年第6期，第27页。在王常月署名的《重修白云观碑记》中，落款时间为康熙四十五年（1706）八月，小柳司气太、李养正均指出此碑或有问题，因为根据完颜崇实等撰《昆阳王真人道行碑》，王氏卒于康熙十九年（1680）。这一次修建，规模宏大，今天的白云观即完全奠基于此时，十方大天长观的旧日规模亦获再现。
③ 参见《乾隆御制重修碑记》，李养正《新编北京白云观志》，宗教文化出版社2003年版，第706页。
④ 蔡永清：《白云观捐产碑记》，李养正《新编北京白云观志》，宗教文化出版社2003年版，第707页。

凡传戒诵经，安单息静，种种所需，莫不咸具"①。

嘉庆年间，在蔡永清的努力下，常清观成为下院："山左济宁州有常清观者，今为白云下院，余泊同人亦曾致力于彼，是以定议，彼中住持，永遵白云规约，亦同道相维之意也。"②

道光八年（1828），长白麟庆曾闻蔡子（尹志华指即为蔡永清）"近于防山间，得尹宗师太和宫址，拟筑白云下院"③。嘉庆二十四年（1819）己卯燕九节，长白麟庆访求十八宗庑不得，住持曰"庑相十八粟久失"。蔡氏云"尝足迹半天下，相惟此存，毁不复相，曷先绘素存真，奉粟补缺"④。十年后，即道光八年，长白麟庆与蔡氏、马文、刘天成以及住持张合智重修宗庑，历三月而成。⑤ 道光二十四年（1844），善信王洪礼捐资创建真君殿："我华祖真君太乙帝君殿，系善信王洪礼，诚感有年，创建成工。"⑥

光绪十三年（1887），在高仁峒的主持下，白云观重修吕祖殿。"旧有正殿三楹，内有祖师法相……惟殿宇创自昔年，历时既久，不无残缺，尝思稍加修葺，苦于独力难成。幸地安门外帽儿护坛诰授二品命妇董母素霍拉氏，暨男舒明一门，好善乐于施舍。自光绪元年，接办祖师圣会，每岁四月十四日圣诞之辰……十有余年，虔诚未尝稍懈。去岁助善至观，见殿宇渗漏，慨然发愿，增修捐金四百两有奇。今春兴工数十日，修饰完整，焕然一新，此本观数十年有志未逮之事……"⑦ 在"董母素霍拉氏"家族的支持下，吕祖殿很快竣工，但是"一切彩画尚缺"。光绪十五年（1889），受父亲王子江临危之遗命，京西罗庄"耆公英舫，全公颐斋"二人出金将殿内外添设彩画，"并及东西两廊殿前川堂八仙殿，榱题栋宇，焕然一新。复将相装严，并献殿中陈设"⑧。

晚清白云观最重要的宫观拓展，要属光绪十六年（1890）云集山房的修建。为何要修建云集山房？高仁峒曾云原因为："峒自入观以来，猥司

---

① 蔡永清：《白云观捐产碑记》，李养正《新编北京白云观志》，宗教文化出版社2003年版，第707页。
② 同上书，第708页。
③ 长白麟庆：《重修白云观宗师庑记》，李养正《新编北京白云观志》，宗教文化出版社2003年版，第709页。
④ 同上。
⑤ 同上。
⑥ 《真君殿香火偈》，李养正《新编北京白云观志》，宗教文化出版社2003年版，第711页。
⑦ 高仁峒：《重修吕祖殿碑记》，李养正《新编北京白云观志》，宗教文化出版社2003年版，第721页。
⑧ 高仁峒：《重修吕祖殿灵感碑记》，李养正《新编北京白云观志》，宗教文化出版社2003年版，第722页。

道纪，译经无所，申戒乏台，每逢檀越贲临，道侣集讲，客院既隘，斋舍未闳，用斯积欼，历有年矣。"① 在内廷太监刘素云等人的捐资下，高仁峒"拓观后余地，中筑戒台，游廊环翼，北构开轩，以为众信善讽经祈厘、祝嘏筵寿之所。左右叠石为山，辍以亭沼，肃宾接众，规模宏焉。惟念善庆既资福缘，清规尤宜恪守，倘或因其区宇稍展，视同公宴之地，甚至作剧开尊、滋渎清净，则殊有负初心矣。"② 是哪些人捐赠的呢？刘素云助修园墙楼房银一万五千两，董大老爷助修山子银二千两，增景堂张宅山子作助修山子工料银二千两，孙七老爷助修山子银五百两，张大老爷助修山子银五百两③。云集山房的成功修建，不仅使白云观有了必要的传戒场所，更为重要的是它成了白云观幽雅环境的象征，吸引了权贵、文人甚至是外国人来此游乐。清末日本人曾有观察："因后苑假山，温室花卉宜游、宜观，故外国人好来此参观游览。"④ 民国初年，一位女生在游览白云观时，赞云集山房各景点"出风入雅""得圣之清""均有佳趣"⑤。

与白云观宫观拓展相伴随的是白云观香火、观产的增多。

乾隆末，两淮盐政全德，"助产岁得息六百金，合之旧日所出，可千数百缗，而羽流亦多至三百余众，其不给如故也。余因与张师熟计，延得华山张律师，并大师刘合仑等八人来观，明年传戒，百日功成，计縻白金二千八百余两"⑥。九皇会是白云观最重要的香会之一，九皇会中，"自道光九年到十四年，合集黎金千五百有奇，前因修葺斋堂；縻钱五百千正，置地东安县郊河地一顷，价七百三十千正，每岁得租钱五十千正"。这些香火钱来自何方呢？碑刻表明是来自京城等地的62家商号，其中捐资最多的是源升号钱一百四十四千⑦。道光二十四年（1844）善信王洪礼创建真君殿后"复捐钱五百二十二吊文，置地八十七亩，岁收现租钱五十二吊二百文，作为真君殿永远香火之资"⑧。

---

① 高仁峒：《白云观拓修云集山房小引》，李养正《新编北京白云观志》，宗教文化出版社2003年版，第723页。
② 同上。
③ 同上。
④ 张宗平等译：《清末北京志资料》，北京燕山出版社1994年版，第31页。
⑤ 林德育：《京师白云观游记》，《妇女杂志》第3卷第4号，1917年。
⑥ 蔡永清：《白云观捐产碑记》，李养正《新编北京白云观志》，宗教文化出版社2003年版，第707页。
⑦ 参见张合智《九皇会碑》，李养正《新编北京白云观志》，宗教文化出版社2003年版，第710页。
⑧ 《真君殿香火偈》，李养正《新编北京白云观志》，宗教文化出版社2003年版，第711页。

嘉庆年间，白云观最大的施主乃是蔡永清。除前文所提到帮助拓展宫观外，据碑刻资料可知，蔡氏还屡次为白云观传戒捐助。嘉庆十三年（1808），蔡氏"捐白金六千为传戒费，以制钱千缗助庄田一区"。嘉庆十四年（1809），"入白金二千，又助梅厂庄园一区，计地四十五顷。又存质库白金八千，权子母为本观每岁传戒经费"①。正是在信众的支持下，晚清白云观逐渐积累了丰富的观产。据光绪十二年（1886）的碑刻可知，白云观的下院玉清观就有"田产四十四顷七十八亩三分"②。

除了普通百姓外，京城其他宫观的道士也多次捐资白云观。阜成门内南顺街吕祖宫住持大师叶合仁"俭省白金五百二十四两，典置香火地一顷二十三亩半……与法徒王教惠及徒孙杨永吉陈永兴等面议，愿将此地施与常住，其历年所得租粮，永作皇经坛每日香烛小食之费。并历年正月九日玉皇诞辰；二月望日老君诞辰，两次香供道场之需"③。光绪七年（1881）三月将地契送至白云观。光绪十六年（1890）七月，在王教惠任吕祖宫住持后，又出积蓄钵金二百两，"仍作皇经坛及正二月两次香供道场之资，俾伊光师之善念，可以传绪久远，世世不替也"④。

同是吕祖宫住持的叶合仁，于光绪九年（1883）率徒王教惠等人"将积蓄钵金二百两，并与常住，照料生息，以作每年七月十五日济孤施食法船纸码香供等项费用"。白云观恐其日久遗失废弛，故于光绪十年（1884）冬，"在京南固安县地方，自置田地一顷，从中按价，拨出地一顷七十八亩半，按钱租，每亩得制钱四百二十四文，每年共得租钱七十五千六百八十文，以作永远功德之费。叶公前施地亩，永奉神明香灯。今又施银两，以济十类孤魂，真可谓普结善缘"⑤。

从已知资料来看，晚清白云观最大的捐资者，实乃刘素云也。《刘素

---

① 蔡永清：《白云观捐产碑记》，李养正《新编北京白云观志》，宗教文化出版社2003年版，第708页。
② 高仁峒：《玉清观田产碑记》，李养正《新编北京白云观志》，宗教文化出版社2003年版，第717页。
③ 高仁峒：《四御殿皇坛香火记》，李养正《新编北京白云观志》，宗教文化出版社2003年版，第722页。
④ 同上书，第723页。
⑤ 高仁峒：《中元济孤勒石记》，李养正《新编北京白云观志》，宗教文化出版社2003年版，第713页。叶氏去世后《申报》曾有消息："阜成门内南顺城街吕祖阁住持道士于上月杪羽化登仙，该道士生前喜与士大夫相契，即铺户人等亦莫不酒肉交游，殆所谓富贵神仙欤。初十日为发引之期，仪仗鲜明，无异世家大族，执绋者亦实繁，有徒甚有绣阁名姝端坐绣軿相送者，斯亦奇矣。惟牛眠未卜，故灵柩暂停白云观内云。"（《燕京清话》，《申报》1886年7月23日第2版）

云道行碑》云：

>刘素云炼师法篆诚印，直隶东光人，自幼好善，儒道兼优，皈依在第十九代方丈张耕云名下为徒，曾为本观护坛化主。计自同治辛未，募捐五千余金为传戒费，受戒者三百余人。期满张师南归，继之者为豁一孟师，调度有方，诸臻妥善。孟师复逝，于是众议举高云溪为住持。云溪为素云同戒至契，幸蒙素云竭力护法，于壬年岁复募七千余金，为衣钵口粮传戒费，受戒者四百余人。甲申岁，又募捐九千余金，为传戒费，受戒者五百余人，以至修屋建舍，刊板印经，种种不可枚举。庙事当为家事，道侣视如手足，观中各事无不兴废修整，是素云之功德，已足昭垂永久。兹又虑及燕九、九皇祖师两圣诞、香供淡泊，敬约善士张诚明、张诚武以及内官信官助善者百余人，建立长春永久供会，起于光绪八年，每岁香供之费，约需三百余金。至丙戌岁，会中积蓄无多，素云恐失其传，又自捐三千二百六十金，购买昌平州地方上泽田十五顷有奇，每岁收租三百三十金，交本观为业，以为永远作为二会香供灯果之资，以垂永久。①

刘素云对白云观的贡献有多大？单纯捐资而言，光绪八年（1882）、光绪十年（1884）两次传戒捐资16000余两，燕九、九皇圣诞除发起长春永久供会外，另捐3260两。光绪十六年（1890）助修云集山房15000两。不加上其他的刊版印经、重勒碑刻等费用，仅上合计34260两。刘迅教授总结刘素云在1871—1890年一生捐资寺庙银44260两，其中白云观的捐资就占了绝大部分②。

对于白云观以及全真龙门而言，宫观拓展、庙产、香火、捐资的增多是繁盛的物质条件，它奠定了白云观晚清频繁传戒、扩充龙门声势的可能。

对于白云观的传戒活动，众多研究强调王常月在改变全真秘密传戒为公开传戒，并曾于顺治十三年（1656）在白云观开坛传戒，受戒弟子

---

① 《刘素云道行碑》，李养正《新编北京白云观志》，宗教文化出版社2003年版，第714页。
② Xun Liu, "Visualized Perfection: Daoist Painting, Court Patronage, Female Piety and Monastic Expansion in Late Qing（1862－1908）", *Harvard Journal of Asiatic Studies*, Vol. 64, June 2004, p. 87. 为何刘素云如此多金？王见川教授指出原因系其向江宁织造索取交差回扣以及放高利贷等因。参见王见川《清末的太监、白云观与义和团运动》，《汉人宗教、民间信仰与预言书的探索》，博扬文化2008年版，第219—220页。

多达千余人。对此，有学者曾有研究表示怀疑①。事实上，白云观有记录的大规模的传戒始于嘉庆十二年（1807）。根据高万桑在李养正等前人基础上的最新研究我们可以发现：1807—1908年，张合皓传戒1次，弟子108人；张教智传戒11次，受戒弟子925人；郑至祥传戒3次，戒子246人；吕永震传戒1次，戒子10人；张圆璿传戒4次，戒子633人；孟永才传戒3次，戒子332人。1881年继任白云观住持的高仁峒，在任内传戒4次，戒子高达1599人！② 刘厚祜根据所阅白云观所藏资料曾统计自嘉庆十二年起，至1927年陈明霦最后一次传戒，白云观先后传戒31次，受戒道士5702人③。高仁峒一人所戒徒竟略近民国以前有记录数字的1/3！在所知道的白云观的传戒历史中，高仁峒的受戒弟子是最多的。即便是在全国全真丛林中，高仁峒以及白云观的传戒记录也是最高的。

最近尹志华教授重新梳理了白云观传戒的历史，并制定了传戒年表，如下表所示：

表1-1　　　　　　　　清嘉庆以来北京白云观传戒谱系

序　号	传戒年份	传戒律师	受戒人数（人）
1	嘉庆十二年	张本悟	108
2	嘉庆十二年至十五年	长教玄	100余
3	嘉庆十五年	孟教龄	70余
4	嘉庆十六年至二十三年	严永宽	不详
5	嘉庆二十四年	张教智	46
6	嘉庆二十五年	张教智	30
7	道光元年	张教智	53
8	道光二年	张教智	55

---

① 参见尹志华《北京白云观藏〈龙门传戒谱系〉初探》，《世界宗教研究》2009年第2期，第73页。
② Vincent Goossaert, *The Taoists of Peking, 1800–1949: A Social History of Urban Clerics*, Cambridge: Harvard University Press, 2007, p. 145.
③ 参见刘厚祜《白云观与道教》，《道协会刊》1980年第6期，第33页。

续表

序　号	传戒年份	传戒律师	受戒人数
9	道光六年	张教智	39
10	道光十五年	张教智	123
11	道光十六年	张教智	205
12	道光十七年	张教智	127
13	道光十八年	张教智	115
14	道光十九年	张教智	68
15	道光二十年	张教智	65
16	道光二十四年	郑永祥	131
17	道光二十五年	郑永祥	18
18	道光三十年	郑永祥	106
19	同治二年	吕永震	10
20	同治六年	吕永震 张圆璿	191
21	同治九年	张圆璿	55
22	同治十年	张圆璿	367
23	同治十一年	孟永才	120
24	同治十二年	孟永才	105
25	光绪七年	孟永才 高明峒	108
26	光绪八年	高明峒	404
27	光绪十年	高明峒	525
28	光绪十七年	高明峒	350
29	光绪二十二年	高明峒	321
30	光绪三十四年	刘至融	510
31	民国二年	陈至霖	330
32	民国八年	陈至霖	412
33	民国十六年	陈至霖	349
34	1989年	王理仙	75

资料来源：《清嘉庆以来北京白云观传戒谱系表》，参见尹志华教授的新浪微博，2016年9月4日。

根据尹志华的统计，截止到1927年，白云观传戒的人数约5616人，略少于前述刘厚祜的统计。而高仁峒一人传戒的次数，如果加上光绪七年（1881），则高达五次，而传戒人数则多达1708人！

众所周知，传戒是一项耗费巨大的活动，为何晚清白云观能实现传戒的常态化，尤其是高仁峒为何有如此惊人的传戒记录呢？正是有蔡永清、刘素云等富有信众的捐赠，白云观能维系传戒活动。尤其是在高仁峒时期，刘素云在光绪八年（1882）、光绪十年（1884）两次传戒捐资一万六千余两。此外，为便于传戒活动的开展，刘氏又捐资一万五千两助修云集山房。这些信众中，不仅有普通的善信，如设立九皇会的京城62家商户、吕祖宫住持叶合仁等，还有诸多官宦世家。通过碑文我们发现有完颜崇实家族，有重新吕祖殿的诰授二品命妇董母素霍拉氏家族①。根据最近笔者新发现的史料我们发现，比完颜家族以及素霍拉氏家族地位更高的白云观的信奉者是清代宗室奕绘及其侧室、清代满洲第一女词人顾太清②。奕绘（1799—1838），字子章，初号妙莲居士、幻园居士，晚号太素道人，其祖父为乾隆帝第五子永琪，父亲为荣恪郡王绵亿。父亲死后，奕绘降袭多罗贝勒，曾官至内大臣，正白旗汉军都统等职。顾太清（1799—1877）为其侧室，著有《东海渔歌》，在近代文学史上具有重要地位③。根据奕绘、顾太清留下的诗词文集，我们可以发现二人与白云观的密切关系。他们是白云观的眷顾者，与时任白云观方丈时有交游，也是白云观晚清著名的信众之一。道光十四年（1834）十二月夫妇二人曾作道装，道士黄云谷为二人绘像，二人均曾题与互题。顾氏《自题道装像》云："双峰丫髻道家装，回首云山去路长。莫道神仙颜可驻，麻姑两鬓已成霜。吾不知其果是谁，天风吹动鬓边丝。人间未了残棋局，且住人间看弈棋。"④ 为奕绘作有《题

---

① 刘迅教授曾注意到晚清官宦长期以来对白云观的眷顾，参见 Xun Liu, "Visualized Perfection: Daoist Painting, Court Patronage, Female Piety and Monastic Expansion in Late Qing (1862–1908)", *Harvard Journal of Asiatic Studies*, Vol. 64, June 2004, pp. 75–89。嘉庆二十年（1815），富春董诰曾为白云观第十八代严律师作像赞，此次董母或与其有关。另，根据后文顾太清的有关史料可知，其妹妹曾嫁入富察家族，后者也与白云观有密切关系。

② 据笔者粗略阅读，目前仅文学研究者留意到奕绘夫妇与白云观的关系。参见毛文芳《一个清代闺阁的视角——顾太清（1799—1877）画像题咏》，《文与哲》2006年第8期，第427—428页。

③ 关于二人身世的权威介绍，可参见其后人金启琮、金适校笺之《顾太清集校笺》上册，中华书局2012年版，第1页。本书注释以张璋所编校版本为主，同时参考了金氏所校笺版本。

④ 顾太清、奕绘著，张璋编校：《顾太清奕绘诗词合集》，上海古籍出版社1998年版，第42—43页。

黄云谷道士画夫子皇冠小照》:"紫府朝元罢,云霞散满衣。桓圭随宝箓,法驾引灵旗。自是真人相,如瞻衡气机。三山应有路,附翼愿同归。"①

奕绘则作词两阕,一是《小梅花·自题黄云谷为写皇冠小照》:

贵且富,万事足,行年忽忽三十六。清风清,明月明,清风明月,于我如有情。全真道士黄云谷,书我仍为道人服。上清冠,怡妙颜,飘然凌霞,倒影不复还。

蓬莱岛,生芝草,万劫无人盗。御正风,乘飞龙,紫莺翱翔,左右双玉童。执圭中立天仙戒,瘦骨峻嶒心自在。意生身,无边春,游戏恒河,沙数世界尘。②

为顾太清则作《江城子·题黄云谷道士书太清观道装像》:

全真装束古衣冠,结双鬟,金耳环。耐可凌虚,归去洞中天。游遍洞天三十六,九万里,阆风寒。荣华儿女眼前欢,暂相宽,无百年。不及芒鞋,踏破万山巅。野鹤闲云无挂碍,生与死,不相干。③

在白云观住持张坤鹤④多次传戒时,奕绘夫妇二人曾受邀参观,甚至听其传戒。如道光十三年(1833),顾太清35岁时,夫妇二人曾赴白云观观看白云观传戒。道光十五年(1835)八月,奕绘携妻太清以及二子观看白云观传戒,留有《过白云观时张坤鹤老人将传道戒盖七次度人矣》诗句:"道院

---

① 顾太清、奕绘著,张璋编校:《顾太清奕绘诗词合集》,上海古籍出版社1998年版,第42页。
② 同上书,第658页。
③ 同上书,第659页。
④ 张坤鹤即为白云观第十七代方丈。尹志华教授曾指出张教智(法讳合智)于嘉庆十二年(1807)至白云观,受戒于华山张本悟律师。道光元年(1821)任白云观方丈后,前后传戒11次,"盖自昆阳(王常月)以来,未有如此之盛者也",可谓白云观中兴的一大功臣。白云观收藏有张教智的画像,画上题词为顾太清所作《水龙吟(用白玉蟾真人采药经韵)》:"洞门深锁烟霞,苍苍不断松杉翠。芝田采遍,玉颜常驻,何曾落齿。海上当年,羽衣宝髻,凤箫间吹。记蓬莱旧景,餐花饮月,经多少,仙家事。渺渺长途无际,笑世间、临岐挥泪。清风两袖,飘然到处,此生如寄。七十年华,双眸炯炯,照人姿媚。信谷神不死,逍遥物外,一瓢云水。"顾氏在题词中自称后学,云作于道光十五年(1835)三月二十四日天游阁。另此画像则云作于道光元年。参见李信军主编《水陆神全:北京白云观藏历代道教水陆画》,西泠印社2011年版,第379页。另此词也以《水龙吟(题张坤鹤老人小照,用白玉蟾〈采药经〉韵)》收入顾太清文集,参见顾太清、奕绘著,张璋编校《顾太清奕绘诗词合集》,上海古籍出版社1998年版,第187页。

僧寮汗慢游,闰余寒露近中秋。世间七授玄都律,天上重修白玉楼。过客清间胜畴昔,真人鬋鬓异常流。仙坛斜日移松影,怀抱娇儿归去休。"①

道光十六年(1836)四月三日,夫妇二人观看白云观传戒道场,分别留下视作。顾太清的《四月三日白云观看道场作》云:"招飐霓旌幡影长,苍松深护古坛场。全真大道传中极,太素轻烟发上方。宇宙不关闲甲子,水云聊可混行藏。冥冥丹龟初开火,紫气朝元守一阳。"②

奕绘作《四月三日白云观观授全真道戒》:"天花香篆绕坛城,五百仙官树下迎。玉宇风烟飘绛节,皇都士女望霓旌。从来秉气难同尽,往古全真若此行。识否云中双野鹤,洞门闲听步虚声。"③

到十三日,二人听白云观住持张坤鹤说天仙戒,遇到雷雨大作旌旆霑湿口占一截句纪之:"太乙真人坐玉台,云璈声动众仙排。电光一掣挟飞雨,应是神龙听法来。"④

除此外,这次受戒,顾氏曾专作词《临江仙慢·白云观看坤鹤老人受戒》以为纪念:

阆苑会仙侣,金钟低度,玉磬初敲。松阴下、仙音一派风飘。笙箫。早人语静,幢幡绕、寿字香烧。张坤鹤,被霞裾鹤氅,宝髻云翘。消摇。同登道箓,看取天外鸾轺。拥无边沧海,皓月银涛。相邀。涤除玄览,瑶池宴、已熟蟠桃。功成后,行不言之教,万物根苗。⑤

道光十七年(1837)白云观传戒时,奕绘由于足疾而不往,留下瑶池相隔的遗憾:"去年四月十三雨,仙侣同游太极宫。今年重讲玄都律,牡丹零落向春风。幢幡玉殿层云里,雷雨先天一气中。嗟余抱病不赴会,以隔瑶池无路通。"⑥

道光十八年(1838)四月十一日,二人最后一次在白云观听张坤鹤方

---

① 顾太清、奕绘著,张璋编校:《顾太清奕绘诗词合集》,上海古籍出版社1998年版,第587页。
② 同上书,第73页。
③ 同上书,第599页。
④ 《四月十三听坤鹤老人说天仙戒是日雷雨大作旌旆沾湿口占一截句纪之》,顾太清、奕绘著,张璋编校《顾太清奕绘诗词合集》,上海古籍出版社1998年版,第75页。
⑤ 顾太清、奕绘著,张璋编校:《顾太清奕绘诗词合集》,上海古籍出版社1998年版,第203页。
⑥ 参见《四月十三雨中作是白云观传戒余以足疾不往》,顾太清、奕绘著,张璋编校《顾太清奕绘诗词合集》,上海古籍出版社1998年版,第622页。

丈说玄都律：

  白云深处启丹扉，羽葆霓旌耀日辉。清净道中玄鹤降，步虚声里落花飞。诸天护法损之益，八卦成爻妙以微。借问游人何处得？香尘一路澹忘归。①

一方面奕绘夫妇时常参与白云观的传戒等活动，奕绘夫妇与张氏有密切交游。道光十三年（1833）春夏之际，顾氏曾作五首寿诗：

  白云深处庆长春，中有仙人老健身。两鬓何曾点霜雪，一瓢随意乐天真。
  双眸炯炯射寒光，海上谁传续命方？七十老人恭则寿，不烦龙虎配阴阳。
  虚空浩浩转泥丸，一片清光万古寒。证到无为真妙境，间云野水本来宽。
  大药何须勾漏砂，浪传玉蕊配黄芽。灵池自引源头水，浇过蟠桃第几花？
  云馆霓裳列上仙，清和时节舞雩天。一声长唳鹤骈降，遥指残霞落照边。②

另外，白云观住持张坤鹤也常会拜访奕绘的王府。道光十六年（1836）秋，张氏雨中过访，夫妇二人分别留有词牌。奕绘在《尾犯·闰月廿一张坤鹤道人来》中写道：

  秋潦客来稀，风雨扣门，全真高士。布衣方袍，走百城烟水。七十载、人心炼熟，五千言、谷神不死。饿来求食饱则弃，余身外无他累。
  阴阳生太极，天地万物如此。岂有长生，便长生何事？参变化、蘧庐万古，顺来往、循环一气。雨晴谈毕，拂袖出门无挂系。③

---

① 《四月十一日白云观听张坤鹤老人说玄都律》，顾太清、奕绘著，张璋编校《顾太清奕绘诗词合集》，上海古籍出版社1998年版，第101页。
② 同上书，第31—32页。
③ 同上书，第675页。

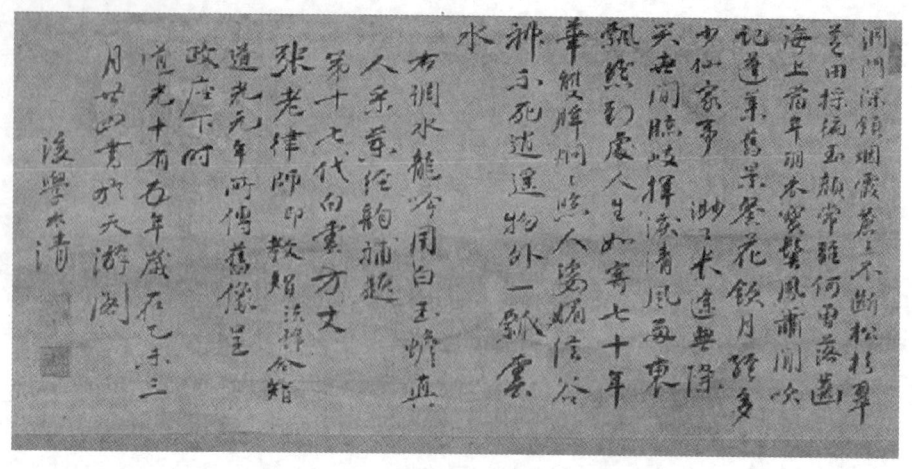

图 1-1 顾太清为张教智所作像赞

资料来源：李信军主编：《水陆神全：北京白云观藏历代道教水陆画》，西泠印社 2011 年版，第 379 页。

顾太清有留有《冉冉云·雨中张坤鹤过访》的词："秋雨潇潇意难畅，忽敲门、道人来访。玄都客、谈论海天方丈。全不管、世间得丧。惟有真知最高尚。一任他、你争我让。把身心、且自忘忧颐养。阅尽古今花样。"①

道光二十年（1840），当张氏羽化时，顾太清还曾写词《黄鹤引·挽白云观主张坤鹤老人》一首以为悼念：

> 寥天宗洞，鹤驾云轩众仙拱。五千文字功夫，玄珠流动。凝神接踵，不比寻常铅汞。七十年、算是游戏人间一梦。
> 从此谢凡尘，大乐存真种。炼成冰雪肌肤，驯龙调凤。道高德重，宝箓丹书亲奉。一朝归去，御万里长风相送。②

除了奕绘、完颜家族外，尹志华教授根据《水陆神全：北京白云观藏历代道教水陆画》中白云观历代律师画像发现还有很多社会名流都是白云观的信众，除了所列清宗室果亲王允礼、永忠，完颜崇实家族，书画名家

---

① 顾太清、奕绘著，张璋编校：《顾太清奕绘诗词合集》，上海古籍出版社 1998 年版，第 200 页。
② 同上书，第 267 页。据笔者不完全统计，《顾太清奕绘诗词合集》以及奕绘本人文集中所载与白云观有关的诗词多达 40 余首，这些对研究道光、咸丰年间白云观的传戒以及信徒与住持之间的交往等议题而言是极其重要的资料。

路慎庄、董浩、陈之杰外,还有甲午科进士李继沆①等。

果亲王允礼,初封郡王,雍正六年(1728)晋亲王。经过仔细辨认,尹志华教授发现北京白云观收藏王常月祖师画像的题词(题词时间为"庚戌",即雍正八年,1730年)虽然并未署名,但两枚印章一为"果亲王宝",一为"公余染翰"。允礼为画像题词时,王常月方丈已仙逝,但尹志华从允礼的《静远斋诗集》中发现,允礼与白云观道士沈清正有交往。他曾作《初二日与白云观道士沈清正》诗:"奉命朝金阙,因寻羽士家。神炉丹作彩,仙客笔生花。风递苏门啸,泉香顾渚茶。细论忠孝事,不及说《南华》。"②

永忠(1735—1793),字良甫,号蕖仙,又署臞仙、栟榈道人,如幻居士。封辅国将军,曾任宗学总管。他是清朝宗室,其祖父为康熙帝第十四子恂勤郡王允禵,父亲为多罗恭勤贝勒弘明(允禵五子)。永忠是一位被时人称道的优秀诗人,或谓"少陵、昌陵之后,惟东坡可与伦比"。允禵在夺嫡之争中失败后,皈依佛、道,对永忠影响很大。永忠一生寄情于诗、酒、书、画以及悟禅论道,他与白云观第六代监院李阳玉为知交,乾隆三十一年(1766)曾为李阳玉画像题词,赞李阳玉"植立如松,行步如风,悬河之口,掣电机锋"③。乾隆四十年(1775),永忠为白云观张来如真人作像赞。

晚清全真龙门的繁盛还体现在霍山派的新创。我们在前文提到的刘素云不仅是白云观的重要护法,也是龙门霍山派的实际开创者。

刘素云,原名刘多生,法名刘诚印,道号素云,又号符合子,山东即墨人,明季迁至直隶东光县。其履历在《素云刘先师碑记》载:

> 师讳诚印,道号符合子,其先世山东即墨人,明季迁直隶东光县。……庚戌年以故游京师,遂家焉。嗣以才识见知于怡亲王,因得名达天庭,诏入内侍,赐名增禄,又字德印。……戊辰因奉差至白云观,适南阳张律师阐教观中,一见相洽,殷勤展拜,执弟子礼甚恭,此师皈依道教之始也。……己丑年始授总管六宫事务之职,嗣即屡邀旷典,如园亭骑马乘舟回寓、疾时加赐黄金药品皆异数也。甲午恭遇万寿庆典,恩赏三品

---

① 李继沆是非常值得研究的近代名人之一,白云观现存的诸多碑文,很多为其撰或书,如《粥厂碑记》(高仁峒撰,李氏书)、《白云观陈毓坤方丈二次传戒碑记》(李氏撰,江朝宗书)。李继沆,山东济宁直隶州增生,同治丙寅年六月初九生,字沄生,亦字芸笙,号蓉台,殿试三甲三十八名,朝考入选,钦点主事签分刑部江苏司。参见顾廷龙主编《清代朱卷集成》第80卷,台北成文出版社1992年版,第30、38页。

② 尹志华:《果郡王与白云观道士》,载尹氏新浪微博,2016年9月16日。

③ 尹志华:《白云观藏历代律师方丈监院画像的史料价值》,《中国道教》2014年第1期;永忠:《题李四尊师像赞》,《延芬室集》,上海古籍出版社1990年版,第40—41页。

顶戴，三代以师贵，皆赠如其职，师益矢寅畏敬，慎将事，终始不渝。①

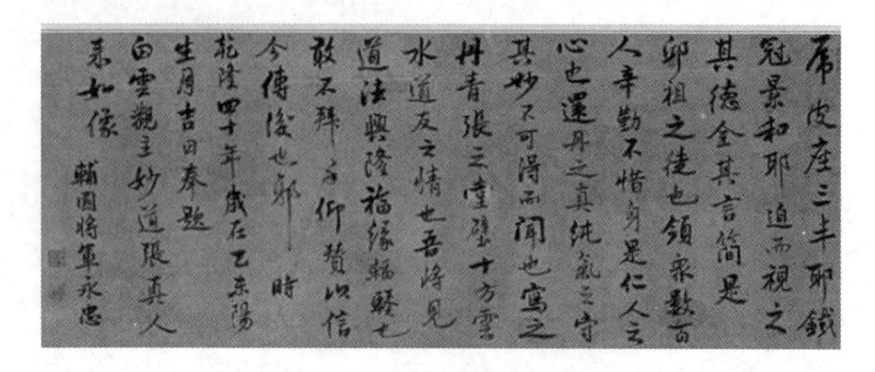

图 1-2　永忠为张来如所作像赞

资料来源：李信军主编：《水陆神全：北京白云观藏历代道教水陆画》，西泠印社2011年版，第376页。

据《素云真人道行碑铭》记载，刘素云在同治七年（1868）入白云观，拜张圆璿为师，同治十年（1871），刘氏与高仁峒同时受戒。刘氏由于对白云观的多次捐资，受到其师张耕云的赏识。光绪初年，刘素云开创了"龙门岔支霍山派"，尊张圆璿为该派第一代宗师，刘素云本人则为第二代宗师。从此，太监有了自己的道派，归为全真龙门道徒。霍山派的开创，扩大了龙门的声势，更重要的是加强了刘素云、李莲英等太监与白云观的密切联系。王见川的精彩研究表明，由于刘素云的得宠，包括内务府等不少清廷官员乐意与其交往。在刘氏的带动下，诸多太监加入白云观成为信众，在光绪十二年（1886）的《长春永久圣会内廷会首》中，以刘

---

① 参见北京图书馆金石组编《北京图书馆藏中国历代石刻拓本汇编》第87册，中州古籍出版社1990年版，第129页。《清稗类钞》"孝钦后乐与硬刘谈"云："孝钦后最宠用之内监，其先为安德海，后则硬刘、李莲英、小德张三人。硬刘之宠眷，实在张、李以上，以其早死，名遂不甚著。刘为河间人，性机警，略通书史，颇知时局形势。孝钦在宫，无可与语，李、张辈不过承意旨供使令而已，故尤乐与刘谈。孝钦素猜疑，且守历朝内监不得干预朝政之训，遇有疑难，辄借端论列，刘亦默喻其旨，为之罕譬曲喻，以彼证此，以是多所启沃，甚倚重之。刘初患石淋症，延西医割治得愈。比再发，而医谢不能治，以是竟死。时方侍孝钦在万寿山，命以竹舆舁之下山，亲自送之，赐坐小舢板出园。（颐和园各船有平头船、望江南、小舢板种种名式，小舢板即洋划子，非王公亲贵不蒙赐坐，与紫缰、黄缰等赐同为异数。）临别时殷殷慰谕，因而下泪。刘死，孝钦郁郁不乐，莲英侍侧，亦屡因事受呵叱。莲英尝告人曰：'小刘在日，屡受其气，今死矣，尚累及我。'故宫中当日有'死刘气煞活李'之谣。"《清稗类钞》第1册，阉寺类，中华书局1984年版，第452页。

素云、张诚五位引善总计62位内廷权监入会,其中就包括以道名"李乐元"入会的李莲英[①]。

为纪念刘素云等的护持,光绪十二年(1886)高仁峒还特立《白云观长春供会碑记》:

夫以五千道德元幽,开象妙之门。六一金丹吐纳,授长生之诀。黄庭内景,籍蕴瑶京,紫字灵书,文成碧落。性命无非圭旨,法符悉具真铨。以故探至道于崆峒,黄帝犹勤其询访。考遗编于柱下,宣尼且奉为师承。诚以抱一含元,本仙真之妙谛。不等步虚控景,侈方士之诡谈也。都城之西偏,有白云观,邱真人修真之地也。溯自霞岛幽栖,雪山召对,行云弄电,实难驯野鹤之心;敬天爱民,偏隐契飞龙之德。前席而一言止杀,赐官则万古长春。迨苍纪既属乎有明,而白云始以之名观。高轩缥缈,上出层霄;飞阁透迤,下临无地。元夜之灯花初遏,时艳春三,诞辰之汤饼方开,节传燕九。洎乎我朝迭加葺治,仿佛乎丹房玉扃,依稀乎紫府清都。西山之爽气遥连,北阙之祥光低护,虽红尘扰攘,应殊海外之神山;而丹室清幽,信是人间之福地。然而金台紫馆,固仙迹所凭依也。麟脯羊珠,尤真灵之餐饭也。使栋宇兴歌夫轮奂,鼎彝未荐夫馨香,则楼阁玲珑,足称仙人之好,盘盂冷淡,犹循辟谷之方。其何妥神灵,昭恭敬耶。乃有炼师刘素云者,前住持张耕云之高弟,今方丈高云溪之戒友也。静参妙谛,悟彻元机,方轨慧门,维舟法岸。道每欣夫种玉,术更妙于点金。解陆贾之越装,志羞障簏;乞尉迟之库帖,腋可成裘。皈依而衣钵相传,看霞帔星冠之咸集,供养则香花并献。更交梨火枣之纷罗。灯传日月之光,三千界幽明普照;香蓺旃檀之气,十二城郁馥同闻。独是千金易尽,九转难成。欲为经久之谋,端赖农夫之利,田维上上,奕须编王氏金沟,稼咏多多,何异种陈君珠圃。比颜渊之负郭,五十亩未免清寒;缅诸葛于成都,十五顷差堪饶裕。云溪虑善缘之易泯,惧大美之弗彰,爰沏贞珉,永蟠静院。从此法留万世,常开大会于无遮,应知果证三生,凤具仙根于上界。是为记。

赏戴花翎运同衔即撰;知县山左李其寯敬撰;赐进士出身、翰林

[①] 参见王见川《清末的太监、白云观与义和团运动》,《汉人宗教、民间信仰与预言书的探索》,博扬文化2008年版,第221—224页。另,张雪松在《清代以来的太监庙探析》一文中对霍山派的传承略作了介绍(《清史研究》2009年第4期,第93—95页)。

院编修闽中王式文敬书

大清光绪丙戌春三月白云观执事大众仝立①

在这些太监之外，王见川还注意到另外一个太监，也就是霍山派的第二代大师高诚义，高氏与刘素云同时拜张圆璿为师，其历经庚申之变、庚子之变，直到1901年才去世。在其去世后，高仁峒曾为其立道行碑：

  自来人生之福命，莫大于贵近。九流之懿行，莫崇于道教；永世之令名，莫重于效忠。以一身而兼三善，其惟我连捷高大师乎！籍隶顺天大兴，生有异秉，幼侍宫廷，早备中官之选。居心忠贞，赋性爽直，与诸同值均相融洽，毫无芥蒂。供奉慈圣之前，恪恭将事数十年如一日，得全名位，以终恒化之时，圣躬垂涕，可谓持钟福命者矣。性嗜道教，于辛未年偕素云刘师，同拜南阳张律师座下，为得戒高弟子，嗣于白云堂上，五膺护坛化主，两充引请引礼大师。乙酉，创修宝金山玉虚宫。丁亥，重修琉璃河岫云观，护持羽众，功德无穷，可谓躬备懿行者矣。庚申之变，曾随游幸热河，躬扞牧围，厥功最多。庚子之变，复从徒跣，追随銮舆，直至西安，橐馈负羁，备历艰辛。辛丑，圣驾回銮，随侍至河南灵宝县境，积劳致疾，因以不起濒危，自以不及随扈至京为憾，忠心不泯，可谓克保令名者矣。生于道光戊戌四月十二日，殁于光绪辛丑九月九日，停厝白云观，藏蜕宝藏寺，与素云师并建法塔，敦友谊亦联道脉也。峒与师相交最契，知之最深，义不容以不文辞，特从序述生平之例，表扬畸行，泐诸贞珉，俾后人仰其贵近，钦其道行，悯其忠贞。为之撰记，以永其传，是则峒所深愿也夫！

  光绪二十八年岁在壬寅白云观律堂第二十八代法裔高仁峒熏沐拜撰并书。

法徒史成福、刘信永、崔信仁、陈信平、刘信林、盛信长。

徒孙李崇敬、张崇元、李崇祥、毕崇斌。

曾孙李□□、高□□同叩立石。②

最近，有北京地方文史工作者"双塔邨人"发现了《高子道行碑》：

---

① 李养正：《新编北京白云观志》，宗教文化出版社2003年版，第714—715页。
② 北京图书馆金石组编：《北京图书馆藏中国历代石刻拓本汇编》第88册，中州古籍出版社1990年版，第150页。

闻之古人云：太上立德，其次立功。功德两字，非但道家所推重，仰亦儒家所尊仰也。夫忠臣义士，为国忘身，鼎鼎盛名，功在当世。至于岩阿栖迹，云水怡情，一瓢一衲，自在逍遥，倘所谓盛德之世，非耶？人类不齐，自然各行其是，若能显抱忠忱，默参道契，如高子诚义者，洵足为儒道两家一同生色矣。高子诞于道光十八年四月十二日，生有凤慧，幼而徇齐，年十三入侍内庭，谨慎勤能，克勤厥职，以积劳渐擢首领。庚子之役，随邑关中，是时戎马仓皇，风尘鞍掌，道途供职，备极艰辛。迨銮舆回京，高子年高力瘁，二竖骤乘，殁于光绪二十八年九月初九日寅时，于河南之灵宝县境濒危，以不克侍驾为恨，语不及私，忠义之情溢于言表。灵举北旋，白云设奠，慈谕惋惜。凡内庭有职掌者，以及都门中声望卓著会葬有数百余人，营塔于宝藏寺，是所谓生荣死哀矣。高子好道胝诚，别有妙语。其生也，有自来，其殁也，无遗憾。平生储蓄，悉皆布施丛林，屡膺传戒大师，岂非有道之士乎？忠心道行，功德在人。《道德经》有言：名，非常名。高子之名乃真名垂不朽也已。

时光绪三十三年岁次丁未秋九月中浣。①

这一碑文将高氏去世时间记为光绪二十八年（1902），实与高仁峒所立道行碑所记光绪二十七年（1901）不同，或当为误刻。

正如碑刻所提到刘素云、高诚义儒道佛兼修一样，最近王宗昱教授发现了刘诚印、张诚善、张诚五以霍山派门人身份重修双泉寺的史料：

都城之西山，自太行迤逦而来，二千余里，层峦叠嶂，盘礴于翠雾苍烟中，奇踪巨丽，甲于天下。释刹道观，往往各得其胜。有山名翠微者，左冈右泉，曲回旁峙，云岚飞动，土脉丰腴。以地有双泉，故又名双泉山，寺称双泉寺。

山之西旧有香盘寺，明成化间建二碑尚屹立庙址，久圮。双泉在其左，为嘉靖元年太监冯重修。阅四百余年，虽屡有增葺，而棱角倾欹，门径萧索，经函尘合，斋鱼不闻，过者增太息焉。

福慧寺住持刘诚印、张诚善、张诚五者，系龙门邱祖岔支霍山派第

---

① 双塔邮人：《高子道行碑》，新浪博客（http://blog.sina.com.cn/s/blog_522592330101d5ed.html），2016年1月。

一代张真人宗王睿、字耕云老律师门下高弟，立愿重建，鸠工庀材。经始于光绪癸未三月初三日，落成于光绪甲申九月十九日。旧有大殿三间，焕然一新。顺大殿左右复增葺正客堂各三，又增东西客堂各三，耳室各一，二门罩壁颇壮观瞻。其外院亦东西葺客堂各三楹，抱厦一，山门一，角门、旗杆各二。缭以周垣，饰以金碧。寺之东南添建过涧石桥一座，名曰万善。并舁香盘二碑于寺院，观者骇叹，而住持之心亦良苦矣。

尝考西山各刹，多属明代司礼监所修，其毫横可以想见。我朝纪纲整肃，家法綦严，总管各处诸君，率皆乐善好施，无薰灼气焰。余于兹寺之告成，既叹住持志愿之诚，尤喜众善士之勇于辅助，有仍旧更新之美，而无僭侈逾制之嫌也。爰乐而为之记。

赐进士出身，记名御史、翰林院编修加三级谢祖源撰，梁耀枢书。①

王见川在此前的研究中指出高氏与刘素云同拜张耕云为师的说法实乃夸大，高万桑根据有关登真录的记载认为高氏在光绪八年（1882）才领受白云观道戒②。但是无论如何，其在接续刘素云，拓展霍山派，扩大白云观在内廷之影响等方面均发挥了重要作用。

在本书看来，晚清白云观以及全真龙门声势高涨的重要表现还体现在白云观历史认同的形塑方面，其中刘素云的重勒碑刻乃是重要的表现。

为何要重勒石碑呢？刘氏自言道："白云常住，为长春祖师阐教之所。祖师生当于衰微之际，独开法统，力转鸿钧，伟烈丰功，实创玄门为未有。"可惜数百年来，"庙额数易，殿宇频增，碑志森如林立。……特惜世远年湮，旧碑悉归旧碑磨灭"③。孟豁一住持白云观时慨然以重勒为己任，惜未遂愿即逝世。张圆璿继任住持后，嘱咐素云曰："古人已往沧桑迭变，举功德事业，岁月所不能留者，悉以碑志载其真，而听其湮没可乎？汝性情春笃，乐善不倦，见义必为，他日能成孟公之志者，非汝而谁？"④正是在其师的勉励下，光绪十二年（1886）刘素云在同高仁峒及其门下弟子商议后，择最紧要之碑重勒。据小柳司气太著《白云观志》记载，刘素云捐

---

① 参见《重修翠微山双泉寺记》，政协北京市石景山区委员会编《石景山文史》第14集《石景山寺庙碑文选编》，内部发行，2006年，第465页。
② 参见王见川《清末的太监、白云观与义和团运动》，《汉人宗教、民间信仰与预言书的探索》，博扬文化2008年版，第221—224、226页。
③ 刘诚印：《重勒诸碑记》，李养正《新编北京白云观志》，宗教文化出版社2003年版，第718页。
④ 同上书，第718—719页。

资重勒了《白云观重修碑（正德元年原建）》《长春邱真人道行碑（正德元年原建）》《白云观重修碑（嘉靖年间原建）》《重修白云观碑记（康熙四十五年原建）》，新立《罗真人道行碑》《重勒诸碑记》《昆阳王真人道行碑》《七真道行碑》等。除了刘素云勒建的碑刻外，晚清高仁峒等人也勒了相当数量的石碑①。这些碑刻从白云观的重修历史、重要善信义举、丘处机神仙事迹等不同侧面强化了白云观的历史认同，从而在白云观以及全真龙门历史上扮演着不可忽视的重要作用。

也正是如此，刘素云被白云观与高仁峒一道同尊为第二十代律师，在白云观保留的历代律师像赞中，刘氏与高仁峒一样各有两幅。

甲午科进士刑部主事李继沆撰，乙亥科举人礼部郎中龄昌题《白云堂上第二十代法裔素云刘真人像赞》：

> 哲人奋起生有自来，我行我素不著纤埃。
> 扶翼至教元气胚胎，敷宣德化道侣栽培。
> 鸿功崇建炎启蓬莱，至诚所积金石为开。
> 戒坛护法合观交推，肃瞻遗像无限低徊。②

在这像赞中，李氏赞誉刘素云为"哲人"，精诚所至，为白云观戒坛护法，合观共为推崇。高仁峒以法弟名义所作《第二十代素云刘大师》的未公布的像赞中曾提到，刘素云为直隶东光县人，同治年间与其同受戒于张耕云律师座下，称刘氏英姿勃发为道门伟器，自从受戒以来为白云观护法，"凡有益于白云观常住者，舞步尽心竭力，至诚感神，蒙祖师鹤驱临坛，特赐号曰素云"，高仁峒也提到刘素云"为上所任重"，"大内每岁仲春朔日，太阳升典之辰，孟秋七日道腊之辰，仲秋太阳朝元之辰，宫内举

---

① 高仁峒（1841—1907），原名峒元，本为华山正宗第十六代，派名为仁峒，后在白云观得法名明峒，字云溪，号寿山子。山东济宁任城人。19岁出家于蒙山白云岩，同治十一年（1872）与刘素云在白云观同受戒，光绪七年（1881）继任住持，光绪十年（1884）因宫观内部矛盾而托故远游。高仁峒的传法弟子陈明霈力主找回高仁峒继任住持。光绪十一年（1885），陈氏在京郊找到高仁峒并劝请回观。或许是平息宫观内部矛盾后，才有此后光绪十二年（1886）高仁峒、刘素云大规模重新立碑、撰写历代律师像赞，这不仅是加强白云观宫观自身的历史认同，也是对二人宫观地位的加强与认同。有关高仁峒住持白云观之初的内部矛盾，可参见尹志华《清代全真道历史新探》，香港中文大学出版社2014年版，第283页。
② 参见李信军主编《水陆神全：北京白云观藏历代道教水陆画》，西泠印社2011年版，第380页。

行祀典，必亲派焚献表文，文内必著明特派素云子恭递。其为上所任重如此。余自主持是观，数开讲坛，岁有兴作，所费甚钜，素云独任其难，事因以集，他事尤夥，不胜书，此特举其大略云尔"①。

图 1-3　刘诚印画像

资料来源：李信军主编：《水陆神全：北京白云观藏历代道教水陆画》，西泠印社 2011 年版，第 380 页。

尹志华教授注意到了白云观藏历代律师、方丈、监院画像的重要史料价值，强调"每幅画像都附有题词，这为我们研究全真道历史，清白云观法脉传衍提供了很多珍贵史料"。从白云观的历史认同方面，本书以为这些画像尤其重要。《水陆神全：北京白云观藏历代道教水陆画》一书载白

---

① 感谢尹志华教授提供此则史料。

云观第一代至第二十一代律师、方丈、监院以及著名道人画像40余幅。根据所藏画册可以发现，在高仁峒之前，乾隆四十年（1775）永忠为张来如、第七代王常月（作者不明）、咸丰十一年（1861）孟至才为第十五代张本悟、崇实为第十六代监院张合皓律师、顾太清于道光十五年（1835）为第十七代张教智、严永宽为第十七代长教玄、第十七代孟教龄（不知作者）、陈之杰于道光十二年（1833）为第十八代吕永震、嘉庆乙亥（1815，嘉庆二十年）富春董诰为第十八代严律师、道光壬寅年（1842）"法弟"孟至才为第十八代方丈袁永亭、完颜崇实为孟豁一作像赞并传（咸丰元年孟氏并自题）。

如同前述刘诚印、高仁峒在光绪十二年（1886）大规模重勒碑刻，在这一年（像赞落款时间为光绪丙戌年嘉平，也就是光绪十二年，1886年腊月），高仁峒为历代律师、方丈、监院撰写，计有：第一代赵道坚，第二代张德纯，第三代陈冲夷，第四代周元朴，第五代张静定，第八代谭守诚，第九代詹维阳，第十代穆清风，第十一代朱一和、袁阳举，第十三代王来还，第十四代白复礼，第十五代严本焕，第十七代郭教仁，第十八代孟豁一，第十九代张耕云，第二十代刘素云，第二十一代监院朱至和。除此外，还为乐山大师撰写了像赞①。

第二节　白云观与晚清政治

由于邱处机"一言止杀"的事功，所以自元代到明朝，白云观不时得到宫廷的眷顾，民国时期熟悉白云观内幕的穷老道曾在报刊上陈述了白云观的略历：

> 白云观建于唐代开元，曰："天长观"，五代石晋及辽仍之，金时改曰"太极宫"，由唐至石晋时的天长观，在藩镇城内或城外，今则无法考证；且与本文无关，惟辽时则天长观在辽都燕京北城拱辰门外，金则太极宫在中都外城的会城门内，距宫城最近。因为有这个考证，又参考星神殿前的碑文，有"金章宗供奉显德太后本命星神牌于

---

① 不知何故，高仁峒漏掉了第六代赵德源，其徒陈明霦后来重新补写。至于高氏本人则为豫师所写。此外关于清代白云观历代方丈更替，可参见尹志华教授《清代全真道历史新探》（香港中文大学出版社2014年版）第2、3、4章有关内容。

此……"等句，可知道白云观在金时，是与官廷发生往来关系，其辽时如何，则无考。

元代废南城（金城），建大都（北京城的创始），因长春真人羽化于庙内，因改太极宫曰长春宫。是时的长春宫在大都西城内，与长春真人初到大都的行馆相近，馆址即今邱祖胡同也。

明洪武命徐达经理大都，缩小东西北三面，改名曰北平；则长春宫乃摈于城外，与邱祖胡同相隔绝。至正统朝，始改长春宫曰白云观，白云观在元代，因邱祖的关系，与元廷又发生往来关系，观址的扩充，及珍宝的赐赏，较金时固自不同；尤其因邱祖自阉，及明世宗之崇奉道教学吐纳，故在明代的白云观，除帝室外，王公卿相，尤其是太监，莫不以白云观为谋弃富贵前程之所，白云观由全真静修福地，一变而为贿赂势力之道观，即自此开端。①

这段文字虽然有些细节，如邱祖自阉等，或可值得再考，不过较为生动地描述了白云观的简史，尤其是在明代如何从清修之地变为贿赂势力之道观。

在清代白云观不时得到清廷的眷顾。《玄风庆绘录册图》曾有云：

京都白云观正月有燕九会，历有年矣。盖即谯邱之讹。盖十九日乃贺邱祖圣诞，都中士庶云集，诚大观也。至国朝圣祖时亲赐庆寿典仪。高宗时曾驻足跸于此。并赐匾额楹联，后复遣内官大臣捧大木钵一具，并题诚诗于内，复立碑殿外，以昭邱祖灵迹。②

上文中提到圣祖康熙曾亲赐庆寿典仪外，还曾亲书"鸠仗庞眉"等三幅书法。尹志华在最近的研究中修正前人错误，指出康熙五十七年（1718）曾重修白云观③。

雍正时，白云观道士贾士芳自称长于疗病，后承蒙雍正帝之召见，岂料因治疗中口诵经咒，并用以手按摩之术。"语言妄诞，竟有天地听我主持、鬼神听我驱使等语"，贾氏遂被下狱。对此事件，雍正八年（1730）上谕曾有详细介绍：

---

① 参见穷老道《八十年来之白云观》，《一四七画报》1946年第8卷第2期，第12页。
② 参见李信军主编《水陆神全：北京白云观藏历代道教水陆画》，西泠印社2011年版，第330页。
③ 参见尹志华《清代全真道历史新探》，香港中文大学出版社2014年版，第4页。

辛卯。谕内阁。从前因吾弟怡贤亲王气体清弱，时常抱恙，朕谕令访问精于医理之人及通晓性宗道教者，以为调摄颐养之助。上年吾弟奏称京师白云观近有一人通晓心性之学，朕令召来一见。王以未曾深知，不敢令其入见。朕云其人之学术精粗深浅，朕面询即知，弟召来一见无妨也。逾数日，遵旨进见，朕所询问，伊不能对。及谕以心性之学，伊则伪作钦服之状，极口称颂。朕察其虚诈，中无所有，略加赏赐而遣之。后朕降旨与外省一二督抚，令其便中访问通医学道之人。随经李卫奏称闻中州有贾士芳者，平素通知数学，臣未曾识面，不能确知其人。朕随降旨与田文镜，将伊送来。初到时，朕令内侍试以卜筮之事，伊言语支离，启人疑惑。因自言上年曾蒙召见，朕始知即白云观居住之人也。伊乃自言长于疗病之法，朕因令其调治朕躬。伊口诵经咒，并用以手按摩之术。见伊心志奸回，语言妄诞，竟有天地听我主持、鬼神听我驱使等语。朕降旨意切责，伊初闻之，亦觉惶惧，继而故智复萌，狂肆百出，公然以妖妄之技，欲施于朕前。伊欺世惑众，素行不端，曾经巡抚杨宗义访问查拏，伊始稍稍敛迹，厥后仍复招摇。今则敢肆其无君无父之心，国法具在，难以姑容，且蛊毒魇魅，律有明条，著拏交三法司会同大学士定拟具奏。①

在康熙之后，乾隆帝又两次发内帑重修白云观并曾有诗留念。白云观至今藏有乾隆亲书多幅书法作品："粹然体圣"、"一言止杀始知济世有奇功；万古长生不用餐霞求秘诀"，还有甲子年所题歌咏圆明园胜景之作："胜地同灵圆，遗规继畅春。当年成不日，奕代永居辰。义府庭罗璧，恩波水泻银。草青思示俭，山静体依仁。只可方衢室，何须道玉津。经营惩峻宇，出入贤良臣。洞达心常豁，清凉境绝尘。……"②

乾隆二十一年（1756），乾隆第一次重修白云观。《日下旧闻考》曾有详细记载：

臣等谨按：白云观，本朝乾隆二十一年敕重修，殿内恭悬圣祖御书额曰"驻景长生"；七真殿，恭悬圣祖御书额曰"琅简真庭"，皇上御

---

① 《清实录》第 8 册《世宗宪皇帝实录（二）》卷 98，雍正八年九月，中华书局 1985 年版，第 309—310 页。
② 白云观所藏乾隆甲子夏日御题，内容为歌咏圆明园的，或在此夸白云观风景之美。李信军主编：《水陆神全：北京白云观藏历代道教水陆画》，西泠印社 2011 年版，第 411 页。

书额曰"葆素含元";玉皇阁,恭悬圣祖御书额曰"紫虚真气",皇上御书额曰"得一以清"。观东偏有斗姥阁,恭悬圣祖御书额曰"大智宝光"。邱真人殿,木钵一,乃刳木瘿为之,上广下狭,可容五斗,内涂以金,恭刻皇上御制诗其中,石座承之,绕以朱栏。殿中恭悬皇上御书联云:"万古长生不用餐霞求秘诀,一言止杀始知治世有奇功"。①

乾隆三十二年(1767)三月,乾隆曾游览白云观并作有《白云观》诗:

　　琳宇城郊外,轻舆此重过。
　　真花春烂漫,仙树古婆娑。
　　懒问长生诀,虚传金箓科。
　　羽流叹年老,嗟尔术云何。
　　(住观道士李阳玉将八十岁每以耄迈气弱为叹故戏及之)②

乾隆五十一年(1786)三月十二日,和珅等人向乾隆皇帝上了一份奏折,题名"奏报勘修白云观估需工料银两折":

(十二日)奴才和珅金简福长安谨奏为奏闻估需工料银二事。奴才金简遵旨查勘白云观一座共三所:中一所,计七层;东一所,计三层;西一所,计四层:共殿阁房屋一百七十二间。奴才率员前往详细查勘此观所有殿座房间,若一律修整,未免钱粮过多,仅拟量加修理,一律油画见新。内除后阁并东西耳楼配殿等五十七间,柁梁檩柱坚固,墙垣头停完整,毋庸修理。七真殿三间头停微有渗漏,祇须夹陇捉节。惟查邱祖殿三间瓦片脱卸,椽望糟朽,酌拟拆瓦。再斋堂五间,今供奉玉帝,木料稍觉单细,头停椽望亦有渗漏朽坏之处,酌拟加添抱柱,拆瓦头停,拆墁地面,明间后金屏门拆去,改安背板,后檐门口窄小,拆去改安木禺扇,添砌丹陛,前檐添砌站台一座。其余

---

① (清)于敏中等编纂:《日下旧闻考》卷94,北京古籍出版社1983年版,第1575页。
② 参见清高宗《御制诗三集》(《四库全书》本)卷64。次年,乾隆三十三年(1768)正月二十九日,李阳玉羽化,永忠书有《哭白云李四尊师》:"倏然已迈白云乡,鹤楼青宵看渺茫。案上丹经虚日月,胸中紫篆秘文章。七旬饱啖天家饭,卅载亲承帝座香。我是尘中霞外契,凭龛苦笑两无妨。"参见永忠《延芬室集》,上海古籍出版社1990年版,第761页。

山门并两傍配殿配房共一百四间，内有头停瓦片破碎，檐头垂落，椽望席箔糟朽者六十四间，酌拟拆瓦，有瓦片脱节者三十四间，酌拟夹陇山门，内有残坏小房六间，柱木墙垣歪闪，头停坍塌，酌拟拆盖，并粘修残损，装修石料台帮墙垣地面。至山门前四柱七楼牌楼一座，柱木虽微有沉陷，但夹杆以上尚未露糟，似可无用大修，祇须拆换糟朽戗木，头停夹陇，粘补栅栏，即可整齐。又折换糟朽旗杆二根，戗木六根长高，东西角门二座，成砌院墙，铺墁甬路，海墁散水，粘修石桥站台门楼，并遵旨后阁上层现供玉帝一尊，金童玉女二尊，四帅四尊，天尊三十二尊，金龛一座，擦抹粘补见新，请于前殿供奉。阁上添供三清三尊，金童玉女二尊，此五尊若全塑增胎，未免分量过重，今将三清拟镟胎成做，侍童女仍塑增胎，俱做油灰地仗五彩庄颜。其阁下添供四御四尊，邱祖殿内配添侍者八尊，俱塑增胎，添做供桌把莲五供。各殿内旧有神像，除颜色鲜整者毋庸见新外，其余邱祖七真王真人侍者四十四尊庄颜糟旧不齐并龛案等项，俱拟照旧式一律见新。再各座油画除娘娘殿太岁殿尚皆鲜明，毋庸另做，其余殿阁牌楼满油画见新，配殿配房光红土油，旗杆光朱红油，暨各座糊饰窗心，清埋地面，拉运木植车脚等项，除所需颜料桅杉架木绒绳龙旗帘刷向各该处行取应用，并领取官厂小檩木四百件外，按例估需物料工价银八千六百十九两八钱九分一厘，理合奏明，将所需银两请向广储司银库照数支领，派员实时妥固修理，统俟工竣，另行详查，据实核销。谨将估需工料银两细数另缮清单，一并恭呈御览，为此谨奏等因，缮折具奏，奉旨：（知道了，钦此！）

办买料木银三百八十两七钱二分四厘

石料银二百六十三两八钱一分五厘

砖瓦银八百五十三两六钱六分三厘

灰斤银一千二百五十八两三钱七分八厘

绳麻杂料银四百三十九两六钱八分二厘

铁料银八十两一钱八分四厘

大木作银一百三十六两九钱三分七厘

南木作银八十五两七钱八分一厘

石作银六百二十四两五分七厘

瓦作银一千六十八两二钱三分八厘

搭彩作银一百七十七两九钱九分六厘

土作银二百四十二两六钱二分六厘

油画银一千一百五十五两五分六厘

裱糊银二十两八钱

神像工料银一千九十一两六钱五分四厘

添做供桌五供并请挪金龛及旧有龛案字匾见新工料银六百三十八两九钱八厘

内里装修工料银七十八两七钱四分二厘

拉运桅杉架木车脚银二十二两六钱五分

共银八千六百十九两八钱九分一厘①。

乾隆五十三年（1788）二月，弘历瞻礼作御笔诗："古观西郊外，逮今五百年（白云观，元之太极宫也。元太祖以居长春真人邱处机，改名长春宫，后又改为白云观，至今凡五百余年，京师以正月十九日为燕九节，至期羽流并集观中）。葺新不知几，有象那恒坚。前岁临真域（前岁西巡启跸路经此观，见其栋宇颓圮，因命内府，发帑修葺。兹已落成，便道瞻礼），当春礼法筵。希敷万民福，宁渠为求仙。"② 同年三月，弘历又曾作《御制重修碑记》记载了其对白云观的眷顾与厚爱，如丙午年拨"内帑八千六百有奇"，重修白云观"完饰如旧"。弘历强调邱祖之长春只是"修真练性"，帝王之长春则在"敬天爱民，清心寡欲"③。

对于乾隆两次重修白云观的原因，有学者指出1756年重修白云观是在乾隆对京城寺庙进行大规模整顿和修理活动中实施的，并非源于皇帝恩旨。但是1786年第二次重修白云观则是清高宗敕旨专修，是钦赐白云观的恩典，体现了乾隆皇帝对白云观的重视④。

正如学者所注意到的那样，尽管君主对寺庙宫观出于恩赐等原因会多有眷顾，但是在宗教管理上长期以来尤为严格。林巧薇在最近的研究中曾发现白云观道士李祝成由于形迹可疑而被拿获的史料。

嘉庆二十年（1815）十二月十四日，在一封题为"奏报委员押解可疑道士李祝成进京候审日期情形事"的奏折中详细记录道士被拿获的原因：

---

① 参见和珅《奏报勘修白云观估需工料银两折》，乾隆五十一年三月十二日，中国第一历史档案馆藏奏销档，缩微册数395，第203—211页。

② 李养正：《新编北京白云观志》，宗教文化出版社2003年版，第706页。根据碑刻原文改正若干录入错误。

③ 《乾隆御制重修碑记》，李养正《新编北京白云观志》，宗教文化出版社2003年版，第706—707页。

④ 参见林巧薇《清乾嘉时期北京白云观事考论》，《世界宗教研究》2016年第4期。

再奴才于十二月初二日呈准军机大臣字寄内开十二月初一奉上谕：昨据那彦宝衡龄奏拏获形迹可疑之道士李祝成，已派员解赴直隶交那彦成审办。其李祝成供出之白云观道士许显昌等，当即饬交步军统领衙门缉拏。本日据英和等奏，拏获道士徐显昌等。据供李祝成系徐显昌徒弟。上年九月李祝成无故将徐显昌混骂，被徐显昌撵逐等语。道士李祝成业经晋省委员解赴直隶。解到时，那彦成无庸讯供，即派员解京交步军统领衙门与徐显昌质对可也。此谕令知之。钦此。钦遵檄，司迎催去后。兹于十二月十四日据委员将李祝成押解行抵保定。奴才派委即用知县李鹄获解李祝成进京，并将搜获该道士所带度牒、缘簿、路程单一并咨送步军统领衙门质审。理合附片，奏闻谨奏。

（朱批）览。①

尽管或有宗室等信徒，或帝王眷顾，但是总的来说，清初，白云观在政治上并没有若何势力，正如穷老道所云：

清初，仅视白云观为内府道场庙之一。故康雍乾三朝，虽数幸白云观，不过只能领香供，赐金钱，若如元明两代之任道士随意出入宫廷，清初则办不到。因清室之内府道庙，尚有一大光明殿在；在此庙之道官法官，皆派自龙虎山正一真人，故白云观在清初，无若何之势力。②

然而到了晚清，白云观与政治的关系变得极为密切，其势力在政坛影响之大，引起诸多非议。

晚清白云观与清廷政治发生联系，关键人物乃是刘素云。《素云真人道行碑铭》载："南阳张真人传戒白云观中，公适因公至观，遂执弟子礼焉。"③

---

① 中国第一历史档案馆馆藏奏折，档号：04-01-30-0371-025，嘉庆二十年十二月十四日，题名"奏报委员押解可疑道士李祝成进京候审日期情形事"。转引自林巧薇上文。
② 穷老道：《八十年来之白云观》，《一四七画报》1946年第8卷第2期，第11页。"前清旧制，所有京外僧道，概归僧录司管理。民国时期后，此项机关即被裁撤。现闻内务部礼俗司，为调查前清僧录司管理庙宇僧徒等项案卷规则起见，故于昨日已派员向贤良寺主持僧法安，询问此项案卷存在何处，以资考察云。"《调取僧录制度》，《顺天时报》1919年1月14日第7版。
③ 北京图书馆金石组编：《北京图书馆藏中国历代石刻拓本汇编》第87册，中州古籍出版社1990年版，第128页。

刘氏去白云观所处理的公务实际上是料理慈禧太后之母"皇姥姥殡"事。据《太上律脉源流》记载：张圆璿"庚午（1870年）再请传戒，时值皇亲照公府太夫人灵寄观中，师为虔诵《血盆经》。一藏百天之久，靡有怠容。蒙慈禧皇（太）后，恩赐紫袍玉冠，捐金助坛开大戒场，伯子公侯，接踵而来，请谒声名，播于远方"①。在新发现的张氏砖塔铭中也记载了此事：

> 京师所立白云观即真人大道场也，而主持于今最有声者则为耕云道士。同治之季年，四方初靖，耕云慨然于真人遗泽之就湮而民物之未复也，规时矩势，讲求利济焚修益众，名誉禽然。时有公夫人某氏之丧，盖今慈禧皇太后之母也。皇太后哀痛所迫，乃用道家醮荐事以伸罔极之思。耕云受命震悚专精力行，独跪坛下凡百日不懈益虔所以著功德之精宏，示忠孝之大法。于是上自宫廷，下迄草野，心神咸服，叹未曾有。两宫既御书福寿字各一笺，榜而旌之。又加恩赏戴玉冠副以紫衣，皆异数也。耕云惕然盛满，退而不居，且洪倡大教宜由近及远，遂去而之河南南阳府立玄妙观焉。②

有野史传闻慈禧也曾受白云观的方便戒，道号为广仁子。在高仁峒继承了白云观住持之后，由于与刘素云为同戒戚友的关系，高仁峒与慈禧以及李莲英等宫廷太监关系日益密切③。野史、小说等各种史料对高仁峒勾结

---

① 中国道教协会研究室编：《道教史资料》，上海古籍出版社1991年版，第395页。
② 参见《南阳玄妙观张耕云道士砖塔铭文并序》，《南阳玄妙观志》，未刊本。
③ 李养正曾提出，高仁峒是在荣禄支持下成为白云观住持的：凡逛过白云观的人，都知道白云观后面有一座"云集园"，又名"小蓬莱"。院内以戒台和云集山房为中心展开，假山错落，周以回廊，云华仙馆、友鹤亭、妙香亭、退居楼分布其间，绿树成荫，清新幽静，是一个十分富丽雅致的地方。这个地方，在光绪年间曾派作特殊的用场，前清与列强订立的不平等条约，有的便是先在这里秘密地预先谈判，谈妥了才要李鸿章出面签约。这时白云观的方丈便是高云溪。高云溪，又名高仁峒，山东费城人。青年时出家于青岛崂山道观，后到天津住道观，得识后来的直隶总督荣禄，由荣禄授意请他到北京白云观任方丈，他是白云观的第二十代方丈。与高云溪同时还有一位名誉方丈，名刘诚印，道号素云道人，他是当时皇宫的太监，据说是当时内务府总管李莲英的副手。因为自明以后，太监均自认是全真道徒，故与白云观关系密切，经常往来。高云溪因与刘诚印、李莲英交往密切，有时也能出入宫廷。据说他在宫中做过道场，也见过慈禧太后。高云溪在青岛时便认识一个叫璞科第的外国人，有说是沙俄人，也有说是德国人，此人是个国际间谍，一直与高云溪交往甚密，过去白云观还挂有璞科第送的匾额。就因为高云溪一手拉着能直达西太后的内监，一手拉着一位帝国主义间谍，在光绪年间他卷入了政治，在客观上充当了西太后与帝国主义间谍之间的"桥梁"性质的角色。参见李养正《白云观逸闻》，载北京燕山出版社编《京华古迹寻踪》，北京燕山出版社1996年版，第209—210页。

内廷、卖官鬻爵、同俄人勾结等恶行屡有生动的描述①。

高仁峒如何交通宫禁呢，各种史料均强调了高氏与内廷权监的密切关系。《清稗类钞》曾云高仁峒"与总管太监李莲英结异姓兄弟，进神仙之术于孝钦后。孝钦信之，命为总道教司"②。《北平旅行指南》也指出"阉宦如李连英小德张辈，皆其朋党"③。有学者指出光绪十七年（1891），经刘诚印引见，李莲英与高道士结为盟兄弟④。

在如此多的史料中，对于高仁峒如何得到内廷太监以及慈禧之厚爱，莫过于穷老道的描述：

> 及同治朝，慈安慈禧两太后垂帘。白云观方丈高恩峒，籍桂祥及崇绮两椒房懿戚，及诸权阉之吹嘘，一步登天，于长春宫觐见两宫太后，自此白云观的千古罕见幸运，始骤然来到。然将白璧无瑕的全真龙门嫡派洞天福地，静修丛林，熏染成为藏污纳垢，买卖官缺，与东城亨利金店同称为宫闱外账房等污点，则亦始自此时。今日之惨杀恶果，完全种因于此，读者如不信，请读吾下述迂说。

> 因出坛开始收阉徒

> 和尚赴住户人家念经，名曰"佛事"，道士赴人家念经，则曰"经事出坛"。在同治朝以前，一般内城王公府邸及旗下显贵宅第，凡有丧事，则念经者喇嘛必雍和宫或旃檀寺，道士则大光明殿，非此不足以示阔。其白云观道士，则只应南城或内城一部分之汉宅第经事，因此在生意上，不大兴隆。

> 白云观方丈，在同治初年，已为高恩峒，此人机警而善辩，尤其对于书画及鉴赏古玩等，有特别研究，彬彬然颇似亦博学先生。时内廷总管太监刘诚印，为白云观唯一之阔施主，自安德海伏诛后，刘阉颇知检点，大有脱离红尘，皈依三清之想，高道士窥知其内幕，乃竭力拉拢之；因此，高恩峒三字，籍刘之力，已宣扬于御前。每届年节及两太后诞日，白云观之吉祥万寿道场，除由内府广储司照例发香供外，又由太后供奉

---

① 徐珂曾提到"京华僧道多交接王公，出入宫掖，以故声价至高"（《清稗类钞》第10册，中华书局1986年版，第4874页）。除了高仁峒外，徐氏还提到了道光年间京城灵官庙女道士广真"交通声气，贿结权要，朝士热中干进者，日奔走其门，冀系援致通显，或师事母事之，勿恤也"（《清稗类钞》第10册，中华书局1986年版，第4875页）。

② 徐珂编：《清稗类钞》第10册，中华书局1986年版，第4874页。

③ 马芷庠：《北平旅行指南》，张恨水审定，新华书局1935年版，第9页。

④ 参见李玉川《清宫太监揭秘李莲英宫廷生活写真》，长城出版社1995年版，第234页。

银两即太后的饽饽钱项下，每次赏拨一百两，及每月给香供烛油若干。物不在多，而特别是出自太后腰包，因之乃轰动内廷！莫不知高方丈，已为长春宫（时东西两太后同住长春宫）大红人儿矣。因而辇黄白，求为弟子于高方丈座下者，自首领太监以上者，不知若干名。而各王公府印，旗下显贵宅第，凡有经事，莫不争延白云观道士，而大光明殿道士之出坛生涯，为之顿绝，上所述，大半久居平市之七旬以上老人，莫不知之。

高恩峒志愿既达，而奢望亦遂停止，盖其初志，只为多找几个阔买卖，认下几个阔太监而已，不意自此竟引出一场意外奇遇。

高恩峒初入长春宫

清宫每届八月初六至十四止，于御花园钦安殿建醮九日，由大光明殿道官三名，道众十名，设坛哗经。光绪元年八月钦安殿道场，两太后忽指名改传白云观主持高恩峒，率光明殿道众应差。第九日拜表毕，长春宫领赏尺头（衣料）及银锞，照例僧道受赏，即于当地磕头谢恩后，捧物出宫，并无特恩谢仪注。不意忽传太后懿旨，在长春门内谢恩。在同治帝未崩以前，两太后皆住长春宫；光绪即位后，东太后移居钟粹宫，长春宫内只西太后一人。高道士至长春门内，跪院庭磕头毕，问询数语，又领赏竹节如意及玉佩折扇等物。及出宫，则"白云观老道长长春宫亲见西佛爷"之故事，已传过九城，此为高恩峒第一次入宫。然而因为什么"叫老道的起见"？事后始知，原来是刘诚印、李莲英二位总管吹嘘之功，自此以后，凡宫内有关于道士的经差，白云观乃与光明殿平分春色。

五品俸加封老神仙

高恩峒一生富贵，全仗刘李两太监之提掖，所有宫规礼仪，亦由两太监所教导，尤其见太后称"奴才"，在道纪司各道官，及正一真人府各法官中，更为特别。而其所以能得太后优宠，即完全因此种面子问题的一切小节，盖两太监诚意教导，而富道士之心领神会，亦特别聪明。

自入觐长春宫以后，一般太监为迎合太后心理，乃以内廷之长春宫，比拟白云观之长春宫，而以西太后为人世唯一之神仙，可以比拟长春真人，也许是邱祖转也。此种谀辞，本为拍太后之马屁，不意竟因此引起太后之新奇幻想，拟派高恩峒恭替太后为"替道"。因为太后微时，随寡母携弟妹，扶父（已革道员惠徵）柩北上时，曾因赀斧罄，困于途中，当默祷：如能平乎抵部门埋父骨，愿身入空门长灯礼佛，以积父业。今一见高道士仪表谈吐，非平常羽士者流，故有皈依三清之念，此意一出口，一般太监即授意礼部，命道纪司让出一演法缺，以高恩峒补授，然而演法是从七品道官，如斯卑职，焉能充任代表堂堂圣母皇太后之替身儿？乃又由内务府饬大光明殿掌印法官，由王一真人府暂借五品法官一缺，为高恩峒之加衔。因此，区区一民间常住庙的老道士，竟膺任为"赏食品提点俸，道纪司从七品演法"之崇衔。

高道士既荣升法官，当然照例由礼部带领因见，或免去引见，而由礼部代奏谢恩，高道士则不然。乃由宁寿宫总管李莲英代领入官，面递谢恩折，五品道官递专折，有清一代，只此一人。磕头时，太后忽笑贺之曰："老神仙大喜！"而高则又谢老神仙之封号恩，因此"加封老神仙"之典故，又传满都城，莫不惊为奇闻奇事。由惊异而羡慕，由羡慕而拍老神仙之马屁，因此，白云观方丈院，遂门庭若市，往来皆公卿矣。①

民国时期，许啸天的《清代宫廷艳史》曾称高仁峒善望气暗助慈禧破坏醇亲王王府风水而得到慈禧宠信：

> 这白云观在北京西直门外，原是一座荒凉古刹，门前匾额剥落，门内佛座歪斜。自从皇太后敕建白云观，那峒元道士便竭力经营。他仗着皇太后指帑的名儿，到各王爷各大臣家里去募捐；上自督抚大员，下至府尹小吏，都捧着银钱去孝敬他，要他在太后跟前说一句好话儿。这一次峒元道士足足捐了六七十万银两，便在西直门外旧址大兴土木。白云观的原基只有四五分地皮，如今峒元道士有了钱了，便把左近四五百亩地连房屋统统买下来。他出的地价只有二三十块钱一亩，邻舍人家都惧惮他的势力，不敢不卖给他。峒元道士买得了地皮，便把房屋统统拆去，重新盖造；外面殿阁崇宏，里面亭台曲折，夹着许多花木池沼，外面望去，好一座阔大的园庭。新观落成的这一天，峒远道士便进宫去恭请皇太后降临，替菩萨开光。慈禧太后原是信佛的，当下听了便也高兴，便下谕拣定正月十五日圣驾亲临白云观拈香。……隔了几天，峒元道士进宫去谢恩，皇太后留着他在宫中一连住了几宵；峒元道士讲些练气打坐的功夫，又教着皇太后练"八段锦"功夫，说每日在起床之前练习一套功，能延年益寿。皇太后听信他的话，从此便认真练习起来。后来便习惯了，随便在什么地方，总

---

① 参见穷老道《八十年来之白云观》，《一四七画报》1946年第8卷第2期，第12—13页。

须练过一套八段锦才肯起身，这功夫直到老也不间断的。因此，慈禧太后的身体日见丰美，到老也不衰败。这都是后话。①

孔祥吉、村田雄二郎两位教授最早利用了日本外交档案，通过日本驻华使馆间谍，得以了解到高仁峒在宫廷中的势力。

光绪三十一年四月初九日（1905年5月12日），在京城太升堂酒家，高仁峒与日人岛川毅三郎等宴会，会后岛氏记载了谈话情况，其中重点之一就是高仁峒与皇太后及内廷太监之关系。

日人的机密报告印证了以往史料所载高仁峒得以受慈禧宠信的原因，那就是同治驾崩后往来宫廷读经，得以有缘受到慈禧赏赐。尽管没有提到高仁峒为慈禧母亲读经以及为其"替道"，但是日人报告中提到了"桂公亦在此时前来白云观"，说明高氏与慈禧母家之事情并非子虚乌有。高氏自云每年春秋、万寿节等大读经之时，都能得到慈禧赏赐，受知遇之恩超过三十年。日人报告还提到庚子事变中高氏与慈禧之关系："其在拳乱作乱时，皇太后巡守在外，方丈于扈从之沿途，照料太后起居饮食等事，故有今日之殊遇。"此点尤其重要，俗云同富贵容易共患难则难，高氏自云此举，或有待进一步史料证实。无论如何，更显其与慈禧关系之密切。

在报告中高氏介绍了刘诚印、李莲英、崔玉贵三人的品行，或有夸耀，然足以显示三人关系之密切，也正是如此更印证高氏在宫廷势力之膨胀。

通过与刘诚印、李莲英、崔玉贵等内廷权监长久的密切联系，高仁峒甚至对慈禧有较大的影响力。穷老道提到高仁峒有与慈禧拉手的资格：

> 和西太后拉手的资格：现在的礼节，除鞠躬外以拉手为最亲热，故握手言欢，是另有一番亲近的表示。惟有在旧时代，因男女授受不亲的规律，致任何女子，不能随便与男子拉手，更是万乘之尊的后妃，就是使人一见颜色，尚不可能，何况拉手？惟独西太后，一生只与男子，还是方外的男子，拉过三次手。
>
> 一次是与蒙古喇嘛拉手。光绪十二年，章嘉呼图克图到京请安，西太后携德宗，召见于养心殿。章嘉向德宗呈递哈达佛像后，太后召至座

---

① 参见许啸天《清代宫廷艳史》第83回（http://www.quanxue.cn/LS_Qing2/GongTing/GongTing83.html）。

前，章嘉跪太后膝前，双手放太后膝上，太后以双手拉之，垂问一切。这个故事，您如不信，请翻翻翁文恭日记便知，不是我造谣也。

一次是末叶西藏达赖入觐，于宫中及颐和园召见时，太后皆起身，拉手垂问。不只太后拉手，即紫光阁大宴时，德宗亦亲拉手。章嘉之拉手，是太后优礼国师，且因为在乾隆朝，章嘉等驻京之左右翼三班呼图克图，皆为帝室的替僧。与达赖拉手，则为庆邸所设计，是引用顺治九年，达赖入觐，世祖以宾礼款之于太和殿之例，为羁縻蒙藏，不得不用此手段。

惟独老神仙年节入宫叩安时，礼毕，太后比拉手曰：你也是偌大岁数，何必行大参之礼。乃因为僧道叩首之姿势，较俗家费力，尤其年老，更为吃力，故太后怜而悯之。此是怜悯老神仙，并不是有什么羁縻的手段，一般外间人，不知此中内幕，多目太后此种礼节有失身份，真所谓少见多怪。①

金梁曾记载高仁峒献慈禧金丹驻颜："高老道，白云观主持也。与李莲英有连，能通声气，奔走者争集其门。高讲修炼，谓有点金术，问其秘，终不言。或曰：'此能富贵人，不较点金胜耶？'高尝进金丹，时自诩曰：'李总管献何首乌，其功不小，然亦金丹力，故太后老而不衰，能驻颜且健步也。'"②

最近又有新的史料发现高仁峒在庚子事变中与慈禧有密切联系，日本外交机密曾提到高仁峒于团匪事变两宫蒙难之际，经李莲英斡旋，在太后身边伺候读经。太后由此皈依该方丈，年年赐该寺二百两之布施，又常有其他物品赏赐，白云观是中国道教之总本山。③ 胡思敬曾有诗云："邸阁留宾夜未央，金筝银烛灿成行，停杯忽唤天魔舞，不信黄冠作虎伥。"在诗后曾补注说明："城外白云观道士高仁峒，尝往来端邸，称颂

---

① 参见穷老道《八十年来之白云观》，《一四七画报》1946年第8卷第3期，第11页。
② 金梁：《光宣小记》，上海书店1998年版，第25页。许指严曾撰有《长生术（清宫秘史之一）》云：光绪季年，中日议成，仁和王相国秉政，以年老求摄养诸方。因与白云观之道士高峒元为外交，于丹铅口行秘书靡不研读，遂相莫逆。会李傅亦有延龄御老之征召，方士麇集其门，王偶语及高，傅相大喜。延为上宾，高又迁其侪偶芝翁者，谓得纯阳真传，能以呼吸导引及奇异药物吐故纳新，内外并用，致人期颐上者，且于天地金石同寿。中次亦两三百岁，最下乃逾耄耋翁年。如六十许人。《晨报副刊》1923年第1259期。
③ 参见孔祥吉、村田雄二郎《京师白云观与晚清外交》，《社会科学研究》2009年第2期，第162页。

拳匪种术，王召其头目试之，良验，乃留置邸第，卜日大宴，诸朝贵徐崇二师傅在焉。酒半，命戎服见客，献其技，一座大惊，相与痛饮，尽欢而散。"① 民国初年，著名伶人孙菊仙在接受某报刊记者采访中曾提到，在庚子事变中高仁峒的能力使拳民退避三舍，甚至保护了自己：

> 菊仙又曰：[观] 至清季以高仁峒能出入宫掖，密迩亲贵，遂为苞苴之机。顾其人好风谊，擅拳勇，弟子多雄武一流，庚子之乱，全城骚动，独白云观无恙。盖匪颇类以其为羽士，亟不谐于西教且慑其多力也。因是囊日凡被二毛子嫌者，苟得白云观人一语，颇多全活。余苟无观中弟子赵鹏等，亦身膏大师兄之刃矣。②

在随后的一个访谈中，孙氏进一步提到了其中原因：

> 孙菊仙春秋七十有四矣，而体格健仝，不啻五十许人。倨其自述，自戒烟后，每早饮高粱酒十两，每顿啖饭三碗，食面须斤许。如遇骏马犹可效马伏波，据鞍一试，有诘以年届迟暮，何犹若斯矍铄。则曰：体魄之强弱，不关乎年龄，惟视其人之好色不好色。予之得有今日者，实四十年来服独宿丸之功也。囊有妻妾三，因争夕不相下，愤极爰受戒于京都白云观某老道，执弟子礼。从此澄思渺虑，视妇人若蛇蝎。予于是虽有妻妾而若无妻妾。数年前为友人约间至北里，小作勾留，流水行云尚一顾视，近则屏迹不往，愈乌狗视之矣，庚子拳祸，家业荡然。独此白云观之衣钵偈帖，得以保存无恙。刻犹什袭藏之语，次复指头颠小辫曰：予之未断髻者，职是之由。③

有学者强调，高仁峒同慈禧的勾结一直延续到他们去世。证据是清宫《海晏堂等处陈设木器账》：光绪三十二年九月二十九日（1906年11月15日），白云观进贡木根福寿三多盆景等摆设十件；光绪三十三年十月初一

---

① 胡思敬：《驴背集》，中国史学会主编《中国近代史资料丛刊义和团（二）》，上海人民出版社1957年版，第484页。
② 参见《龟年清语（续）》，《双星》1916年第3期，第4页。也有史料提出高仁峒是积极倡导京师设团支持拳民者，一是其本身是山东人，另外，其重要徒弟之一的贻谷也是奔走荣禄端王之间的重要人物。
③ 参见《脉脉谈剧（续）》，《小说新报》1915年第6期，第1—2页。

日（1907年11月6日），进贡海晏堂陈设，硬木福禄寿三星等九件①。最近白云观出版的文献显示慈禧与高仁峒的密切关系。光绪甲辰嘉平上浣（1904），慈禧御笔画《梅花图》，画上慈禧亲题有"东阁画乐，赠送高云溪"，"梅花清秀，枝干有力，堪称佳作"②。由此也可窥见其得到内廷的信任。

高仁峒与李莲英等内廷太监结成朋党，且受到慈禧信任，因此"卖官鬻爵之事，时介绍之。于是达官贵人之妻妾子女，皆寄名为义女"③。由于高仁峒喜交游，除太监外，高仁峒还同清廷权要关系要好。《小奢摩馆脞录》称由于高云溪为媒介，因此白云观成为晚清卖官鬻爵之地："当时如荣禄、奕劻、载漪者，皆与之有旧。高亦出入邸中，恬不为怪。都中人为余言，高道士正月二十日寿辰，凡王公百官以及优伶隶卒，咸往庆祝，并有俄国商人，及太监诸色人等甚伙，毂接肩摩，岁以为例。则是当日权势之煊赫，至今犹可想见矣。"④

《雪桥诗话》曾云高道士"颇通声气，西园谐价，多以白云观为初桄

---

① 参见林克光《白云观的后花园》，转引自林克光等主编《近代京华史迹》，中国人民大学出版社1985年版，第434页。
② 李信军主编：《水陆神全：北京白云观藏历代道教水陆画》，西泠印社2011年版，第333页。《清代宫廷艳史》曾提到慈禧赠画高道士：有一天，慈禧太后在宫中和峒元道士闲谈，说白云观中花园造得很好，只可惜少些字画。峒元道士听了，忙跪下地去磕着头说，求老佛爷赏几件字画。慈禧太后一时高兴，便吩咐李莲英磨墨，拿起大笔来写了一个极大的"福"字；又拿出平日画成的一堂花卉画屏来，一齐赏给峒元道士。峒元道士又磕头谢恩，欢欢喜喜地捧着出宫去，交裱画匠装裱起来；待装裱成了，峒元道士又拣了一个日子，在白云观里摆下戏酒，把慈禧太后的字画张挂起来，邀着许多王爷大臣在花园里吃酒听戏。吃酒中间，有一位王爷说起老佛爷每年赏给大臣们的字画很多，老佛爷虽能写字作画，但一个人如何忙得过来？如今里面赏出来的，除"福""寿"几个擘窠大字以外，其余的小楷字、花鸟画儿，都是缪太太代写代画的。峒元道士忙问："谁是缪太太？"那王爷说道："师父却不知道，宫里的规矩，内外臣工，除南北两书房内廷供奉及内务府人员以外，不是官做到二品的，不能赏字；无论什么大官，年纪不到五十岁，不能赏寿字。自从到了俺老佛爷手里，格外开恩，常常赏着字画；老佛爷一高兴，不论什么人，都得赏赐亲笔的福字、寿字，有时赏赐花鸟画儿、小楷字儿。老佛爷从在桐荫深处当妃子的时候，原学得一手好字画；但如今要赏人也太多了，一个人忙不过来，便降下密旨给各省的督抚，叫寻觅能书画的命妇，选进宫去替老佛爷写字画花。那时四川督抚便把这缪太太悄悄地送进宫了。"缪太太名素筠，原是云南人。她丈夫在四川做官，便死在四川地方。家里境况很是艰难，缪太太的儿子虽也是一个举人，但一时也没有出息。幸得缪太太能画恽派花鸟，画得很是工细；她又能弹琴，又写得一手《灵飞经》体的小楷，在四川地方，靠着官场中卖她的字画度日。如今四川督抚得了老佛爷的密旨，便日夜兼程的，悄悄地把缪太太送进宫去。老佛爷一见，十分欢喜，便每月给她二百块钱画金，在宫中终日代老佛爷写着字棒。参见许啸天《清代宫廷艳史》第83回（http://www.quanxue.cn/LS_Qing2/GongTing/GongTing83.html）。
③ 徐珂编：《清稗类钞》第10册，中华书局1986年版，第4874页。
④ 张汝杰、杨俊明编辑：《清代野史》第7辑，巴蜀书社1988年版，第285页。

焉"。瞿兑之据此有诗曰"车马纷纷燕九节，西园谐价觅黄冠"①。

《北平旅行指南》曾提到由于朝中权贵、宫中内侍，多寄名观中为弟子，兼以高氏与李莲英为朋党，"于是外省官吏，奔走其门。真相结纳，视为终南捷径。高则暗操陟黜之权，颐指如意，一时声势煊赫，门庭如市"②。

《申报》曾有报道称清廷禁止庙产兴学上谕之颁布乃是出于高、李二人之力：

> 谕禁提取庙产之原因已纪十八日本报，兹悉某方丈即白云观住持僧也。该僧与李太监素有密切之关系，官场之欲通李监者，必求媒于僧。现因浙江广东诸省将寺产改作学堂经费，而袁宫保又有将白云观产拨作学费之意，不日入奏，故遂告知李监，为此疾雷不及掩耳之举，京师谑者咸称此次谓太监之上谕。③

在早前一日的报道中提到，高氏曾"在庙中筵请某公使，亦系为奉天各寺观，现均以庙产充学费，故设法运动云"④。

民初著名小说家陆士谔在《清朝秘史》提到晚清拟改革内阁官制，不料忽被推翻，改从州县入手。为何有此反复，原来是那些唯恐大权旁落的要员走了高道士的门路，使慈禧改了主意：

> 原来自明诏编纂官制，京师政界，顿时大起恐惶。那班闲曹冷署，自知必在淘汰之列，倒也不过如此。独那冲繁要缺，几位肠肥脑满的干员，热中富贵，深恐一朝大权旁落，自己脚跟就要站不住，于是使出灵敏手腕，竭力的运动。不知怎么，竟被他走着了高道士一条门路，由高道士转求四格格。四格格是皇太后宠爱的人，十句话倒有五七句听信。于是就在深宫里，造膝密陈，旁边又有李总管竭力帮忙。皇太后对于新政，原本不很喜欢，只因迫于时势，又碍不过各大臣的奏请，做一个立宪面子罢了。所以才有这参酌新旧的官制发表。载泽等又如何会知道呢？⑤

---

① 瞿兑之：《燕都览古诗话》，辽宁教育出版社1998年版，第78页。
② 马芷庠著，张恨水审定：《北平旅行指南》，新华书局1938年版，第9页。
③ 《续志谕禁提取庙产之原因》，《申报》1905年4月23日第4版。
④ 《谕禁提取庙产之原因京师》，《申报》1905年4月22日第2版。
⑤ 参见陆士谔《清朝秘史》第124回（http://www.quanxue.cn/LS_Qing2/MiShi/MiShi124.html）。

虞公编著的《民国骇闻》有《白云观道士》称高仁峒在晚清时期声势煊赫，"与朝贵通声气，督抚入京，且敬礼之，莫敢与抗"①。《京宪报》纪高道士一则史料最为生动地渲染了高仁峒的显赫权势：

白云观，西便门外迤西路北高道士，今已羽化，供职上清矣。稽其生平功行录，实以神仙中人兼政治中人者也。观奉长春真人，正月十九日，真人诞辰，都中达官贵人，命妇闺媛，皆趋之。礼真人者，必拜高道士。言应酬者，遂以是日为高道士生辰，拜时或答或否。答者必其交疏，或名位未至者也。若直受之而不报，则顶礼者以为荣。……比来都客，为述高道士事，乃知黄冠中其有此不可思议之人物也。客曰："往者吾就道士谈，旋有一人来，与道士最稔者。道士谓之曰：'昨有某君属予为道地，欲得海关道。'余谢之曰：'且慢，今朝廷方征捐于官，海关缺肥，监司秩贵，属望奢，恐所得不足以应上求，怎可犯不着也。'此人曰：'仆有友某君，以知县分发山东，闻师父与中丞有旧，欲求一八行书栽培可乎？'道士欣然曰：'此易耳，中丞新有书来，懒未及复，复时附数语足矣。'他日遇道士于南城酒肆。谈次，道士语一人曰：'某侍郎之女公子，明日出阁，予几忘之，适前日侍郎之夫人来谈及，匆匆不及备奁物，即以筐中所藏某总管贻我缎二端，乃大内物，总管所受上赐者，又以某总管赠我珍物二事，亦御赐品，备礼而已。'"此皆客述道士言。②

许指严的《十叶野闻》曾有《史说慈禧》一节，内云：

关道既探其平素若此，不敢复尝试，欲求间接，复恐为人所弄。正彷徨间，忽有旧友某京曹者，持刺过访，既寒暄讫，京曹轩渠曰旅邸无聊，曷勿往白云观一游，试问金灶仙桃，有无消息，而流霞可醉，驻颜妙术，正不患天台无路也关道以心绪无那，亦漫应之，遂乘车至观。旋有老道士出迎，鹤发童颜，耐人瞻仰，略事酬酢，即出流霞酒青粳饭以饷客。京曹乃问近状，道士曰："顷间李总管在此诵经，故事大忙，闻太后明日亦须驾临也。"关道心动，乃絮絮问

---

① 虞公编：《民国骇闻》，襟霞图书馆1919年版，第19页。
② 蒋芷侪：《都门识小录摘录》，《记高道士》，佚名《梼杌近志》，参见孙静庵、胡思敬《栖下阁野乘·国闻备乘》，重庆出版社1998年版，第274页。

李总管时来此间否，起居何如，道士或答或不答。关道乃牵京曹衣出至院中，乘树荫小坐，探以己意。京曹曰："吾与道士虽甚稔，然李轻易不肯为人绍介，虽言之，恐无效。"关道昵之："吾此行已拼二十万金，苟得当，尚当别为足下寿也。"京曹曰："吾非为此，但道士肯为李言，而李允为阁下道地，则得矣。他非所求也。阁下幸勿疑吾有他。"关道亟亟起谢，且求尽力，约明日复会于白云观而别。明日，关道往，适太后驾临，例应回避，不得入，怅然而返。又翌日，道士已外出，仍不遇。次日，晨起，自往访京曹求偕往。至则道士出迎。既入室，扃户屏侍从，密谈良久。始约越日复往，仍未得见李，道士亦殊落寞，不过三数语而已。退以质京曹，虑事无望。京曹曰："否，否，事已就，故许相见，不然，安得与道士有一面之缘哉！但子囊中预备金恐不敷，彼已索三十二万，道士须五万，然则殆非四十万不能办也。"关道曰："苟达目的，必竭力为之。"订约而别。不旬日，谕旨下，关道竟得放某省巡抚，始终未与李一见也。自是外省之运动者纷纷来。李择其肥瘠多寡，无不各如所望。然皆绝不接洽，而金已入其囊中。前后共计所得庚子以前已数百万。西幸之日，李与其党藏贮之，后为某内监所泄，竟为外人攫得。李大怒，谮某监于太后，杀之。庚子而后，八年之中复事搜括，所得不下二百余万。及太后崩，得以富翁之资格，归老纳福矣。①

《孽海花》：

清帝冷笑道："哪儿是报恩！简直说是扰乱江山，报仇享福，就得了！"宝妃道："老佛爷倒也罢了，最可恶的是连总管仗着老佛爷的势，胆大妄为，什么事都敢干！白云观就是他纳贿的机关，高道士就是他作恶的心腹，京外的官员哪个不趋之若鹜呢？"②

---

① 许指严：《十叶野闻》，《史说慈禧》，辽沈书社1994年版，第45—46页。
② 马森彪主编：《中外文学名著集成·中国部分》第9卷，北岳文艺出版社1997年版，第86页。冒鹤亭云："白云观就是他纳贿的机关，高道士就是他作恶的心腹。白云观为邱长春真人所居，每年正月十九日京师游人最盛，高道士名峒元，结交内监，招权纳贿，福兴居有一著名菜，以荠菜泥及鸡茸，制成太极图，为高道士设也。"冒鹤亭：《孽海花闲话（续完）》，载蔡登山编《孽海花与赛金花》，台北秀威资讯科技股份有限公司2013年版，第262页。

这些究竟是否属于事实？穷老道以及日人报告从新的角度做了进一步的印证。

首先是高仁峒结朋党包揽官缺。

> 白云观在老神仙未富贵时，即不断有王公贵卿往来，然皆为游览式的随喜，或为了却心愿而送布施，皆以阔施主自居。而方丈监院，犹必须小心翼翼，侍奉维谨，宛如商店应酬阔主顾者。
>
> 然自从大门外之牌楼门左，车门内照壁上，挂出檀木边框猩红的，写黑色宋字之"道纪司演法，正月封"，"钦加提点衔，正月封"等三条门封（官衔牌）后，往日一般以阔施主自居，以游览式随喜而来者，布施千金后，若求一望方丈颜色，已不可得。而方丈之当时小心翼翼，侍奉维谨之态度，亦顿变为睥睨一切，趾高而气昂。盖是时，朝中权贵，掖庭内侍，莫不争相寄名观内为弟子，三节两寿，为老神仙供奉黄白，唯一之目的，不过志在升官进爵。此时，正为东太后崩逝后，光绪七年九月十七奉安普祥峪定东陵之时也。

穷老道指出在高仁峒与内廷建立密切关系之前，由于白云观作为道教祖庭及城市雅集空间，的确有不少王公贵卿游览，且有布施。不过只是随喜式，或如同顾太清等作为信徒。然而，当白云观被内廷提升政治地位，高仁峒与慈禧及权监建立密切联系后，内外官吏莫不争相做其弟子，为其供奉，目的志在升官晋爵。对于慈禧以及权监而言，白云观也成为他们卖官鬻爵之绝好场所，穷老道就称白云观成为慈禧宫外的两个账房之一：

> 清季末，西太后有两处外账房，一为东城之亨利等金店，一为西郊白云观。此两处账房之生涯，金店是捐官而代卖缺，每一件买卖应下，其分配法，是官中五成，总管太监三成半，金店一成半，是太后吃肉，太监喝汤，老板舔碟子；白云观则不然，太后五成，老神仙三四成，太监一二成，而老神仙除应得外，还许另有外敬，因为金店老板不能直接入宫，而老神仙则年节或万寿日，尤其有大买卖时，能直接进宫请安。尤其是：金店的生意，是大小雇主皆有，老神仙则卖肥而不卖瘦，择肥而噬者，生意一肥，油水必多，故太监绝不争多论少，且不敢也。
>
> 老神仙既与权阉相结，暗操升迁调转之权，因而，京内而公卿，

外省而大吏，争相与道士结纳，奔逐钻营，门庭如市，不用必须与老神仙睹面，只能结识监院以下任何一人，即可交款升官，当时俗称此为"拉官缺纤"，仿佛今日买卖房产之拉房纤者。因此白云观，不只声势烜赫，而观产之富，以此时为黄金时代，然今日该庙为一般人所觊觎之原因，则亦为受此黄金时代余毒之累。①

穷老道比较了亨利等、白云观两次账房各自的运营、分配等内幕，特别强调白云观与权阉相结，暗操升迁调转之权，属于典型的"拉官缺纤"。不过，有意思的是白云观势力虽大，可是由于恭亲王奕䜣"作梗"等因，"老神仙不拉旗官纤"，不敢做旗人的生意：

老神仙势力虽大，惟对于八旗武缺，不敢视为奇货，因为是恭忠王从中作梗。清廷祖传的政策，是以八旗兵为巩固国基的干部，尤其号称新军的"神机""骁骑"两营的大兵团，因为这两个禁旅兵团，兵器都是西洋（德国货）新制品，更是神机营的南北两军器库及电机修械所（后来皆毁于八国联军），为华北罕见的武器宝库。故当时清廷以此两营为看家的根本命脉，此两营的高级长官，皆是亲郡王，中下级的文武官，除关于电机一类的新式工程师是少数曾出过洋的汉人外，大部掌实权的皆为满人，此种满人的升黜迁降，虽是贿赂公行，然而局外是不能一思染指。

西北城有个著名文土棍（俗称的文混混儿）德静轩，因为欲藉老神仙势力，于神机营内谋一阔缺，老神仙使尽法力，皆为恭邸阻止。而德静轩在老神仙处所花的银钱，已逾巨万！吃人嘴短，拿人手短，老神仙无法，直接言于西太后，后许之；及询问恭王，则奏曰："德某是个混混儿，刑有案，滥保匪人，奴才不敢。"后聆此，亦忆及之。盖太后未入宫前，困居新街口大二条胡同时，颇耳德静轩之劣名，尤其于白昼结队鸣枪，抢劫地安门内官蜡库之骇人听闻事，太后尚未忘之。因大怒，命捕捉交刑部，而老神仙因此，则魂惊天外，挽印刘（太监刘诚印）代向太后请罪，后难置之不问，而老神仙自此，则对旗下官纤，誓死不敢一试之。老神仙受此一次打击，然财运虽未亨通，而桃花运则已入宫，竟

---

① 穷老道：《八十年来之白云观》，《一四七画报》1946年第8卷第3期，第10页。

引起三奶奶一段佳话。①

关于高仁峒卖官鬻爵之场所，穷老道提到有三处。

第一处是白云观观内。被称为"小军机处"，此处所售的货色，"多为特号的大买卖，起码皆是议同开府、独任方面一类的货头"。

第二处是高仁峒在宣武门内某处外室。神仙太太的"小内务府"，则为近乎税收及采办一类的货头。什么海关钞关、边墙各口，以及南方的织造，皆是小内务府的拿手活儿。穷老道的这位神仙奶奶在宣内一带，颇有丽名，尤其是机警之处，较老神仙更高一等：

> 又因出身宦门世家，对于官场情形，颇为明了，以为在庙中说官纤，耳目众多，颇不严谨，方丈院有"小军机处"之徽号，已尽人皆知，为避物议计，劝神仙将官纤账房转移此处，神仙爷治外，神仙奶奶治内，则生意更必见兴隆。老神仙颇肯其说，而一般权阉，则更赞成，其内务府诸大员，又以"跑外拉买卖"自担。因此，号称"小军机处"之白云观，又稍形冷漠，而神仙太太家中之"小内务府"旗帜，又大噪于宣内之某巷。②

第三处则是宣南某著名大饭馆，穷老道忘记其名称，但是尤记得内部之情形：

> 在光绪初叶及中叶，宣南有个著名大饭馆，为当时之公卿大夫以

---

① 穷老道：《八十年来之白云观》，《一四七画报》1946 年第 8 卷第 3 期，第10 页。
② 同上。穷老道提到一个有趣的例子：因神仙太太手眼通天，故神仙太太母家诸叔伯兄弟子侄，及夫家兄弟子侄，皆因借仙气而入仕途，其他戚族中之沾神仙光者，则更指不胜屈，兹述一事，读者即可知其内幕如何之乱矣。神仙太太有姻娅名"玉铭"者，在西城北闹市口开小木厂，代售木材，后又改充库兵，因误卯而被革，乃借神仙太太纳赀捐道员，捕授四川监茶道，阔缺也。诣养心殿谢恩时，德宗见其人不类文人，颇似工匠，而满文履历则精熟，疑之"旗人履历皆满文"。乃召见入殿，问之曰：汝能满文乎？曰不能，只将本人履历上所用之满文背熟，然能口述不能识字，盖学此时，乃竭半月之力，口述而熟者。又问曰能汉文乎？沉吟良久始曰能。德宗乃命太监授纸笔，引至殿外台阶，命其默写履历。历时甚久，文武官各起儿皆叫毕，将散门（退朝也），玉铭始缴卷。尺余见方之宣纸上，只有七扭八歪，大如茶杯，小如酒盅之"奴才玉铭，正白旗"七字。脱落颠倒，墨色浓干不均，几不能识。帝大怒，叱曰："何处村奴，来此冒充，然因玉铭系太后交下，帝不敢稍有过激，乃命以同知归部候选，以张之普捕放监茶道。"读此一段，即可知其他矣。

及名士贤达最时髦的宴会之地。不过年多日久，笔者忘其名称，然在仿佛之间，饭馆内有个跨院，在跨院的小门上，安着一个扇面形油饰绿色。酒飞金，书墨字的小匾额，楷书"醉仙"二字，因为尚有此些许之记忆，只可暂先称此饭馆曰醉仙院。

这个饭馆的跨院，虽只是区区之间的小北房，而末叶的封疆大吏，其前程之开端，发祥于此小院者，不知有几人。今只记得：与康南海一同出力于新政变法的某相国，康党一败涂地，而此公不只未受株连，且竟由此发迹，干了一阵出将入相，托孤辅冲的大勋劳。风闻：此中神仙默佑之功，亦为不小。①

根据这些描述，极大可能就是很多史料曾提及的著名的万福居，这里所处理为何等业务？穷老道则云主要是各省中级地方官：

> 其他如各省中级的地方官，则遍重绿营武职，若是要谋个道府州县，只好请您到醉仙院，向饭馆老板接洽。只要舍得花钱，是煎炒烹炸，肥瘦老嫩，随主顾任意挑选。饭馆老板是老神仙的跑外，老神仙每隔数日，必驾临跨院一次。如果您要看见跨院内有相姑备酒，那您不用问，必然又是一位某地方的父母官将要上任，在此为老神仙酬劳。以前各节，笔者皆敢指出人名地名，唯独此二节，实在是怕有人往蜗居院内掷砖头，打碎了我的唯一蒸窝头的笼屉。②

在日本人的机密报告中，不仅证实的确有万福居的存在，更重要的是明确了万福居只是城外的饭店，高仁峒在京城内还有一秘密场所——太升堂。1904年5月12日，为安排高仁峒与日本驻华公使见面，日本驻华使馆官员岛川氏特地跟高仁峒约好在太升堂宴请对方，岛川的报告详细地介绍了此次日本人宴请高道士的经过。

除岛川氏外，日人高尾亨在1907年的机密报告中强调通过高仁峒，"可了解李莲英以及宫中的诸种情况，以及二三种政府各部门的内部消息"。尽管高尾声称高仁峒不通时事，"所谓政界里面的消息，不可期正中要害，且其所言既无系统，又欠缺要领，内容颇难判定。尽管如此，高仁峒的谈论，亦可作为参考"。谈话的内容要点有"皇太后之近况""李莲

---

① 穷老道：《八十年来之白云观》，《一四七画报》1946年第8卷第3期，第11页。
② 同上。

英之势力""关于庆亲王等之消息"和"高方丈之势力"等部分。在谈到跟李莲英的关系时，高仁峒介绍李莲英、刘素云等均为道教信徒，还详细介绍了各大官员如何给李莲英行贿的细节。报告证实，高仁峒深得慈禧信任，各中央以及地方大员均寻找机会接近高氏：

> 白云观是中国道教之总本山。其方丈高仁峒，曾于团匪事变两宫蒙难之际，经李莲英斡旋，在太后身边伺候读经。太后由此皈依该方丈，年年赐该寺两百两之布施，又常有其他物品赏赐，可见白云观与宫中之关系尤为密切。高方丈具备既可接近太后之身份，同时又与李莲英关系密切。在北京的各中央大员，均在白云观寻找机会接近该人。那桐、徐世昌、荣庆等时时以该处庭园广阔清雅为名，在白云观举办宴会，并以布施为名，向高方丈赠送数百金，以求其欢心。①

高仁峒的政治影响力不仅在国内，在对外关系方面也有发挥了不太光彩的作用，蔡鸿生教授多年前曾利用日人资料发现高仁峒曾允许华俄银行理事璞科第在观内居住②。《清外史：庚子国变记》也提到璞科第因高仁峒介绍因得认识李莲英。

> 内监李莲英最用事，与白云观高道士拜盟，而华俄银行理事扑科第交高道士厚，因结缘于莲英，所密议外交尤有力焉。帝既久失爱于太后，当逃乱，及在西安时，尚时询帝意。回銮后，乃渐恶如前。公使夫人入宫有欲见帝者，召帝至，但侍立不得发一言，不得问朝政。例折则自批之。盖借庸言以图自全也。③

叶恭绰曾回忆说："前清与帝俄所订喀西尼密约，世皆传为李鸿章所为，其实李只系演出者，其编剧导演固由帝俄，而被动主体则为西太后；从中促进和穿插为李莲英与璞科第，则世人知者不多也。李与璞科第之联络，实由西郊白云观高道士为媒介。璞科第乃一国际侦探，其与高因何结

---

① 孔祥吉、村田雄二郎：《京师白云观与晚清外交》，《社会科学研究》2009年第2期，第162页。
② 参见蔡鸿生《璞科第与白云观高道士》，《近代史研究》1991年第1期，第291页。
③ 禅那：《清外史：庚子国变记》，《庸言》1912年第1卷第1期，第14页。

合，不得而知。"①《慈禧传信录》的作者费行简曾亲自问过高仁峒徒弟陆𪩘峰有关高道士与荣禄、李莲英、璞科第勾结促成中俄密约，以及高道士成为奕劻、荣禄、李莲英甚至慈禧卖官鬻爵的外线的情况，得到后者肯定的答复。在研究高仁峒与晚清政治的关系时，王见川教授注意到了《慈禧传信录》的重要史料价值，并指出它反映了高仁峒等人在光绪二十七年（1901）后卖官鬻爵的真实概况②。

穷老道在介绍白云观御座坊时详细介绍了高仁峒如何成为外国间谍的：

> 白云观虽是道庙，您不要小看他，皇上家的宝座，庙中有好几份呢，明代以前的宝座，是否保存，虽不可知，其清代的宝座，是顺康雍乾嘉道六朝的宝座皆在御座房。然而这是安泽普（即被害的安世霖）口说，笔者从未一见，只康熙帝临幸时的宝座，囊时定丈镇平尝亲见之。原来是个大椅子，御座房的地址，即在方丈室的左端，将来新方丈上任时，也许能令各界一饱眼福，是真宝座，是假宝座，那时便知分晓。
>
> 庙后花园有戏台式的戒台一座，戒台的对面，为一水阁式的花厅，这个花厅，虽没有御座出名，然在末叶政治史上，则有小小的关系。
>
> 王公贵胄中的礼顺惇恭醇之亲王，公卿中如潘文勤，左文襄，李文忠，以及徐郙，崇宝，崇厚，崇绮等的墨迹，在同卷际，华厅内外，是琳琅满壁，因为所谓"小军机处"的密室，即在于此。故此花厅，也可以说是王爷的寝宫，也是中堂大人的卧室烟房。不独此也，

---

① 叶恭绰：《中俄密约与李莲英》，《文史资料选辑》第 8 辑，中国文史出版社 1985 年版。根据现存白云观的《粥厂碑记》（光绪二十七年九月）、《云溪方丈功德碑记》（光绪二十八年）可知，在庚子事变中，华俄道胜银行总领事璞科第、李俭斋封翁等联合"联春卿侍郎博泉，都统王子仪，廷尉塔木庵方伯"筹集巨款购置米粟于白云观，在城市各区"设粥厂八所，兼溥御寒冬衣之赐"（《新编北京白云观志》，第 724 页）。孔祥吉、村田雄二郎指出联芳、塔克什纳均为亲俄国之官僚。很早就有研究指出华俄道胜银行其实是俄国极其重要的间谍机构，收买民族败类，贿赂政府要员，为沙俄侵华政策服务，英国人斯叠曾云"银行在北京之权力则尤为盛达，主其事者常入觐宫廷，又与朝贵往返，商议要事"（参见金世铸《揭开华俄道胜银行的内幕》，《历史研究》1977 年第 6 期）。[俄] 科罗斯托维茨著、李金秋等译《俄国人在远东》（商务印书馆 1975 年版）一书提到璞科第在庚子事变中参与了保护使馆区的联合行动（第 92 页）。

② 参见王见川《清末的太监、白云观与义和团运动》，《汉人宗教、民间信仰与预言书的探索》，博扬文化 2008 年版，第 231—232 页。

而外国使臣，在清末及民初，也有好几位，寓居于此。最后一位仿佛是瑞典国人？是否已不大记忆，因为那年正月朝会，不准游人逛花园。

外国人首次驻居白云观花园的是俄国公使，其姓名仿佛是"喀希呢"？此君不居城市，亦不住西山风景区，而托人情，花运动费，以一住白云观为快。盖此君的眼光是特别远，中国的国情亦特别熟。其居住白云观的日期，是始自光绪二十年秋，迁出是二十一年春，共一年有半，盖欲藉"小军机处"的老神仙，以国际之宣传而兼刺探中朝的消息。俄帝于西历一八九六年（光绪二十二年）举行加冕礼，清廷拟派王之春为贺使，向俄人征求意见，俄人谓"位望未隆，与各国大使相形，难于接待"。西后因重臣中通知详情，娴题礼节者，颇难又选，时寓居白云观中之俄使，乃大施外交手段，酬应老神仙，杯酒连欢，神仙果坠术中，乃与权阉宣传于太后前曰："能助我朝者，只一俄国，如不派名望素著之重臣前往，则东邻之耻，永无雪日矣。"盖当时在甲午败后也，乃因战败之耻，忆及马［关］合约之大学士李合肥，遂于二十一年十二月二十七日，有总理各国事务衙门抄电：为俄君加冕之期，已派李鸿章为正使前往致贺钦此……"合肥固辞，皆温谕不准，并以钦差头等出使大臣名义聘问德法英美各国。不只此也，合肥所带之随员，除兵部候补主事于式枚等十人，又总税务司赫德所荐之欧籍随员外，俄使又挽老神仙举荐"五品衔副税司柯乐德（俄人），只因老神仙，贪饮房客一杯葡萄酒，遂致七十四岁老臣携公子（李经义），风涛颠荡，远涉三万余里之海路，老神仙之法力，可谓无边。然而老神仙因精力衰竭，不堪旦旦而伐，遂致卧病神仙太太的香巢，以輀车甫舁归白云深处，即魂返蓬莱仙境，可谓能为外国作间谍，而不能凯旋于被底也"。①

穷老道记载了高仁峒如何跟俄国人璞科第勾结、为外国做汉奸的行为。有人也指出："因帝近汉派，而旧人悉拥太后，遂变为帝后之争。俄租旅顺，立支部于京西白云观。观为太监重地，遂为近后之俄派。"② 事实上，当时各种报刊舆论已经尖锐地提出了批评。

1903年5月，《中外日报》就云："中俄两国交涉表面者谓俄国公使，

---

① 参见穷老道《八十年来之白云观》，《一四七画报》1946年第8卷第4期，第12页。
② 云南文史研究馆编：《云南文史丛刊》，1987年，第87页。

其办理里面者谓华俄银行总办璞科第。盖凡遇事件，先由璞科第与内宫密议，随后再由公使与外务部交涉。璞君所最亲交者即李莲英，璞与之往来不在家中，恐有事情泄露，故常至雍和宫与白云观相晤，其紧要事件未有外务部奏闻两宫以前，已先电告俄京。璞科第已经俄皇授为钦差，专办东方交涉事务大臣兼办东方路矿事务大臣，户部候补侍郎。"①

《新民丛报》转引日本《朝日新闻》之言论指出在中俄交涉中，白云观乃是重要场所：

>　　俄国之与中国交涉也，俄国驻京之公使，不过一名誉之外交官耳。其实行外交之职权，执行外交之政行者实中俄银行总理之波科秋罗布，凡有交涉事起，波氏先与中国之中官密议，定谋决策，然后授意于公使，使与中国外部为形式之交涉。盖波氏者，与中官李莲英为昆弟之亲交，日相往来于其邸第，苟有大事，恐或泄漏，则会议于白云观中，是以中国军国重事，中国外部尚未奏闻于两宫者，波氏已驰电于圣彼得堡报告其政府矣。中国之外交内政，乃至宫闱秘密至纤极琐之事，无不瞭然在俄政府之目中。
>
>　　白云观者，固我国卖官鬻爵之一大市场也，数十年来齐走于此终南捷径者，已如蚁附膻。乃至为经纪之道士，亦复炙手可热。政界之臭腐已为古今万国所未闻，以鬻官之市场扩而为鬻国之互市。李莲英刑余贱竖，岂能责以人理？独我四万万之国民，乃甘刑余贱竖之李莲英为我主权者而鬻我国土也？呜呼！则又谁之咎邪？②

---

① 毕凤鹏主编，黑龙江金融历史编写组编：《华俄道胜银行在华三十年》，黑龙江人民出版社1992年版，第202—203页。1905年璞科第任公使时，《申报》曾介转引外报介绍了其经历："字林报谓驻华俄使雷萨故后，俄外部本拟派前驻朝鲜俄使柏勒罗夫以继其任，后因中政府电令出使大臣胡惟德向俄外部抗议，谓中国不愿接受，俄外部因收回成议，而以北京华俄银行总办朴科第代之。朴向在中国北京上下多知其名，自拳匪乱后，复结纳内监李莲英白云观高道士及某邸所亲信之某寺住持僧等与之交好，此三人于中国官场最有势力，朴既得此奥援，俄外部自不能舍此以别择贤者。自日俄开战迄今，俄国在北京之势力日形减缩，今得此新使，将来或能逐渐恢复且驾而上之，亦未可量也。又太晤士报云新任驻华俄使朴科第寓居东方甚久，阅历颇深，今举充此职，可谓人地相宜，其在道胜银行为总办，也于俄国东方政治及财政上多所运动，非仅仅尽其本职也。故此次被选，实缘于此其道东未久即留心于东方交涉之事，所著一书名曰东方支那，颇为人所欢迎，其人颇热心办事，尤注重于中国铁路，以其大有影响于玩过商务也"。参见《新任驻华俄使朴科第履历》，《申报》1905年5月24日第9版。

② 《俄人外交之秘计》，《新民丛报》1903年第32号，第5页。

《国民日日报汇编》直接点出，李莲英以西太后之名得"俄清银行之款一百万两"，并与俄国公使相会于雍和宫、白云观等处，"宫廷传说系商议密约事云"①。当俄国在东三省不撤兵时，该报痛斥清廷与俄国勾结，俄国视满洲为其领地，清廷政府则默许，"白云观之授受，颐和园之往来，忱然有余裕"②。

1904年11月10日《警钟日报》发表《时评——咄咄怪事》：

> 自李莲英、高道士与俄璞科第同盟（高道士主北京白云观。白云观者，即供西后长生禄位牌处也。高道士与李莲英狼狈为奸，日在外招摇纳贿），日以联俄运动西后。而北京诸大老亦颇信其说，至谓"日胜俄败，皆系谣传，上海新党报馆，不啻为英日孝子贤孙"。众口一词，以假乱真。李、高二人知其然，径递密信于俄都，而波罗的海舰队因之而东来。是则波罗的海舰队者，名为敌日，实则迫胁中国耳。波罗的海舰队既来，李、高诸人，益得以联俄迫西后，而联俄之议，遂因之而大成。联俄之议既成，不得不先筹拒日，欲筹拒日，则去岁张督在京时，曾与日人订密约，政府疑袁督知其情，故有诘责袁督之非。袁督当荣相柄政时，为之效犬马之力。荣相与李莲英，反对袁督者依违于两者之间也。荣相既死，而政府又有联俄运动。袁督莫测口所为，故遣张道赴鄂（张道以回河南为名）以与张督协商。此殆南北联络之起点乎？现闻西后以万寿之故，收括贡献，拟作西迁之举动（闻京城内外，车马皆已定口），而北京大员，又以联俄党占多数，又在沪上之某革抚，亦受李莲英运动（本以联俄著名者），日与俄领事协商。况政府创办银行，既假法款，而湘人所办粤汉铁路，亦拟借法款兴工。法人为俄人后援，是不啻引俄、法以吞中国也。吾知不数日间，北京政府必有一令人莫测之举动，而某革抚者，又将实任江督（闻该抚久有此梦）。南北相联，日以联俄、法为主意，而波兰之覆辙，遂真见于中国矣。奈之何哉！奈之何哉！

东京《日日新闻》云：

---

① 《北京之外交界》，罗家伦主编《国民日日报汇编》第1集，中国国民党中央委员会党史史料编纂委员会1983年版，第175页。
② 《满洲撤兵问题》，罗家伦主编《国民日日报汇编》第3集，中国国民党中央委员会党史史料编纂委员会1983年版，第565页。

俄人在清国有二名之公使，一活动于外面，一活动于里面。活动于外面者，俄公使雷萨也；活动于里面者，则华俄银行总理璞科第也。一则以格式与体面上与外务衙部门交涉为列国公使之一人；一则为注视清国之实相，投达官贵人之嗜好，而暗夜来往雍和宫、白云观及出入内廷，为特置外交官之一人。自清国交涉事宜上言之，则设置明白正当之公使，反不如设置藏头露尾之密使，为适应于机宜，且往往奏非常之功效。俄国对清政策欲得成功者，终不可不依赖此藏头露尾之密使的腕力。华俄银行北京支店，一名贿赂供应局，谓为经营商业者，不如谓为政略上之事务。而此变相之银行，以北京为中心，为机敏而有胆略之枭杰所管理，遂能伸张其威力，而布散于满洲地方。①

有人在综合蔡世英《清末权监李莲英》②及冯煦《蒿盦类稿》③对李莲英、高道士、璞科第之间交往的原因做了描述：

李莲英在孙毓汶的府邸，先是会见了沙俄驻中国公使喀希尼，而后结识了华俄银行的璞科第。喀希尼和璞科第皆为国际间谍，他们一见到李莲英就颇感兴趣，认为通过李莲英这个内线人物，来摸慈禧太后的底细，比经过总理衙门和军机大臣可能方便得多。于是李莲英与璞科第便开始了秘密接触。璞科第为了与李莲英接触方便和不露马脚，开始以白云观作为联络点，后又在前门外杨梅竹斜街"万福居饭店"专包雅座，用来作为与李莲英秘密会晤的地点。璞科第为了取得李莲英的信任，先赠送了一对法国造的玻璃透花瓶；李莲英也回赠璞科第一对景泰蓝花瓶和一个鼻烟壶。就这样双方开始了"中俄密约"的商谈活动。④

孔祥吉、村田指出，高仁峒与李莲英"径递密信于俄都"其实并不可信，实际上是经过璞科第与俄国发生联系。无论如何，在舆论看来，高仁峒、

---

① 参见杨毓麟《续满洲问题（1903年10月5日）》，《杨毓麟集》，岳麓书社2008年版，第112页。
② 参见蔡世英《清末权监李莲英》，河北人民出版社1986年版。
③ 参见冯煦《蒿盦类稿》，台北文海出版社1966年版。
④ 参见安维峻《云泉寺题诗的历史背景》，中国人民政治协商会议河北省张家口市委员会文史资料研究委员会编《张家口文史资料》第11辑，张家口日报出版社1987年版，第223页。

李莲英在璞氏活动下反过来影响慈禧推行"联俄"成为众人皆知的事实。

日人的机密报告证明高仁峒确实是"神仙中人兼政治中人",除拉官缺纤外,在对外方面,不仅证实高仁峒与俄国人的密切关系,日本外交官展示工作成绩的报告也从反面证实高仁峒如何与日人互相利用之情形。看到俄国人璞科第利用白云观高仁峒获得重要成绩的成功经验,意识到高仁峒、白云观在外交中的重要地位,日本驻华公使内田康哉也如法炮制,开始加强对白云观及高仁峒的情报工作。

光绪三十一年五月初八日(1905年6月10日,明治38年6月10日),日本驻京公使内田康哉以机密第105号文件向日本外务省呈递了《白云观方丈高云峒报告呈送一件》,其内容如下:

> 舆论中关于当地俄罗斯公使馆利用白云观的方丈操控官廷一事,需要调查清楚的是事实到底如何以及他们是何种关系?如何利用?如果真的和舆论所说的一样,我们也使用这种方法,至少是为了离间两人的关系,而接近该方丈。这件事曾经立刻汇报了上去,并在归任之后,让知情者的岛川翻译官负责操纵白云观的方丈。现在事情已经有了进展,像之前报告的那样,已经和白云观方丈高仁峒建立了亲密的关系。不管以后是否加强和方丈的关系,也会通过方丈来接触宦官,并与之结成亲密的关系。以上的汇报,敬请知悉,敬具。
> 明治三十八年六月十日
> 在清特命全权公使内田康哉
> 致外务大臣男爵小村寿太郎①

为完成离间、利用任务,精通中文、俄文的翻译官岛川毅三郎穿上道袍(冈仓天心曾提到其穿上道袍被视为中国人,丝毫不会引起怀疑)来到

---

① 《白云观方丈高云峒报告呈送一件》(1905年6月10日),日本亚洲历史资料中心藏日本外务省档案《諸外国外交関係雑纂/露、支間 第一卷》(REEL NO1-10127),第166页。感谢笔者的学生关艺蕾、邸宏霆帮忙翻译。小村寿太郎系前任日本驻华公使。根据孔祥吉、村田雄二郎的研究表明,岛川毅三郎是一位身手不凡的外交官,在神尾光臣担任日本驻华公使馆武官期间,岛川担任《东京日日新闻》记者。曾赴俄国留学,从事中俄关系的侦探。庚子事变后,岛川毅三郎随着新任公使小村寿太郎再次来到北京。在小村和内田康哉两任公使领导之下,岛川毅三郎参与许多重要的机密活动。他精通中文、俄文,对两国政坛内情极为熟悉。光绪三十二年(1906)十二月十八日,岛川在吉林领事任上病亡。北京人日本会曾二十七日在本愿寺为其开追悼会(《顺天时报》1906年12月23日第7版广告)。

白云观，很快打开了局面：

> 之前提到露清银行行长璞科第和白云观方丈高仁峒的关系，以及璞利用高仁峒探知清朝宫廷和官僚社会的情况并提供了自己的资料一事。又通过高的介绍，联系到了李莲英，并图谋通过李莲英来影响宫廷的舆论。为了知道事实究竟如何，与高结成亲密的关系，并注意璞和高的一举一动。因我在白云观有认识的人，所以我利用他，在明治三十七年夏秋之交，开始到白云观参观，又到后花园散步，每次都与道士们喝茶谈话，等到稍微熟悉一点了之后，就有小官请求在花园开宴，烹制北京著名的白云观的料理。但是后花园已经被璞租用，在后花园的入口写着"大俄国璞寓"的字样。道士们接纳了小官的建议，烹制了丰盛的料理。在其回去的途中，还给了七十五元的聊表心意，道士们很高兴的接受了。之后我们的往来更加频繁，道士有时候会赠我物品或是书画。我方也有叫在该花园设宴，招待道士和客人，但是当时高并没有出席，并多次推辞了。但仍然渐渐知道了，璞和白云观的亲密关系，璞在白云观避暑生活的实况，以及该道观和宦官的关系，宦官多数都是道士，并且多数都是由高仁峒受戒的事实。
>
> 于是我为了更进一步的深入，贿赂了该道观掌管事物的道士。每年清历正月，白云观开龛，数日之内，车水马龙。今年特地邀请我去参观。于是我在二月十八日拜访该观，并拜访了高方丈，布施了百元。受邀做客期间，刑部尚书奎俊也来拜会，因为是朋友的关系，在短暂的交谈中，高方丈频频劝食，我之后就回去了。第二天，方丈送来了支那的饭菜，又拜访了之前的俄国邮局局长葛穆堡约夫，他询问近来为什么有这么多日本人到白云观参观一事。我说："在正月开龛的时候只有我一个人来参观。"我推测俄国人已经察觉到了日本与白云观的关系日益密切的事情。[①]

岛川出色的沟通工作取得很大成效的同时，自然也受到俄国人的警惕，上述报告提到俄国邮政局局长关切为何有众多日本人参谒白云观的询问，岛川强调只有自己一个人参加。之后，高仁峒与日本人的接触进

---

① 《白云观方丈高云峒报告呈送一件》（1905年6月10日），日本亚洲历史资料中心藏日本外务省档案《諸外国外交関係雑纂/露、支間 第一卷》（REEL NO1－10127），第167—168页。

一步密切。光绪三十一年三月初五日（1905年4月9日），"高方丈招待日本驻京公使、馆员及青木大佐等人，且以高方丈之名，赠送书画等，殷勤备至"。岛川的接触策略收到很大成效，一个重要的验证就是白云观对璞科第的态度有了微妙的变化，在后者担任驻京公使，想如同以往租用白云观花园为避暑胜地时，高仁峒态度较为暧昧，并且派心腹道士王纯朴接见岛川，强调不会因璞科第来，对此前曾答应租给日本公使花园的承诺食言：

> 其后，璞科第被任命为俄国驻北京公使。电报传到北京，下官遂佯装不知，探听其消息，得知璞科第早已致电北京公使馆，称将赴北京就任新职，并以避暑为名，欲租白云观花园。馆员某即赴白云观商谈。高方丈回答极为暧昧，谓俟璞科第来京之后再行决定，遂让官员辞去。于是，小官会见白云观中地位仅次于高方丈的道士王纯朴，告以高方丈曾称有本年租给日本公使之意，现闻璞科第来任，当不会有食言之事。当日就此回来。①

岛川汇报说，对于加速高仁峒对日本人好感的机会很快上门。当时日本俄国在东北交战，由于日本在战场很快取得胜利，占领了奉天（沈阳），来自沈阳太清宫的道士找到高仁峒，请求设法保护，而高仁峒则想到了岛川。明治三十八年三月二十四日，高仁峒派遣地位仅次于他的道士赵秋水找到岛川请求奉天日军保护太清宫。次日，岛川请日本驻京公使草拟一封给奉天日军福岛少将的函，并交给了赵秋水②：

> 在与白云观继续往来之间，我军占领奉天，该地太清宫道庙之道士，驰至北京，向白云观报告事情原委。高方丈遂命方丈次席之赵秋水，请求我军保护该道观。于是，我驻北京公使草拟一封致福岛少将之函，交与赵秋水。该函之内容如下：
> 拜启，时下愈发勇胜，可喜可贺。先前烟公访问之际，百忙之中，予以盛情款待，非常感谢。奉天附近之巨大胜利，实乃世界战史大书特书之成功，谨致祝贺。

---

① 《白云观方丈高云峒报告呈送一件》（1905年6月10日），日本亚洲历史资料中心藏日本外务省档案《諸外国外交関係雑纂/露、支間 第一卷》（REEL NO1－10127），第170页。
② 徐燕孙曾撰文补充孤血所遗留的白云观史实。他指出赵秋水曾任白云观住持。

昨二十四日，依北京白云观方丈之请，谓奉天城西门外之大清宫道庙、辽阳州城迄东的千山、广宁县城西区医巫闾山之诸道教庙宇及其产业，悉为北京白云观所管之下。他们希望日军给以保护。当地之白云观，与清朝有特殊之关系。现该观方丈高仁峒，在清国宫廷受特殊礼遇，向来与本公使馆关系亲密。敬请理解上述情况，特予保护。敬具。

明治三十八年三月二十五日

在北京内田公使

致奉天福岛少将阁下。①

从上述资料可以发现，在收到高仁峒的请求次日，岛川就请内田公使出面给奉天日军少将写信，强调受白云观方丈之邀请，请求保护太清宫、千山等道教庙宇与产业。并且特别指出，白云观高仁峒在宫廷受特殊礼遇以及与日本公使馆的亲密关系。

正是由于此信收到的极好效果②，同年四月初五日（5月7日）高云溪与王纯朴在白云观款待岛川毅三郎等人。据岛川报告称：

五月七日在该观招待日本人，并邀请了高方丈和王纯朴。当时高方丈和我在室内谈话。等到旁边没有人的时候，高方丈就说起他派赵秋水去上海的事情，赵秋水无法选出白云观的座主，我听他说朝廷想将此事放弃，他也将在这几天内亲自到万寿山去请皇太后的懿旨。又说道在百日读经的命令下不能到其他地方去。他还说到他与李莲英等人关系密切，并说可以介绍我与他们认识，他说常与我等接触的话，恐怕会引起舆论上的猜疑，所以可以在正阳门内的太升堂密会。他还提醒我们虽然白云观有很多道士，但是他的心腹只有被派去上海的赵秋水和列席的王纯朴两人而已。对这两个人可以和对自己一样，谈论机密的事情。我听懂了他的意思，并说我和他是心友，应该以心传心相交，并约定了在太升堂会谈的具体日期。

在牡丹花正艳的时候十四日的星期天在白云观开办了赏花宴，招待

---

① 《白云观方丈高云峒报告呈送一件》（1905年6月10日），日本亚洲历史资料中心藏日本外务省档案《諸外国外交関係雑纂/露、支間 第一巻》（REEL NO1-10127），第168—169页。

② 五十岚贤隆的《太清宫志》曾对此事有所记载。另外，作为回报，1927年葛月潭曾给入京的张作霖致函帮助白云观要回了被奉军所占的房产，显示了道教网络在社会变局下的重要性。

内田公使和馆员。以此为借口实际上是为了十二日与高方丈的密会。①

5月10日，岛川之书称：

  日昨趋谒，藉聆大教，有推心置腹之慨，弟佩服不止。兹拟于华历四月初九日（5月12日）下午五点钟，于太升堂敬备便酌，奉邀台驾，未知届时能否有暇，务望赐复为盼。顺颂云溪大方丈坛下日祉。
  弟岛川毅三郎顿首。②

11日，高方丈派道士王纯朴送来书简，邀请岛川等人参加14日的宴会：

毅卿仁兄大人阁下（尊）鉴：
  前蒙赐盛宴，饫酒饱德，齿芬犹存，欣感莫名。昨日晨起无事，散步花园，见牡丹多半开者。忽忆前与吾兄及诸友，有赏此花之约。昨日即派纯朴前来订约，幸吾兄赐给日期在四月十一日，甚好。务望是日台驾早临为盼。再者，蒙嘱于本初九日（5月12日）午后，在太升堂聚谈，定遵台命，至期不误。特此布复，敬请升安，统希霭照，不宣。
  方外弟 高仁峒 拜
  贵同事诸友，统此致意。不另及。再者，外有请帖九分（份），祈费心代送是托。至初九日晚六点钟，准在太升堂恭候台光。特又及。③

在这封信中，提到两个重要日期的约定：一是约定四月十一日在白云观赏花；二是四月初九日午后太升堂聚谈。
光绪三十一年（1905）四月初九日（5月12日）的情况，岛川报告：

  五月十二日，雨天。清人雨天不外出，习以为常。因而以为高方丈不会履行约定，尤其不会特从城外远处冒雨来会。然而下官为了在太升堂准备房间及饭菜，比约定时间早到半小时。不料，该方丈早已在该店雅间等候。冒雨来会，已感意外；在雅间等候，更觉意外。询

---

① 《白云观方丈高云峒报告呈送一件》（1905年6月10日），日本亚洲历史资料中心藏日本外务省档案《諸外国外交関係雑纂/露、支間 第一巻》（REEL NO1-10127），第170页。
② 同上书，第171页。
③ 同上书，第171—172页。

问缘由,方知此太升堂酒家,名义为方丈弟子山东人某所开,实为高方丈投资开业。其雅间,亦设在毫不惹人注意之处,与其他房间隔开。室内装饰清洁,可独自饮食,并且可以在此寝宿,设备一应俱全。其伙计亦特殊之人,不离方丈左右,其他人决不许进入其室内。以此情观之,此乃方丈筹谋种种策略的密会场所,不问便知。高方丈亦说明之,得意之情,形之于色。高方丈声称,他所言之密会场所,不独在城内,城外也设一处,即王福居(按,应为"万福居")酒家,并告以不日可在该处密会之事。①

---

① 《白云观方丈高云峒报告呈送一件》(1905年6月10日),日本亚洲历史资料中心藏日本外务省档案《諸外国外交関係雑纂/露、支間 第一卷》(REEL NO1-10127),第172页。关于万福居,翁同龢、汪荣宝、贺葆真等人日记均有多次提及。对于白云观道士与万福居的关系,叶恭绰曾有详细描述:谈到万福居饭馆,坐落在前门外杨梅竹斜街,是北京一个有名的老饭店,直到1931年左右才歇业的。业主是广东番禺人张朴君(曾任通州知州),我和他同住过番禺新馆。民国初年张朴君已死,其子张子郑有一天约我在万福居吃饭,是另在对门一个特设的雅座里。他谈起这个雅座是不招待一般客人的,当时专门为太监们和高老道密谈之所,亦说到高道士与李莲英、璞科第等的聚会事情。张朴君父子虽皆已死多年了,但万福居旧址可能还存在,亦许已改为其他商店或住宅,左邻右舍的老年人亦可能会了解一二,不然我会凭空捏造出一个神秘性的故事出来吗?高道士死后讣闻上所载那拉氏的赏赐物品占有数页之多(这是一般高级大臣才会有的),这亦可证明其与宫廷往来踪迹,可惜我所保存的讣闻已遗失多年(叶恭绰《再论李莲英参与中俄交涉》,载中国人民政治协商会议全国委员会文史和学习委员会编《文史资料选辑》合订本第18卷,中国文史出版社2011年版,第522页)。李养正曾有记载:据笔者在20世纪50年代与白云观年逾八旬的老道常赴昆、靳赴仑及中国道协会长陈撄宁先生谈及此事的记忆,他们说:这个"雅座",是高云溪方丈花银子专门租下来的,是一整套院落。常道士曾做高方丈侍者,亦曾随到此处。他们还说:李莲英与璞科第晤谈的另一地点则是白云观后的云集园。当时这里只住些年过古稀的老道,而且只住现今的"退居楼",其他人是不能入内的。高有时请璞科第和李莲英、刘诚印来园中晤谈,也看戏、饮酒。这些事甚秘密,小道士是不敢外泄的。"每有双方传达之事,则由高约璞、李会晤,一转即可直达西太后;至将达表面,始由军机处及总理衙门搬演耳。李鸿章之被指派签字,亦出帝俄之意,以为如此可以压服许多方面。"又曾听常道士说:八国联军时,西太后携光绪皇帝逃到西安,住在西安的八仙庵中。留守京城的大臣与列强求和,奏请西太后回京。西太后回话说:"不见到高方丈,我不回去。"因此,大臣们请高速往西安。西太见到高云溪,了解了列强对她的态度的底细,这才敢回来。为什么?盖高云溪方丈与国际间谍璞科第关系密切,颇知内情。高云溪方丈在光绪时期是一位显赫而又特殊的政治道士。高死于光绪三十三年(1907),其讣闻所列御赐之物至少占四页之多(李养正《白云观逸闻》,载北京燕山出版社编《京华古迹寻踪》,北京燕山出版社1996年版,第211页)。李养正关于常赴昆年龄的记载略有不当,根据1952年白云观寺庙登记的档案可知,常氏生于1887年,时年65岁,1905年赴京,同年受戒,入私塾八年。参见《北京市寺庙及僧尼道士登记表(白云观)》(1952年11月15日),北京市档案馆馆藏北京市民政局档案,档号196-1-15。感谢王宗昱教授惠赠此则史料。

具体谈了什么？报告详细提到了如下细节：

  用餐之时，我们的谈话逐渐深入，渐入佳境。方丈说这里的人都是他的心腹，完全不用担心秘密会被泄露。他先提及租借后花园避暑一事，他表示非常容易解决。其实先前派赵秋水去上海是有重要的事情。本来应该是他亲自去的，但是宫中说要以本地事务为重，要求他派人代他前往。当时他也推测不出是什么事情，最近才听宫中的人说，今年要为皇太后和皇上在白云观后花园的高台上诵经百日，所以不能及时回复我们要租用后花园的申请。他说百日读经期间，方丈要沐浴斋戒，后花园也要清理。有人住在这之类的事情与读经的主旨不符，更不用说租借给他人了。他这样说就是委婉的拒绝了我们的要求。小官就责问他之前招待内田公使的时候，明明对小官说了可以在夏季租借给我们。之后你的旧识璞科第确定将要来北京赴任，时至今日你却要食言吗？方丈说，租借与否与璞科第的就任没有任何关系，完全是因为之前说的那个理由，而且拳匪动乱之后，方丈就经常与外国人交际，也认识了外国的友人，璞也只是友人之一。他在动乱之后对白云观的施粥等事业助力颇多，以至于我和他的关系更加亲密。光绪二十七年（明治三十四年）夏天他将后花园作为避暑地租借，第二年又继续租借给他作为避暑地。就像那一年皇太后的弟弟桂公和他的妃子以及宫女像往年一样到白云观进香，他的妃子在后庭散步的时候，璞夫人去迎接她们并请她们喝茶，还用拿手的歌舞表演招待她们。后来桂公在宫中拜见皇太后的时候说到了被招待一事，皇太后还召见了璞夫人。当时，美国公使的夫人担任翻译，与其他外国夫人一起在宫中被召见。后来因为此事舆论上就说璞与宫中有亲密的关系。作为中间人的高方丈更是有各种各样的流言蜚语出现。我中止了关于璞的话题，又问起皇太后和高方丈的关系。方丈说：他为皇太后所知实在同治帝驾崩之后，为了诵经而出入宫中的时候。当时皇太后给了他三千两（两千两？）作为永世祭的资费，给每年春秋两季读经进香的人提供食物已成定制。之前说的桂公也是在这个时候来白云观参观的。而且白云观每年的大读经之时，都会收到不菲的赏金，这都是承蒙皇太后恩典的证据。尤其是拳匪作乱之后，皇太后在外巡狩，方丈跟随其左右，并照顾她的饮食起居，才有了今天的地位。上次万寿节，方丈在白云观后花园沐浴斋戒，在夜深天地寂静的时候，思考百日读经，得到了一千两白银和许多赏赐。总之，蒙受皇太后的恩典已有三十多年，即担任白云观座主以来的事。再根据方丈所言，能够得到皇太后的恩宠可能是因为在其左右人的帮助，最初，太监总管刘大人对方丈帮助很大，当年刘总管的权威和现在的李总管不能比，他的内心不容易撼动且意志坚强，但是他又很宽宏大量，是一个清浊都能包容的人。手上的金钱十分可观，所以建立了很多的寺庙，一方面是为皇太后祈福，另一方面也为了扶持自己的势力。现在的白云观也是多亏了刘总管的扶持才有如今的兴隆。他还说，李总管与刘总管相比更加清廉洁白，并且努力少有过失。但是和刘比起来既没有手腕也没有威势财力，但是皇太后对他的信任仅次于刘，现在是皇太后最信任的人。他与高方丈的关系也很亲密。李总管之外还有一位崔总管，此人年纪尚轻，才刚三十岁，这个人很像刘总管，其手腕有压倒李总管的趋势。高方丈和师弟的关系又非常特别。不仅崔和李，官廷的其他宦官也都是道士的受戒者，其中由高方丈受戒的弟子又占多数，所以白云观在官中的势力更加膨胀。

于是我请他为我们介绍李总管或是崔总管，方丈说他十八日要去万寿山与他们商谈要事，可以借此机会谈及。同时他与宦官的交际完全是私人性质的，很少过问公事。后来他说到与方丈交游的人的评价的时候说，李鸿章的儿子李经迈之前来北京，对在京的王大臣和李莲英颇有失礼之处，李经迈非常的狼狈。当时，李莲英和李鸿章的关系十分亲密，所以他有意维护李经迈。高方丈受李莲英之托将李经迈约到太升堂，向他转达此事。由此可见他在官场之中扮演着什么样的角色。

我告诉方丈，内田公使愿意负担白云观修缮的费用。他回答说如果是布施的话，他乐意接受，还问是否愿意将他的名字与其他布施者的名字一起公布。我说完全没问题。从方丈的话来看，似乎受贿并不是什么机密的事情，而是公然以为白云观布施为名接受。他特地与我在这么机密的地方密谈，不管事实如何，至少在名义上不会为他在日后招来祸事。密谈之后我们也天南地北地聊了很多，一直聊到深夜，因为天黑又在下雨所以他用自己的马车把我送回了住处。

五月十四日，该方丈在白云观的后花园招待了内田公使和下属，在此之前我比约定的时间提前了一些到该观拜见该方丈，并在方丈的房间里给了千两的票据作为内田公使的布施。该方丈表示非常感谢，

第一章　白云观与晚清社会　65

说全是我的功劳,满脸喜色地热情招待了我们。还将皇太后和李莲英的合影一张、皇太后赐给方丈的亲笔画的扇子一把、宫廷内菩提树做的珠子一串和一把小扇子送给了我。同时在当天的宴席上对内田大人的布施再三表示感谢。①

7月4日(六月初二),日本驻北京公使内田康哉给外务省大臣报告,内田康哉的报告所附呈的岛川密报,名曰"白云观方丈高仁峒谈话要领":

> 新任俄国公使璞科第抵达此地,当时作为方丈的高仁峒,即赴俄国公使馆与其会面,次日高仁峒又至万寿山。七月二日,岛川通译官于白云观探知以上情况,并约于次日与该方丈会面商谈。他很快接到高仁峒的回音,谓拟在三日下午六时,在太升堂面晤。按照预定时间,下官在太升堂与方丈之谈话。其内容如下:
>
> 璞科第到任的消息是由俄国公使馆告知的。会面之时,因和多数人聚在一起,无奇可谈。唯璞科第不愿住方丈周旋于西山的避暑胜地,希望如同以前那样仍居住白云观,而方丈却婉拒。璞科第讽刺方丈称:是否因为有意将该处租赁某外国公使。然后,璞科第谓这次出任公使,繁忙多事,无法至避暑胜地安闲过日,因而不用。其他无话可记。
>
> 关于方丈于二日赴万寿山,向他提问是否有事会见李、崔两总管。他答云:并非带着璞科第的使命而去,在万寿山有关璞科第的传闻谓:该人在清国驻在多年,清国朝野多有知音,此次作为公使到任,也会有很多方便。又据说,近日谒见呈递国书云。方丈似乎不知道他在京滞留数日,而后又要以日俄媾和谈判委员而离开。
>
> 高方丈谈到,内田公使寄来白云观牌楼修缮费一事,已告总管。总管谓:日本与他国不同,崇信儒佛教义,故对道教之信奉亦较他国真诚。总管还谈到内田公使夫人谒见时的服装等诸情况,对该夫人有许多话,询问其归任日期。
>
> 岛川通译官向方丈称:李、崔总管无暇外出宫廷,其他宦官也不

---

① 《白云观方丈高云峒报告呈送一件》(1905年6月10日),日本亚洲历史资料中心藏日本外务省档案《諸外国外交関係雑纂/露、支間 第一巻》(REEL NO1-10127),第172—177页。

得外出，故希望介绍合适的人。高方丈即答想要介绍福某，同时称：宦官中有种种任务，其中有类似御史的，比如此福某探知城内外之事，负有随时向宫廷汇报的职务。所以他知悉宫廷内的情况，自不待言，又精通世事，为人也伶俐，能明白事理。明天即四日与他有约，可谈此事，或许该人结伴往访。①

据高尾氏的观察，高仁峒与璞科第的关系"仍一如从前。该公使通过高方丈，探听宫中动向，然后又在暗中有所运动"。孔祥吉、村田雄二郎还提到日本对白云观所做的情报工作：如以日本驻华内田公使的名义，向白云观提供维修殿宇的经费一千两，并由此换取到了高道士以及大内太监的欢心。高道士传达李莲英的感谢话说："日本和他国不同，共奉儒佛之教，从而理应对道教信仰甚笃。"对于日方介绍宫廷太监的请求，高道士同意将李莲英和崔玉贵介绍给日方，并说他与太监的关系"全属私交，与公事毫无所涉"。此外，日人还要求在白云观购置公使"别墅"，如同璞科第的"大俄国璞寓"，不料被高氏婉言谢绝。通过孔祥吉等人发现的日人情报，证实野史有关高仁峒"政治中神仙"的记载确实属实。

行文至此，我们已经对高仁峒"神仙中人兼政治中人"、内政兼外交游走的面目充分的了解，不过在翻阅国立公文书馆亚洲历史资料中心有关档案时，发现了不同于日本驻华公使馆的情报报告。原文如下：

　　明治三十八年五月十八日
　　清国驻屯军司令官仙波太郎
　　陆军大臣寺内正毅殿
　　　　六月一日
　　附新任驻清俄国公使璞科第之消息，军宪兵所侦察到的情况如下：
　　一、依照所听闻的情况，新任俄国公使璞科第的来京，本预定于六月下旬从本国出发。因关系到眼下时局，彼为紧急上任，遂定于本周中从俄国出发，通过西伯利亚铁道，经蒙古内地入恰克图，并滞留

---

① 《白云观方丈高云峒报告呈送一件》（1905年6月10日），日本亚洲历史资料中心藏日本外务省档案《諸外国外交関係雑纂/露、支間 第一巻》（REEL NO1-10127），第179—180页。

于该地数日，然后经张家口来京。

二、从新任俄国公使璞科第五月一日在致北京道胜银行总办"夕一"（露国人）的电报中听说，要向庆亲王、李莲英、白云观的道士某等三人赠与物品。斟酌购买并赠与适当的物品，是所要拜托的事情。

三、前记的电报接到后，道胜银行总办夕一于五月十一日至北京石牌楼北路的亨达利洋行购买物品。

1、向庆亲王的赠品

金方座钟　　一个

金蓝女持怀表　二个

锦丝桌挂　　二枚

花洋桌椅 各一把

2、赠与李莲英的物品 与庆亲王赠品同

3、予白云观道士的赠品

金侧怀表　　二个

锦绵花檀　　二枚

上等糕点　　二箱

大镜　一个

四、以上的物品乃从亨达利洋行购求，尚未运送，不日将向三方赠与。为避免赠与此物品遭致外部诽评，为保证此事极秘密进行，道胜银行职员所知者越少越好。

五、本件乃从道胜银行办事铭廉处探知，彼所谈及关于赠与物品之事，与添付物品，均依照所审知的事实写成信件。

以上为报告。①

明治三十八年5月18日，清国驻屯军司令官仙波太郎向陆军大臣寺内正毅提交了一份机密"特报"，汇报了有关俄国新任驻华公使璞科第活动的侦查报告。其中一个活动就是5月1日璞科第电请华俄道胜银行总办为庆亲王、李莲英、高仁峒购买礼物。后者于5月11日在北京石牌楼北路亨达利洋行为庆亲王、李莲英及白云观道士购买了相当价值的礼物。其中给庆亲王的赠品是金方座钟一个，金蓝女持怀表两个，棉丝桌挂两枚，花

---

① 《清国驻屯军司令官仙波太郎的特报》（1905年5月18日），日本亚洲历史资料中心藏陆军省档案，第810—813页。

洋桌椅各一把；李莲英的赠品与庆亲王一样。白云观道士的则是金侧怀表两个，锦绵花檀两枚；上等糕点两箱，大镜一个。以上物品以极机密方式运送①。在以前岛川的报告中，庆亲王没有出现过，而军队的机密报告再次证实了高仁峒在内政外交中的角色，此处道胜银行所订购礼物的亨达利洋行不正是穷老道所云西太后另外的一个账房吗？

除此外，还有一封尚未利用的机密报告如下：

> 明治三十八年八月二十一日，清国驻屯军司令官神尾光臣代理
> 陆军步兵中佑及川恒昌
> 致陆军大臣寺内正毅殿
> 特报
> 一、北京派遣军宪兵从露清银行员某处所得探闻如下：
> コザコフ代理公使租借蒙古努克图金矿及另外一所的矿山的计划，先前已在运作中，数日前代理公使在白云观招待庆亲王，私下已关于此事达成一致，而后代理公使欲使租借上述两矿山的契约最终成立，要向亲王赠银一百万元作为谢礼，再提出正式请求。不过蒙古努古图金矿在库伦西北约八百清里的地方，其他一所矿山，地名不详。②

在这份机密报告中，从内容来看当是日本驻北京宪兵通过华俄道胜银行探得的消息，俄国驻华代理公使卡扎科夫在白云观宴请庆亲王，所达成约定乃是如果能够成功达成租借努克图等两处金矿契约，则愿意赠送其100万元为谢礼！③

第三节　雅士与俗人：高仁峒的社会生活

在宗教史与政治史中，高仁峒是"神仙中人兼政治中人"，从社会生

---

① 参见《清国驻屯军司令官仙波太郎的特报》（1905年5月18日），日本亚洲历史资料中心藏陆军省档案，第812页。
② 《清国驻屯军司令官神尾光的特报》（1905年8月21日），日本亚洲历史资料中心藏陆军省档案，第569—571页。
③ 有关近代中俄开采蒙古金矿的历史，可参见吕一然《清俄合作开采外蒙古金矿初探（1899年—1911年）》，《中国边疆史地研究》1992年第4期。

活史的角度来看,高仁峒既是雅士,又是俗人。

高仁峒是什么样的出身?高仁峒在《云水集》中曾自叙身世:

> 予姓高氏,实生于济宁,十五丧父,已厌尘情,又历四载,益叹浮生,行年十九,遂访赤松。辞我老母,别我弟兄,掉头东去。半夜摸行,如人接引,直上云梦,吴师座下,得接宗风,常加警觉,严定课程,返听收视,开觉通灵,省棉节食,化怒息争,藉得真趣。①

《太上龙门正宗》称高氏祖父均以耕读为业,家非殷实而乐善好施。在父母双亡后家人为之议婚的时候,高氏逃至云梦山入道。新近发现的碑刻详细介绍了高氏的生平历史:

> 师籍任城,世称望族。幼具慧根,至弱冠时,厌弃尘世,不为诗书□,遂归山学道,师事第十五代上本下回李度师座下。苦行修持,越数年,辞师出山云游,足迹半天下。所至老师宿儒争相过从。及得戒后,慧力益深,道心愈笃。凡道之所在,无不身体而力行之。至光绪初,群推为京都白云观监院。又举为方丈。凡七登律坛,得度者三千有余。所著《云水集》《大觉阐微》行于世。上荷我朝慈禧皇太后敕赐金冠紫袍,御前焚修,诸多荣膺,不能枚举。而泽被道教之处,尤难详述。至如以六百金修葺本山庙宇,固为报本返始之意。然而未终其志,竟于光绪三十二年羽化在白云祖堂。即函仙蜕,砖而塔之。春秋六十有六。蒙两宫殊恩,赐祭一坛,号封寿山大真人,皆异数也。本朝王公侯贝,及各国钦使,并俄国附马普科第,额其门曰:"道普大同",又塔联云:"名满大千世界,功在第一丛林",又铭:"蒙峄之英,洙泗之灵,维此哲人,应运而兴。十年炼气,万里游行。金台飞舄,领袖上清。募增田亩,创建园亭。葵芹时献,金紫荣膺。庚辛浩劫,钟簴无惊。欧斐奥亚,齐赞文明。乡邻振恤,学界经营。戒坛七启,薄海欢迎。道非常道,名非常名。具三不朽,是曰长生。"呜呼!我师之事实,既蒙当道君子铭而旌之矣,弟子等肤识疏学,亦何敢妄为置喙。然其维持道统,丕振宗风,一生殆无遗事。使不言

---

① 高仁峒:《云水集》下册,光绪十三年刻本,北京师范大学图书馆藏,第1页。感谢学友李在全博士的努力与帮助,笔者方可窥得此书全貌。高万桑、刘迅两位教授较早留意到《云水集》的重要性。

之，不惟祖德不彰，亦不能示后世也。兹值刻石，以垂不朽，仅就我师实迹，略述梗概，俾后之向道者知所观感云尔。

宣统元年榴月日立

徒孙张礼静顿首拜撰郭礼真沐手敬书①

前述不同史料对高氏出生、入道之缘由虽不完全相同，但无一不是正面的描述。然而据《清稗类钞》云高氏则是因失金而遁入道观：

> 白云观方丈高云溪，名峒元，名动公卿，势倾一时。有识其身世者，谓为山左之任城人，幼甚贫，为商店佣，以失金宵遁，入城西吕仙庙为道士。店主追之急，乃东奔至某邑白云岩，栖止数年，乃入京师白云观，未久而为方丈矣。②

尽管入道缘由社会上略有非议，但是不可否认，高仁峒在诗书画方面还是颇有志趣、成绩与文采的。高仁峒在光绪十一年（1885）左右刊印了《云水集》（上下册），辑录自己修道心得、偈语、诗歌等。从白云观历史来看，清代白云观道士中除王常月外，仅高仁峒留有文集，甚是难得。曾给《云水集》作序的"青渠散人李端遇"曾赞高仁峒"孝友中人"：

---

① 北京白云观第二十代方丈高仁峒墓碑。碑高1.7米，宽1.06米。碑文正面刻有"大清华山第十六代上仁下峒云溪高先师之位"，背阴为"敕赐金冠紫衣寿山真人白云堂上第十六代上仁下峒高先师之洞"。转引自赵芃《蒙山道教初探》，《中国道教》2010年第3期，第37页。感谢尹志华研究员惠赠碑刻图片。碑刻中称高氏羽化于光绪32年，实则为光绪33年。盖菲引述白永贞编纂的《铁刹山志》炉至顺所述，称高仁峒羽化的具体日期是3月11日（盖菲：《高仁峒其人及思想研究》，硕士学位论文，厦门大学，2012年，第17页）。根据《顺天时报》的报道，高氏逝于光绪三十三年三月初一（1907年4月13日），参见《高道士仙逝》，《顺天时报》光绪三十三年三月初四日，1907年4月16日，第7版。

② 徐珂编：《清稗类钞》第10册，中华书局1986年版，第4974页。《小说新报》第6年第6期曾有"高云溪"笔记一则云："京华僧道多交接王公出入宫禁，以故声价日高。白云观方丈高云溪，名峒元，名动公卿，权倾一时。有识其身世者谓为山左之任城人。幼甚贫，为商店佣，以失金宵遁入城西，吕仙童为道士店主，追之急，乃东奔至某邑白云岩栖止。数年始入京师白云观，未久而为方丈矣。云溪尝交通宫禁，与总管太监李莲英结为异姓兄弟，进神仙之术于孝钦后。孝钦信之，命为总道教司，卖官鬻爵之事，时介绍焉。于是达官贵人之妻妾子女皆寄名为义女，敛财至巨万，所行所秘密，及孝钦薨。高知不免，托名云游，实则归山左为富家翁矣。"

闻尝综举云溪始末，行年二十出家，及今垂三十年。其间餐露煮石，朝风弄月，方外生涯慕道者，往事称述。顾余以为，未足尽云溪者。云溪固孝友中人也。夫求仙必视所居，而观人必要求大孝友者。入世可以希圣，即出世可以成仙者也。于何信之？于云溪处其母、弟信之。方高母在堂也，白发倚阁，思子常切。云溪既受师戒，不能云其灭亲，云水游方，尝省其母。母死，千里奔丧，出资营窆穸，尽丧尽礼。既葬而后，去求仙之道，实已厚培其本也。尝自道，所得虽练师羽客，非入云溪之室者，不能窥云溪之言之奥。门外人强作解事，转类病夫之谚语矣。则谓余于是集，乃终未能赞词也可。光绪十二年岁在丙戌，八月既望，青渠散人李端遇书于宣武城内之寓庐。①

高仁峒虽是道士，但亦推崇三教融通。其曾作诗赞孔子："大成至圣启后承前，仰之弥高钻之弥坚。心传一贯道有真诠，万世师表洵无间然。"② 赞释佛曰："弗我弗人，佛自有真。去来现在，视此根因。晨钟暮鼓，警觉凡尘。清净世界，广大精神。"③ 高仁峒曾设千僧斋，并有上堂法语："三教由来共根源，根源起处莫颠顶；一轮明月当空照，万水千江影尽圆。"《印光法师文钞集后编》记云：

兹有京都白云观方丈、护法道友仁峒高公，禀柱下之真传，作玄门之领袖，踞白云之丈室，为黄冠之依归。欲参普门，故朝第一名山；广结众缘，因设千僧大斋。又以心期宏道，志在利人，敦请山僧，升座说法，欲使大众咸知，教虽有三，道本无二。山僧不免烦木上座为众指出。（举拄杖云）大众看看，这个是儒耶？道耶？释耶？若能直下了然，管取人我相除，参学事毕。一尚了不可得，三又从何而立？若或未了，不免葛藤一上。夫道无形相，如春在花枝。人有彼

---

① 上文作者李端遇，字小岩，号青渠散人，山东安丘人。同治二年（1863）进士，留京任吏部考功司主事，员外郎、郎中等职，后升任光禄寺少卿、鸿胪寺、太仆寺正卿、通政使司通政史、都察院右副都御史、工部侍郎兼钱法堂事务。李氏数次出任考官。庚子五月二十一日，京师义和团波涛汹涌，慈禧命李端遇与国子监祭酒王懿荣一起，充当京师团练大臣。在清廷颁布宣战诏书后，李氏曾奉慈禧之命统带义和团，会五城稽查，参与京城防守事宜。七月初六日，又奉命兼署吏部右侍郎。
② 高仁峒：《云水集》上册，光绪十三年刻本，北京师范大学图书馆藏，第24页。
③ 同上。

此，如像含古镜。虽万像各异，而原是一镜包涵。纵千花竞秀，而本从一气化育。全多即一，全别即同。了此则法法圆通，头头是道。从朝至暮，动作云为，无不是老子之"常道"，孔子之"至诚之道"，与夫达磨西来"直指人心，见性成佛"之道矣。虽然，高公是一通方作家，不妨更进一筹。且道镜空花落时，又作么生？试下一转语看。良久云：白云影里仙人现，手把红罗扇遮面；急须着眼看仙人，莫看仙人手中扇。[1]

在文集后记中，高氏还明确推重"大学言齐家治国平天下一以修身为本十六字心法"[2]。这些偈语诗文的文采如何，高氏曾提到一位来观"先生"的感觉，后者称"此集文字虽佳，言空言悟见解却差"。高氏敬谢之特附文集后以备"同志者览"[3]。

《北平旅行指南》提到他"机警善辩，且工绘事"[4]。在流传至今的高仁峒赠"莲舫弟台大人雅属"的对联中，高氏"人史公文五岳高，小将军书三山远"的书法颇有功力，且这一对联也颇为工整。高仁峒的徒弟陈明霦在《云溪道人吟》中赞其曰："云成雨露满长天，溪上新花意快然。道有三端德智体，人人学此胜登仙。"[5]

近年来，拍卖市场常有高仁峒的书画作品出现。下图为高氏所作扇面，题识："癸卯九秋，录板桥道情一则，于淮阴孚佑宫尺五楼之北窗口为，又巢仁兄大人雅属即新正是，云溪高仁峒。"[6]

在1900年义和团事变中，高仁峒劝募华俄银行总领事璞科第等人筹集巨款，购置米粟于白云观，在城区八处设粥厂施粥，"兼溥御寒冬衣之赐"[7]。光绪二十八年（1902），西便门内外二十一村勒碑赞誉其功德：

高云溪方丈，以东州之贤裔，广南华之真传，主教数十年，善行

---

[1] 参见印光《印光法师文钞集后编》（http://www.foyaojiuni.com/amtf/201403/11628_8.html）。
[2] 高仁峒：《云水集》下册，光绪十三年刻本，北京师范大学图书馆藏，第43页。
[3] 同上。
[4] 马芷庠编著，张恨水审定：《北平旅行指南》，新华书局1938年版，第9页。
[5] 陈明霦：《白云集》，胡道静等主编《藏外道书》卷24，巴蜀书社1992年版，第15页。
[6] http://auction.artron.net/paimai-art0042580148。穷老道曾云高仁峒自炫工画，实际上乃请人代作（参见后文）。
[7] 《粥厂碑记》，李养正《新编北京白云观志》，宗教文化出版社2003年版，第724页。

不可枚举。而庚子岁保卫村邻,筹募赈济,尤有令人讴思难忘者。当联军甫至,京外震惊,方丈坐镇雍容,推诚联络,卒化嚣竞为礼让,民得安堵,又募劝华俄总领事李大善士,桥梓设厂施粥,全活无算。近村老稚得免锋镝沟壑之虞,此皆出方丈之赐也。都人士重睹承平,不忘危难,特追述方丈之义举,泐诸贞珉,以垂永久。庶丰功盛德,益使闻风兴起焉尔。①

在晚清庙产兴学的倡导中,高仁峒也有相应之举。光绪三十二年(1906)闰四月二十九日高仁峒请办初级小学堂,特向学部禀请恳准立案。对此学部批道:"据禀已悉,该住持热心兴学,深堪嘉尚。惟堂中教习监学何人,应开具姓名籍贯,注明担任何项学科,并将所招学生名册呈部备查,再行核办。"②对于预定五月二十四开学的白云观道教学堂,《大公报》赞称筹划周备,所有办法"颇称完善,事当创始,该道士亦可谓煞费苦心矣"③。五月初八日,在白云观住持高仁峒呈明学堂教习、学生姓名籍贯清册请存案后,学部批称:"据禀及所呈清册名册均悉,所列学科尚属完备,应准立案。再候本部派员查视可也。"④

在社会交往方面,通过前文可以看出高仁峒乐意与社会各色人物交往,对内交往的不仅有内宫太监,还有中央、地方大员。在对外方面,既有俄国人璞科第,还有日本使馆秘书高尾等人。1906年10月,在高仁峒去世前一年,日本著名美术家冈仓天心开展了第二次中国行,其间在北京白云观住宿20余天。根据冈仓天心及其学生清间陆郎的记载,在日本驻华公使内田的介绍下,冈仓来到白云观,与高仁峒以及高氏徒弟八仙宫方丈李宗阳建立了深厚友谊。其间冈仓穿着道袍,阅读道教经典,多次聆听高云溪道长讲道。冈仓与高仁峒的清谈中,当问到道教的核心大意时,后

---

① 《云溪方丈功德记》,李养正《新编北京白云观志》,宗教文化出版社2003年版,第725页。
② 《白云观住持高仁峒请办初级小学堂恳准立案禀批》,《学部官报》1906年9月18日第2期,第42页。感谢中山大学历史系硕士生黄华琦同学代为抄录。
③ 《时事》,《大公报》1906年6月22日第4版。
④ 《白云观住持高仁峒呈明学堂教习学生姓名籍贯请存案禀批》,《学部官报》1906年9月18日第2期,第44页。除了兴学堂外,有报道称绅商曾与白云观会商在吕祖阁建机器厂:"闻某绅商前在白云观会商观主,拟在顺治门内半壁街名吕祖阁内建造机器厂一所,现在妥定,谕令木厂鸠工赶造,拟在三月间开办。"《顺天时报》光绪三十三年二月十八日(1907年3月31日)第7版。

者答曰"清真"①。他还在日记本中认真记录高道长关于修道的建议:"欲问修道之法,需先见道藏辑要。"而他也真的将这个建议付诸行动,在旅途中多次提到阅读道家经典。他甚至得到高道长的允许见到白云观珍藏的道藏经典真迹,并获赠宝贵道藏古籍。最近有研究者发现冈仓最常阅读的是《神仙通鉴》和《长春祖集》,并且从《长春祖集》的某些片段中发现自己与道家的缘分②。更有意思的是,还留下了两幅珍贵的照片(见彩页)。

此外,作为一个"世外高人",高仁峒还极乐意与官员、士人交游,并常在白云观内设宴。《翁同龢日记》曾记载光绪十八年二月初七日(1892年3月5日)豫锡在白云观请客,翁同龢应约的情形:"诣白云观豫锡之丈之约,荫轩未到,到者五客:荣仲华、李兰孙、谭文卿、祁子禾及余也。方丈高云溪,山东济宁人,治蔬菜尚佳,亦俗人耳。有姚道人者,能画,今往彰德。"③豫锡之乃晚清名士豫师。荫轩是徐桐,其他四人分别为荣禄、李鸿藻、谭钟麟、祁世长,皆是清廷大员。正是如此,高仁峒不仅同意在观内设宴,他本人以及能画的"姚道士"出面陪同。虽然高仁峒"治蔬菜尚佳",但终究难脱翁同龢"俗人"的评价。高仁峒"俗"在哪里?翁同龢没有明言。黄钊在《帝京杂咏》中也表达过道士的俗气:"但饶寡欲与清心,要语还征道行深,一事真人难免俗,白云观主说烧金。"④对于白云观的宫观环境之风雅,章令侯曾作《西园雅集》⑤。也正是如此,更吸引不少政界人士的游乐与居住。1905年新授闽浙总督崧蕃"因政体违和兼之沿途跋涉,迄今未愈,到北京后云病躯衰弱恐难胜任,拟引疾祈休,其折稿即于日前由白云观医院内缮发"⑥。而晚清著名垦务案的主角贻谷,有史料称其为高氏弟子之一。1908年,在被押解到京城时,曾入住白云观二十日,在御史弹

---

① 清间陆郎:《先觉者冈仓天心》,东京アトリエ社,1942年,第34—35页。
② 参见林超纯《冈仓天心的中国文化观:形成、内涵及亚洲主义的定位》,硕士学位论文,香港中文大学,2013年,第71—73页。
③ 翁同龢:《翁同龢日记》第5册,中华书局1998年版,第2505页。金梁曾据此辑云"诣白云观豫锡之约饮。方丈高云溪,济宁人,治蔬菜尚佳,亦俗人耳"(《近世人物志》,北京图书馆出版社2007年版,第257页)。刘迅、王见川、孔祥吉、村田雄二郎等学者注意到了翁同龢的重要评价。
④ 雷梦水等编:《中华竹枝词》第1册,北京古籍出版社1997年版,第179页。
⑤ 参见李信军主编《水陆神全:北京白云观藏历代道教水陆画》,西泠印社2011年版,第327页。
⑥ 《崧蕃意欲乞休北京》,《申报》1905年10月4日第3版。

劾后才到京师监狱报到。而 1911 年被上谕发往军台后,"请病假一月,在京郊白云观休养,现该犯已于上月二月二十五日仍回本宅,日日大请宾客,据个中人云该犯决不赴台,预定俟一月假满,即出金二十万报销海军军费,由洵贝勒具奏请于赦免矣"①,《申报》称逍遥白云观中抗命不行②。到民国时有人还注意到此节:"白云观为了在城外,所以方丈交结要人,有时进城不及,就可以住在那里。清末绥远将军贻谷廙仁(谷),为蒙恩案谪戍,第一站就住在白云观。接着褫呈交请病假,藉以延迟。"③

新近出版的中国社科院近代史研究所藏清代名人手稿抄本,有不少史料显示白云观与醇亲王奕譞的交往,在王府寿辰时,白云观常进素菜、馒头④。

上文曾提及高仁峒好书法,除慈禧曾赠送《梅花图》外,新近出版的《水陆神全:北京白云观藏历代道教水陆画》一书中藏有多幅名人字画,其中很多直接是题赠高仁峒的。

恭亲王赠送"云溪大鍊师雅嘱":"清规懋赏白云俱洁,青松碧沼明月自生。"⑤

肃亲王"云溪方丈雅嘱":"月轮高挂山河影,心镜忽入造化几。"⑥

仁和李植林曾作《群仙祝寿》:"时在己丑春月,仿元人笔意,以应云溪方丈律师大人法正。"⑦

皇四子:"画家初以古人为师,后以造物为师,吾见黄子久天池图皆

---

① 《贻谷手眼通天》,《申报》1911 年 4 月 8 日第 4 版。
② 参见《贻谷金钱势力真不弱》,《申报》1911 年 4 月 21 日第 5 版。
③ 孤血:《记白云观》,《一四七画报》1946 年第 8 卷第 5 期,第 14 页。
④ 如"白云观进素菜一桌,馒首二盒,赏银四两,钱四吊"(《兴泰等禀正月初四日前来拜寿官员名单》,中国社会科学院近代史所编《近代史所藏清代名人稿抄本》第 1 辑 85 奕譞档 4,大象出版社 2011 年版,第 183 页);"白云观进素菜一桌,馒首二盒,赏银二两,钱四吊"(《文兴、松春等禀三月初七日亲自或差人前来请安送礼官员名单》,同上书,第 1 辑 85 奕譞档 4,第 434 页);"白云观来素菜一桌,赏钱四十四吊"(《正月初四日前来送礼人员名单》,同上书,第 1 辑 87 奕譞档六,第 11 页);"白云观来素菜一桌,馒首二盒,赏银二两,钱四吊"(《兴泰等禀三月初七日亲自或差人前来拜寿送礼人员名单》,同上书,第 1 辑 88 奕譞档 7,第 333 页);"白云观领猪口分钱九十吊"(《堂子挂月纸折:各种支出清单》,同上书,第 1 辑 84 奕譞档 3,第 263 页)。
⑤ 李信军主编:《水陆神全:北京白云观藏历代道教水陆画》,西泠印社 2011 年版,第 340 页。
⑥ 同上。
⑦ 同上书,第 333 页。

赝本，昨年游吴中山快心洞，目若遇吾师尔。"①

白云观殿堂内诸多天仙图中，"天仙之一诸西"图题款："超心炼治造化已奇，幽人空山明月雪时，乙丑孟春望? 云溪方丈道兄属。蓟门黄……"由题款可知，作者黄氏画于光绪十五年（1789）一月，其称高氏为道兄，可知二者关系之密切。

白云观藏翁同龢临黄廷坚《黄庭坚书阴长生文并跋》，"云溪大鍊师方丈一咲"②。

在白云观的诸多碑刻中，我们可以发现很多乃是高仁峒所立，碑刻作者或题写者乃是高氏所请之名人。高仁峒光绪十二年（1886）所立之《白云观长春供会碑记》，"赏戴花翎运同衔即撰；知县山左李其寓敬撰；赐进士出身、翰林院编修闽中王式文敬书"，碑文中在赞扬刘素云之后，连带高仁峒一并作了番揄扬。

前文曾提及高仁峒所作《云水集》，哈佛燕京所藏版本封面有晚清道士王乐山墨笔题词。文曰：余与高云溪系属同参。知道容易行道难。道道本来道，一道生万道，万道归一道，如是不二道。游戏僧同参王乐山存阅。有意思的是，云水集三字题写者为"张逊先"。张氏名祖翼（1849—1917），其字为逊先，号磊盦，又号磊龛、濠庐。张氏为安徽桐城人，因寓居无锡，又号梁溪坐观老人。光绪三十三年（1907）二月间，《顺天时报》连续几日载有张氏之广告："张逊先君，住南柳巷永兴寺，现闻出京有期，敬告诸公之索书者。琉璃厂南纸店同启。"③在高仁峒看来，张逊先当为与其交游友善的雅士。不过从前进述稿来看，张氏或仅为润笔而作，更令人意外地是张氏恰恰是《白云观道士之淫恶》的作者！

> 京师西便门外有白云观，每年元宵后，开庙十余日，倾城士女皆往游，谓之会神仙，住持道士获赀无数，然犹其小焉者也。其主要在交通宫禁，卖官鬻爵。总管太监与道士高峒元，盟兄弟也。峒元以神仙之术惑慈禧，时入宫数日不出，其观产之富甲天下。慈禧又封峒元为总道教司，与龙虎山正乙真人并行，其实正乙真人远不如其势力也。凡达官贵人妻妾子女有姿色者，皆寄名为义女，得为所幸则大荣耀。有杭州某侍郎妻绝美，亦拜峒元为假父，为言于慈禧，侍郎遂得

---

① 李信军主编：《水陆神全：北京白云观藏历代道教水陆画》，西泠印社2011年版，第339页。
② 同上书，第342页。
③ 《顺天时报》光绪三十三年二月十三日（1907年3月26日）第1版。

广东学差，天下学差之最优者也。此不过举其一端耳。举国若狂，毫无顾忌。观中房闼数十间，衾枕衾具悉精美，皆以备朝贵妻女之来宿庙会神仙者，等闲且不得望见之也。①

本书猜测或是高仁峒的世俗言行举止导致他被翁同龢这一帝师视为俗人。前述日人高尾氏在同高仁峒的交谈中，认为高仁峒"本人不通时事，所谓政界里面的消息，不可期正中要害，且其所言既无系统，又欠缺要领，内容颇难判定"②。以为高仁峒不通时事，见识不高，或可被视为俗人。但是，本书以为，高仁峒被视为俗人的重要原因或是他的俗人的生活方式。

高仁峒曾作《戒酒》偈云："酒沉迷性情乱，耗气耗神耗寿。"③但是多则史料记载称高仁峒喜到城内某酒家聚会："南村南城酒肆，即杨梅竹斜街万福居。道士入城，每以是为居停。其肆东偏一院，境颇幽寂，凝神炼气，或无妨焉。故客欲以杯酒结道士欢，及道士饮人以酒，悉于是肆。肆善治鸡丁一品，其烹割术，为道士秘授，肆人名之曰'高鸡丁'云。"④

根据除了饮酒吃肉破戒外，高仁峒或耽于女色，并为人所诟病。穷老道在《八十年来之白云观》一文中专设一节"筑金屋神仙藏娇"：

> 老神仙在未富贵前，已有一位神仙太太，仿佛是在宫外老墙根一带。神仙富贵后，此位神仙太太瑶池归位，前节所述之德静轩，为谋官事，宴请老神仙于宣武门口奶奶家中，因此老神仙又举行胶续大典，娉上第二位神仙太太。此位太太是宦门的孀居寡妇。听左近邻人传言，自与神仙结合，所有建新屋，置家具，以及夏日的天棚等，都是内务府某总管大人的孝敬。神仙所赔的不过是些许精力，并未损失金钱。这是一种传言，笔者不敢唐突内府老前辈。⑤

---

① 张祖翼：《清代野记》，中华书局 2007 年版，第 18 页。
② 孔祥吉、村田雄二郎：《京师白云观与晚清外交》，《社会科学研究》2009 年第 2 期，第 161 页。
③ 高仁峒：《云水集》上册，光绪十三年刻本，第 35 页。
④ 《记高道士》，佚名《梼杌近志》，见孙静庵、胡思敬《栖下阁野乘·国闻备乘》，重庆出版社 1998 年版，第 274 页。
⑤ 参见穷老道《八十年来之白云观》，《一四七画报》1946 年第 8 卷第 3 期，第 10 页。

民国时期，贾文岛在《白云观纪游》中提到白云观三清阁上有很多密室，晚清时期发生了诸多风流韵事。每到新正，"阁上满是北地胭脂，南朝金粉，鬓影钗光，徘徊簪际"，达官贵人以及各王公的姬妾常有花样演出，而高仁峒就是此中的无冕王。在游至火德殿附近，作者发现一密室，提到："听说此处便是仁峒道人的销魂窟，当年许多王公的姬妾，秘密进出，曾闹过几桩风流笑话，终因仁峒手腕灵活，没有发生惨剧，但街头巷尾，已都传为美谈。"① 在《北平旅行指南》中，作者介绍了高氏晚年耽于女色的确证："南城某饭肆，有一偏院，为高之行宫，攀缘者，则又以肆主为先容，肆主因大得其利。高晚年耽于女色，狎一孀妇，藏春于宣内某巷。热中者，乃又趋奉于孀妇之门下，以冀代为吹嘘。高病危时，犹奄卧于春帐粉被中，及升之观内，逾日气绝。"②

许啸天的《清代宫廷艳史》曾绘声绘色地描述了高仁峒广收女弟子的状况：

> 且说这峒元道士得了皇太后的欢心，常常宣他进宫去赐座，奏对道术，从早谈到晚也不厌倦。有许多王公大臣见他得了势，便轮流着请他进府去置酒高会。喝酒喝到高兴头里，便把自己的夫人福晋格格小姐们唤出来，拜峒元道士做师父。这个风气一开，京城里有许多官家眷属都抢着拜在峒元道士门下做一个女弟子，算是十分荣耀的事。
>
> 那做女弟子的都有贽仪，多则上万，少也数千；银钱以外，还送着各种绣货，有绣一件道袍的，也有绣一件鹤氅的，也有绣佛着幢幡的。那官阶小些或贽见礼少些的，硬把自己妻女凑去拜他，还不在他眼睛里呢。有许多王爷求着要和他换帖，峒元道士还推三阻四地不肯。他只和李莲英拜把称弟兄，为的是结下这个交情，彼此在太后跟前可以互相说着好话。又因这一年正月十五日太后亲到白云观中拈过香，从此每年正月十五这一天，便有京城里文武官员到观中来拈香，皇太后皇上也必要下谕派一位王爷代行拈香。
>
> 这一天，峒元道士备下戏酒，邀着王爷大臣们在观里热闹一天。从十五这一天起，便把庙门开放，任人进庙烧香，直开到二十五；在这十天里面，红男绿女进庙来烧香的，挤得水泄不通。京城里人称做

---

① 贾文岛：《白云观纪游》，《中外问题》1936年第14期，第187页。
② 马芷庠著，张恨水审定：《北平旅行指南》，新华书局1938年版，第9页。

"会神仙"。来会神仙的不独是平民百姓，那京城里王爷的福晋、大臣的命妇以及贵家的格格小姐，都打扮得花朵儿似的到庙里来会神仙。他们的会神仙又与平常妇女不同，到了庙里，决不肯当日回府，必得要在庙中睡下一宵，真的去会神仙，名叫宿山。如此这班贵妇女大半是峒元道士的女弟子，年轻的格格小姐们又寄名给峒元道士做干女。因此那班贵妇、小姐见了道士，大家抢着把师父干爷嚷成一片。峒元道士见女弟子、干女儿来了，便格外巴结，在庙里预备几十间精美房间，锦绣床帐，留她们女眷住下会神仙去。内中有长得美貌的，越发留着多宿几宵，有许多官员想升官的，便托他妻女在这会神仙的时候求着师父干爷，给她自己的丈夫父亲在太后跟前说几句话，又拿整万、几十万银两交给峒元道士，托他上下打点，只须师父干爷一答应，那官儿在十天里面便可以往上升。那班官眷会得神仙的，便出来对同伴们夸耀着，只有几个年纪略大些的官太太，或是银钱不济事的，竟有几年会不到神仙的。

记得那年有一个杭州的吴侍郎，在京城里做了多年的穷京官，实在穷得过不下日子去。要走走门路，手头又苦于没有银钱。吴侍郎的妻子郁氏，是个头等美人，京城里一班官家眷属人人都知道的。这一年也是正月十七这一天，郁氏到八王府中去拜年。那王爷的福晋正打扮着，要到白云观去会神仙。郁氏一时之兴，也跟着福晋同去。峒元道士一见了郁氏，忙问这位是谁家的太太。福晋便对他说是吴侍郎的夫人。郁氏的美名，峒元道士也是久慕的，如今见了她，如何肯放，当时便要收郁氏做干女，郁氏推说没有带贽仪。在峒元道士跟前做女弟子或是做干女，多少总要献贽仪的，多则上万，少也要几千，况且这做干女儿、做女弟子的事体，都要那班官家女眷再三求着，峒元道士才肯答应。如今这峒元道士自己求着郁氏，要收她做干女儿，这是何等荣幸的事体！当时那福晋便在一旁怂恿着，叫郁氏快答应，师父一定有好处给你。后来，听郁氏说不曾带得贽仪，福晋忙着说："我有！我有！"说着，忙掏了一张二千银元的庄票来交给郁氏，郁氏转交给峒元道士。峒元道士摇着手说："贫道看吴太太脸上有仙根，俺们结一个仙缘，不用贽仪的。"当晚郁氏便在白云观中会得了神仙，一连宿了三宵，跟着八王爷的福晋回家来。郁氏临走的时候，峒元道士还给她一张一万两银子的庄票，算是干爷的见面礼儿。一过了二十五，庙会收场，峒元道士受郁氏之托，便进宫去奏明太后，说吴侍郎如何清苦，求老佛爷赏他一个差使。

这时太后正要下谕点放学差,在中国各省中要算广东学差的缺分最美的了,如今因峒元道士的说话,便放吴侍郎做了广东学差。那吴侍郎接了这个上谕,亲自跑到白云观去谢恩,回家来又对他妻子郁氏磕头谢恩,兴高采烈地赴任去了。①

在没有看到更多材料的情况下,对于野史笔记小说的真实性,或可有所质疑,不过新近发现孙菊仙的采访报道,或作为佐证:

　　德宗群嫔,珍妃才艳尤秀,而遇尤不幸。景阳宫前,胭脂井畔,至今过中翠宫,犹人思清宵环佩焉。妃初幽中翠宫,纨扇之怨,既捐秋夕,长门之赋,莫致千金。哀伤幽抑,时以小简密诉帝听。有见者谓词义悱丽,不啻刘妙容,婉转数歌。帝时亦密慰之。及庚子入井,犹呼:"陛下救妾。"推石击之始殒。车驾东归,出妃尸于井,犹辨颜色。西后命蕆葬诸海淀且铭曰:"无名女子之墓"。伤已妃生时,尝效女冠装,缟衣珠冠,倩雅如仙,从高仁峒为女弟子。及卒,岁时寒食,高犹向海淀孤坟箪醪焚纸也。

　　孙菊仙曰:"高道士仁峒与余为异兄弟,主都下白云观,观为名兰若,徒众几千人。仁峒好友尚侠,多识辇下贵达。宫中隆裕后以下暨皇族闺秀,都北面称女弟子,故禁门以内,无知有高道士焉。仁峒又善书,日与翰苑人游,观中因时下陈蕃之榻,有主之者,酬以万瑨不为惠,一铢不与,亦不计焉。"

　　周盛波,湘军宿将,子家德,裘马清狂,跌宕都下,性豪诞,尤擅诙谐。三十年前,宣南名公子也,甲午之役以道员统数营,隶吴县吴大澂。兵溃,家德坠马,伤于股,惧敌至,伏首蓿中,饥则采叶以食,越二日,始为部卒所得获。入都变姓名,舍于白云观,遂从高仁峒受玉皇箓,称弟子焉。久之,闻泰山多女道士,修鬟明姿,不啻江浙间女尼,乃大喜曰:"今日得兼主白云温柔两乡矣。一夕竟去泰山。"②

---

① 参见许啸天《清代宫廷艳史》第 83 回(http://www.quanxue.cn/LS_Qing2/GongTing/GongTing83.html)。
② 《龟年清语》,孙菊仙口述,叶小凤笔记,《双星》1915 年第 1 期。

第四节　白云观与晚清城市生活

康豹教授在梳理西方学界中国社区宗教成果时,强调宗教在地方社会以及城市中的重要性①。在回答近代城市为什么需要宗教这样重大问题时,根据新发现的佚名日记,赵世瑜教授指出,除了扮演礼仪秩序的空间角色外,寺庙和宗教主要是满足人们日常的精神需求的工具。在民初的日常生活中,寺庙是不可或缺的,但是不一定与信仰有关②。如韩书瑞在 Peking Temples and City Life（1940 – 1900）一书中精彩地展示了北京寺庙在城市日常生活中的重要作用,如寺庙成为城市民众聚会或加强联系的重要场所,就整个城市而言,以寺庙为基地的一些活动,如庙会、娱乐、慈善、政治活动具有重要的影响力。本书将以白云观为例,在已有研究的基础上进一步展示寺庙在社会文化中的重要角色③。

根据明清以来的竹枝词等丰富的地方资料我们可以发现,作为全真祖庭的白云观首先在宗教方面为道士以及城市民众提供了信仰的场所。对城市民众而言,除了宗教信仰的需要外,白云观也是一个重要的社会活动空间,本身作为纪念邱处机的燕九节也从宗教节日扩大成为一座城市的大众节日。在这个空间中,娱乐、庙会、交游等活动频繁发生,城市中的各阶层,从官员、士人到普通民众,都曾在这个空间中积极地活跃着。正是如此,白云观成为明清北京社会文化中的典型之一。

为何自元代以来白云观虽屡次倾坍,却又能受到眷顾、不断得以重建?最重要的因素或是白云观以及全真道教的重要宗教影响力。正月十九之白云观、元旦之厂甸、上元之观灯同称"上林盛举"④。"燕九节"之称始见元代熊梦祥著《析津志》:"正月一日至十九日,都城人谓之'燕九节',倾城士女曳竹杖,俱往南城长春宫、白云观,宫观葳扬法事烧香,

---

① 参见康豹《西方学界研究中国社区宗教传统的主要动态》,《文史哲》2009 年第 1 期,第 43—67 页。
② 参见赵世瑜《民国初年一个京城旗人家庭的礼仪生活——一本佚名日记的读后感》,《华中师范大学学报》2009 年第 5 期。
③ 张紫晨的《白云观传说的演变及北京有关的风俗》(《北京师范大学学报》1984 年第 5 期)以及段天顺的《竹枝词与北京民俗》(《北京社会科学》1996 年第 3 期)初步探讨了白云观与民俗之间的关系。
④ 陈莲痕:《京华春梦录》,广益书局 1925 年版,第 29 页。

纵情宴玩以为盛节。"① 由于藏有邱处机的遗蜕，白云观成为全真道教的祖庭，也正是由于有关邱处机的神话，正月十九，由邱处机的生日而演变成为"燕九节"。《帝京景物略》记载曰："今都人正月十九，致醑祠下，游冶纷沓，走马蒲博，谓之燕九节（又曰宴丘）。相传是日，真人必来，或化冠绅，或化游士冶女，或化乞丐。故羽士十百，结圜松下，冀幸一遇之。"②

燕九节首先是宗教庆典，正是由于邱处机会化身来观的传说，使道士以及信奉道教的民众纷纷聚集于白云观，在明清时期尤为兴盛。早在元代，燕九节已经成为都城民众的"盛节"。明清的文集以及诸多竹枝词生动地描述了道士以及信徒们在燕九节会神仙的概况。明代刘若愚《酌中志·饮食好尚纪略》曾称正月十九日僧道辐辏，不论太监还是权臣，凡好黄白之术者，均赴白云观游览欲图能够得到成仙的丹诀。清初的方文在《正月十九日龚孝升都宪社集观灯》诗中写道："京师胜日夸燕九，远近黄冠会白云。"③ 前文提到的奕绘、顾太清在诗文中也多次提到燕九节的情形。如道光十四年（1833）燕九节游览时发现游人云集，道士上斋鸦雀无声："燕九游人倍上元，纷纷士女若蜂屯。往来道集白云观，车马尘连宣武门。旧识红泥书大字，高悬火树供天尊。斋堂八百全真侣，已著无声鸟雀喧。"④ 道士们即便在节日里也参道静心："出郭寻春何处寻，朝阳初上古松林。风前嫩草刚吹绿，雪后残云半作阴。清净道众参妙徼，步虚声里静尘心。看花紫绶归途缓，耳畔犹闻钟磬音。"⑤ 节日中，放斋是重要的活动，顾太清作词介绍了概况。道光十三年（1832），《燕九白云观观放斋》记道："菜羹木几列层层，馒首如山隔宿蒸。太极宫遵丘祖制，比丘尼杂趁斋僧。大千士女求仙切，燕九风

---

① 熊梦祥：《析津志辑佚》，北京古籍出版社 1983 年版，第 213 页。
② 刘侗、于奕正：《帝京景物略》，李养正《新编北京白云观志》，第 659 页。《万历野获编·淹九》有云："至次日，都中士女，倾国出城西郊所谓白云观者，联袂嬉游，席地布饮，都人名为耍烟九，意以为火树星桥甫收声采，而以烟火得名耳。既见友人柬中称为淹九，或云灯事阑珊，未忍遽舍，取淹留之意，似亦近之。"（沈德符：《万历野获编》，中华书局 1959 年版，第 901 页）震钧亦有记载："白云观，元之长春宫也。昔在城中，今则为城外巨刹，犹可冠京师。正月十九，俗称阇九。前数日即游人不绝，士女昌丰。而群阇尤所趋附，以邱长春乃自宫者也。"（《天咫偶闻》，北京古籍出版社 1982 年版，第 198 页）
③ 转引自王纱纱《常州词派创作研究》，南京大学出版社 2011 年版，第 335 页。
④ 顾太清、奕绘著，张璋编校：《顾太清奕绘诗词合集》，上海古籍出版社 1998 年版，第 543 页。
⑤ 同上书，第 66 页。

光出郭会。明日官衙各开印,簿书终岁困营腾。"① 道光十六年(1836)《鹧鸪天·燕九白云观》:

菜熟蒸笼已放香,全真蜂拥过斋堂。万民衣食长生术,百代神仙古道场。

新岁月,旧诗章。细参淘米去沙方。(厨房楹贴曰:"淘米去沙明理义,搬柴运水显神通。")愚夫苦行真无益,请看衰庸赤脚王。(王赤脚者,黄冠野夫,以怪惊人,以苦傲众,而实谬下愚。)②

对于道士的斋饭,道光十四年(1833)《白云观乞斋》词云为上品:"白云观里放斋期,十担黄芽一釜炊。乞得一盆真上品,菜根风味古人知。"③ 放斋时期,不仅自用,还会发给僧侣与民众,《次夫子燕九白云观观放斋原韵》:"玉蕊金莲法座层(起四字斋堂匾也),饭香羹唯气如蒸。千秋安乐尊丘祖,无限饥寒聚衲僧。黄石赤松何处去,凌霞辟谷几人曾?年年此夜悬灯火,传有神仙跨鹤腾。"④

民国初年,李黄在《北平竹枝词》中形象地刻画了道士群集白云观的景象:"道德一经谁耐穷,白云观在白云中。缤纷满地黄冠影,若个青牛独自东。"⑤ 来会神仙的道士或本身居住在京城,然而也可能来自全国各地,明代的一则史料曾称是日"四方全真道人不期而集者不下数万,状貌诡异,衣冠瑰僻,分曹而谈出世之业。中贵人多以是日散钱施斋"⑥。道士们在这一天会神仙,也期盼能有缘成仙。道光十七年(1837),顾太清有词《上元同过白云观戏赠许云林》:"蓬壶阆苑云中见,熟径重来未觉遥。雪里微青山一抹,风前乍绿柳千条。今无丘祖那能见,世有飞璃竟可邀。谁信神仙才咫尺,更徙何处望鸾韶。"⑦ 孙雄在《燕京岁时杂咏》中写道:"白云观里会神仙,万古长春额尚悬。三五黄冠廊下坐,私期鹤驭降乔

---

① 顾太清、奕绘著,张璋编校:《顾太清奕绘诗词合集》,上海古籍出版社1998年版,第525页。
② 同上书,第664页。
③ 同上书,第42页。
④ 同上书,第28页。
⑤ 雷梦水等编:《中华竹枝词》第1册,北京古籍出版社1997年版,第317页。
⑥ 沈德符:《万历野获编》,中华书局1959年版,第901页。
⑦ 顾太清、奕绘著,张璋编校:《顾太清奕绘诗词合集》,上海古籍出版社1998年版,第86页。

住？"① 幼年习儒中年入道的王嘉诚（字乐山，别号云鹤道人，京师蓬莱宫道士）善写回文诗歌，曾有："悬檐绕树满云烟，古观楼高殿映天。连夜昼多人赴会，年年屡世降真仙。"②

除了道士们会神仙，京城民众也趋之若鹜。会神仙不仅仅是纪念邱长春以及宗教信仰，更有祛病延年的妙处。于鸿在《燕九竹枝词》就曾写道："才过灯节未数天，白云观里会神仙。夜内必有真仙降，缘遇却病竟延年。"③ 晚清丁立诚在《游燕九》的竹枝词中亦云："岁岁燕九真仙临，有缘遇之凡骨换。"④ 为何能祛病延年呢？因为传说真人会授以神仙秘方，如还魂丹："白云观里闹无端，走马何曾缚佛鞍。见说游仙来往熟，有谁拾得还魂丹。"⑤

正是出于祛病延年的实际考虑，民众期待能够会到神仙。一首竹枝词就表达了这种期待："暂出西郊十里游，白云庵畔小勾留。年年燕九神仙会，知有真仙来降不？"⑥ 在未能遇到神仙的时候，感情自然极为失落。孔尚任写道："春宵过了春灯灭，利有燕京燕九节。才走星桥又步云，真仙不遇心如结。"⑦

晚清汪余园曾作"求仙谣"云：

> 都门正月游人稠，观前车马如水流，观中峨峨建高楼，履舄交错楼上头，暮夜不归良有由，暗坐冀遇神仙俦，传闻仙踪于此留，或骑白凤乘赤虬，空中青鸟声啾啾。王母别来蓬鬓秋，海渥深深几添筹，一见直令五体投，授以丹药香满喉，脱换凡骨百疾瘳，发白更黑如膏油，秋水炯炯明双眸，双凫为鸟莲为舟，凌风轻举游十洲，观中道士舞且讴，演说奇异穷探搜，众人闻之羡不休，舆从杂沓拥道周，年年祠宇香烟浮，明灯如星烂不收，道士得钱颜色柔，治具款客客倍酬，

---

① 雷梦水等编：《中华竹枝词》第 1 册，北京古籍出版社 1997 年版，第 387 页。
② "白云观在西便门外，每年正月十九为燕九会，人多万众，昼夜不断，为会神仙之期。"王嘉诚著有《乐山回文》四卷续咏一卷（同治元年刻本，宣统三年重订本）。《回文集》收回文诗 79 首。王嘉诚善写名胜回文诗，其中《京西名胜》22 首、《房山古迹》18 首、《留台杂咏》11 首、《芦洲秋兴》14 首、《续咏京西名胜》12 首。
③ 雷梦水等编：《中华竹枝词》第 1 册，北京古籍出版社 1997 年版，第 397 页。
④ 丁立诚：《王风百首》，载胡寄尘编《清季野史》，岳麓书社 1985 年版，第 336 页。
⑤ 雷梦水等编：《中华竹枝词》第 1 册，北京古籍出版社 1997 年版，第 113—114 页。
⑥ 同上书，第 171 页。
⑦ 李养正：《新编北京白云观志》，宗教文化出版社 2003 年版，第 671 页。

布施堆积如山邱,上界真人见之不?神仙可遇不可求。来岁仍作白云游。①

是否有人遇到神仙呢?翻检史料,发现清人俞蛟在《春明丛说·白云观遇仙记》中生动记载了康熙初年士子陈谷幸运地遇到了真的神仙,可惜由于自身白璧微瑕却错失良缘的故事。

出西便门八里,有白云观,元时邱真人修道于此,后因其基为庙。上元之日,为真人生辰。其前数日,住持道士,即洒扫殿庭,涤除院宇,卖香楮及百货者咸集;游人往来,自朝至暮,无停轨。道士之狡黠者,衣衲,手棕麈,或门或廊庑间,注目凝视,不言不笑,终日趺坐蒲团,作仙状;而人亦蚁集丛视,俨若真仙降临,惟恐失之交臂。吁!何世人好异而喜于傅会若此也!然古老传闻,昔年实有真仙溷迹其中,而人莫之识,或施符水治人疾病,或人偶为不善,而犹可劝化者,常现身说法,以儆愚蒙。康熙初,有士人陈姓名谷者,于上元日,偕友数人,入观遨游。友遇其相识,握手款语。士人先行,入后殿,见一道士,从殿中出,曰:"待子久矣,来何晏也!"握其臂,启小扉而入,曲径纡回。士人疑观中向无此径,转身欲退,而启扉处皆岩壁,以藤萝。因大骇,不得已,复随行。闻水声潺潺,小溪澄碧,渡以石桥,两岸乔松,大皆合抱,烟雾冥,异花芬馥,不复知有尘世矣。遥见殿阁参差,高出林表;而朱甍碧瓦,画槛雕栏,真不啻瑶岛蓬壶,蕊宫仙阙也。道人属立俟,毋动。俄顷,趋出,复握陈臂,由殿左历阶而上。见一羽士,星冠鹤氅,须发如银,坐其上,熟视良久,曰:"可惜可惜!"命道士引之出。道人又捉其臂欲行,陈谷曰:"顷者何所闻而呼之使来?今何所见而挥之使去?所谓仙人者,举动必有其道,岂与尘凡下士无端戏嬉乎?"羽士曰:"子言甚善,吾欲语子,非片言可竟。然子馁矣,西廊具有酒食,盍先饱餐而后毕其说?"时日已暮,道人秉烛引至西廊,则素食菜羹列几上矣。道人别去,陈视室宇幽洁,几榻横陈。食顷,见帘内灯影中似有云鬟高髻者掩映其间。启而入,见一女子,坐榻上,谛视之,大惊曰:"卿何以至此?"女曰:"昨与母游白云观,入殿礼拜毕,母不知何往;有老道士,邀余宿于此耳。"先是女之父,宦游告归,与陈谷为邻。女家有

---

① 钱仲联:《清诗纪事》,江苏古籍出版社1989年版,第12288—12289页。

高阁，陈之卧室，可望而见也。女恒挑之以目，陈逾垣就之，朝夕往来，为女家所觉，遂闭女他所，两情隔绝。兹忽邂逅琳宫，出人意表，情不可遏，不遑问此为何地，亦不记道士顷者何语，恣情欢洽。至五鼓，梦中觉寒冽异常，起视星斗横斜，屋宇全非，则身卧旷野，去观里许。跄踉而归，探邻女，则数日内从无随母出游之事。始知昨宵幽会，皆当日一念之差，以致仙人示幻。其连呼可惜者，似怜白圭之玷，所以提澌警觉者，至矣尽矣！遂袱被出游，终身不返，或谓仙去云。①

现实中，民众没有遇到真的神仙，倒是遇到不少假真人。孔尚任的竹枝词写了一个乞丐被误认为神仙的有趣案例："金桥玉洞过凡尘，藏得乞儿疥癞身。绝粒三旬无处诉，被人指作邱长春。"由于根据传说真人下凡，化身千般，不少人也借此谋利："才过元宵未数天，白云观里会神仙。沿途多少真人降，个个真人只要钱。"②

怎样在白云观里会神仙？有史料提到"男女至观焚香持斋彻夜达旦"③。有的为了等待神仙，则留宿观中。由于会神仙的时候男女混杂，谑浪无忌，有人视为不善之风俗。

仔细翻阅《申报》可以发现，晚清白云观燕九节开庙游人众多，多有意外事故发生，光绪九年（1883）正月十八，有骑马人在白云观返回西便门时撞倒行人：

> 又西便门外白云观亦元旦开庙至十九日闭门，以十八日为正日作长夜之会，俗传有会神仙一说，今年前半月雨雪连绵，游人不得出门，故放晴以后白云观游人较往年尤盛也。又传新正十八日有一骑马人自白云观回行至西便门内城根，撞到一四十余岁之男子，头面带伤，骑马人扬鞭向东而奔追之不及云。④

由于新年，庙会期间，京城八旗护军营常常在白云观等各热闹地方轮班巡察，"昑夕不休，遇有本营牟兵酗酒滋事斗殴滋闹者，立即扭送本营

---

① 俞蛟撰、方南生等校注：《梦厂杂著》，上海古籍出版社1988年版，第44—46页。
② 雷梦水等编：《中华竹枝词》第1册，北京古籍出版社1997年版，第156页。
③ 让廉：《京都风俗志》，光绪二十五年，出版地点不详，第3页。
④ 《都门近信》，《申报》1883年3月16日第3版。

惩办，亦安靖街市之道也"①。

光绪十一年（1885），御史张廷燎奏请旨饬下地方官严查白云观倡为神仙之说及夜间容纳妇女：

> 查彰义门外迤西之白云观，每年正月十五至二十日等日，兴举大会，男女杂沓，举国若狂，首善之区，已不应有此恶俗。尤可异者，有会神仙之说。于十九日夜，妇女入观，于栏房屈曲中暗坐一室，即见神仙。光天化日之中，岂有此怪诞不经之事，伤风败俗，莫此为甚。若不亟行禁止，诚恐恶习相沿，日久愈难挽回。相应请旨饬下该管地方官严行查禁。嗣后如再有倡为神仙之说及夜间容纳妇女入观者，从重惩办。至京城内外烧香赛会，有与此相类这，亦随时查禁。庶足以端风化而杜妖妄愚昧之见，是否有当，谨附片具陈，伏乞圣鉴。②

清廷同意了张氏之奏请，令随时查禁以端风化而正人心。③次年，又有御史文海也奏请禁止妇女入庙，似乎一度有所成效："文侍御海前曾具奏不准妇女入庙游玩，目下文侍御巡视西城西便门外白云观为其所辖之地，该庙为邱真人修真之处，每值正月十九日有会神仙一说，向年游人拥挤，男女混杂。今年侍御密谕庙祝概不放妇女入庙游逛，庙外则平原旷里丰可玩赏，故游人较之往年大为减少也。"④为了禁止妇女入观，除谕令住持不得放入外，文氏还亲带人马到观内检查把守庙门：

> 白云观仍准妇女游玩一事缀入前报。兹闻十八日未刻西城文侍御带领勇丁吏役往投该寺巡察，甫至厅庙门，庙中妇女闻信悉从后门蜂拥而出，即各买卖亦收拾而出，惟恐被拿，致干罪戾。及侍御进庙，

---

① 《紫春光》，《申报》1887年2月3日第1版。
② 《御史张廷燎奏请旨饬下地方官严查白云观倡为神仙之说及夜间容纳妇女事》，国家清史工程录副奏片，档号：3-5512-64。又可参见《上谕恭录》，《申报》1885年3月19日第1版。
③ 《清实录》中记载道："又谕。御史张廷燎奏京师城外白云观每年正月间。烧香赛会男女杂沓并有托为神仙之说怪诞不经等语。僧道造言惑众，及妇女入庙烧香，均干例禁。嗣后着该管地方官严行禁止。其余京城内外各寺观，如有烧香赛会，与此相类者，亦着随时查禁，以端风化而正人心。"（《清实录》第54册《德宗实录（三）》卷202，中华书局1987年版，第874—875页）
④ 《皇州春色》，《申报》1886年3月9日第1版。

方丈迎入鹤轩献茶。侍御谕以明日为会神仙期，奉旨禁止，理宜谨闭寺门。方丈百般哀恳，侍御不允，遂饬所带勇役于十八十九两日把守前后庙门，倘妇女入庙，无论宗室觉罗大小官员即行锁拿，解送本城，分别参办。即此一端，可见侍御力挽颓风，保全实为不少，不得谓其杀风景也。①

到光绪十四年（1888），仍能在《申报》上看到禁止妇女入观的消息："西城察院步军统领衙门分行饬派弁兵人役前赴白云观分扎前后庙门不准妇女游逛，倘有不服先将跟随妇女之人拿交衙门惩办。"②

《申报》上的一些报道似乎也较为赞同御史意见，光绪十三年（1887）的一条评论指出，包括白云观等在内京城各寺庙开庙期间游人众多、摊贩热闹，男女混杂不堪，有伤风化，应当设法禁止：

> 京师琉璃厂曹公观白云观大钟寺均自元旦日起开庙半月，都人士往游者，踵趾交错于途，及至庙场，各色玩物之摊甚伙，极行热闹。无如男女混淆，彼此拥挤不堪，寓目间，无知之辈故意倚偎妇女，由此争论之事，不一而足，小则诟詈交加，大则老拳互赠，几有一波未平又起之势，诚有干人心风俗者，是在司其责者设法禁止以挽浇漓则善矣。③

光绪十九年（1893）时，《申报》上仍有人称会神仙之说纯为愚弄百姓，应当禁止：

> 西便门外白云观向有正月十八佹会神仙之说，愚夫愚妇信以为真，是日游逛之人拥挤尤甚，或被车马践压，或于途中失去孩童，种种情形，实属不成事体。嘻神仙也而亦喜掀风作浪若此乎？禁之，禁之，是所望于民之父母已。④

尽管《申报》有不少谕令支持几位御史的意见，但是妇女留观的现象并未有所改观。晚清时期，在高仁峒住持下，为方便朝廷权威的妻女之来

---

① 《帝京春讯》，《申报》1886年3月16日第2版。
② 《首善纪言》，《申报》1888年3月21日第2版。
③ 《凤城春色》，《申报》1887年2月22日第9版。
④ 《太液恩波》，《申报》1893年3月30日第1版。

宿会神仙，特在观中数十房间准备精美寝具。前文述及民初游记中记载高仁峒的风流笑话即是与会神仙密切相关。

尽管有关高仁峒的野史并无确证。但是会神仙导致男女混杂有碍风化的事并非毫无根据。光绪三十二年正月十九日（1906年2月12日）燕九节，恽毓鼎日记云：

> 都人士以今日为燕九节，群至白云观会神仙。云观中必有仙踪杂侪人间，唯有缘者得遇之。红男绿女，举国若狂。其实妇女艳妆冶游，少年子弟如狂蜂浪蝶，专为看花来耳。余于壬辰年曾偕亡弟叔坤一游，瞬息已十五年，驱车过观前，不禁怅触悲感。晚饭后访景湘，唁其祖太封翁归道山之戚，不晤。顺访孟延，看竹两巡。筼斋、伯齐皆在座。①

对白云观较有了解的徐燕孙，在述及与白云观有四世之交谊时对高仁峒及其继任者刘至融会神仙的"风流"事有所介绍：

> 高以耄年多近女色，卒于莫三姑奶奶家。当其盛时，方丈室中，粉白黛绿，接踵盈庭，然尚不敢公然整宿停眠丹房药龛间也。刘道义容俊伟白皙，美髯眉，自主观事，尤多艳事。且于方丈院楼上，作藏娇金屋，时有女宾留宿。②

民国时期，有人归纳了迷信与不迷信的两类人会神仙中的举止。在正月十九日晚，迷信的和不迷信的男女，或富室妾姬、纨绔子弟，或下等地痞流氓，"率宿于观中，彻夜不眠，有的在床上辗转反侧，有的在各偏僻地点藏躲，期与神仙一晤"。有些老道甚至故意假冒神仙，"以钓众愚"。对于不迷信的男女，有观察者称他们抱着"醉翁不在酒"之意思，每每发生了风流趣闻，成就了男女的好事③。尽管如此，直到民国时期，留宿庙内会神仙，仍是民众趋奉之举。《首都杂咏》曾云："白云观里会神仙，绿女红男席地眠。我不求仙占吉利，窝风桥下掷铜钱。"④ 这首竹枝词不仅提到了男女正月十九晚上席地而眠会神仙，他们可能并非真的想成仙，更多

---

① 恽毓鼎：《澄斋日记》，浙江古籍出版社2004年版，第296页。
② 徐燕孙：《白云观补谈》，《一四七画报》1946年第8卷第8期，第12页。
③ 参见王言一《白云观庙市记》，《宇宙风》1936年第24期，第623页。
④ 雷梦水等编：《中华竹枝词》第1册，北京古籍出版社1997年版，第403页。

的则是期盼吉祥。求吉的另一有趣方式则是打金钱眼。虽然有人认为这不过是白云观老道借此敛财的手段，民初一首竹枝词感叹民众的愚昧："堪笑愚民剧可怜，白云观里打金钱。世间尽是虚浮物，十八何曾有神仙。"①尽管如此，仍不少百姓纷纷小试身手，因为根据白云观道士的说法，若能打中，可博得一年之吉利。汤陶厂在《京市旧历新年竹枝词》中写道"更有美人占幸运，争舒玉臂打金钱"②。此外，点星宿也是当时民众乐意参与的活动，尤其是对未婚女子而言，更有深意。有人观察到，女子在游观中"自按芳龄，就所司岁深，虔诚进香。名曰点星宿。樱口喃喃，殆皆祝早得如意郎君，拯登彼岸耳。或迳叩其意，则含情微诉，欲得星宿作月老，虽为诡词，亦殊动听"③。

会神仙、打金钱眼等活动使燕九节具备了厚重的道教特色，但是民众积极地参与会神仙，使燕九节成为北京最重要的娱乐节日之一，而白云观在燕九节中也成为大众逸乐的重要空间。

对于文人而言，寺庙不仅是一个宗教场所，也是重要的雅集空间。元代以来，白云观作为京城重要的一处胜迹，不少文人雅士时常前往游乐、怀古，留下不少诗文④。一首竹枝词写道："燕九嘉辰著典仪，崇楼杰阁有清规。栖霞羽士长春子，遗亭堪哦竹坨诗"⑤。在《燕九竹枝词》序文中，作者在概述燕九的盛况后，提到士人看重燕九的重要客观原因，由于京师初春严冷，只有燕九之游略有昔人晦日出行的遗意⑥。正是如此，陈健夫召集孔尚任、袁启旭、蒋景祁、陆又嘉、王位坤等人在燕九节游览白云观，九人"开筵茅屋"各为竹枝词十首。在孔尚任等人之后，晚清文人在游览中，也留下了不少有关白云观的竹枝词。在文人的记载中，燕九节中，"远近道流皆于此日聚城西白云观"，"游人纷沓，上自王公贵戚，下至舆隶贩夫，无不毕集，庶几一遇真仙焉"⑦。道光十七年（1837），在上元节时，奕绘夫妇游观，留下《上元白云观》："城门一带雪斑斑，西便门西望好山。古庙云雾寻道士，春灯烟火谢朝班。四时游兴春为最，百岁诗

---

① 雷梦水等编：《中华竹枝词》第 1 册，北京古籍出版社 1997 年版，第 419 页。
② 同上书，第 405 页。
③ 陈莲痕：《京华春梦录》，广益书局 1925 年版，第 30 页。
④ 李养正在《新编北京白云观志》中就曾做了初步梳理。
⑤ 雷梦水等编：《中华竹枝词》第 1 册，北京古籍出版社 1997 年版，第 342 页。
⑥ 参见李养正《新编北京白云观志》，宗教文化出版社 2003 年版，第 670 页。
⑦ 同上。

编老更问。人面桃花尽殊昔,谁云天道似循环?"① 包括咸丰十年(1860年10月23日)英法联军入侵北京时,翁同龢"闻夷人游白云观"②。1879年11月12日,翁同龢游白云观,"见八十老人坐面壁,愧不如也"③。

光绪二十一年(1895),王鹏运曾作《水龙吟》:

东风不送春来,如何只送边声至,断云阁雨,帘栊似梦,冷清清地。炉火慵温,唐花欲谢,恼人天气。更无端清角,乍凄还咽,直为唤、新愁起。记得年年燕九,闹铜街、春声如沸。香车宝马,青红儿女,白云观里。节物惊心,清游谁续,好怀难理。算胜地铁甲,冲塞堕指,向沙场醉。乙未燕九日作调,寄水龙吟。④

民国时期,杨钟义《雪桥诗话》在介绍白云观历史后引述了诸多诗句:

西便门外一里许白云观,即元长春宫旧址。至元甲申三月,长春真人邱处机自雪山回燕,明年五月,特改太极宫为长春宫,居之,羽化于此。每岁正月十九日,四方黄冠骈集,游人甚盛,相传为遇仙,盖其诞辰也,呼为燕九节。钱萚石白云观诗:"岂为南宗别,重寻太极墟。先生蘘好在,止杀语何如。柏子微风际,桃花细雨余。十年登阁意,只益鬓毛疏。"王兰泉《琴画楼词忆旧游》:"叹青牛路杳,白鹤烟消,难向全真。琳宇西华近,望苍松翠柏,檐楹交映。金笼尚留香火,钟磬傍霓旌,说落灯风后,时传灌顶,士女倾城。生平自蓬岛,向终南太华,访道瑶清。更历龙沙远,便安车回日,名著燕京。玉田旧阁(乐笑翁游此有词)谁记,好取叶鸾笙。喜仙侣同来,暮春芳草雨正晴。"⑤

---

① 参见顾太清、奕绘著,张璋编校,《顾太清奕绘诗词合集》,上海古籍出版社1998年版,第616页。
② 翁同龢:《翁同龢日记》第1册,中华书局1998年版,第106页。
③ 翁同龢:《翁同龢日记》第3册,中华书局1998年版,第1453页。
④ 王鹏运(1849—1904),字佑霞(一作幼霞),自号半塘老人,晚号鹜翁,半塘僧鹜。广西临桂(今桂林市)人,原籍浙江山阴。同治庚午举人,历官内阁侍读、监察御史、礼科给事中。与郑文焯、朱孝臧、况周颐并称"晚清四大家"。《半塘词》,转引自《江介隽谈话录》,《国风报》1910年第1卷第8期。
⑤ 杨钟义:《雪桥诗话》,北京古籍出版社1989年版,第248页。

在文人的记载中，白云观的逸乐充斥着观外观内，娱乐的方式则是多姿多彩，参与的民众更是形形色色。

清代，对于王孙公子、富商巨贾而言，走车走马乃是一样耗材显脸的荣事，对普通观者来说，也是好玩的乐事。晚清民国的不少史料、画报都提到白云观赛马的盛景。晚清时的《克复学报》曾记载1911年初（辛亥正月）王公亲贵在白云观驰马。民国时期的《闲话西郊》中就写道："白云观西北角门外，有南北大道，昔为赛马处。"① 晚清京城赛马均有一定处所，元旦自燕九，即"在白云观西北隅南北大道上"。所谓"赛马"乃是"走车走马"，而非普通的欧式赛马。所谓走马者，是豢养良驹，施以调教；走者，"非颠非跑，乃四蹄循序起落，一前左蹄，二后右蹄，三前前蹄，四后后蹄，周而复始，其疾如风，不颠不簸，细腻平稳，尤贵乎长距离始终不变步度也。走车则以骠驾轻车，御者斜跨车辕，扬鞭而驰，疾如电掣，虽曰赛车赛马，并非相对比赛也。不过各自驰骋。观众遇稳而快者，掠面而过，彩声雷动，啧啧称赞曰，此某府某邸，车马主人，面现德色，以是为荣耳"。据介绍，"先期，由操茶棚业者，合资平治道路，洒以清水，不使灰尘飞扬。又于大道两侧，支搭席棚，售茶兼营酒食业，赛马日则万人空巷，观者如堵"②。

孔尚任等人的白云观游乐正是伴随着"走马春郊"这一活动，宜兴人蒋景祈就留有"金帆绿幨富平侯，击毬走马幽凉客"③ 的佳句。直到民国初年，走马竞赛在白云观旁仍是极为热闹："寺邻更有白云观，老僧语我仅里半。相戒徒步车众屏，未抵寺门已喘汗。寺中游女多如鲫（时日观中有神仙会，游女如云）。寺旁竞马尤繁赜（庙外竞马会，观者如堵墙）。方外素号清净场，喧闹乃与五都敌。尘氛我已八斗耻，笑尔一石犹不止。免俗且未能，无怪营营满朝市。"④

不过，赛马也会引发不少争端，《申报》曾有报道："年例新正，纨绔子弟暨土棍恶少相与驰骋于白云观黑黄寺正阳宣武两门外西城根一带，争先斗捷，习以为常。本年五城满汉城宪会议，力行严禁。拟调丝勇局员弁

---

① 白文贵：《闲话西郊》，出版地不详，1943年，第18页。
② 同上书，第19页。晚清日人记载称赛马时并不赌钱，富家子弟有马者随意进马道比赛，纯粹是为博取观中赞赏，大露其脸。此外，也有妇女乘马车比赛者，名为跑车，马必肥，车必轻。参见《清末北京志资料》，北京燕山出版社1994年版，第556页。
③ 李养正：《新编北京白云观志》，宗教文化出版社2003年版，第674页。
④ 吟痴：《庚戌重九日客都门殊苦岑阗走邀同乡杨仲老彭达五游天宁寺白云观诸名胜归作长歌》，《娱闲录：四川公报增刊》1914年第6期，第60页。

率兵于以上各处协同该管司坊讯守备派拨兵后常川驻扎稽查,遇有跑车跑马无论何人,立即拿解本城,按照光棍例惩办。"① 到晚清,由于亲贵也参与赛马,引发不少事故:

> 白云观新正开庙半月,游人麋集,庙西附设养马场。元宵节有掌握军事全权之某贝勒偕同三五亲贵人入场试马,于察警与营汛所设之路线范围全不遵守,致迭次撞倒三人。警兵等畏其威势,亦不敢干预,而各亲贵殊未介意,仍复驰骋如故。其仆从等又任意鞭击。旁观之人,亦无敢与较者②。

除了观者如堵的赛马外,庙内外的赛会活动仍是花样百出。明代吴宽有竹枝词曰:"京师胜日称燕九,少年尽向城西走。白云观前作大会,射箭击毬人马吼。"《帝京景物记》也提到正月十九日的活动有"弹射走马"。在庙会中,吸引游人的另外重要娱乐还有唱戏。清代的竹枝词提到了白云观在燕九节时在观内搭设了戏场。孔尚任的竹枝词写道:"七贵五侯势莫当,挨肩都是羽林郎。他家吹唱般般有,立马闲看挪戏场。"③ 陈健夫也描绘了戏场的生动:"锣鼓喧阗满钵堂,莺弹花旦学边妆。三弦不数江南曲,唯有啰啰独擅场。"④ 在戏场中,有的唱秧歌,有的唱花鼓,"秧歌初试内家装,小鼓花腔唱凤阳"⑤。

在庙会中,儿童也赶来看热闹。初春,趁着会神仙,小贩来卖纸鸢。谢文翘的《都门新年词》就写道:"春秋巧制各争妍,娉态殊形卖纸鸢。更掷金钱郊外路,白云古观会神仙。"⑥ 儿童买后,有的在庙外放风筝,可惜因天公不作美而恼怒:"结伴儿童裤褶红,手提线索骂天公。人人夸你春来早,欠我风筝五丈风。"⑦ 有小乞儿藏身桥洞被人误认为真人下凡,也有儿童挤满了酒铺的案桌。

伴随着富人的走马,一些权贵富人以及白云观在燕九节还特意施斋,救济穷困。在明代燕九节时,"中贵人多以是日散钱施斋"⑧。清末汤陶厂

---

① 《京师杂采》,《申报》1888年3月20日第2版。
② 参见《白云观驰马》,《克复学报》1911年第1期,第14页。
③ 李养正:《新编北京白云观志》,宗教文化出版社2003年版,第671页。
④ 同上书,第672页。
⑤ 同上书,第673页。
⑥ 雷梦水等编:《中华竹枝词》第1册,北京古籍出版社1997年版,第223页。
⑦ 李养正:《新编北京白云观志》,宗教文化出版社2003年版,第671页。
⑧ 沈德符:《万历野获编》,中华书局1959年版,第901页。

的《京市旧历新年竹枝词》中就写道:"王孙走马著先鞭,富室施斋结善缘。"① 民国时期,一位对白云观庙会颇有研究的学者提到"在昔有不少富人等在此日散钱布施,动辄数万"②。庙会期间,白云观也有发放大馒头的慈善活动。民国时期,景孤血曾回忆道:

> 从前北平有步军统领衙门的时候,每到旧历正月十八日夜会神仙,西便门特开一次夜城。江宇澄、申静轩、袁俊亭所谓"三堂"也者,还要亲身前往。又于初八日"放堂",施舍白面馒头,每一个大的重逾半斤,全是"子母馒头",而善士嵩佑亭、厉子嘉等亦多往参加。他们和陈毓坤方丈都很要好。白云观的"大笼屉"是见方的,宽逾一丈,即是为蒸大小子母馒头的。③

正是有施斋以及游人众多,不少乞丐也蜂拥而至,期盼有所收获。陈健夫在竹枝词中就写道:"鹄面鸠形大道边,丐儿争取列侯钱。拦街不避青骢马,都道今年胜往年。"④ 孔尚任《燕九竹枝词》:"秧歌忽被金吾革,袖手游春真可惜。留得凤阳旧乞婆,漫锣紧鼓拦游客。"⑤ 当然,随着近代报刊的传播,我们在《申报》上也可以看到白云观参与社会救助的新闻:1890年8月,京城大水,由于白云观"本居高阜,水及墙半,方丈立令结木筏救人,得生者七八十人,并由水内救出多人给与两餐,暂住观内"⑥。随后,"初三夜,忽有灾民二三百人,男女赤条条不挂一丝,奔至彰仪门外白云观求救。住持道士见而悯恻空室,次日市衣履给之,救人于水火中,可谓善矣"。⑦

民国时期的学者注意到北平白云观、大钟寺、蟠桃宫、东岳庙庙会,指出庙会乃是一种以宗教为招牌的商业集会⑧。京城各大庙的庙会也与商品售卖密切相关。如东西庙,"东西两庙按日开,男女老幼去又来。所售

---

① 雷梦水等编:《中华竹枝词》第1册,北京古籍出版社1997年版,第405页。
② 王言一:《白云观庙市记》,《宇宙风》1936年第24期,第623页。
③ 孤血:《记白云观》,《一四七画报》1946年第8卷第6期,第14页。
④ 李养正:《新编北京白云观志》,宗教文化出版社2003年版,第672页。
⑤ 同上书,第671页。
⑥ 《京师水灾余记》,《申报》1890年8月6日第1版。
⑦ 《京师灾象》,《申报》1890年8月15日第1版。白云观也接受官员灵柩之暂厝:"原任四川成都将军岐子惠军帅元灵柩于三月二十六日抵彰仪门,暂厝于白云观,拟于二十七日备齐仪仗,遵旨进城。"(《松栋云痕》,《申报》1892年5月6日第2版)
⑧ 参见鞠清远《地方志的读法》,《食货》第1卷第2期,第44页。

都是日用物,更有鲜花厂田栽"①。据观察,民国时期在白云观庙会上,商贩在观内多设席棚,"卖食物与玩具者最多,以小漆佛为最有名,游者多乐购之,藉留游观纪念"②。白云观的庙会中,吃的喝的也都很丰富。官、商、小民各有选择:"官吃东涞商吃泉,烧刀只赚小民钱。连秋黍贵无乡贩,醉汉不如庚午年。"③ 还可喝茶吃元宵:"紫云茶社斟甘露,八宝元宵效内做。今日携钱忍饿归,便门不及前门路。"④ 庙会中,还有不少游客斗酒"拇阵狂呼燕赵客,醉中还说看长春"⑤。酒市中,有人"当垆争买洞庭春"⑥。潘荣陛的《帝京岁时纪胜·燕京岁时记》生动地描写了燕九节的娱乐感:"车马喧阗,游人络绎。或轻裘缓带簇雕鞍,较射锦城濠畔;或凤管莺箫敲玉版,高歌紫陌村头。已而夕阳在山,人影散乱,归许多烂醉之神仙矣。"⑦

如同学术界有学者注意到明代朝鲜使节在北京访问期间曾到白云观游乐、留下不少诗句外,晚清白云观的历史与胜景也吸引了外人的关注,日人创办的《顺天时报》就曾刊载一则游记,白云观不仅是新春游乐场所,还成为"中国妇女会"等团体劝捐办赈之地:

  燕九节前一天,同人结伴游白云观(北京新正十九,名燕九节,白云观开燕九大会)。先在某会馆内会齐,随即同到宣武门大街,雇车同行。那天天气很好,并没有风威。但是由宣武门城根,到西便门一带,还是土地原质,沙积厚至数尺,骡马走动不免尘土飞扬,扑人脸面衣袖上。不到四十分钟,已到白云观。那时人还不多,同人便下车,先在庙内观瞻。但见大牌楼上,外面有四个大字,叫做"洞天胜境",上款是康熙五十四年春月建立,下款是经筵讲官礼部尚书宛平李熙书。牌楼的里面,又有四字,叫做"琼林阆苑"。在下眼光,有点近视,牌楼太高,初时瞧字瞧不清楚,随后戴上近光镜,便一目了然。足见眼镜,可以补充人日短视的缺点。

---

① 雷梦水等编:《中华竹枝词》第 1 册,北京古籍出版社 1997 年版,第 397 页。
② 王言一:《白云观庙市记》,《宇宙风》1936 年第 24 期,第 623 页。
③ 李养正:《新编北京白云观志》,宗教文化出版社 2003 年版,第 671 页。
④ 同上。
⑤ 同上书,第 672 页。
⑥ 同上书,第 676 页。
⑦ 潘荣陛:《帝京岁时纪胜·燕京岁时记》,北京古籍出版社 1981 年版,第 12 页。

随又游第一殿，是灵官殿。中央是王灵官，两旁各有四灵官，有许多迷信人，正在那儿烧香磕头求福求寿呢。同人大笑走去。

又游第二殿，是老律堂，供奉的太上老君，堂中无非是迷信点，堂外却有一副好对子。是湖北某君写的，笔力坚凝，倜傥不群，是学黄庭坚一派的。

又游第三大殿，殿外有康熙御笔"紫虚真气"四大字。殿屋很高，上层有"玉清宫"三大字，进殿观看，中央是玉皇大帝，两旁是冕旒坠像，据说诸天大圣。中央和旁边，称三十三重天，这还是旧时代道家宗教上的话。

又游第四大殿，据说是三十六天罡，同人游观一周，看见神牌上，题的都是某天主帝君某天主帝君。游殿毕，便在院中四处游历，但见两绕殿壁，悬挂的都是大纱灯，灯上绘的都是本庙长春祖师的历史，前殿后殿，所有墙壁上，都围挂得满满的。另有四个特别大纱灯，是"万古长春"四字，即借用长春祖师的法号作纪念的意思。每灯字上，各绘祖师的事迹，远远的一看，是四个大字，走进一看，却是四片灯画，可称纱灯大观。①

随又由东院曲曲折折的，绕到后边。看官须知，后边是一处花园，亭台楼阁，假山长廊，布置得很有章法。游到一处，见有高台一座，同人说是，这台大可作为演说台。四围廊上廊下，可容千人。又经过一处，见长廊中有一联句，很能打动人的脑筋，上联道：认定一两句书，终身得力。下联道：栽得七八杆竹，四壁俱青。同人讽咏半晌，都说这是好对子。仔细把下款一看，原来不是别人，是板桥郑燮四字。同人拍掌叹道，非他不能有这妙句。随又到一处，见窗明几净，陈列古雅，同人便小坐片时，喝了两杯茶。随又从东边绕到西边。刚要出花园门，猛的听见有人在后面呼叫在下的氏号，回头一看，原来是孙伯衡君，但见孙君衣襟上有"合群义务会会员"标识。在下便问开会的宗旨，孙君答说，是为江北水灾劝捐助赈。在下大喜，深表同情，并告道，在下带有劝捐演说数百张，可以在会中散布。因问会场，设在哪处。孙君便引导同行，并说前一天，在人群中，仿佛看见在下走过。令人出来追寻，因人多没有寻着。在下答道，前一天并没到这儿来。大概是认错了。孙君道，会中同人都说是确是在下，竟成错认。也是怪事。一面走

---

① 《游白云观记》，《顺天时报》光绪三十三年正月二十一日（1907年3月5日）第5版。

着，一面谈着，已到会场。抬头一看，上面写着"合群义务会为江北难民募捐处"。场中有演说台，那时还早，桌凳一切，都还没有搬来。同人因同在台上少坐。不多一会，便见有许多巡警，纷纷的搬桌凳来，为了公益高兴得不得了。足见巡警资格，令人起敬。孙君又历陈区官某官，热心赞助保护的盛心。随见有人搬一座大风琴来，又有同来的一位，孙君告知，是学部图书局音乐教员高书亭君。安排停当，又见有人拿茶壶茶碗来，孙君告知，这又是茶棚掌柜捐助的。时候已到，会员文时泉、王子真诸君先后接续而来。又安君诸志，和佛教维新第一人觉先和尚，也都到场。文君带有留声机器，那时已将交午，游人已拥挤起来了。先由高君按奏风琴，次由文君演奏话匣，游人听见音乐声，都纷纷入场来，会友一面散布演说单，一面由王君文君觉先君，先后演说江北难民的惨状。在下曾在会场门外，招接入场来宾，并沿座随口演说劝捐。场中男女分坐，东边是女座，西边是男座。随女界伟人后来到一位，是中国妇女会发起人杜铭训女士，在下因此递给一本册子一支铅笔，请代劝女来宾捐赈。妇女劝妇女，感动力格外加大。捐助的很多，内种有淑范女学堂湖南会李诸女学生，最特别的，有一要饭花子，听演说，动感情，捐助铜十钱三文。又有一巡警兵，捐助铜子二十枚。更有一花界北班中人，特来捐助两吊文。问他名字，不肯说。令他追问跟妈，据说某荣凤班素云。捐钱不留民。更为高尚。随后云吉班"小桂""玉花"二人同来。各人捐银一圆。又滨湘班"红宝"捐钱两吊，都是意想不到的。

末后又有一位八岁小孩范小姐，资源捐助铜子五枚。在下细问跟人，指导是烂面胡同南头路西范宅的小姐，因此可见贤父兄的家庭教育了。

再说杜铭训女士，因为另有劝捐事，和孙君商议，说是廿四日福寿演戏时，要登台演说，激劝诸女同胞，并说现今又改立中国妇女会，无论妇人女子，都可入会，因从前妇人会，女子碍难加入，意思还嫌狭小。一面仍由廖女士综理妇人会，以后是否归并，再作道理。又说廿四登台演说后，备有中国妇女会印记的手帕数千份，当场发卖女来宾。每帕一圆，所收价资，统通归入江北难民捐。女士登台当众演说，为我中国五千年从来没有见过文明伟大举动。到时女界感受这刺激，必有一百二十分的感动力。那是可以预定的。

> 从前薛锡琴女士，登台演说，力争俄约，环听的至数万人，伦敦泰晤士报馆访员，都在旁听记。今杜女士有这热心举动，从此女界感奋，影响到男界，醉生梦死的人，可就一天少一天了。
>
> 再说北京正月会期，是琉璃厂和白云观二处，今年厂甸，一切腐败现状都已淘汰，可称进化。白云观可仍就是跑劣马跑破车的野蛮现象，毫无丝毫进步。辛亏有这合群义务会，足为白云观生色，也是江北难民的大幸福。①

次年，《顺天时报》再次刊登一则游记，不过这一次则没有赈灾的慈善活动，只有单纯的游玩了：

> 十六日，因为厂甸已完毕，到白云观去调查。先游各殿，参观各纱灯。灯上画的，都是长春真人的历史。大殿前边，有四盏特别大纱灯，是万古长春四个字，每一个字中，又都画上长春真人的事迹，近看是画的许多人物山水，远看却只见万古长春四个大字。殿上烧香的人很少，爷们固然不必说，娘儿们游殿的，也都是一看就走，这可见迷信鬼神的坏风俗，渐渐的可以改除了。
>
> 庙内警章，东入西出，因此便由邱祖殿东夹道，绕进后院花园内，但见重门复户，假山层叠，回廊曲折，亭台高下。最佳处，是中央三间大厅，四面都是大玻璃窗，南望高台，北望假山，东望来人，西望去客，四围的植物，满园的景象，都罗列在眼前，最是居中扼要处，令人留念不忍去。
>
> 又到对面高台上，登高一望，微风吹襟，仰观俯眺，心快意怡。细看这形式，是一个绝好的演说台。
>
> 下台由西廊绕到西苑，出院门，只见游人拥挤在那西边一个小门内，门洞极小，人极多，门中央用沙篱隔着。分出左右两边，左边许出不许入，右边许入不许出，只因门洞太小，一经分开，仅容一个人身的宽窄，所以还是挤不动。这只要南门再开一个门洞，那就可以不挤了。但是，多开一个门洞，庙中人必定以为有碍风水，这个迷信，很不容易破呕。
>
> 过这个门，就是跑马场，两边茶棚很多，上下分两层，自从十一到十五，男女可以随便同坐。十六日改章，男女须分别坐开。男的都

---

① 《游白云观记》，《顺天时报》光绪三十三年正月二十二日（1907年3月6日）第5版。

在下边一层,女的都在上边一层。调查东西两边各茶棚,座上人都不满,比较起厂甸来,远不如厂甸的热闹。

邱祖殿的西边,有一处名叫八仙堂,向例有许多老道,闭目端坐在地上,堂外坐一人。堂里院东西两廊,一个挨一个,都是坐满的。从早起到晚上,老是闭目息气着,目珠动都不动,却又不是睡着,脖子老是直的。凡有来游看的人,各人都掏出几个钱,搁在他头顶上,或是耳边上,也装不知道,随人的便。爱搁下就搁下,爱拿走就拿走。顶钱最多的,是堂外院的一个人,因为是在门口,所以格外的多给钱,只因他闭目不看不管,常有时先一个人搁上一毛钱,后一人却拿了去。俗语说的,有人施茶汤,便有人偷马杓,这话一点儿不错。①

按前年白云观开庙,还看见这八仙堂内,老道沿廊坐着。自去年,这件事,便已革除。今年到八仙堂去调查,但见有八尊泥塑的八仙,坐在殿上。外院里院的廊下,并没有一个老道坐着,不知道为什么把这例除去。就表面看起来,是道教退化的现象。

又正殿前边有一石桥,桥下有一石洞,洞中有一老道坐着,但见所穿的道服,并不看见脸面,不知道是真人假人。洞门口,悬挂一个大钱,如同小车轮是的,钱孔中,挂着一个小铜钟。又洞外池子内,也挂着一个大钱,比洞门口挂的,略小些,钱孔中也有个小钟。因此游人经过那地方,都掏出铜钱,抛打那两个钱钟。眼光准的人,抛打很得法,每每能以打中那铜钟,丁当有声,也是一乐。

又调查游人坐歇的地方,除茶棚可以随便休息外,后院花园内,可以喝茶。正殿两旁客堂内,可以吃饭吃点心。官客堂客,都可以坐歇。吃饭是素席,也有荤菜。价值没有一定,随意赏给,最多数也不过数圆。地方很雅致清洁,正殿后面有大楼,房屋更为宽大,这都是白云观内容的大概情形。②

正是白云观悠久的历史,尤其是会神仙的传说,吸引了道士以及城市民众蜂拥而至,形成了民众广泛参与的燕九节文化,甚至也成为近代京剧

---

① 《游白云观》,《顺天时报》光绪三十四年正月二十日(1908年3月21日)第5版。
② 《游白云观续》,《顺天时报》光绪三十四年正月二十一日(1908年3月22日)第5版。

文化中的重要内容①。在这过程中,白云观不仅是单纯的宗教场所,也成为京城精英以及大众娱乐的重要空间。

---

① 《剧中之燕九会神仙》:北俗正月十九日,有会神仙之说,其地址则在北京西便门外之白云观也,此事传说于元,或曰:燕九者非燕九,乃宴邱也,邱谓邱长春,实即邱祖,名邱处机,考之"帝京岁时纪胜"云:"真人生于宋绍兴戊辰正月十九日,故都人至正月十九日,致醮都下,为燕九节。"附录吴宽燕九日诗曰:"京师胜日称燕九,少年尽向城西走,白云观前作大会,射箭击球人马蹂。古祠北与学宫依,箫鼓不来牲醴稀,如何义士文履善,不及道人邱处机。"亦指燕九而言也。此事与剧颇远,而"升平署月令承应戏"中有之。凡二出曰:"圣母巡行,群仙赴会",其"圣母巡行",首上"北阴圣母",唱"八声甘州",入坐念白毕,即有"一侍女"白:"启娘娘,年年正月十九下降尘凡,考察生人功过,从官已经齐集,未知先往何方?候旨排驾。""圣母"即曰:"先往神京去者!"旋有"侍从判官"等随上,既至神京,则有如下之对白,"(圣母白)那边人烟凑集,灯烛辉煌,是什么地方?(判官白)这是阜成门外的白云观。(圣母白)缘何今日这等热闹?(判官白)当日邱长春真人,修炼之所,每年正月十九,四方云集,俗传为燕九佳节,为此热闹。……"既而又作"仙童引吕洞宾上科"。二人之对白则曰:"(圣母白)洞宾先生何在?(吕纯阳白)往神京白云观去!(圣母白)可也是到长春真人那边赴会么?(吕纯阳白)正是!那邱长春原是我与他度仙的。(唱'元和令'有:'至今观里白云深,松坛树影苍'之句)(白)自元朝以来,相传今日群仙降临,所以游人毕至,冀遇仙超度。圣母今日也是下降之期为何仙斾却也到此?(圣母白)今日巡行下界,见那边士女喧阗;知为神京燕九之节,亦欲到彼一观胜概。……"此即"圣母巡行"之大略也。其"群仙赴会",先上韩湘子,再上蓝采和,由韩湘子聚土开花,再上李铁拐,上张果老,上何仙姑,上曹国舅,汉钟离,其对白之涉及"白云观"者曰:"(汉钟离白)纯阳先生,只怕赴白云观燕九会去了,哪能得他到来?(张果老白)我们何不也赴白云观会上去?(曹国舅白)这也尽妙。(韩湘子白)燕九佳节,神仙每每到的,所以引得这般热闹。(张果老白)这一位邱长春,也不稀奇了。(汉钟离、曹国舅白)然而今日之会,却因长春而设,我们也只得逐队而已。……(蓝采和白)韩大仙解造逡巡酒,能开顷刻花,凭你白云观前作大会,从没有这般佳俩。(同唱'幺篇',有'白云观里,纷纷祈望,闹得个尘容俗状'之句)……"众人既行,而"侍从、判官、侍女、仙童、吕纯阳、引北阴圣母上",其互白又有"(众仙白)北阴圣母同吕大仙何往?(圣母吕纯阳白)往神京白云观去。(圣母白)众仙何往?(众仙白)也到白云观赴燕九会去。(圣母白)既如此众仙请。……"是即点缀燕九会神仙之月令焉。唯其原剧尚不止此,更有白云观之土地,向邱长春乞取丹药,邱长春以砂石给之,土地知而大怒,竟纠阴兵来闹,更有散仙刘长春至,土地与阴兵(尚有石敢当等)误邱为刘,二仙竟起冲突,最后由北阴圣母为之调解,意全取乎颂祷,如是而已,其以"燕京"为"神京"者,亦不过尊重帝乡也。虽然,盛世雍熙,有此雅奏,亦足以为升平鼓吹。语有之:"樱桃桑葚,货卖当时",爰书以识"燕九"。其有曾作白云游者乎?读此亦当莞尔。参见孤血《剧中之燕九会神仙》,《三六九画报》1940年第2卷第16期,第22页。

第二章　白云观与民初社会

光绪三十三年（1907）三月四日，《顺天时报》刊发了一条高仁峒仙逝的重要消息：

> 闻最著名最有势力之白云观道士高云溪羽士已于本月初一化鹤去，而运动家同声叹仙人之爱莫能助矣。（按，高云溪道士山东人，名仁峒，善谈吐，工书画，广交游，权倾朝贵，名动华洋，公卿争欲一识为荣，洵为道教中空前绝后之人也）①

高氏去世后，谁来接任白云观住持？《顺天时报》在《高道士发龛期》中称后继者乃由上海选一道士为方丈："白云观方丈高云溪于三月朔日仙逝，曾志报。兹闻定于月之二十七日发龛，继其后者系由申江延聘一道士授为该观方丈，日前已到京矣。"② 实际上继任者为刘至融，后者几年后很快病亡，《顺天时报》也曾报道过："西便门外白云观刘方丈于去岁十二月廿九日羽化，已于本月初八日开吊，经本观道士恭请各府官宅大员赏光奠祭，现刻阖庙众道士逐日咏经，拟于月之十九日发引安葬矣。"③

民国后期，对白云观较为了解的徐燕孙曾有文详细记载了清末民初白云观住持的传承：

> 高道士，鲁之济宁州人。身高与宿将姜桂题埒，饶须髯，故西太后有毛老道之称。名仁峒（非恩峒），字云溪，卒于光绪三十三年间。陈明霦，静海人，字毓坤，在光绪年间，曾任该庙主持（俗称当家的）。后以事返津地私人庙宇。继者为赵秋水，辽宁人，神清骨隽，

---

① 《高道士仙逝》，《顺天时报》光绪三十三年三月初四日（1907年4月16日）第7版。后内容全文被《盛京时报》刊登（光绪三十三年三月初八日第3版）。
② 《高道士发龛期》，《顺天时报》光绪三十三年三月初八日（1907年4月20日）第7版。
③ 《白云观方丈羽化》，《顺天时报》宣统三年二月十二日（1911年3月12日）第7版。

颇长技击；后去沪，主持上海白云观（死沪上）。徐然治，字云昉，兴桥人，代其任。于民初为同人逼走，归吴桥县孙老爷庙修老。赵去白云观后，刘圆融代为主持，适高羽化，刘继主观事。年余，升方丈，陈明霦再任主持。前后凡三年，刘又死，观事遂归陈一人。……陈方丈通文墨，善抚琴，庙内存有其自题像赞。虽捉刀于万世丈绵庄，其间会点窜数字，确除陈手，与高之自炫工画，而实情人代作者，固不同也。①

从后来之见而言，不同于刘至融等人，陈氏在民国年间长期担任白云观住持、方丈，在白云观的历史中具有重要的地位与影响。

第一节 道教改革之先声？

白云观乃至近代道教改革的历史，至少可以追溯到民国成立之初北京白云观住持陈明霦。关于陈氏，李养正先生曾在《新编北京白云观志》中有所介绍，桂理恒在新辑之《近代玄门高道传》中又有所增补：

> 陈明霦真人（1854—1936）：全真龙门派第二十一代传戒律师。派名明霦，律名至霦，字钟乾，号毓坤，又号玉峰子。清文宗咸丰四年（1854）生于河北顺天府宁河县，世居天津海滨。据道书《白云观方丈传戒谱》载：明霦幼而聪敏，秉性至孝，侍母素食，不茹荤酒。稍长，即有超凡出世之想。年二十四，投拜新城圣海宫陈圆岚真人为师，研究道妙，别具会心。厥后，赴关东千间二山访道，遍历名山大川，屡遇异人，传授心法。光绪壬午年（1882），高云溪方丈传戒白云观。他躬逢其盛，才冠群贤，云溪方丈因受之大法。彼时监戒大师张明治亦将所受张耕云老方丈之法，付与明霦，代传道脉。明霦道德名誉，夙为众所钦佩。光绪十年（1884），云溪方丈复开戒坛，明霦被推任引礼大师。次年（1885），被道众推任总理都管各执事。他不负众望，怨劳不辞，曾创修花园工程，襄办永久会务，置买田地等。于光绪十七年（1891）道众选任他为监戒大师，冬月，因积劳过甚，退隐宣武城南玉皇庙养病，并自署斋名"安乐洞天"。二十二年

---

① 徐燕孙：《白云观补谈》，《一四七画报》1946年第8卷第8期，第12页。

(1896)，圣海宫陈师病笃，乃回新城侍奉。同年秋。高方丈又开坛传戒，任证盟大师。事后仍归本庙主持事务。他肩负重任，在各国联军入境中国时，坚定不移，誓守庙土，毅然与联军长官接洽，遂订保护居民之约。两载有余，秋毫无犯，使乡民财产转危为安，后将庙产香火余资竭力樽节，于壬寅（1902）正月在新城创办小学校，招邻里子弟入校读书，不收学费，功德无量。时直督北洋大臣袁世凯还赠以匾额："德水滂仁一日行，道有福旌其功德。"宣统元年（1909），任白云观监院。辛亥年（1911）又被道众推举任方丈。他阅历精深，虚怀若谷，待人治事素以慈善为怀。1912 年，上书袁大总统，创立"中央道教会"。倡导各省道庙设立分会，以整顿道教清规，推广地方慈善事业，并发起国人道德思想爱国教育。1913 年开启玄坛，宣演大法，得皈依弟子三百二十余人。1919 年三月，开坛说戒百日，祈祷世界和平，庆祝欧战告终。得戒弟子 432 人。徐世昌颁匾"葆素涵真"。1926 年，于徐世昌接洽，献白云观明版《道藏》，影印流传。1927 年再次开坛受戒，三次传戒共度戒子 1091 人。第三次开坛传戒后，离观云游。民国二十五年（1936）二月，陈方丈羽化。①

这篇小传较为简要地介绍了陈氏一生的功绩，其中提到创立中央道教会之举。尽管此举有与正一派竞争之意，然而，确实为民国创立之后道教改革之先声。

白云观以及陈氏为何作为发起人之首倡导成立道教会？民国元年（1912）7 月 15 日，陈明霖等十八个全真宫观的代表发表《道教会上国务院总理、袁大总统书》对原因做了详细阐释②。主张成立道教会并要求政府承认。上书称道教实于国计民生确有辅助作用，要求援引佛教会成立之

---

① 李养正、桂理恒所辑陈氏传记的核心内容源自陈氏门人苏明龄为《白云集》之跋语。另外，《太上律派龙门正宗》对陈氏清末明初学道、追随高仁峒传戒的历史有较全面的介绍，内容多有相同之处。然则李、桂二人叙述中仍有诸多疏漏，如在陈氏之前任住持者乃白云堂上第二十一代律师刘至融林泉刘大真人；光绪三十二年（1906）任住持，1908 年传戒，510 戒子，1911 年去世。陈氏于 1913 年 4 月到 7 月、1919 年 5 月到 8 月、1927 年 7 月 1 日到 9 月 1 日，三次传戒，共 1091 人（330、412、349）。另外，《太上律派龙门正宗》对陈氏清末民初学道、追随高仁峒传戒的历史有较全面的介绍。

② 这十八个宫观分别是北京白云观、奉天承德殿大清宫、江苏上海县白云观、奉天辽阳州十山无量观、直隶朝阳府朝阳洞、山东济宁州长清观、河南南阳府玄妙观、北京玉清观、陕西西安府八仙宫、湖北武昌府长春观等。其中，玉清观、长清观实为白云观下院。

例,统一全国道教徒成立中央道教会。

陈明霦等人强调道教为中华三教中历史最悠久者,"历览史册,详稽道藏,名流众出。有先人道而后出;有先服官而后证道者;亦或终身栖隐,不求闻达而嘉言懿行,实于国计民生确有辅助者,处己之科律宜严,济人之功德宜广"。在"专制政治"腐败之时,道教徒内部常有分歧;而今民国成立,各界均有联合之必要,"祛积弊而谋公益,杜伪托而谋真"。因此,众人倡导建立道教会统一道徒,恳请"大总统饬部批准立案",日后民国政府暨道教会皆应共同遵守,"唯愿自今以往,道教会与政府互相维系,俱有日进无疆之希望。民国幸甚,道教幸甚!所有道教会宣言书、道教会大纲请求政府承认,条件等项籍列后"[①]。

除了上书的十八全真宫观住持及代表外,倡导成立道教会的还有一个重要群体:"道教会发起人",在上书后文中,曾列举了81位道教会赞助人的名单[②]。在这些赞助人中,江朝宗、赵春霖等人或许是较为人所熟悉的人物。无论如何,道教会赞助人在推动宫观上书,甚至在后面道教会代表呈交的《道教会宣言书》《道教会大纲》《道教会请求民国政府承认》三份重要文件中都发挥了极为重要的作用。

《道教会宣言书》系统阐释了成立道教会的原因。强调道教为中华固有之国教,国体革新,道教亦应变制,此中央道教会之所以发生而亟欲振兴者也。"宗教为立国之要素,与道德、政治、法律相辅而行。"道德、政治、法律要统一,宗教也需要统一:

> 然道德渊远、政治繁赜、法律缜密,均非一时所能奏效,唯宗教系单纯的性质,无论何等社会凡虔诚信仰者,一切贪嗔痴妄、杀盗邪淫诸恶念,顷刻即消,其于相辅之中,尤别具一种统摄超举之力也,倘世界大同、道德统一、政治统一、法律统一、宗教亦统一,此疆彼界,纷扰爰为?特未届其时,必欲强而同之,则求福适为种祸之根,弭乱转为召乱之媒,是以大地抟抟,众生芸芸,国有国界,教有教界,各国有其立国之特性,各教亦有其立教之真宗,有国以护教,有教以固国,国与教相杂而不可分离,故泰西各国皆重视其本国固有之国教,往往不惜其兵力与财力,特伸张其教,极拥护其教务行远。[③]

---

① 胡道静等主编:《藏外道书》卷24,巴蜀书社1992年版,第478页。
② 同上。
③ 同上书,第472页。

宣言书强调宗教具有重要作用,"与国体如轮车之相倚、唇齿之相依也。独是宗教之自外域输入者,国人犹信奉之,况本国之国粹列圣相传不刊之宗教,讵可听其凌夷断灭、湮没而弗彰耶"①。对于道教,宣言书强调其历史之悠久,足可称之为中国之国教,其为中华文明之起点,其学说"多从根本上解决,所谓绝圣弃智民利百倍、绝仁弃义民复孝慈、绝巧弃利盗贼无有",宣言书认为,"今幸世界潮流趋注共和,始信太上之教持之有故矣。欧西所谓国家、社会、世界三大主义,太上之言均涵蓄之"。"复以世界眼光相印证,便知老子之教为古今中外一大哲学家,欧洲之先觉如亚里士多德、柏拉图、梭格拉弟种种学说及晚近之卢梭民约论、孟德斯鸠之万法精理、康德之魂学、赫胥黎之天演论,太上之经早已见及。"②

"太上老子出著道德五千言,而道教更集大成,以上诸大圣神,皆产自中华,与华人血缘上有密切之关系,推之风俗习惯、情性精神种种方面亦无一不有密切之关系","凡胎孕共和与长养共和者,习恃道教为之原宝,文明无止境,道教之进化亦无穷期,但能凭性而行,任天而动"③。宣言书认为道教在发展中"日久失厥本宗",产生了以符箓为道的道贼、以服食为道的道魔、以炼养为道的道障。"更有深林寂壑、痼癖烟霞、蓬莱方丈、哪吒神仙,理乱不知,黜陟不闻,与物与民胞毫无系念,自为计则得矣",对于苍生与世界发展则丝毫不关心,更有顽固不化者,对于"天演之如何淘汰,人群之如何进化,则掉头不顾充耳不闻,惟以募化为生涯,疏懒事业,在人类中为寄生物,为附属品,无怪乎道教之如江河日下而为社会所鄙弃,地方所摧残,自侮人侮,势所必至,理有固然也"④。

基于此,宣言书强调"同道等目击心伤,慨然有道教会之建设","使政权与教权对峙并行而不相悖,而行政与行教者又需和衷共济组织一优美高尚完全无缺之国家,则人能弘道而道众之志愿乃酬矣"⑤。

在道教会大纲中,对其宗旨进一步表述为两条:一为"集合多人协力进行,务使五族混化、万善同归,本慈善事业作吉祥道场";二为"力挽颓风,表彰道脉,出世入世,化为而一,务求国利民福,以铸造优秀高尚

---

① 胡道静等主编:《藏外道书》卷24,巴蜀书社1992年版,第472页。
② 同上书,第473页。
③ 同上。
④ 同上书,第474页。
⑤ 同上。

完全无缺之共和"①。

究其事务，则分为出世间业与世间业两大类。出世间业有演教门和宣律门，世间业有救济门、劝善门和化恶门。演教门注重研究，如大乘研究、小乘研究、乙文义传布、真谛传布；主张研习道教重要经典，如《道德正宗》《大通真经》《周易》。还注重讲演，包括方便讲演（分析诸乘、融通诸教）。宣律门则包括：律仪、说戒、传戒。救济门包括：治病（病院卫生会）、保赤（慈幼会）、救灾（水火消防战地慈救会）、济贫（孤儿院贫民工艺厂）、扶困（养老会保贞会）、利渡（莉渡会、灯明会）。劝善门包括：开通智，设劝善书报会、检定小说会。化恶门包括：弭杀（戒杀放生会）、弭盗（正义会）、弭淫（劝戒淫邪会）、正俗（铁血改良会、戒赌工会、戒烟酒会）②。

组织机构方面，在北京设中央道教总会，在各行省设总分会，各城镇乡设分会。总会设会长一人、副会长二人，"总理本会一切法务，由北京丛林方丈充当，如方丈更易，由续任方丈充当"。机构为三部：（1）建立部，下设议事会、审查会和宣发机关；（2）行持部，下设演教司、广化司和法务司；（3）监察部，下设纠纪司、评议司和黜陟司。总分会、分会编制法，悉依总会三部制度而较简略③。

入会条件：道教会规约明确，道教信士及一切善男信女"志愿助扬道教变化众生者，皆得为会员列入籍"，"入会会员不限种族，不限国籍，不限外教，不限行业，但能发心入教即是道友，得受会平等利益"④。

会员规约要求会员皆当遵守道教戒条酌行践持，不得违犯。犯宜即忏不得听犯而不忏，是甘居不肖当除其籍，不与同会；会员皆当发慈养心恒久，心行利人济物之事；会员皆当研究道教德义，自度度人；会员皆当遵守会章，实行道教事业⑤。

会期：总会每年开会一次，以公历3月1日起，会期7天，事务3天，讲说4天。总分会每年开会两次，分别以阳历2月1日、8月1日起，会期5天，事务2天，讲说3天。

对于道教会与政府之关系，宣言书强调道教会的目的是"使政权与教权对峙并行而不相悖，而行政与行教者又需和衷共济组织一优美高尚完全

---

① 胡道静等主编：《藏外道书》卷24，巴蜀书社1992年版，第474页。
② 同上书，第474—475页。
③ 同上书，第475页。
④ 同上书，第476页。
⑤ 同上书，第477页。

无缺之国家,则人能弘道而道众之志愿乃酬矣"。为此,在《道教会要求民国政府承认条件》中,道教会制定了明确道教会与民国政府的义务与权利,强调道教会与民国政府绝对分立:道教会在法律范围内之种种行为,民国政府皆不得干涉,道教会于道教事业外概不干涉,民国政府承认道教会后,应订立保护专条列入法典①。

在道教会的义务方面,该文件称"道教会有昌明道德、促进共和之义务",其中道教会担任之事务包括三项:说教事项(普通说教、军营说教、工商说教、病院说教、监狱说教),教育事项(道教各种学校、道教各种研究会),慈善事项(援粥治病、保赤救灾济贫、扶国、弭杀弭盗弭淫正俗)等②。

道教会应享受之权利,即民国政府应给予道教会之利益则包括如下数端:民国政府应承认道教会为完全教会;民国政府对于道教会有完全保护之责任;道教会所享民国政府保护之普通利益、特别利益应与各教同等;道教会得于一切处目在布教;道教会有监督护持道教公团一切财产上处分之权;道教会有整顿道教一切事业、促进其发达之权;道教会有调和道教信士种种争执、维持其秩序之权;道教会于推行改良社会之宣讲教育及救济社会之慈善事项时,有通告民国政府认其如约保护之权;道教会于民国政府裁判道教信士犯国律时有派员旁听之权,或遇民国政府有裁判不公等情,道教会得要求复行裁判。③

8月4日,内务部表示同意,称:"信教自由,载在约法,无须另外发布法令,该会研求道教,尚无不合,准予立案。"④ 在内务部同意立案后,白云观住持陈明霖在北京成立中央道教会,陈氏任会长(在后来所编印之《内政年鉴》中,也记载有中央道教会的信息),总部也设置在白云观内,经费方面,除白云观外,全国全真宫观也各有捐助。

从清末民初庙产兴学的角度而言,中央道教会刚刚成立就呈文内务部要求保护道教宫观公产。

1912年8月,内务部又颁布了《内务部咨各省都督、民政长,各办事长官准国务院交道教会呈请保护道教公产希照本部咨饬各教会改订会章通行查其确系该教会私产自应遵照约法办理文》,转发了中央道教会的呈请,全文如下:

---

① 参见胡道静等主编《藏外道书》卷24,巴蜀书社1992年版,第477页。
② 同上。
③ 同上。
④ 同上书,第478页。

建立道教会人陈明霦、葛明新、王理钧、赵至中等谨呈国务总理钧座：窃维黄帝为中国垂裳鼻祖，曾闻访道崆峒，老子乃太上传钵正宗，共识研经柱下。道教振兴发源最久，历世业经数千载，授徒奚止亿万人，盖以慈善为事业，自非疏狂忘世者所得混同。以道德为范围，更非符咒惑人者所得依托。规条严设，宗派明分，振古如兹，至今弗替。此前世当专制，尚承保助于多年，际此人乐共和，宜享幸福于同等，凡属人民，均有法律上之权利，自由应受约章内之保持。在当道重视人格、维持调护原有一定章程，而各省俱值军兴，侵占夺取，未免或踰权限，个人倘涉违犯自由惩处律条，教徒不入邪诐，并无缘坐法则。查佛教会呈请按照约法保护财产，早经贵院通咨，道教会呈请成立，蒙贵院交内务部立案批准各在案，道教会与佛教会事同一律，既无种族之分，亦无阶级之判，谨援案呈请贵部，通咨京内外，凡道教公产，如有借端占用者，一概发还；其未占有者，按照约法切实保护，以昭人民平等之大公，而广道众惠济之本念。阐道学即严轨范，具有国民资格，各应尽义务于中华，申约法而免侵陵，从此道教精研，更足彰公理于世界，望一例之卫护，感大德于无穷，披沥上言，篆铭曷既。谨呈。[①]

中央道教会呈请民国政府按照保护佛教的文件精神保护道教庙产，内务部不仅将这份呈请全文转发，而且明确要求各地"若确为该教会私产，自应遵照约法办理"。

在组织推广方面，道教会宣言书曾有过设计："悉心筹划先在北京设中央道教总会，以次推行，于各行省设总分会，各城镇乡设分会，内力弥满，再事扩张于欧非美澳，凡日月照临处皆有我中华民国道教会之旗章"。尽管从后来之结果来看，道教会组织推广方面的成效似乎并不显著，但是根据最新的一些相关研究，我们仍然可以看出中央道教会的一些努力尝试。如陈明霦在北京创建道教总会之后，曾嘱咐吴兴道士严合怡组织吴兴分会[②]。在云南，1913年初陈氏曾委任李明清为云南支部长，因李明清年

[①] 《内务部咨各省都督、民政长，各办事长官准国务院交道教会呈请保护道教公产希照本部咨饬各教会改订会章通行查其确系该教会私产自应遵照约法办理文》，《政府公报》第123号，1912年8月31日，第3—4页。

[②] 参见王宗昱《吴兴全真道史料》（http://www.hongdao.net/plus/view.php?aid=1002）。

高体弱，又于同年正式委任杨智聪为中央道教会云南支部长①。1936年出版的《内政部年鉴》显示，1914年左右陈氏已经任中央道教会会长。到1915年，政府公报中有史料称受山东省道教会所请，陈明霦呈文内政部要求后者下令保护山东天齐庙庙产②。

对于陈氏等人倡导成立中央道教会，研究者首要注意到了这一行为在民国创立之初倡导宗教信仰自由、统一道教、改革道教的象征意义，尽管中央道教会似乎由于种种值得深究的困难而"无疾而终"。然而，道教改革的内在趋势与动力也由此而生。在此之后，组织道教社团成为近代道教改革的重要内容之一。从白云观本身而言，陈氏以白云观住持身份率领全真宫观倡导成立道教会无疑是巩固提升白云观作为龙门祖庭的重要举措，事实上陈氏也在民国初年成为道教的代言人。为参加国民会议，包括道教在内的各宗教代表于1925年4月6日成立了全国各宗教信徒国民会议协成会，希望宗教界人士在国民会议内有选举权及被选举权，最终目的是希望有代表加入国民会议及将来成立的国会。陈氏作为仅有的两名道教代表参加，最后也当选为13名代表之一。不过由于种种原因其未能继续于未完成的改革，而被其继任者安世霖所承担，更吊诡的是在陈氏1931年前后为恢复由于延迟寺庙登记而被取消的住持职位过程中，作为知客的安世霖曾扮演了负面角色，也正是由于安世霖的改革触动、激发了白云观内部的宫观矛盾，也由此造成安世霖悲剧性的命运。

第二节 维持或振兴？

1946年安世霖被火烧惨案发生后，著名的《一四七画报》连载了对白云观历史极为了解的穷老道的《八十年来之白云观》，其中对陈氏做了专门介绍：

> 陈方丈名陈毓坤（原名是玉崑），字明霦，为高仁峒的弟子。在未接方丈座时，西太后即谓"此人大有福气"，故俗称陈老道之能享清福，是西太后金口玉言所封而致者。其实，此皆附会之说。因为高老道是创

---

① 参见萧霁虹《近代全真道与地方社会的研究——基于杨智聪与昆明道教考察》，载《全真道与齐鲁地方社会》国际学术讨论会会议论文集，2016年10月24—26日，山东威海。
② 参见《内务部批》，《政府公报》1915年10月8日第1228号，第43页。

业之主，因机警过火，一意的竭尽心血，搜刮黄白，而不知既老以后尚有一个死字，故白云观在庙产及积蓄达于沸点时，而高老道的心血亦到竭绝之时，使用心机，奔忙一辈子，依然妙手空空，阖目长逝，并未享受清福一日，现成家产，完全落于陈明霖之手。陈老道不费举手抬足之劳，安然享受，此为个人机遇，非关西太后之金口玉言。

然而陈老亦真聪明，而亦有真学问，无创业之劳，其守成亦非容易。假使高老道之后，即由安世霖接位，则白云观之玩儿完，等不到今日惨案之发生焉，陈老道之考语，是"秉承遗训，克绍箕裘"。然而陈老道在清宫中，则殊不令阉人满意，然而一般文人墨客，则对陈明霖，特别捧场，吾此文，对陈老道，虽是无事可述，惟其对付民国新贵之纵横手段，仿佛玩弄儿童，则甚为钦佩莫名，因为与本文无关，暇时当另文述之。①

穷老道对陈氏大有福气有生动的描述，强调其真聪明也有真学问，特别对付文人墨客以及民国新贵极有手段。在本书看来，陈氏对于民国初年白云观之维持发挥了重要的作用。具体体现在如下方面。

一曰传戒。对于道教全真祖庭白云观而言，传戒无疑具有重要的作用，整个民国时期，也就是陈氏任白云观住持时三次传戒，在其之后，尤其是安世霖1936年接任住持到1949年，白云观却无一次传戒。对于陈氏三次传戒，三通碑刻曾有记载。

1914年，江朝宗撰《白云观陈毓坤方丈传戒碑记》记载白云观1913年传戒概况："故于民国纪元之次年四月，开坛传戒，得戒徒侣凡三百余人，一时都下硕彦名流，毕集斯会。毓坤戴华巾，披鹤氅，挥玉麈，升讲帐，谈经说法，济济跄跄，诚盛举也。"② 1918年陈氏第二次传戒，光绪二十年（1894）进士，与白云观颇有渊源的李继沆撰写《白云观陈毓坤方丈二次传戒碑记》（民国八年）："比年欧亚战兴，膏血原野，吁天露夜，虔祷和平。兹幸昊苍厌乱，寰海销兵，为念全球人民之甦苏，诸山道侣响应之殷挚也。爰依成规，先斯召集，定期百日，说法三坛。二十余行省，求戒弟子，担簦负笈而至者，四百一十二人，昕夕通诚讽经宣教，祈中外

---

① 参见穷老道《八十年来之白云观》，《一四七画报》1946年第8卷第4期，第11—12页。
② 《白云观陈毓坤方丈传戒碑记》，《北京图书馆藏中国历代石刻拓本汇编》第91册，中州古籍出版社1989年版，第48页。

人民之幸福，祝南北统一之成功。"①

　　陈氏在传戒中也会注意邀请各界参观以扩大影响，《顺天时报》曾有所报道："白云观方丈陈毓坤为提倡道教起见，刻定于三月八日在该观设坛传戒。凡欲求戒者，均须预先报名。该观现特邀各界前往参观，想届期必有一番盛况云。"②

　　1927年传戒，徐世昌《白云观碑记》（民国十七年，1928年）曾云"丁卯八月，观中敷宣中极三百大戒，明霖请为碑名"。

　　对于传戒之重要作用，前述碑刻多有强调，如江朝宗云"余维宗教之关系于国家，致深远也，悯斯人之陷溺，拯救迷途，其志愿宏大，尤有不可及者。故为铨次其事，俾镌诸石，而垂不朽云"。李继沆赞誉陈氏"于癸丑岁集众说法，扶翼至教，四方景从，非有卓识毅力，奚克臻此"。对于其第二次传戒，李氏云："京师苦旱日久，开坛伊始，即获甘霖，演戒将终，渥沾膏泽，扶黄庭丹卷之微，叶洛钟铜山之应。大道为公，安有至诚不动者哉？夫明教于一方，不若广教于天下，传道于数百人，不若饷道于千万人，乃布训辞，揭明秘蕴，俾道众功行完满，还山授受，各本道德五千言之大旨，唤起觉世牖民观念，蓄志慈和，自息争端，而归清静。妄情利欲，自平骄气而保虚无。劝一人得一人之益，劝一乡收一乡之效，教化普及，志愿固大且宏也。京华人士，偕临观礼，地方文武，共仰玄微，于是公请大总统，赐额葆素涵真，清帝亦赐额保合太和，衣体扉屦，供养之资，咸赖军政绅商，诸大护法及同道协力输助，克光盛典，至诚感乎，于斯益信。将来三坛重启，所谓崆峒琼笈，函谷宝章，雪山北来之金科玉律，推扩无极，庶不负卫道阐教之苦心也。"③

　　二曰宫观整修。尽管白云观在历史上具有重要地位，正如陈氏自云"唯白云者，有元邱真人长春宫之旧址也，今且六百有余岁矣。历代宫廷，致其崇奉，搢绅士庶，相与护持。以故崇闳伟丽，甲于天下，为玄门祖庭第一"④。然而，由于建筑、时间等原因，宫观建筑或有塌毁，或光彩不再，因此不得不时时整修。从保留下来的民国白云观照片来看，其大门不

---

① 《白云观陈毓坤方丈二次传戒碑记》，《北京图书馆藏中国历代石刻拓本汇编》第92册，中州古籍出版社1989年版，第118页。
② 《道教定期传戒》，《顺天时报》1919年2月26日第7版。
③ 《白云观陈毓坤方丈二次传戒碑记》，《北京图书馆藏中国历代石刻拓本汇编》第92册，中州古籍出版社1989年版，第118页。
④ 《重修白云观殿宇桥梁碑（民国十三年1924）》，《北京图书馆藏中国历代石刻拓本汇编》第94册，中州古籍出版社1989年版，第54页。

图2-1　北京勸建白云观丁卯坛传戒道场全体道众合影纪念

资料来源：《新嘉坡画报》1929年第58卷第11期，第12页。

得不用两根大木柱支撑以防止塌毁。对于宫观整修，陈氏也较为注意："明霖忝主观事，十有余年，中更世变，物力艰难，而观内丹青土木，往往为风霜所剥蚀。向之崇闳者，今颓然而圮；向之伟丽者，今黯然而黝矣。大惧累世祖师之所缔造，自我而隳，其何以上宣大教，下妥羽流哉？"① 白云观藏《太上律脉龙门正宗》曾提到晚清陈氏在白云观任总理都管等执事时曾创修花园工程，襄助高仁峒办理各种永久会务，并置买昌平州田地十三顷。在白云观信众的捐资下，陈氏于1924年曾整修白云观，竣工之后，陈氏作书勒碑记载以示不忘：

> 杨君嘉训，余君第祺合资，树立观前县旗两竿，乐砥舟督察绘饰山门牌楼，嵩佑亭都护涂饰甲子及子孙两殿，杨君嘉训复涂饰斗姥一阁，长生、真武、丘祖、灵官四殿，更与袁俊亭总戎、嵩佑亭都护、乐砥舟督察、张彬舫护卫共修窝风、甘雨两桥，工始于庚申之春，讫于壬戌之秋。而颓圮黯黝者，乃顿复崇闳伟丽之旧观焉。语云：莫为之前，虽善弗彰；莫为之后，虽盛莫传。明霖际此胜缘，观喜无量，更惧诸善信之与于斯役者，功德弗彰，乃勒之贞石，以志不朽云尔。②

三曰慈善。陈氏在继任白云观住持之前，曾屡有慈善之举，如住持新城三清宫时，创设三清宫学校，"选拔邻里故旧聪颖子弟免费入学"，"因而造就成材者日众"。《太上律脉龙门正宗》还提到时任直隶总督袁世凯曾赠两幅匾额"德水滂仁""行道有福"以示旌其功德。民国时期，倡导成立中央道教会，将慈善事业作为道教会的重要内容。为推广慈善，清同治年间，在白云观主持下，由信士单魁兴、高仁峒、程德宽倡导成立祈福消灾会，定期集议，"每岁四月八日在京都西便门外白云观如期举行，无论满蒙回汉、士农工商，凡抱有意乐施济众愿者，均可从心助善，纳资入会。不分畛域，不骛纷营，力戒波邪，恪循轨则。虔集道众于真武殿前，设坛讽经，香焚楮，并修吉祥道场。祈祝天人，俾十方善仕，生者博幸福而跻春台，逝者免凤愆而拔苦海"③。1922年，为防止事业半途而废，白云观立《祈福消灾老会碑记》纪念前人经营规划之苦衷与劳绩。

---

① 《重修白云观殿宇桥梁碑（民国十三年 1924）》，《北京图书馆藏中国历代石刻拓本汇编》第94册，中州古籍出版社1989年版，第54页。
② 同上。
③ 《祈福消灾老会碑记》，《北京图书馆藏中国历代石刻拓本汇编》第93册，中州古籍出版社1989年版，第112页。

据1932年《白云观玉器业公会善缘碑》可知，玉器行业视邱处机为"燕市玉器业之祖师"。自乾隆五十四年（1789），"玉行首事涂君国英等，约会同人，在本观创立布施善会。嗣是例年正月十八日施行施放馒首，并于翌日焚香献祭，普结善缘，以佘神佑，迄二百余年不辍"。①

四曰重印道藏。1918年3月14日，张元济致傅增湘信中说道："前日奉复一函。为影印道藏事。"傅增湘为壮声势，并拉上了李盛铎、赵尔巽、梁启超、康有为、张謇等十二位名流作为发起人。北京白云观第二十一代方丈陈明霖对此事热心响应。

1923—1926年，上海商务印书馆涵芬楼影印《正统道藏》对近代道教文献整理史以及后世道教研究均具有极为重要的意义，对此也曾有诸多研究。不过，这一重大事功离不开白云观以及陈明霖的大力支持。

在影印道藏中，时任北洋政府教育总长的傅增湘是重要的推动者，徐世昌《白云观碑记》（民国十七年，1928年）曾记载："观有明正统道藏，门人傅增湘，商诸住持陈明霖，影印流传。余力助其成，曾为之序。"傅增湘曾在《白云观全真道范》序中提及此事："余自桑海以来，游涉郊同，时往瞻礼，嗣以重印道藏全经与前方丈陈君过从渐密，经营三载苦心毅力，同排浮议，卒底于成，玉笈金函，流传薄海内外，真诠密典，国之大彰，此正道教振起之机，不徒为本观中兴之绩也。"②

最近有收藏家新发现了傅氏1935年9月20日欲图加印道藏并致函张元济，其中云"昔年增湘创议影印《正统道藏》，历时四载，奔走南北，譬解疏通，乃得定议，允假出照片。旋由东海助资，贵馆协力，卒以告成"。③

《张元济日记》在记载重印道藏事情中，多次提到陈氏。如在劝说上海白云观协助重印道藏中，陈氏出力甚大。1918年5月，陈氏曾赴上海会见张氏。在上海白云观，曾劝说方丈阎雪筠所藏道藏影印出版，不料阎氏后来变卦。1918年6月4日，张元济在给傅增湘的信中提到："陈氏甚为愤愤。谓彼本可强迫，然不欲过伤感情，将来在京总可办理。并对弟道歉。"④陈氏返回北平后，曾写信帮助劝说上海白云观方丈及董事改变态度。张氏曾拿陈氏信件拜访董事劝说上海白云观住持合作，9月17日，"往访葛虞臣、陈润夫。出示陈毓坤信，均言赞成，容商阎道士。余言，可酌加售价，助观中香

---

① 《白云观玉器业公会善缘碑》，《北京图书馆藏中国历代石刻拓本汇编》第97册，中州古籍出版社1989年版，第25页。
② 傅增湘：《序》，载《白云观全真道范》，白云观藏版，1940年，封1—2。
③ 陈晓维：《好书之徒》，中华书局2012年版，第147页。
④ 张元济、傅增湘：《张元济傅增湘论书尺牍》，商务印书馆1983年版，第75页。

火。陈言或送书数部。余言前曾商量，送书一部，至虑损失原书，余意惟恐火患，如有此事，可往白云观抄补"[1]，9月24日，"访白云观道人阎雪筠，未遇，将陈毓坤信留下。施永高言，如印道藏，美国约可销数部。应酬李振唐约在古渝轩晚饭"[2]。最后，在上海白云观不合作的情形下，陈氏应允借出所藏道藏残本并同意运到上海拍照影印。

五曰真学问。穷老道提到陈氏不仅有福气，而且确实有真学问。关于陈氏之学问，前述三次传戒碑刻对陈氏不无赞誉与吹嘘。如李继沆赞云"陈大法师毓坤，以救世真才，抱济人远量"。在陈氏作为发起人之首的道教会宣言等文书，甚至以其名义撰述的碑刻，相当大程度上可能是他人代笔，然而，较少受到学者注意的《白云集》（1929年1月印）应当是其学问之真实反映。

陈氏在序言中介绍其入道以来"苦志参访，略通妙穷，云游天下，能自得师，集思广益，遂多觉悟，因以经典原文联成偈语，藉资朝夕考镜，并有读书偶录，即事口占，□管窥测，直抒胸臆，录备观览，兼防遗忘"。[3]

陈氏自序点明《白云集》内容之来源与体例，考其原文，也恰如此。如《玉皇心印经偈》共有52首（七律），《金光咒偈》共有26首，又有《玉皇心经联句》等。最后还有三次传戒的题语。门人赵以宽等人所作序言称"今读斯集，精义粹语，觉迷示蒙，若云之出山，地之涌泉，以之接席长春，传灯幽谷，洵道教之大师而徒众之津梁也"[4]。闻丞烈则云《白云集》"恍如仙云一朵冉冉自天外飞来"[5]，苏明龄则云其有立德、立言、立功[6]。在陈氏去世后，1936年3月8日，安世霖等白云观观众为陈氏所立宝塔，其对联赞其："玄圃幽深月伴炼师归羽化，陵园春满风清吉壤驻仙踪"[7]。

---

[1] 张元济：《张元济日记》下册（1912—1926），商务印书馆1981年版，第447页。
[2] 同上书，第451页。
[3] 胡道静等主编：《藏外道书》卷24，巴蜀书社1992年版，第1页。
[4] 同上书，第2页。
[5] 同上书，第4页。
[6] 同上书，第26页。陈明霈在《云溪道人吟》中赞高仁峒曰："云成雨露满长天，溪上新花意快然。道有三端德智体，人人学此胜登仙。"陈明霈：《白云集》，载《藏外道书》卷24，第15页。
[7] 《白云堂上第二十一代律师上至下霈毓坤陈大真人之宝塔》，参见马颂仁《白云观的碑刻与历史》，《三教文献》1999年第3期，第127页。

第三节　白云观的信众网络

穷老道在前引史料中曾强调陈氏对待民国新贵颇有手腕，《民国骇闻》中也有绘声绘色的描述："民国以来，权势压落，然微闻今方丈陈某犹与江朝宗吴炳湘辈称盟弟兄。东方汇理银行买办，及第一舞台大股东孙某之子且拜为义父。而伶界中人往来频繁，尤以杨小楼为最密切。此次义务戏即孙某与杨小楼等所提倡。观此亦足想见当年之白云观之流风余韵也。"①

除江朝宗外，也有研究认为前述曾撰写《白云观碑记》的徐世昌也为道教信徒，其任总统时，白云观方丈陈明霦开坛说戒，他特赐匾额"葆素涵真"。有研究者曾云：从民国政府退职去天津当寓公后，徐世昌在家里供起了吕洞宾，每天午睡后都要在吕祖面前叩首。"小楼一角藏身竹，万绿阴中读老庄。""拂衣起招赤松子，同听万壑风入松。"其《海西草堂集》中，也颇多思玄慕道之诗②。

1914年3月，曾任国务总理、中国现代警察制度创始人的赵秉钧病逝，由内务部发起，北京政商宗教各界人士于1914年3月22日在先农坛开追悼会，其中道教代表则为陈明霦③。到1919年陈明霦借第二次传戒，还同时举办世界和平法会，庆祝"欧战"（第一次世界大战）结束。此后不久，陈氏又会同北京政商名流，如民国教育总长傅增湘，民国代理国务总理、北京市长江朝宗发起成立北京书画慈善会，通过各发起人的书画筹集资金，亦代写屏联、匾额等筹募经费。若遇巨额捐款，共同商议如何进行慈善活动④。

最近出版的《水陆神全：北京白云观藏历代道教水陆画》多幅书画作品显示陈氏交游之广。曾任国会副议长的辛亥革命元勋张伯烈曾集句赠"毓坤先生有道"："方丈瀛洲不可即，交梨火枣近何如。"⑤ 1915年乙卯年秋田中玉作有"清言不管人间事，邀目当观柱外山"⑥。

白云观的会神仙具有重要的历史，成为北京的重要风俗。陈明霦也善

---

① 虞公编：《民国骇闻》，襟霞图书馆1919年版，第19—20页。
② 参见陈晓维《好书之徒》，中华书局2012年版，第153页。
③ 参见《北京追悼赵秉钧之筹备》，《申报》1914年3月17日第6版。
④ 参见麦锦恒《社会变革下的道门往事——民国初年的北京白云观》，《中国道教》2015年第1期，第39页。
⑤ 李信军主编：《水陆神全：北京白云观藏历代道教水陆画》，西泠印社2011年版，第414页。
⑥ 同上书，第415页。

于利用此加强与各界之联系,《顺天时报》曾报道过陈氏邀请京城内各方面人士参与会神仙:"西便门外白云观道士,日昨备柬数百份,遍请京内军政界阔老,以及绅士商董,并清室方面王公贝勒等,于月之十八日至该观内拈香祈福会神仙,并备素餐款待施主云。"[1] 对于是否碰到神仙,后续报道在描述会神仙的热闹场面后,感叹唯一稍有缺憾者就是不知道"昨系何位神仙临凡,为人得相会,尚无所闻焉"[2]。

前述碑记等史料中不同文字表述了白云观信众之广泛,或云"满蒙回汉、士农工商",或如李继沆在《白云观陈毓坤方丈二次传戒碑记》中所云"京华人士,偕临观礼,地方文武,共仰玄微,于是公请大总统,赐额葆素涵真,清帝亦赐额保合太和,衣体扉屦,供养之资,咸赖军政绅商。诸大护法,及同道协力输助,克光盛典,至诚感乎,于斯益信"。

更精细的研究,须高度重视既有碑刻等文献中较多学者所忽视的襄助人、赞助人名单。

1913年,江朝宗所作《白云观陈毓坤方丈传戒碑记》中曾列出了赞成人名单,根据马颂仁初步的整理,本书略做如下统计。

军界者共有14人,分别为提督九门步军统领正黄旗满洲都统管理外三营事务陆军中将江朝宗、拱卫军后路统领陆军少将刘金标、毅军前路统领陆军少将殷贵、陆军第二十三师师长吉林护军使陆军中将孟恩远、禁卫军第二团团长陆军少将索崇仁、禁卫军师长陆军中将王廷桢、甘肃护军使宁夏将军陆军中将马福祥、京师营务陆军少将徐占凤、游缉队统带记名副都统安吉升、步军统领衙门秘书长唐福懋、游缉队统带记名副都统申振林、军警联合长陆军少将钱锡霖、记名副都统嵩灵、右翼总兵袁得亮。

政界(包括离任者)共有6人:莱阳县知事侯荫培、宛平县知事郭以保、京师警察厅总监吴炳湘、京师警察厅勤务督察长乐达义、前候补道牟其汶、甘肃都督张广建。

商界1人:银行总经理孙世勋。

绅士共有25人:刘理权、李崇祥、刘玉铭、王志魁、盛信长、陈遇春、莫钧、刘玉祥、崔信仁、衡永、厉顺庆、刘信霖、侯喜麟、张崇元、李绪庆、李万藻、王宝义、存福、刘堃、杨嘉年、怡龄、李继沆、继铭、刘亦倬、刘龙海。

喇嘛等其他8人:商卓特巴扎萨克喇嘛、多伦诺尔印务达喇嘛巴彦口

---

[1] 《道士请会神仙》,《顺天时报》1919年2月17日第7版。
[2] 《白云观之盛况》,《顺天时报》1919年2月20日第7版。

尔口勒，大国师章嘉呼图克图，正白旗满洲副统左翼总兵鹤春，管理圆明园事务正红旗蒙古都统继禄，头等护卫凤林，头等护卫吴玉顺，头等护卫张文志；此外还有潭柘寺住持纯悦。

1919年的碑刻中，赞助人相比而言有了新的特色。

逊清内宫：内殿、永和宫、长春宫、重华宫、储秀宫；晚清遗老也较多：大学士世续、礼亲王诚堃、镶黄旗满洲督统那彦图、正红旗蒙古督统继禄、镶红旗汉军副督统嵩灵；喇嘛与国师也再次出现：大国师章嘉呼图克图、多伦诺尔印务达喇嘛巴彦济尔噶勒。

军政人物及其地位也较前次有大的变化，如人数较多，地位也更显赫。

根据碑文，军界有6人：迪威将军江朝宗、靖威将军雁行、泰威将军李长泰、陆军中将李鸿举、陆军中将刘金标、湖南总司令张守昌。

政界有18人：吉林督军孟恩远、吉林省长郭宗熙、浙江督军卢永祥、湖南督军张敬尧、甘肃督军张广建、甘肃宁夏护军使马福祥、河南督军赵倜、热河都统姜桂颐、长江巡阅副使王廷桢、京师警察厅总监吴炳湘、提督九门王怀庆、提督左堂鹤春、提督右堂袁得亮、甘肃渭川道尹张绍烈、勤务督察长李寿金、勤务督察长乐达义、游缉队统带申振林、游缉队统带富莲瑞。

绅士则多达38人：乐达明、张世勋、马文盛、刘树楠、卢淡云、张清泉、郭印元、张崇元、崔信仁、李崇祥、刘理权、迟宝锐、黄玉、牟其汶、冯恕、李万藻、吕司辅、韩佩萱、刘锦源、增崇、崇培、侯喜麟、孙鸿年、杨嘉年、怡龄、浦仝、厉顺庆、刘龙海、王宝义、丁惟忠、刘义翰、刘玉铭、莫钧、刘玉祥、霍双寿、杨文成、存福、杭学慊。

逊清小朝廷者有：内殿、永和宫、长春宫、重华宫、储秀宫、大学士世续、礼亲王诚、镶黄旗满洲督统那彦图、正红旗蒙古督统继禄、镶红旗汉军副督统嵩灵、头等护卫张文志、头等护卫吴玉顺、头等护卫凤林。

其他如喇嘛教者有：大国师章嘉呼图克图、多伦诺尔印务达喇嘛巴彦济尔噹勒；衍圣公孔令贻。

相对于两次传戒碑刻中所列人物或军政，或内廷遗老，或有地位之绅士，1922年之《祈福消灾老会碑记》72余人（商号），所列人物均未注明身份与地位，不过从中我们可以看出一些端倪与变化，比如相对于此前，有较多的商铺或字号出现：如庆华公寓、永兴菜行、德泰恒、六合园、顺义木厂、同顺轩；此外，根据碑文可以发现单氏家族是老会之发起人，列名中的诸多单姓相信均为其后人。1932年《白云观玉器业公会善缘碑》显示玉器业与白云观具有重要关系，在玉器商会改成玉器业同业公会之时，鉴于该业"善缘益广，道法常辉，善念弥坚，香火常满"，白云观

第二章 白云观与民初社会

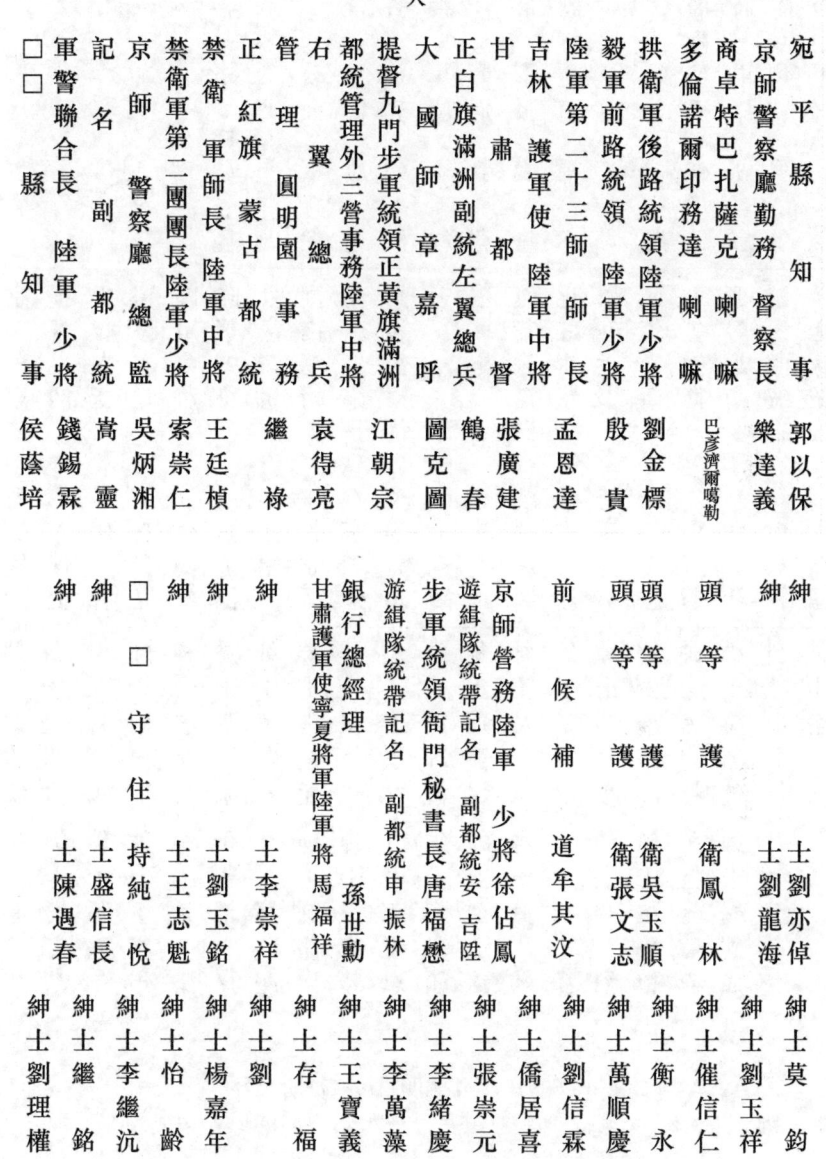

永垂不朽 赞成人

职衔	姓名	身份
宛平縣知事	郭以保	紳
京師警察廳勤務督察長	樂達義	紳士 莫鈞
商卓特巴扎薩克多倫諾爾印務達喇嘛	巴彥洪爾噶勒	紳士 劉龍海倬
拱衛軍後路統領陸軍少將	劉金標	頭等護衛 鳳林	紳士 催信仁玉祥
毅軍前路統領陸軍少將	殷恩貴	頭等護衛 吳玉順	紳士 萬順永衡
陸軍第二十三師師長	孟恩達	頭等護衛 張文志	紳士 劉信霖慶
吉林護軍使陸軍中將	張廣建	前候補道 牟其汶	紳士 僑居喜
甘肅都督	鶴春		紳士 張崇元
正白旗滿洲副統左翼總兵	圖克圖	京師營務處陸軍少將 徐佔鳳	紳士 李緒慶
大國師章嘉呼圖克圖	江朝宗	遊緝隊統帶衙門秘書長 唐福懋 副都統安吉陞	紳士 李萬藻
右翼總兵	繼祿	步軍統領衙門秘書長 副都統申振林	紳士 王寶義福
管理圓明園事務	袁得亮	游緝隊統帶記名	紳士 劉存福
提督九門步軍統領正黃旗滿洲都統管理外三營事務陸軍中將		銀行總經理	紳士 李崇祥
正紅旗蒙古都統		甘肅護軍使寧夏將軍陸軍	紳士 孫世勳馬福祥
禁衛軍師長陸軍中將	王廷楨		紳士 劉玉銘
禁衛軍第二團團長陸軍少將	索崇仁		紳士 王志魁
京師警察廳總監	吳炳湘	□□守住	紳士 李怡沅齡
□□副都統			紳士 李繼銘
記名			紳士 盛信長
軍警聯合縣長陸軍少將	錢錫霖		紳士 陳遇春
□□縣知事	侯蔭培		紳士 劉繼理權

图2-2 1913年陈明霦传戒赞助人名单

资料来源:马颂仁:《白云观的碑刻与历史》,《三教文献》1999年第3期。

1919年陈明霖传戒赞助人名单（自右至左，每列一人）：

第一部分（官员）：
- 內和殿
- 永春宮
- 長華宮
- 重秀宮
- 諸秀宮
- 大國師章嘉呼圖克圖
- 多倫諾爾印務達喇嘛巴彥濟爾噶勒
- 衍生公孔令貽
- 吉林督軍孟恩遠
- 吉林省長郭宗熙
- 浙江督軍盧永祥
- 湖南督軍張敬堯
- 甘肅督軍張廣建
- 甘肅寧夏護軍使馬福祥
- 河南都統趙倜
- 熱河都統姜桂題
- 長江巡閱副使王廷楨
- 迪威將軍江雁行
- 靖威將軍江朝宗
- 泰威將軍李長泰

第二部分：
- 京師警察廳總監吳炳湘
- 提督九門王懷慶
- 提督左堂鶴春
- 提督右堂袁得亮
- 陸軍中將李鴻舉
- 陸軍中將劉金標
- 湖南渭川道尹張紹昌
- 甘肅總司令張守昌
- 勤務督察長李壽金
- 勤義督察長樂達義
- 大學士世續
- 禮親王誠
- 讓黃旗滿洲都統那彥圖
- 讓紅旗漢軍副都統嵩祿
- 正紅旗蒙古都統繼祿
- 頭等護衛張文靈
- 頭等護衛吳玉順
- 頭等緝頭統帶鳳振林
- 游擊隊統帶申振林
- 游繼隊統帶富蓮瑞

第三部分（紳士）：
- 紳士樂達明
- 紳士張世勳
- 紳士侯喜麟
- 紳士崇培
- 紳士馬文盛
- 紳士孫鴻年
- 紳士劉樹楠
- 紳士楊嘉齡
- 紳士盧淡雲
- 紳士怡尼
- 紳士張清泉
- 紳士浦順慶
- 紳士郭印元
- 紳士萬龍海
- 紳士崔崇仁
- 紳士王寶義
- 紳士李崇元
- 紳士丁惟忠
- 紳士劉理權
- 紳士劉義翰
- 紳士運寶說
- 紳士莫玉銘
- 紳士牟其汝
- 紳士劉玉祥
- 紳士馮萬藻
- 紳士存謙
- 紳士李輔萱
- 紳士杭學壽
- 紳士呂司佩
- 紳士霍雙壽
- 紳士韓錦源
- 紳士楊文成
- 紳士增崇
- 紳士劉錦源

图2-3　1919年陈明霖传戒赞助人名单

资料来源：马颂仁：《白云观的碑刻与历史》，《三教文献》1999年第3期。

特立碑作为纪念，认为"俾玉业盛举，绵绵永麻，观中规模，世世靡替，不独玉业同人之幸，亦本观道众之大幸也"。

信士弟子

呂寬　閻文□　劉文□　順義森廠　郭步池　畢文澾　林桂榮　興仁　軍兆銓　周壽蔭　軍兆漢　軍文榮　田桂啟

趙成富　王玉林　岳通　曹文裕　馬澄清　王九如　六合園　德泰恒　趙恒樂　田桂芳　豫宅　郝成和　曹祥

楊永德　金承思　焦玉泉　王興　金和成　梁文　薛怡卿　閻德全　趙斌　張鴻瑞　劉堯臣　嵩靈

干清　呂信慶　程國順　富興齊　閻文林　林桂芳　楊永勝　永興菜行　孫翰臣　曹文林　志裕永　馬增　于春甫

段連璧　治季彭　耆際雲　同順軒　慶華公寓　趙銳　張得勝　張興　常鴻賓　關得壽　李心農　王玉山　蔡良

金世微　田永福　田永壽　趙萬春　宋啟興　梁熙　王慶霖　李寬

弟仝叩

中華民國壬戌年　□日立

图 2-4　1922 年白云观祈福消灾会赞助人名单

资料来源：马颂仁：《白云观的碑刻与历史》，《三教文献》1999 年第 3 期。

除了军政绅商外，伶人也是民国初年白云观的重要信众。已有研究曾提及杨小楼与白云观之重要关系，特别是其去世时，时任白云观住持安世霖曾书写挽联，也有记载云其临终以道装入殓①。

① 杨小楼去世后，安世霖以北平白云观住持身份写下如下挽联：“俗事已无萦，蝶化竟成辞世梦。音容何处觅，鹤鸣犹想步虚声。”青女录寄：《挽杨小楼联》，《十日戏剧》1938 年第 1 卷第 21 期，第 12 页。

1924年，陈明霖所作《白云观表德述异记》详细记载了伶人与白云观的关系：

> 自来神明之礼，变化莫测。事每出于意表，道实蕴于几先。灵爽所凭依，必有迹象之昭著。偶闻者目为迷离惝恍，骤睹者诧为怪异神奇，抑知天为妙窍，即在当前。有感斯通，造因生果，诚能动物之真谛，固属显而易明也。白云观，肇始长春真人，累代相沿，恪循法轨，云集玄羽，供养十方。旧有庄田岁课，丰啬不齐，悉赖信善布施，以资赡济。民国十一二年间，秋成告祲，道众几绝粥饘。明霖呫呫书空，罔知所措。因商之袁俊亭、孙荩卿、嵩佑亭、张彬航诸善士，协筹生计，维持善法。当由艺术大家杨小楼、俞振庭、余叔岩力任提倡，舞台租费则孙荩卿先生慨捐，衣饰租费则俞振庭先生乐助，复有任润山、果仲连、何卓然诸先生，及高雅各艺员，担荷剧场前后一切义务，择定癸亥长至后七日举行。先期在得兴堂会餐列席，设醴壶中，佳酿初斟色红，再斟变绿，两色更迭相间，四坐莫不称异。饮之均清香沁齿，噫！何其神欤！届期天朗气清。观者踊跃，户履充满，为历来所罕见。聚金无算，各道侣获免饥寒。此皆售技者能力宏远，助善者苦心经营，而神明默佑，豫示朕兆，尤非始念所敢希冀。真可谓道非常道，名非常名矣。爰于功德告竣，叙述镌泐，以垂永久。至献艺秀良，输资善信，尽力友明，文雅列载。谨铭姓字于不朽，庶丰功灵迹，并矢勿谖也夫。①

在这则碑文中，陈氏提到伶界与商界共同努力为救济白云观演义务戏的详细过程，碑文后所列"善士芳名"中，很多是世人所熟悉之戏剧名家，如俞振庭、杨小楼、余叔岩、尚小云、程艳秋等，也还包括知名之戏班，还有袁俊亭、孙善卿、高佑亭等商界名流；其中还有北平正一道士田子久②。

不得不提的是，约在陈明霖民国初年第一次传戒后，仿照此前高仁峒等为历代方丈律师绘像，白云观也为陈氏作画，而题写像赞者正是江朝宗。

---

① 《白云观表德述异记》，《北京图书馆藏中国历代石刻拓本汇编》第94册，中州古籍出版社1989年版，第52页。
② 杨小楼在义务戏中曾演《五花洞》、程砚秋演《红拂传》、余叔岩演《珠帘寨》。参见《杨小楼陈德霖等之京剧》，《申报》1924年1月10日第18版；《程砚秋演"红拂传"于京华》，《申报》1924年1月11日第18版；《余叔岩新唱三出戏》，《申报》1924年1月11日第18版。

第二章 白云观与民初社会　123

善　士　芳　名

袁俊亭　孫善卿　高佑亭　萬子嘉　張彬舫　俞振庭　楊小樓　余叔岩　任閏山　果仲連　何早然　何向博

陳德霖　程艷秋　王□卿　郭仲衡　田相秋　侯喜瑞　徐碧雲　黃玉麟　尚水去　季萬春　藍月春　楊瑞亭

俞贊庭　王長林　時慧寶　諸如香　王又全　朱素去　苑瑞亭　畢春方　前長華　於春榮　吳富琴

錢金福　袁子明　孫富毓　馬德祿　許德義　連月亭　傅小山　劉硯亭　陳金鈴　程清芬　李玉安　田俠公

王淑芳　劉兩田　杭地山　田存厚齊　孫三明　駱九連　張子餘　孫閏田　武慶社　長春堂　俞步蘭

图 2-5　1924 年救济白云观祈福演戏赞助人名单

资料来源：马颂仁：《白云观的碑刻与历史》，《三教文献》1999 年第 3 期。

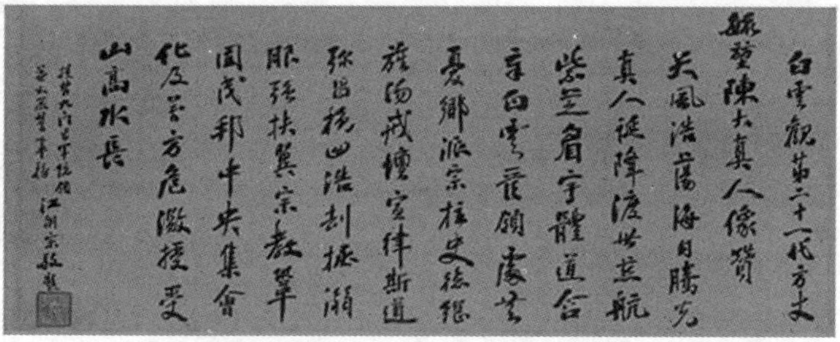

图 2-6　江朝宗作陈明霖像赞

资料来源：李信军主编：《水陆神全：白云观藏历代道教水陆画》，第 381 页。

第四节　物质与精神生活

在论述晚清白云观时，本书曾提及高仁峒在拓展白云观观产方面的努力，民国初期，白云观的资产到底如何？基于1936年北平社会局所做极为详细的寺院登记文件，本书统计了白云观不动产财产表，并试图对此略作初步探讨。

表 2-1　　　　　　　　　白云观1936年不动产概况表

编号	土地面积或房屋间数	市价约计	管理及使用状况	坐落地点	享有权利之种类	权利取得之原因	权利取得之年月	契约之种类及数目并是否完备	备考
1	庙基56亩3分8厘弱，殿房315间，廊子76间	11万元	作办公室众执事居室、斋堂、厨房等处	西便门外	留居十方道众及自立平民小学校	邱长春阐扬道教建立丛林	元太祖丁亥年	古建无契，碑记为证	
2	3顷零2毫，系沙碱地	1200元	租作香资、封粮、养众、修补学校、雇工、日用等费	武清县梅厂镇	地租一项	自置	咸丰元年	民国三年红契一张，卖契一张	前报笔误，多报6亩
3	40顷零47亩2分，系沙碱地，土草房215间半	12000元	租作香资、封粮、养众、修补学校、雇工、日用等费	武清县梅厂镇	地租一项	自置	嘉庆十三年	乾隆红契四份，嘉庆红契一份，民国三年红契一份，嘉庆卖契一张，老红契九张	

第二章 白云观与民初社会 125

续表

编号	土地面积或房屋间数	市价约计	管理及使用状况	坐落地点	享有权利之种类	权利取得之原因	权利取得之年月	契约之种类及数目并是否完备	备考
4	山场1处	3000元	仅作山场	宛平县石府村	无租	前系庆公施舍，舍契于庚子年遗失，现由本观升科	嘉庆十五年	新粮县照一张，山图一张，宛平县补税契一张	此是粮照，前误识部照
5	地8亩	400元	租作香资、封粮等费	宛平县金鱼池	地租一项	自置	嘉庆二十三年	新粮部照一张，第389号，民国五年	
6	地20亩	100元	收租封粮	宛平县真定寺地方	地租一项	自置	道光二年	新粮部照一张，第392号，民国五年	
7	地79亩	500元	租作封粮、养众、学校等费	宛平县张义村	地租一项	自置	道光二年	新粮部照一张，第390号，民国五年	
8	12亩	60元	租作香资、封粮等费	宛平县南辛庄	地租一项	前系全德施舍，舍契于庚子年遗失，现由本观升科	乾隆五十九年	新粮部照一张，民国五年，第388号	
9	2顷44亩	1200元	租作香资、封粮、养众、修补学校、雇工、日用等费	宛平县南各庄	地租一项	换置	道光四年	新粮部照一张，民国五年，第394号	

续表

编号	土地面积或房屋间数	市价约计	管理及使用状况	坐落地点	享有权利之种类	权利取得之原因	权利取得之年月	契约之种类及数目并是否完备	备考
10	2顷82亩零9厘	1500元	租作香资、封粮、养众、修补学校、雇工、日用等费	宛平县西黄村	地租一项	前系全法施舍，原契于庚子年遗失，现由本观升科	于乾隆五十九年	新粮部照一张，民国五年，第382号	
11	2顷53亩	1500元	租作香资、封粮、养众、修补学校、雇工、日用等费	宛平县冉家村	地租一项	前系全德施舍，舍契于庚子年遗失，现由本观升科	乾隆五十九年	新粮部照一张，民国五年，第383号	
12	2顷33亩9分	1500元	租作香资、封粮、养众、修补学校、雇工、日用等费	宛平县东西娘娘府	地租一项	前系全德施舍，舍契于庚子年遗失，现由本观升科	乾隆五十九年	新粮部照一张，民国五年，第384号	
13	2顷47亩	1600元	租作香资、封粮、养众、修补学校、雇工、日用等费	宛平县大小屯地方	地租一项	前系全德施舍，舍契于庚子年遗失，现由本观升科	乾隆五十九年	新粮部照一张，民国五年，第386号	

续表

编号	土地面积或房屋间数	市价约计	管理及使用状况	坐落地点	享有权利之种类	权利取得之原因	权利取得之年月	契约之种类及数目并是否完备	备考
14	1顷零5亩7分8厘	500元	租作香资、封粮、养众、修补学校、雇工、日用等费	宛平县前后泥洼	地租一项	前系全法施舍，原契于庚子年遗失，现由本观升科	于乾隆五十九年	新粮部照一张，民国五年，第385号	
15	31亩	150元	租作香资、封粮等费	宛平县五里屯	地租一项	前系全德施舍，舍契于庚子年遗失，现由本观升科	乾隆五十九年	新粮部照一张，民国五年，第387号	
16	地33亩	200元	租作香资、封粮等费	宛平县苹果庄	地租一项	自置	于康熙五十四年	新粮部照一张，民国五年，第391号	
17	坟地30亩，房4间	1600元	修塔栽树	西便门外	只作茔地	自典置	康熙五十九年	新粮部照一张，民国五年，第395号	原地40亩，被京蒙饭局占用10亩

续表

编号	土地面积或房屋间数	市价约计	管理及使用状况	坐落地点	享有权利之种类	权利取得之原因	权利取得之年月	契约之种类及数目并是否完备	备考
18	地23顷零5亩5分1厘2毫	12000元	佃户交租	固安县方城村、赵各庄、顺氏屯、孔家庄、储林村、黄岱、庞办处、吉城、礼文村、公主府、屈家茔等处	卖契	自置	清乾隆、嘉庆、道光、咸丰、同治、光绪年间	新粮部照一张	此地方在固安县因欠租与佃户涉讼，经判决，白云观胜诉（呈验二十年一月二十三日、二月一日判决书两件相符），现佃户已上诉，尚未判决
19	地37亩	100元	佃户交租	宛平万泉寺	卖契	自置	乾隆十七年	老粮部照一张，民国五年贵字第893号	
20	地1顷	400元	佃户交租	宛平郑河村	卖契	自置	道光十三年	新粮部照一张，民国五年，第393号	

续表

编号	土地面积或房屋间数	市价约计	管理及使用状况	坐落地点	享有权利之种类	权利取得之原因	权利取得之年月	契约之种类及数目并是否完备	备考
21	地9顷97亩，土草房40间	2000元	佃户交租	通县朱家堡、杜市、松堡	卖契	自置	咸丰三十年	红契四份，计民国三年红契一份（朱家堡）、民国三年红契两份（杜市）、民国三年红契一份（松堡）	
22	地9顷39亩	2000元	佃户交租	安次县殷家莹	卖契	自置	咸丰七年	民国三年红契一张	
23	地44亩	500元	佃户交租	大兴县沙锅门外虎城	卖契	自置	道光二年	红契一张，卖契一张	此地因程春寅欠租曾在地方法院涉讼，于十八年七月二日经第一审判决，由白云观收回，并追缴旧欠（呈验十八年十月二十九日法院执行记□，与□□相符），□□尚未收回

续表

编号	土地面积或房屋间数	市价约计	管理及使用状况	坐落地点	享有权利之种类	权利取得之原因	权利取得之年月	契约之种类及数目并是否完备	备考
24	地21顷50亩零2分6厘	1万元	佃户交租	昌平县念头、沙河、皂家屯等处	卖契	自置	嘉庆十三年、光绪十二年	民国三年沙河□□村红契两份，民国三年皂家屯典红契两份，民国三年念头红契一份，民国三年魏家山、□□□红契一份	
25	地77亩，土房6间	300元	佃户交租	房山县西蕾村	卖契	自置	同治十三年	民国三年红契一份	
26	地5顷55亩5分	1500元	佃户交租	房山县瓦窑等村	换契	换置	光绪二十四年	红契一份，民国三年换契一张	换契已遗失
27	地2顷45亩	500元	佃户交租	良乡县元武屯	施舍	郎中广善施舍	光绪七年	光绪七年红契一张，民国三年红契一份	
28	地2顷14亩	500元	佃户交租	房山县芦上坟	卖契	自置	同治六年	同治六年岳文□卖字一张	
29	地41亩5分	600元	佃户交租	良乡县萧家庄	施契	叶合仁施舍	光绪七年	民国三年红契一份	

第二章　白云观与民初社会　131

续表

编号	土地面积或房屋间数	市价约计	管理及使用状况	坐落地点	享有权利之种类	权利取得之原因	权利取得之年月	契约之种类及数目并是否完备	备考
30	地13顷82亩，沙碱地，兼有庄窠一处，土砖房5间	1400元	佃户交租	良乡县前官营	卖契	自置	嘉庆十三年	红契一张，民国三年地图三张	

资料来源：根据北京市档案馆藏社会局档案（J2-8-376）有关白云观1936年寺庙财产登记表"不动产类"整理而来。

综合上述表格，我们可以统计出上述30项白云观的不动产中，房屋间数391间，房屋价值105000元，土地中房屋基地56亩3分8厘，坟地30亩；土地价值6600元；耕地150顷1亩7分4厘4毫，另有山场一处，总共价值57210元。不动产价值总计168810元。动产方面，有水井两眼，各种使用器皿120宗，各种树木137棵，价值100元。所有产权价值168910元[①]。其中土地涉及武清、宛平、良乡等县。

白云观还有很多下院，其中在京城外三区玉清观街6号的玉清观乃是最大规模者，其财产虽然不如白云观之多，但是也尚属不少。

表2-2　　　　白云观下院玉清观1931年不动产概况表

编号	土地面积或房屋间数	市价约计	管理及使用状况	坐落地点	享有权利之种类	权利取得之原因	权利取得之年月	契约之种类及数目并是否完备	备考
1	庙基14亩4分殿房151间	4000元	房租作为历年修补费	玉清观街六号	房租、地租二项	叶道士后人所送	道光二十八年	现有道光六年信牌执照一张	

―――――――――
① 参见《白云观寺庙概况登记表》(1936年10月1日)，北京市档案馆馆藏北平市社会局档案，档号：J2-8-376。

续表

编号	土地面积或房屋间数	市价约计	管理及使用状况	坐落地点	享有权利之种类	权利取得之原因	权利取得之年月	契约之种类及数目并是否完备	备考
2	20亩零3分3厘 土房2间	1000元	做菜园	本观路北	作本观自立学校费	自置	咸丰五年	白契四张（计咸丰五年、十年，同治三年、光绪三年各一张）	
3	40亩	2300元	做看庙养膳费、香资费	大兴县天垞东四块玉	地租一项	老典传松桠名下	同治三年	白契六张（同治三年典卖一纸附红契□□□□□六张）	
4	18亩	1800元	本观茔地	本观路北	作为坟地	自置	同治三年	无	
5	沙地18亩	800元	收租封粮	南岗子蓝旗营房西下坡	作本庙香资费	刘天成施舍	光绪八年	现有光绪八年舍字据一张	
6	14顷	1000元	租作封粮	宛平县赵村	地租一项	海蓬洲施舍	咸丰四年	典契一张、施字一张（附民国三年验契一张）	
7	1顷30亩	500元	租作封粮、修补学校等费	东安次县夏家营	地租一项	德腩施舍	嘉庆十四年	嘉庆十四年施字一张，字内写明有典卖地二所共四十九亩	查此地原系1顷79亩，内典地49亩，已由原业主赎回，现实有1石30亩，原卖红契已由原主取回。此地原存白云观主屋，因玉清观无□故拨交玉清观收租

资料来源：《玉清观寺庙概况登记表》（1936年10月5日），北京市档案馆馆藏北平市社会局档案，档号：J2-8-565。

相比晚清玉清观土地多达40余顷，1931年的调查统计显示玉清观除本庙面积14亩4分外，附属土地只有16顷26亩3分3厘。到1936年安世霖继任住持时，玉清观的寺庙登记表显示庙基及附属土地没有变化，不动产的价值则显示为11430元。如果加上动产20元（7棵树），则财产总值达11450元，此外所有的法物总值也有320元①。

拥有如此多的土地，如何管理呢？没有更多的史料之前，我们无法得以考察其全貌，不过通过一则史料我们可以发现管理之难。1937年4月10日，冀察政务委员会委员长宋哲元发布一条训令（政字第8736号，中华民国二十六年）：

> 令河北省政府：据白云观住持安世霖呈为涞水等县勘定和解水渠办法损害权益恳请救济等情抄发原呈检同证件仰饬县秉公核办并将办结情形具报由。案据北平白云观住持安世霖呈，为涞水等县勘定和解水渠办法损害权益，附呈享有分水权利证件，恳请救济，等情，前来，除批示：呈件均悉，此案据声叙省府牌示有，该住持未能提出分水成例，仍照三县勘定和解办法处理等语，兹该具呈人既胪举享有分水权益各点，仰候令行何必省政府，饬县秉公核办，以免诉累可也。此批。印发外……②

对于涿县、房县、涞水三县所定的和解办法以及宋哲元的指令，白云观似乎并不满意，后来应该也有所申诉，不过结果并没有改变。当年7月5日，宋哲元再次以冀察政务委员会委员长名义指令河北省政府，仍按照涿房涞三县所定白云观水渠解决办法行事③。

寺院财产登记表上，按照规定应当填写存款数目，白云观并没有填写。由此，我们可以猜测白云观或许在财产申报方面有所保留④。除去白云观保存的诸多字画、文物等资产外，仅仅就上述动产与不动产的统计而

---

① 《玉清观寺庙概况登记表》（1936年10月5日），北京市档案馆馆藏北平市社会局档案，档号：J2-8-565。不动产11430元中，151间房屋值3200元，本庙地基14亩4分值800元，塔、亭各一座价值30元，附属的16顷26亩多的土地价值7400元。
② 《冀察政务委员会训令：政字第8736号（中华民国二十六年四月十日）》，《冀察政务委员会公报》1937年第125期，第13页。
③ 参见《冀察政务委员会指令：政字第10490号（中华民国二十六年七月五日）》，《冀察政务委员会公报》1937年第150期，第12页。
④ 基于篇幅，本书在讨论白云观的财产中，暂没有论及除玉清观外其他白云观下院的财产状况。

言，从数字来看，无论是白云观出租房屋作为铺面以及从耕地所得之地租，无疑白云观具有极为丰硕的财富①。然而，在分析晚清民国寺院财产时，土地数量并不能与财产有绝对的关系。首先不同区域土地价值并不相同，如上表中良乡县前官营土地13余顷，其价值仅1400元；此外，地租问题。不同区域地租水平也有较大差异。甚至有很多土地并非只给地租，孙江在研究苏北极乐庵时注意到即便是该寺拥有大量土地，然而在荒歉之年，寺院生计也极为艰难。通过前述相关碑刻，北京白云观也面临类似情况。在前文提到的碑刻中，陈明霦曾云"旧有庄田岁课，丰啬不齐，悉赖信善布施，以资赡济。民国十一二年间，秋成告祲，道众几绝粥"。最近尹志华教授发现了一通陈明霦署名的《募启》：

  敬启者，见饥推食，仰赖博济之施，无米为炊，爰呼将伯之助。京师白云观向为常住丛林，挂单道侣逐日加增。刻值青黄不接之时，斋饭米粮实难为继，惟有仰恳大护法，慈善好施，广为募集，俾游方道众共沐博爱之仁，庶阖观修持得免饥寒之苦。功德所及，实物量焉，请列芳衔备登广告，则敢荷隆情于无极矣。
  白云观住持陈明霦敬启②

  尽管募启未注明时间，但是考虑到陈明霦1924年感谢伶人们为募捐所演义务戏的事实，可以猜测此募启或许作于此时。类似情形在此后也曾出现过。到1940年前后，安世霖继任住持，也是由于灾荒、战争等因，白云观不得不发布募捐启示，并派道士到东北募捐，而当时白云观登记人口仅有120余人，远少于民国初年的200余人。

  吉冈义丰等人在20世纪40年代白云观的调查中曾对道士生活有生动的介绍，其中对于道士教育班的介绍颇为有趣。安世霖宗教改革的重要内容就是设立道士教育班，提高道士的知识与水平。须知，本书在论述道教会中，改革者已经注意到了道教研究与宣讲等方面的内容，然则至少对白云观道士而言，安世霖道士教育班的努力表明民国初年道士教育成绩并不乐观。

---

① 笔者曾收集到宛平县佃户张绍芬《民国十一年至民国二十七年白云观地租收票》，这些收票没有说明土地有多大面积，只是简单说明所交之地租。从1922年到1938年每年十月初二日都可收到租钱，1922—1926年租钱为二吊七百文；后面均改为一元三毛五分。参见《1837—1957年的一组土地、房产、租税契据》，《历史档案》2001年第4期，第43页。
② 时间不著，藏白云观，感谢尹志华教授惠示。

在没有更多丰富材料的情况下，如何探讨民国初年道士的精神生活？根据北京市档案馆藏北平市社会局档案（J2-8-376）有关白云观1936年"经典书画类"的统计与整理，或许略能窥豹一斑。

从这些登记的书目中，我们可以看到，白云观最重要的藏书无疑是道家方面的经典，全《道藏经》1部（512函，计5485卷），残道藏经约2500本，《大字高上玉皇本行经》1套，《道庄合刻》3套，《天仙正理》1套，《中黄道经》1套，《救生船》5部，《老子道德经》1部，《三教一源西游原旨》8套2部，《抄本邱真人西游记》2本，《鸿雪因缘图记》6本，《墨书三清律师》1本，《玄风庆会图》85本，《白云仙表》1本，《易经》6本，《龙门心法》65本，《道庄真诠》29本，《盘山真人语录》16本，《白云观登真录序》98本，《险异图略》3套，《皇经讲义》2套，《楞严经正脉》12本，《大字天仙圣母泰山宝卷》5套，《关圣帝君全书》1部，《许真君宗教录》1部，《玉历宝钞》2部，《乾坤正气录》4部，《墨子》1部，《抄本道庄辑要》1本，《孙子》1部，《墨子》3本，《庄子》4本。

除宗教类图书外，诗文笔记类也有不少：《菜根谭》1本，《全宋文宋字木板古文》1部，《留松堂诗存》1部，《退庵诗存》1部，《冲垒诗集》2套，《钦定熙朝雅颂集》1部，《抱朴子》1套，《大字书经》1套，《大字诗经》1套，《大字春秋》2套，《白莲池馆诗钞（宋字）》1套，《文字稽古编》1套，《庸盦笔记》2部，《板桥全集》1套，《明版谭子化书》1本，《延平问答》2本，《寒松堂全部》4本，《白云鸣道集》272本，《曾国藩轶事》1本，《曾文正公家书》8本，《画传（芥子园）》1套。

史部、典章类有：《资治通鉴》40函、《华岳志》2部、《大清会典》18函、《吏部则例》1部、《大字康熙字典》4套、《大字五音辑韵》2套、《历代钱式图》1套、《二十四史成集大全》1套、《民法草案（抄）》5本。

名人书画类，如拓恭亲王福字2轴（长一丈二尺，宽四尺）、张翀山水人物画1轴（长一丈二尺，宽四尺）、《袁总统赠贴金字联十二轴》、《指画八仙图八轴》。此类较多，不一一列出，可参考《水陆神全：北京白云观历代道教水陆画》所载名人所赠之字画图录。

较为令人意外的是，白云观竟还藏有《古史辨》1本、《精神哲学通编》1部等学术研究成果。

宫观藏书并不一定代表道士都能阅读，并且图书来源也无法一一明确，也存在较大的偶然性。不过，陈明霦1930年印刷的《白云集》中有一重要部分就是《读书录》，从所读书中摘录重要部分，其自云"录备观览兼防遗忘，暮年离悔，亦同伯玉，知非永日兢持，愿学颜子寡过，明达之士进而教之，俾克增扩见闻，以为同勖勉之"①。在跋中，其弟子云陈氏"于宋儒理学诸书研求有素，尤好读周易，察来彰往，遇事洞烛先机，徒滋养愈深，而道愈悟焉。昨读所著《白云集》一书，心法宣传，曲尽玄妙，博施济众之念流露行间。嗟夫！彼南华秋水不得专美于前矣"②。不可否认，弟子所云必有过誉之处，仔细校阅其所著《白云集》，略能窥测陈氏这一著名道人的读书与阅读世界。

前面已经提及《白云集》中首要部分是阅读"经典原文连成偈语"，统计如下：《玉皇心印经偈》共有52首（七律），《金光咒偈》共有26首，又有《玉皇心经联句》等。其读书抄录部分共有30余则。

《庄子》是陈氏抄录较多之书，有如下10余条："道无往而不在，学无人而不可"；"人心博大，故能虚，惟虚，故能顺，入世而后出世，内圣而后外王"；"其大意在明道德，如仁义，一生死，齐是非，虚静怡，淡寂寰，无为而已"；"知道者必达于礼，达于礼必明于权，明于权不以物富已""其私欲深者，其天机浅"；"大言淡淡，小言瞻瞻"；"无听之于耳，而听之于心，无听之于心，而听之于气"；"心彻为知心与天遨，至人无己神人无功，圣人无名"；"人不知有道，鱼不知有水"；"诗以道志，书以道事，礼以道行，乐以道和，易以道阴阳，春秋以道名分"。

《通书》抄录者有4条："天地间至尊者道，至贵者德，至难得者人，人而至难得者道德兴身而已矣"；"君子以道充为贵，以身安为富，故常泰无不足，君子所以异于人者，惟其自反耳"；"寂然不动诚也，感而遂通神也，动于有无之间，机也"；"能览英火，则心泰；心泰，无不足；无不足，则富贵贫贱处之如一"。

《论语》有4条："言忠信行笃敬"；"知是知非，一念之灵明，是故君子勿自欺也，夫子之道，忠恕而已矣"；"恕生于不知命欲生于不知足，则常足矣"；"学也者，使人求于内也。不求于内，而求于外，非圣人之学也。一日克己复礼，天下归仁焉"。

《孟子》有2条："君子亦仁而已亦，何必同""五经四书，无非谓身心性命而设，从其大体为大人，从其小体为小人"。

---

① 陈明霦：《白云集》，《藏外道书》第24册，巴蜀书社1994年版，第1页。此书出版时间在1930年，但根据《太上律脉龙门正宗》等史料，书中提到陈氏于光绪十七年（1891）冬月退居宣武玉皇庙杜门著书，五年潜心静养，不问世事。光绪二十二年（1896）高仁峒传戒时任证盟大师，事后回圣海堂宫任住持。
② 陈明霦：《白云集》，《藏外道书》第24册，巴蜀书社1994年版，第26页。

《省心录》则有:"常以责人之心责己,则进道;恕己之心恕人,则进德。"

《长春祖师语录》:"吾宗贵乎,见性而水火配合,其次也,大要以息心凝神为初基,以性明见空为实地,以忘识化障为作用,回视铅汞龙虎皆法象,而不可拘之返此使。"

《金丹妙诀·济阳子》:"真知乃有实行,实行方为真知,有真操守自然有真事业,饮啄不止,身不清思虑不止,神不清,声色不止,心不宁。心不宁,则神不灵,神不灵,则道不成,其要妙也,不在瞻星礼斗,苦己劳形,贵在湛然方。""寸无所营,营神仙之道,乃可长生。"

《中庸》:"尊德性而道问学。"

《菜根谭》:"日用之间,以寡欲正心为主,以不愧天为本。"

《二曲集》:"学非词章记诵之谓也,所以存心复性,以尽乎人道之当然。"

《教条示龙场诸生》:"为学有四要,一立志,二勤学,三悔过,四责善圣人过多。"

《答许玉林》:"贤人过少,愚人无过(有过不知)。"

吕祖谦《左氏博议》:"意在于善,所遇皆养善之资;意在于恶,所遇皆养恶之资。观人须从生平为人处下断案。"

《文中子中说》:"富者观其所与,贫者观其所取,达者观其所好,穷者观其所为,此四者可以知人也。"

《湘学略》:"动于正曰道,用于和曰德。"

《明儒学案》:"静而常觉,动而常止者,心之妙也。"

《黄帝外经》:"至道之精,杳杳冥冥,至道之极,混混默默,勿劳汝形,勿摇汝精,无视无敢抱神以静。"

《传习录》:"无善无恶是心之体,有善有恶是意之动,知善知恶是良知,为善去恶是格物。"

《张子全书》:"积众舍己,尧也;与人为善,舜也;闻善即拜,禹也。用人惟己,改过不吝,汤也;不见亦式,不闻亦入,文王也。"

《渔樵问对》:"言之于口,不若行之于身;行之于身,不若尽之于心。言之于口,人得而闻之;行之于身,人得而见之;尽之于心,神得而知之。人之聪明,犹不可欺,况神之聪明乎?无愧于口,不若无愧于身;无愧于身,不若无愧于心。无口过易,无身过难。无身过易,无心过难。即无心过,何难之有吁?难得无心过之人而与之语心哉!是故圣人能立于无过之地者,惟其善待其心者也!"

《心安吟》："心安身自安，身安室自宽，心与身俱安，何事能相干难，惟一身小其安若泰山，虽惟一室小宽如天地间。"

《陈白沙集》："人事一个觉绕觉便我大而物小，物尽而我无，尽人本与天地一般大惟其自小了。"

仔细核对其所读书目，有些实际上除抄录部分内容之外，又有所感悟：

如在读《论语》"从心所欲不逾矩"，则云："夫觉者本无定向，亦无方所，乃系人心中灵光也，譬如空谷触之即应。势听言动功夫乃成其外，而养其内也。外无所成，而内必无所养，既无所养，又无所成，于流俗无异矣。故先贤作四，勿令视听言动，皆归于正，而后方可以养其内也。是内外并修，久亦自然，虽有视听言动 是天机，故曰从心所欲不逾。"①

读王夫之静动之说后，陈氏有自己的解释：

风云雷雨者乃天之常情也，是自然而为者也；喜怒哀乐者，亦人之常情也，是境遇而为者也。人能以境遇而返归自然，虽有喜怒哀乐而不夫。其中和之道，非有真操守真性天，方可以造到此地步。夫天地动静者乃自然之妙用也。人体天地自然之妙用，而印证于心中，则发而感诸外，自必开务成物以成天下之故。所以动者静待静者动，待其致一也，非二也。②

《尚书》读后感叹："且夫人之本意即天赋之性也，其性者乃浑然之气相生也，而于天空之灵无异也。夫灵者，本乎祖气，而祖气本乎浑然，其浑然是未成之前也，乃未判之际也。既判之后，赋性相随，谓之本意，其意微动，谓已发之先，是名希，其几希一出谓之思，其思一转谓之念，而念兹在兹，谓之中。"③

《孟子》读后感叹："其中一动谓之情，其情一变谓之贪，其贪一出而妄想相随，则枝枝叶叶无所不有，自必流于小人之归而后已。故先贤教人必要先立乎其大，而立乎其大者是知其本意也"。④

将陈氏所摘读书录与登记图书目录相互对，可以发现有些书，包括宗教经典在内，则不在登记书目之中。其弟子谢宠纶、周家桢在序言中称：

---

① 陈明霦：《白云集》，《藏外道书》第24册，巴蜀书社1994年版，第24页。
② 同上。
③ 同上。
④ 同上。

"宣南玉皇庙闭户养疴，于诸子著述名言，更有心得，盖积弥厚所以流弥光也。"① 另一弟子苏明凌则云其在宣南玉皇庙养疴，自署斋额曰："安乐洞天"，闭户潜修，不问世事。于宋儒理学诸书研求有素，尤好读周易。②《太上律脉龙门正宗》云其生平最嗜好力学，"于理学家著述名言罔不搜罗参考，理学贯通则道妙愈悟"。

如何看待陈氏阅读之书对其道学思想之影响？其弟子云其做到了立德、立功、立言三者咸备，"南华秋水不得专美于前"，又有歌曰："白璧琳琅，云天苍茫，真人之集，山高水长。"③ 然而，其真实地位与影响如何，本书抛砖引玉，期待后来者的深入研究。

第五节 城市旅游与大众媒体中的白云观

进入民国以来，尽管或因时局变动或战争等因，白云观常常成为驻军所在，然而在民初城市文化中，白云观仍为重要的场所，成为大众媒体的热点话题。在白云观现存的碑刻或书画中，我们可以看到很多名人的作品。在戒台走廊墙壁上，与康熙书法石刻相近的地方，就立有孙文的两个大字"福气"。

很多研究者曾注意到宗教场所在城市景观中的重要性，尤其是北平寺庙众多，其风景各有特点，或因花卉出名，或有登高之利。对于白云观而言，也有自己的特点。

一首都门竹枝词有云：春来曾记白云游，揽胜骑驴景色幽，鬓影衣香人散乱，一鞭杨柳晚风柔（白云观在彰仪门外，都中名胜地也，春初红男绿女骑驴往游者颇多）④。

1931年3月，《北平铁路大学周刊》曾刊登一则《白云观游记》，感叹白云观洞天胜境"青松数株，翠竹半院，风篁成韵，间杂铃铎，青磬红鱼，修行院刹，人间清福，多被僧道占尽矣"。待走到后院发现云集山房等处风景幽深更美：殿院一周，遍览迨尽，乃作后圃游，圃中怪石森然，周于四隅，堆埠突怒。窈穴透邃，植以四季佳葩，种有苍翠松柏，亭榭花台，莫不建筑精雅，蔚为巨构。如友鹤妙香诸亭，小蓬莱馆。云集山房，

---

① 陈明霦：《白云集》，《藏外道书》第24册，巴蜀书社1994年版，第5页。
② 同上书，第26页。
③ 同上。
④ 参见《都门竹枝词》，《申报》1918年7月13日第14版。

尤为翘楚。当春光明媚，花木宜人，旧京名士，咸来宴游，赋诗称颂，以为胜地，兰亭金谷，今复存在。游兴斯惬，爽然而归。①

张梦兰的游记称赞云集山房风景幽雅，不过堂上联语恶劣，使名园失色："而入花园，亦为高仁峒手造，风景优雅，点缀精工，真修练习静妙地，而山石林立，亭榭周迴之中，有高坐可以讲经，有古树可以小坐，当夫春秋佳日，风清气淑，叶绿花红，必更佳妙，惜壁上堂廊间，恶劣联语，染污殆徧，未免名园失色。"②

日本汉学家仓石武四郎访问北京期间，与游人相游乐白云观、天宁寺，称"暮春城郊，尤可人也"③。

不仅景色秀雅，更因白云观的历史与古迹，成为北京之名胜。白云观不仅出现在地方志、风俗志书中，特别成为旅游手册的重要内容。

马芷庠编《北平旅行指南》在简要介绍白云观的历史后，称"观址广阔，占地数十余亩。殿宇崇伟，有道士百十余人。前殿像祀灵官，东配殿像祀张三丰，西配殿像祀沈万三，作儒装，因名儒仙殿"。不仅如此，还重点介绍观内各个景点。

七真殿：在灵官殿后，又名翕光殿。供七真像，中为邱真人。东三真：一明德，二缊德；三普化真君。西三真：一太古，二普度，三顺德真君。东西两配殿，祀十八弟子，皆称宗师。

邱祖殿：邱祖殿又名贞寂堂，邱真人墓在焉。墓后设真人像，方面长颐，黄冠羽衣。前有木钵，闻系清世祖特赐。钵内有高宗御刻文字，上广下狭，内涂以金，可容五斗，承以石座，绕以石栏。最后为玉皇阁，东为斗姆阁。

老人堂：观后有老人堂，为遐龄之道人所居。其中道士，年约在百岁上，危坐床头，不语不动。颇有一尘不染，万虑皆空之概。供奔走者，亦年逾七十。

放生园：园内多鸡鸭羊豕六畜等类，肥蹄蹒跚，一望而知为养尊处优之畜也。

窝风桥：在观门内。相传早年有西风僧与邱真人斗宝，西风僧在观之西建一庙名西风寺，取"西风吹散白云飞"之义相克制；邱真人因在观中建一窝桥以御之。桥下无水，石色光洁，下有一洞，口狭而内广，内坐鹤

---

① 参见士涤《白云观游记》，《北平铁路大学周刊》1931 年第 157 期，第 5 页。
② 《张梦兰先生白云观记》，《清华周刊》1917 年第 106 期，第 16 页。
③ 仓石武四郎：《仓石武四郎中国留学记》，荣新江、朱玉麒辑注，中华书局 2002 年版，第 125 页。

龄道士，眉垂目瞑，盘膝危坐。洞中悬一圆圈，中系铜铃，游人多以钱投之，击中铃者，目为吉顺。但投者虽多，而中者甚少，为观中募化香资之计也。二门镌一石猿，故迄今白云观香火最盛，西风寺则已湮没无存。门旁石猿，俗云能避风。游人至此，多抚摩之，谓可疗一切伤风、惊风、风寒等症。猿身被摩，体光滑指。大殿墙上壁画，有"万古长春"四字，径长一丈。在其笔画中绘有阴陟文图解，工极精细。

会神仙：观中例年于旧历正月初一日至十九日为庙会之期。商肆罗列，士女如云。其盛况较城内之厂甸，有过之无不及。十八日之夜，为会神仙之日。相传是夕，必有神仙下降，或化缙绅，或化乞丐。惟有缘者，方能遇之，一般善男信女及富室姬妾纨绔少年，率皆宿于观中，以期与神仙结缘。

祭星：每岁正月初八日，俗为祭星之日。卜筮之流，莫不利市三倍。观中有顺星殿，列金木水火土罗睺计都太阴太阳等星宿。祭者须查得本命星宿，敬以叩礼，献以香烛，云可保一年顺利。俗谓男怕罗睺，女怕计都。迷信之深，今尚未泯。

宴邱会：观中于每年正月十九日，为邱之生辰，作宴邱会。一说宴邱之事，为邱元清事，非邱长春也。处机为元初人，元清为明末人，两说不知谁是。

沈万三：沈系元末吴县人，名富，字仲荣。因行三，人呼之沈万三，富甲江南。明太祖定金陵，欲扩外城，府库支绌，难以成事。万三愿以对半而筑。先完三门，太祖不悦，适万三筑苏州街，以茅山石为心，太祖遂杀之，没其家产。白云观道人，谬谓沈为北京人，随其行指而掘之，内有埋镪无数，故称之为活财神。

邱处机：邱真人名处机，字通密，号长春子。山东蓬莱人，生于宋末金元之际。道学渊博，与刘处元、王处一等同师事重阳王真人。宋金之间，隐于终南山，屡召不出。元世祖手诏敦聘，邱与弟子十八人，晤世祖于雪山之阳，劝世祖敬天爱民，清心寡欲，少动杀机。世祖嘉纳其言，赐号神仙，爵大宗师，掌天下道教。旋奉旨居太极观，即今之白云观也。至元己巳羽化于此。

高仁峒：白云观在清时香火极盛，朝中权贵，宫中内侍，多寄名观中为弟子，因之观产日丰，权势日增，时观中住持高恩桐者，机警善辩，且工绘事，阉宦如李莲英、小德强辈，皆其朋党，于是外省官吏奔走其门，争相结纳，视为终南捷径。高则暗操陟黜之权，颐指如意，一时声势煊赫，门庭若市。南城某饭肆，有一偏院，为高之行宫。攀援者则又以肆主为先容，肆主因大得其利。高晚年耽于女色狎一孀妇，藏春于宣内某巷。热中者乃又趋奉于孀妇之门下，以冀代为吹嘘。高病危时犹奄卧于春帐粉被中，及升之观内，逾日气绝。

邱祖洗骨礼：贞寂殿邱祖像后尚有小房一间，内有一井，邱祖之遗骨封于坛中，系此井内、每届旧历正月初二晨，由掌院道士将遗骨请出，用井中净水，将骨冲洗一次，然后系于井内，全观道士均在殿内诵经一日，但此事外间鲜有知者。观后之花园，清末俄使曾居之经年，由其领袖道士介绍太监李莲英，央李在慈禧后前鼓吹，世界上唯俄国对中国具有亲善好意之宣传，以后李鸿章赴俄贺加冕时，即结准修西伯利亚铁路密约，由是遂造成日俄之战事。①

当然，对于前述部分史实，孤血也曾有纠正：

> 白云观到现在，有一件没弄清的事，和两件误传。弄不清的一说燕九不是为邱长春，而是为邱元清。《野获编》上对邱元清有很详尽的记载：而清礼亲王昭梿著《啸亭杂录》驳得最好，他说："今白云观后殿中塑白皙方颐黄冠羽衣者皆以为邱长春之像，近阅明沈德符《野获编》言：有全真道人邱元清，初从黄得祯出家。洪武初，以张三丰拟荐，为五龙宫住持。明太祖以二宫人赐之，邱度不能辞，遂自宫。今观其遗像，俨然妪也。后转太常卿，随成祖北迁，卒于观中去。然则今之塑像，乃一阉人耳。又按《都公谈纂》：元世祖尊礼邱长春，欲妻以公主，坚不可辞，乃腐以告绝，都穆在沈德符之前，何所言如此？且两邱皆有自宫事，不可解也。再殿后有'万古长春'四字，相传为吕祖之笔，闻宗室盛云言：乃其父某醉后，用帚书者，非真仙迹也。"这一段前边的疑问不必谈了，而后边明明说出是"宗室盛云之父所写"，怎会一般人都信以为"邱长春所书"呢？著《燕京岁时记》的敦礼臣（崇）也这样说：未免太难了。另外是"儒仙殿"的儒仙，观中老道说是"沈万三"，简直胡聊！《宸垣识略》说："右有儒仙殿，中塑赭面黑髯，朴头团花袍，玉带衮补。按仙源录有观津张本者，正大九年，以翰林学士，使北见留，遂隐于黄冠，居长春宫，疑即其人。"戴蕺塘的《藤阴杂记》亦说：白云观中，右有儒先

---

① 参见马芷庠《北平旅行指南》，经济新闻社1935年版，第192—197页。新中国成立后的版本中没有高仁峒及洗骨两小节，参见马芷庠《老北京旅行指南》，吉林出版集团有限责任公司2008年版，第173页。

之殿。考李道谦《甘水仙源录》：观津张木（不作本），字敏之，正大九年以翰林学士使北见留，隐为黄冠，拟即其人。其李石农（銮宜）作诗吊之曰："观津学士北游燕，太极宫中伴鹤眠（白云观元太极官以居邱真人）。应羡汉家苏武节，牧羝落画尚南旋"。"先生原本是儒官，唤作仙人意未安。世祖若归文信国，它年亦拟着黄冠"。……所以沈万三是儒仙的说法，绝对为牵强附会，而《北京旅行指南》亦有此说，未免失考。①

不过，白云观成为中外人士到北京游乐的重点景点之一，甚至在外人编辑的旅游手册中也可看到相关内容②。特别是各类报刊上刊登的诸多学生以及市民的白云观游记中，这些景点也毫无疑问都是游玩的重点。

还有的喜欢逛热闹的庙会，有学生发现刚到白云观时平日的菜田都搭成临时存车处、饭茶棚、豆汁摊、风车，风葫芦地带，"到了庙门前，行路的规矩也染了近些文明的色彩，左入右出。门外人摊山集，茶棚搭得尤其整齐。未入门便听得风竹玩具如水涌、如松涛，震天价响，勾起人一番意外的情绪。入了山门，果然热闹。左边山楂糖串、小旗风葫芦、绒毛猴及各种风竹玩具、吃食小摊，不亚天桥中街；右边汽车成队、自行车如山，积满在那里，然而还不如正门里更有一番风味"③。

有的喜欢去打金钱眼，有的乐意去游览各殿，有的乐意去抽签，各得其乐。还有的注意到观内小吃摊："在这里，特别发达的还有灌肠摊，形圆如饼，切成条拌着烂蒜吃，又苦又辣又好吃。三大枚开了记者一次口味。茶汤刘的大布帏横扯在（紫虚宫院）（第二层院）的南檐下，团团地围在那里吃茶汤的人真不少。两旁也拥满各式各样卖吃食玩具的人。"④

好玩的是记者在报道中也不时讽刺了中外摩登人士的迷信。在白云观内遇上了两位摩登男儿，"穿着俏皮的西式鞋子，整齐的长衫，却四足匍匐，虔心地在那里叩头，真令人不知究竟自己是到了哪里！"还有阔极摩登太太叩头撒钱：

---

① 参见孤血《记白云观》，《一四七画报》1946 年第 8 卷第 4 期，第 14—15 页。
② 参见［日］吉泽诚一郎《北京名胜と风俗》《北京観光案内》《北京案内记》《北京名所案内—附天津概観》。
③ 张铁笙：《顺星日白云观万众拥挤·便门道上毛驴驰驱如飞龙·真武殿里香客磕头似醉酒·忙煞了茶信小贩·乐死了真人道士》，《北平晨报》1935 年 2 月 12 日，转引自北京市东城区园林局汇纂《北京庙会史料通考》，北京燕山出版社 2002 年版，第 64 页。
④ 同上书，第 65 页。

再进长生殿碰上了一位我们贵国人，带着他两位花枝招展的摩登式太太，身旁还偕了一位东邻人士。仆人提了香包袱大寿面桃，在神像前大磕其头。那位胭脂最红的太太且大发慈悲，大把手儿撒铜元，神气阔绰之极。那位老爷和东邻朋友讲一口漂亮"姨妈死"。出庙后，坐的大汽车，却干这个勾当，站在他们身旁吸香烟、拄手杖的东邻朋友，看了不知作何感想。①

不管如何，也正是有了这些景点或传说，有人称即便是在鼎革之后，游人也众多：

独坐看何兆瀛诗，记春明事至富，惜余入京师时，已无多雅举矣。为录余所知者数首，亦日下旧闻也。东风燕九过年年，椰子瓢中有幻缘。多少痴人贪说梦，白云观里候真仙。注云："正月十九日，相传邱真人得道日也。观内向奉真人象，届日游人甚众，谓之燕九节。"余案此风至鼎革后未改。余于庚申、辛酉间曾两游焉。庙后列坐黄冠六七人，云皆寿百岁外，白髯飕飕，端坐不动。庙门有大桥，桥下无水，坐一黄冠，前悬一磬，云有人以钱掷中磬者，大吉大利。游人掷钱，已盈数万矣。②

有外地人入京者，在参观了白云观后，也感叹都人好游：

二十日与鞠如游白云观。白云观，道教观也。局势广大，院落甚多，天宁寺已颓败，此独完。盖庙内颇富，有地二百顷，每年香资亦不腆。京城内外，此为称首。在西便门外，天宁寺西，距城二里许，此观唐以前无考，有咸通时重修天长观碑，见元《一统志》，碑今不存，金复重建，改名太极宫。元初以长春真人丘处机遗蜕于此，改名长春宫，又建观之东，曰白云，后人遂称为白云观。明清两代皆重修焉。有殿四重，前殿曰灵官殿，殿设灵官像，次为七真殿，次为丘祖殿，次为四御殿，次为花园，俄使璞科第尝避暑居园中四殿之东，每

---

① 张铁笙：《顺星日白云观万众拥挤·便门道上毛驴驰驱如飞龙·真武殿里香客磕头似醉酒·忙煞了茶信小贩·乐死了真人道士》，《北平晨报》1935 年 2 月 12 日，转载自北京市东城区园林局汇纂《北京庙会史料通考》，北京燕山出版社 2002 年版，第 66 页。
② 吴梅：《吴梅全集·日记卷上》，河北教育出版社 2002 年版，第 34 页。

院一祠，所祀至不伦类，灵官殿前有桥，桥梁洞中有道士趺坐，左右悬小铜钟，任游人以铜圆击之作响以相戏，为取钱之术。丘祖殿墙后悬长方纱镫于壁间，图丘祖历史。其东院为斋舍，每岁正月十八日施散馒首，凡僧道喇嘛皆给一枚，重约一斤，西偏小院，有趺坐道士数人，往观者皆投铜圆数枚。又有豕圈，内有老豕，人亦争观焉。丘祖为道教著名之祖，自丘祖以降，传其道者代有其人，至今已二十余代，皆绘其像悬壁间。丘祖历史见《元史·释老传》，道家书载之者尤多，事迹多荒诞，未能尽征信也。要其为人，必有可传者。去岁吾游财神庙，以为倾一城仕女来游郊外之寺，怪人之好游；今白云观庙会游者竟大过之。厂店之游始毕，又复来此。余昔年日记尝谓都人好游，于此益信然。僻邑陋乡，亦何莫不然。①

通过一些文字的描述以及清末民初的地图我们可以发现，白云观在宣武门城外，从京城到白云观，交通方式有很多，不过最受时人欢迎的还是骑着毛驴："白云观离北平城不很远，游人代步，除各种车辆以外，还有一种每逢年节常见之景，就是大家骑驴前往。在拂面春风中，平旷沙原上，骑着小驴，也是北平春节中一幅行乐图。现在，骑一趟驴的代价，在当年是颇可多买几头长耳公驴。"②

民国早期的几则游记生动地描述了骑着毛驴的情形。1934年，孔德学校的两名女生从城内坐五路电车到了终点，尽管有讨厌的洋车夫说骑毛驴掉下来不好办，两个女生还是选择骑着毛驴逛白云观，不过后来在白云观的游乐，在她们看来还不如骑着毛驴好玩。③

对于骑毛驴的趣味，《晨报》有篇报道：

> 昨天是废历正月初八，住在北平的人都知道是白云观顺星的日子，这一年一度的顺星吉日，只要住在故都，便谁也不能轻易放过。记者留平五载，昨天还算第一遭观光。从顺治门到白云观，毛驴儿像跑马，汽车如游鲫，男男女女、新新旧旧，把一个平日的清净圣地变了个乌烟瘴气，好不热闹有趣炙人！究竟怎么个热闹有趣法，读者莫急，听我慢慢道来：骑着老鼠，别有一番趣味。要上白云观，骑毛驴

---

① 贺葆真：《贺葆真日记》，凤凰出版社2014年版，第335—336页。
② 《北平的白云观》，《申报》1948年2月22日第9版。
③ 参见沈小培《白云观》，《孔德校刊》1934年第36期。

是正经走法，因为全个趣味便在这小得像一匹老鼠的脊背上。记者出了宣武门，便见西城墙根一条路上平空拥站了几百条毛驴，蓝的鞍垫，红的辔头，直竖的两只耳朵，和旁边的铁道汽车相比，便是一番趣味。若映着那古老的城门远望，更是一番古味。驴夫搭揽得紧，四十枚铜板跨上了一匹老鼠，扬鞭飞尘，奔跑起来。但见从宣武门到西便门的路上，万千毛驴都在那里赛蹄，有的撅着尾巴，有的四蹄齐飞，有的故意低着脑袋和骑士门打别扭走曲线，有的也趾高气扬，在人群里乱撞。那些骑在驴背上的则或为摩登士女或为旧式，一个个双腿向前直蹬，身子向后直仰，好像一尊尊神像骑在泥马背上。而尘土飞扬，扑面接吻，一个个又像一群灰猴，露着两条灰眉，下边一双黑眼，滴溜溜儿打转，看了去，直好不笑煞人。当和一位大□朋友骑驴走到西便门外城根土坡夹路上时，只顾发笑，忘了看路。他两条腿太长，搭在两旁路上，停了下来，跨下毛驴，竟自飞跑出去，待他觉时，早已跑远。这幕喜剧，又几乎把人乐死！①

1936年的一则游记提及来白云观的交通工具，除汽车、洋车外，还有临时集中的二百多头驴子。"于是驴夫们每大为游人香客们来往奔忙，价目也就可以随时涨高一倍，这倒是件因白云观而生的善举。"②

此前我们知道伶人与白云观有密切的关系，特别是春节时，不少伶人到白云观游乐，记者注意到梅兰芳等人到白云观烧香："今年白云观由初一到初六，游人始终不踊跃，直到初七日，日暖风和，又兼为顺星前一日，游人开始增多了。李世芳一双未婚夫妇，于初六日双双光临白云观。大拜其各殿中佛像。小梅夫妇有心诚则灵之势，似是祈祷若干事儿，在数层殿中盘桓甚久，日头将落时始踏上归途。"③梅氏的白云观之旅倒是安全无事，不过荀家的小香（荀令文）路上骑着毛驴险些出了事故：

荀家的小香（荀令文）正是童年的黄金时代，他除去一心从张连

---

① 参见张铁笙《顺星日白云观万众拥挤·便门道上毛驴驰驱如飞龙·真武殿里香客磕头似醉酒·忙煞了茶信小贩·乐死了真人道士》，《北平晨报》1935年2月12日，转载自北京市东城区园林局汇纂《北京庙会史料通考》，北京燕山出版社2002年版，第63—64页。
② 老兰：《白云观》，《国讯》1937年第157期，转引自北京市东城区园林局汇纂《北京庙会史料通考》，北京燕山出版社2002年版，第71页。
③ 神侦：《春节名伶行踪录：白云观好风光，小梅夫妇拜佛像》，《立言画刊》1943年第230期，第9页。

福学老生戏之外，其他的光阴，他都消磨在"玩"上了！他特别贪玩！春节以逛白云观为名，郊外策蹇，蹄声得得，谁都知道是件乐事。小香几趟白云观，玩得写意。谁知乐极生悲，蹄声得得声中，他却来了个"驴"失前蹄。事实是这样：正月初五日大风后，小香偕同至亲吴家士衡，自西单白庙本寓出发，直奔宣武门桥头而去。是日，小香为求便利，特着短打西装，以求于驴上撒欢。二人以一元代价雇妥，言明要跑得快。小香跳上驴背，丝缰在握，吆喝一声，人与驴直奔西方而去。吴家士衡自然不能示弱，尾随雨后。谁知行未一里，小驴因蹄下结冰过滑，以致驴失前蹄，把小香栽倒出去！小香大惊之下，摔了一个满身是土，幸喜未伤要害，拍拍尘土，仍然跨上驴背飞驰而去。吓坏了保驾的士衡哥哥，他在驴背上嚷着说："小蘑菇，别跑了！留神哪！"小香只是回首微笑，对士衡此语不加顾也。黄昏日落，始又乘驴归来。归家后语乃父慧生："您瞧我来了一个驴失前蹄，唱了一出战长沙"！更又口讲指画对该日经过述说颇详，慧生对爱子则是慰勉有加。①

一名叫张相的学生在《白云观游记》中记载了女生初次骑毛驴的可爱，也记录了骑驴者与洋人赛马的有趣：

    到北平来有几个年头了，可是市内的各庙会都不曾逛过。尤其是白云观更不知道在哪里，至于今年趁寒假之便，约了几位知道地方而不曾去过的同学一块到那里玩去。
    我们在二月十六日的下午，由学校出发，坐电车到宣武门。刚出得城门，就见路西面尘土飞扬，弥漫空际，一个个的小巧玲珑的驴儿上坐着都是往白云观的红男绿女，后跟着赶驴儿的口中不住的吁哦的随着驴向前奔驰；你若是留神看骑驴儿的样式，更是有趣！有挺身昂首的，有俯身骑背的，有用脚夫扶持而行的。又有些女士们初次尝试骑驴的滋味，软绵绵的缩作一团紧紧地贴伏在驴背上，还恐怕摔下来，甚自干嗳！嗳！的喊出来，娇滴滴的声音震动了行人的耳鼓，都不禁注目而视。就是连打沉雷都听不见的老人，也要用他那昏花不明的老眼顺着大家的视线多看了一看。何况我们年青青耳聪目明的呢？

---

① 神侦：《春节名伶行踪录：苟家令文要唱战长沙驴失前蹄白云观途中一幕吓坏了保驾者吴家士衡》，《立言画刊》1943 年第 230 期，第 9 页。

虽然我们是在别一道路上走，不曾加入驴队走在驴路上。然而我们是旁观者清，看得更也别分明。还记得那天一件特别风味的事儿，也就是发生在这来来往往如穿梭般驴儿队中，是这模样的事儿：几个身量长大鼻子凸高的碧眼儿，坐着高头大马，风驰电闪般的奔跑；后面跟着几个要强的中国人，催动坐下小毛团，急速骋骤的追下来，他们骑驴的因为躲避这跑马，反没有看清这大马和小驴的百米决赛，可是我们走在路上却看了个仔细，起初来时想过骑驴瘾的，到这时也觉得走着有意思了；想坐车的，也不如走着畅快了。于是我们几人中没有一个不是愿意徒步而行的，便不知不觉地各人脚下都加了些力，努力向前迈进，路本不远，一会儿就到了。①

白云观是一个宗教场所，然而民国以来，游记对白云观宗教的一面似乎并无太多肯定，相反，由于近代风气的关系，特别是在近代庙产兴学乃至民国初年破除迷信、"五四"等运动波及下，反而对白云观多有批评，有关负面报道也层出不穷。有的人在游乐后总结道："总而言之，除开极少数的游客是纯粹来游观的以外，其余极大多数的男女都是怀着一颗避灾免病、求财生子的私心来的，于是聪明的道士也就利用了这种心理而大发其财。此外，还有白云观会神仙之说，这也不过是邱真人正月十九日生日而引起邱神仙下凡的传说罢了。"②

道士如何发财？总结游记以及媒体报道，多集中于打金钱眼。

白云观内有打金钱眼之俗，然而早在同治年间《申报》就有嘲讽之语：

> 京城外有庙曰白云观，观中有一桥，其桥堍两旁，每日两道士相向而坐，面前揖一大纸袋，游人过此，各于腰囊中捡出一文，遥望掷之，有能掷入纸袋之孔者，谓必有福，故尝试者甚多，其实两道人特假此名目以诳人耳；盖无论掷中与否，其钱皆为道人拾去，设遇天气晴朗，游人杂沓，每日竟可得钱数千文，此固相沿已久，老于京师者习见之，诚无足异。昨因有贽郎初次晋京，以为新奇，投之以钱，共掷数十枚，间有中者，惟大多数不中，其钱皆被道上拾去。贽郎于席

---

① 张相：《白云观游记》，《崇实季刊》1935年第20期，第145页。
② 老兰：《白云观》，《国讯》1937年第157期，转引自北京市东城区园林局汇纂《北京庙会史料通考》，北京燕山出版社2002年版，第71页。

间道及，姑且记之，以助笑谈云。①

《北平话旧》在陈述白云观的金碧辉煌后，也感叹道士通过打金钱眼诱人占吉凶：

> 殿前一石砌方池，深丈余，广约七八丈，阔少逊之，四周缘以石栏，中亘一小桥。游人至此必以冬春，池水尽洞，底见砂砾。桥下趺坐一道士，闭目合十不少动。游人自池边过，争以钱掷道士身，求中。中则其人喜，以为今岁当大吉；否则凶，其人必怏怏。相传道士自开院日枯坐桥下，须闭院方获升，恒弥月不得饮食，非有行者，莫能与焉。故群无知者咸沾一身之祸福，不惜以金钱为沟壑之填。而道士岁得此数千百缗，为一年薪炭之资，已无虑其缺乏。甚矣！道士之狡，而游人之愚也。②

前述史料作者感叹道士狡猾与游人之愚蠢，不管游人凶吉，道士都可得钱，汤用彤曾云燕九节十日之内可得钱数万，供观众一年之用："郊西白云观，供邱真人，相传十九日生辰，亦求赛之会也。桥下悬一铜钱，其大逾盎。凡人祀神毕，皆于桥栏杆上掷钱，如中其孔，则大利市。中与不中，均无下拾之蹊级。十日闭会，而阿堵盈万，则为道人终岁之储。"③

道士之狡猾不仅在于利用打金钱眼，在老人堂置钱钵供游客投掷铜圆，也是敛财之一道：

> 京师阜成门外三里许，有白云观，香火极旺。每至春日，京人士莫不趋之若鹜，观前有池，宽不逾三丈，其行长方，水已久涸，中架一桥孔外悬一铁，大于斗。桥孔中坐一老道。谓此道士每年自开始香市之日起，坐入桥孔。不食不暝，至香市迄日止，始下梯登之。又言以钱遥掷钱孔，中者运佳，于是游众争以铜元投此虚牝。道士之术亦狡已。观中又有老人堂，破坑颓壁，间坐三老道。须须如雪，聋聩类偶像，谓皆百余岁矣，实则八九十岁则有之。面前各置钱钵一具，游

---

① 参见《骗钱妙法》，原载《申报》（同治十二年）1879年2月27日第2版，后重载《申报》1940年5月11日第12版。
② 参见北京市东城区园林局汇纂《北京庙会史料通考》，北京燕山出版社2002年版，第61页。
③ 汤用彤：《旧都文物略》，华文出版社2004年版，第280页。

客复相与掷铜元，此又道士敛钱之一道也。至殿宇结构，亦尚宏丽，惜无可游。而京人士独不嫌道远光顾，此诚使人不可索解者，抑岂道士之魔力欤？①

白云观有财神庙，有人也讽刺做着金钱梦的善男信女欢欢喜喜在财神庙买了纸元宝做着发财的美梦：

  社会上原有许多解不开的事，尤其在这古色古香的故都里。

  财神庙里，拥挤着成千成百的、做着金钱梦的善男信女。高高的一炷香，冒着突突的火焰，正照着坐在佛龛里的财神。那副丰满的面容，真是令人羡煞。去年买来不少的纸元宝，过了一年仍然没有什么发财的征兆，只是元宝上多了一层尘土，遮掩了耀眼的光辉。于是再送到庙里，换回来一批新的，额外给一些利钱。财神借给人纸元宝，当然也不肯牺牲了利钱。

  欢欢喜喜的拿着新借回来的纸元宝，小心的回到家里，闪闪的金箔，放出一阵阵诱人的光芒，几时这纸元宝便会变成真元宝？白云观的石桥上，也正挤满了抱着满腹欲望的财狂。自称已经一百多岁的老道，安安稳稳的坐在桥洞里，两个直径一百多尺长的假金钱，一左一右，堡垒似的挡住了静坐着的道士。钱上贴着金箔，放出黄金色的光辉，照入了每一个人的眼里。

  "打中了金钱眼，便能使你发财！"很多人这么说着，也有很多人这么信着。想发财的心，使这些财狂们，用他们的真钱，一个一个的去投打那其大无比的假钱，越打不中，越急，越急，越多打，"善士们，多多布施！"在桥洞下坐着的老道，静听着一阵一阵的铜钱声，心里正不知是多么喜悦！

  发财的是他们，财神也是他们！②

也有史料称游人在打金钱眼中也会有些恶作剧："看金钱眼的老道，从先坐在窝风桥下的外面。有的促狭人打金钱眼不打金钱，却打老道，把老道打得鲜血直流。老道禁不起打，才跑到桥底下去。"③

---

① 《春痕回忆录》，《申报》1928年4月20日第17版。
② 《白云观与财神庙》，《吾友》1941年第1卷第13期，封1页。
③ 孤血：《记白云观》，《一四七画报》1946年第8卷第5期，第14页。

不仅在这些殿堂，即便是在景色风雅的后花园，也到处是煞风景的化缘道士，甚至在神殿附近也售卖着庸俗不堪的书籍：

> 穿过了长生殿，再入小蓬莱，假山层叠，亭榭云飞，好个雅静去处，但是托了罐子要钱化的诸位道士随地皆是，真有点太煞风景！从那里再转到西，绕转了南，到了后土殿，盛况的是不凡。殿里千奇百怪的几十尊神，按着年龄齿序收人的香烟，于是握了香把找不着对象的善男信女们，鼻涕汗一齐滴，挤个不亦乐乎。卖香的道士却笑口合不拢来。殿前富贵有余（卖纸鱼）、带福还家（卖蝠儿）的生意也却不错。再前的五祖殿前，"某某逛花""某某风流"的闲书摆满坛前，恐亦怕神苦闷，弄来为他开了心儿？子孙堂神祇特多，摸子的人也不少。明年此时，故都人口当有增加罢。①

道士之狡黠善于利用信仰，谋取金钱，更有甚者，在民国大众报刊以及舆论中，白云观的历史也不断被重新认识，其负面报道与内容也渐次增多。

在民国，对于高仁峒的形象，游览白云观的人士都有所评介，有人在参观白云观看到历代方丈画像独缺高氏，留下如下记载：

> 再南为该观之家祠，内悬由一代以至现今二十一代各方丈之画像。像上亦有他人代为题跋者，惟署高仁峒题跋者最多。然余细观各像中，惟二十一代系明峒像，颇清高，无高仁峒像。仁峒者，清季宫闱及外交秘史中之有名人物也，尝闻先进某公言："白云观所制冬菜极香脆。仁峒持以进于西后，西后食而善之，因命仁峒入宫做佛事，又大得西后欢，于是京中士大夫争与论交。前驻京俄某使探其秘，遂常往来白云观，与仁峒相结契，以重金贿之，故一切中俄密约之成立，仁峒皆有力焉。又闻仁峒匿城中某寡妇，妇悍甚，人畏仁峒声势，无敢过而问者。余因不得仁峒像，乃询之看堂道士。道士云："仁峒于龙门宗为仁字派，于华门宗为明字派，实一人也。"意者仁峒当日自知生前污迹太多，故于画像用明峒名，冀掩其丑口。②

---

① 参见张铁笙《顺星日白云观万众拥挤·便门道上毛驴驰驱如飞龙·真武殿里香窖碴头似醉酒·忙煞了茶信小贩·乐死了真人道士》，《北平晨报》1935 年 2 月 12 日，转引自北京市东城区园林局汇纂《北京庙会史料通考》，北京燕山出版社 2002 年版，第 66—67 页。
② 彭谦：《白云观游记》，《癸亥级刊》1919 年 6 月，第 18—19 页。

齐如山在书中称高氏是卖国的首魁：

> 白云观在西便门外，约数里之遥，亦名长春宫。此为元朝所建，元朝邱处机见元太祖，以不嗜杀人，敬天爱民，清心寡欲，三事为言，太祖深重之，为之建第于此，号曰长春宫。北平道教的庙宇中，以此规模为最大，比东岳庙占地还多。观中道士，到过千人，平常亦有一二百人。观中的首领老道，在光绪年间常有不法的行为，有一段很重要的历史，从前的人都知之，近来大概知道的人很少了。前清时代，北平和尚道士，可以说是都有衙门：和尚的衙门，名曰"僧录司正堂"；道士的衙门，名"道纪司正堂"。这种组织在《红楼梦》第十三回中，便写了一些。这种僧道正堂，都是总管全国和尚道士的机构，势力极大，所以谚语中有"在京的和尚，出外的官"。这两句话虽然没有说到道士，但道士亦在其中。他们所以有此权势，因为他们专走动于府大家之门路，与太监来往尤密。西后本是一个极糊涂的人，不但迷信，而且相信太监的话，这正是与这两位僧道正堂撑腰的原因，因之两位的声势，就更大了许多。彼时俄国公使，知道了这些情形，因常找太监，是极被人注目的事情；乃想法子与白云观太监来往，当然也给了他们许多甜头，由他介绍了李莲英，通称"皮条李"。他们常常在杨梅竹斜街万福居饭馆接头，永远在东边路北一个小院吃饭。这个院虽然是万福居的雅座，但不卖外座，差不多是白云观道士永远包着，钱则出自俄国使馆。俄使的意思，总可以由莲英传到西后耳朵里头。彼时俄国外交进行比他国顺利，得的便宜也最多者，得力于此一组织的很多。白云观道士，也可以算是卖国的首魁，这确是大家应该知道的一件事情。若专就观中的建筑说也是很值得一看，尤其每年灯规模的娱乐。观中的灯是出名的，灯是大而多，且画工很好。灯节后十七八日，为会神仙之期，都说每年总有一个人，会到神仙，所以一般迷信之人，都要来参与的。春季的车马赛跑，此处规模也极大，北京王孙公子之养马者，都要来赛一赛。马道两边，有搭的看台看棚，红男绿女，极为热闹。届时北京的人，几乎全城来观。①

对于高氏风流的一面，本书前章已经述及，对于民国初年长期担任方丈的陈氏，也有史料提到了一些："在陈方丈的时代，某年燕九夜，发现

---

① 齐如山：《北京杂忆》，当代中国出版社2015年版，第66—67页。

一个新降生的婴尸,鲜血淋漓,是榕死的,极尽污秽善地之能事。陈老道也会惶恐焚表逊位待罪,而为道众所挽留,还有这末一幕假惺惺。"①

在民国反对迷信的风气下,也有不少游乐的学生对于白云观的迷信与旧俗提出了批评,表达革新的希望。1917年1月,在京师求学的闽侯女生林德育在游览白云观时注意到门口影壁挂一木板,大书道:"教会总机关部在此。"林氏评论说此为全国道教之中枢,犹儒教之有天坛、辟雍之大学也。以为宜改为"全国道教大学","庶可化无用为有用耳"。在游记最后,林氏从白云观看到了中国旧俗,认为其于道德美术国家文明亦有其功效,而其弊端也应加以修禁:

> 今道教之玄穹玉皇,亦上帝也。上帝之事炳于群经,人类皆上天所覆者也。道教之原出于黄帝,发明进化,上帝所眷。五大民族者,皆黄帝之子孙,六书算数开化最早。道德本真,慈善为主,虽天方天主之徒,不敢不恭敬上帝,上天主宰正理而已。无论何宗教,无论何学术,无论何事业,皆不能出天地之范围。蒙上帝保佑,受福既多,敢不躬行实践以对于上帝?信教者,岂可违天侮圣悖道逆理而以为自由呼?配天地而为人,莫重于道德,教育不可缺失。诸道士以道合者也,三百余人,结合为一团体讲论道德,其匾额楹联,处处皆言修身道德之事,师以是授,弟以是学,谨守秩序,即如静坐一端,亦非一日一月一年之功,或力行数十年不懈。朱子半日静坐,后生或以为迂。今日因是子静坐法颇盛行,于学校于术生习静,甚有益也。近年学风日嚣世风亦日嚣,学界之风潮拓张而为政治之风潮。革命数次,民不安居,所谓注重道德教育者,殆以老子之清净为本乎?洪杨乱后,武汉荡然,官文恭修长春观,使长发者有所归,庶不为百姓之患,计其庙产有田可收租,又有寺观可住。如欧之牧师,不必出而为国家服务,即每年春月为愚民烧香求福之人讲祸福感应收香钱,亦足弭患无形。非无功食禄者。吾中国号为古国,其保存固有之文明,僧道亦未尝无功,古庙古树比世家园亭地方公署必大数围。元明以来,吾民雕刻之土木神像,均甚精美,又如铜炉铁炉不殊古鼎。灯上所绘山水人物,颇有佳致,由此可见美术之发达也。北方庙会为定期商务,小本经营甚多,卖茶点水果糕糖及小儿玩物者,随处陈设。又有新营芦席茶棚,在铁路旁,是以各省各县庙会皆有定期。白云观以上

---

① 孤血:《记白云观》,《一四七画报》1946年第8卷第6期,第14页。

九为会神仙之期，正月初八之夜，通宵达旦，以求所谓仙者，则迷信太甚，妇女露宿于外，青年狂且追逐其间，则敝俗宜禁。阳历新年，皮传文明挂旗张灯而已，旧俗腐败，仍而不改。过旧历年乃为多数，各戏团大书吉祥新戏、文明新戏。各种新戏，观其目录，亦旧戏也。呜呼！中国之人，每遇新春，甚有维新之象。厂甸工商改进会所陈列器物，亦仍其旧，转不如白云深处就足以见旧德焉。于是乎记之。①

到1937年国家民族危机时，又有不少学生趁着旧历新年中外游人参观白云观、大钟寺的时机，分批到各庙会演戏，在附近农家宣传，劝导农民齐心爱国、抵抗敌人：

他们并带着大批通俗的爱国故事读本——多是顾颉刚所主持的通俗读物社出版的如打汉奸、攻打百灵庙等——都是五言七言等，好像弹词小调一般，极受乡民欢迎。除了这些从农民生活说起的爱国传单即简单的歌本，如打倒列强谱的打倒××歌。晋察当局对于学生这种不"有碍治安"的爱国运动是相当给予自由的。同时学生们也不像以前那样幼稚鲁莽，动辄和军警冲突，完全采取说服、宣传、解释的方法。因此很博得警官、警察的同情，甚至有些自动愿意帮忙。每次宣传学生们要在乡间过一整天。有时刮尖刀似的北风，回来满面带着扑面的黄沙。②

然而从游乐视角而言，直到北平沦陷后，白云观仍然是城市娱乐的重要社会活动空间。1940年，日本《北支》摄影杂志曾刊登过一则白云观燕九节的报道，穿红戴花簪的姑娘骑着驴马或坐大车沿着西便门城墙前往白云观。

1942年，北平沦陷期间，白云观出现了冯玉祥的一副石刻："上德无为行不言之教，得一以清大成若缺天"③。冯氏本人这个时期可能并没有游观，不过沦陷时期不少日本人，包括曾留下不少研究成果的吉冈义丰等人，他们甚至以道装长期住在白云观。

---

① 林德育：《京师白云观游记》，《妇女杂志》1917年第3卷第4期，第4—5页。
② 刘诚：《最近华北教育界动态》，《申报每周增刊》1937年第2卷第8期，第161页。
③ 白云观石刻，位于戒台回廊墙壁。

图2-7 白云观燕九节·骑驴马

资料来源:《北支》1940年2月号。

比较可惜与令人遗憾的是，舆论对于白云观道士晚清民国与权要乃至外人之勾结与腐化的批评则渐次增多，而这恰恰忽视或掩盖了民国以来陈明霖以及白云观在近代道教改革中的重要努力与成效。1936年初在陈氏羽化后，天主教系统内的诸多报刊发布了陈氏临终受洗之新闻，白云观成为媒体关注的焦点:

> 北平白云观为旧都最大之道院，建于唐代，原名天长观，迄今五百余年。该观现在之二十一代方丈陈受霖，字毓坤，现年八十三岁，系天津静海县人，在观中住持历三十余年之久。陈氏在平市极负声望，一般同道，多为赞誉，附近乡邻，亦皆景慕慈善。讵陈氏年已高迈，近患染尿结症，乃于二月十五日送至公教进行会管辖之中央医院治疗，按该医院内部系由仁爱会修女任看护病人之职，每年病人临危险被修女劝化奉教者颇众。陈氏入院后，幸获上主仁慈，恩惠宠光，照临陈氏，极愿忏悔前非，归奉真教，旋即领受圣洗。后陈氏病愈危笃，该观道众，按照道教病人临终礼仪，将陈氏领回观中。然上主之安排，竟出人意料之

外，陈氏至观后，病势转佳，故仍拟再回中央医院修养，而该医院某医师适于此时前往观中，探望陈氏病情，陈氏当即欲再投医院，一方面治疗内身疾病，另外能在院内得更好安慰也。讵回院不久，因病入膏肓，医治无效，乃于二月二十二日安逝院中云。①

陈氏究竟有没有受洗，天主教系统报刊只是一面之词，但是无论如何对于陈氏及白云观而言，无疑被涂抹了难言的色彩。更加令人惋惜的是，当安世霖继任住持并于1946年被宫观道士活活烧死后，白云观的形象更加暗淡。

---

① 《北平著名道院白云观方丈陈明霦氏受洗》，《圣教杂志》1936年第25卷第4期，第252页。此外，还有《磐石杂志》第4卷第3期《公教新闻》刊发《北平白云观方丈陈明霦临终受礼》，《安庆教务月刊》1936年第4期刊发《北平著名道院白云观方丈陈明霦氏临终受礼》，《天主公教白话报》1936年第20卷第8期刊发《北平著名道院白云观道士陈明霦氏临终受洗》。经核阅，内容基本一致。

第三章 20世纪30年代白云观的住持危机

1930年对于白云观而言是极为重要的转折年，这一时期前任住持陈明霦逐渐衰老，其徒弟安世霖则逐步走上白云观的住持之路，然而这一接替伴随着两次住持危机。第一次危机发生在1930年6月，由于白云观没有遵守北平市社会局限期登记的指令，住持陈明霦被社会局撤革。在被迫认捐后，陈明霦才得以复职，白云观亦恢复了其日常的轨道。不幸的是，这种局面未能持续太久。随着1936年初陈明霦的病卒，围绕白云观继任住持人选安世霖的资格问题，白云观又陷入了新的住持危机。北平社会局以及北平道教会的调查发现，安世霖继任住持有诸多不合惯例之处，但是由于寺庙登记任务的迫切，或另有重要权势人物的帮助，社会局改变最初的反对态度，同意安世霖以监院身份暂时代理住持，由此埋下了白云观20世纪40年代内部剧烈纷争并最终导致安世霖被烧死的种子。20世纪30年代白云观的两次住持危机表明，在建立现代性国家的过程中，道观被打上了国家严格控制与管理不善的政治烙印，同时亦反映了白云观在衰败过程中内部复杂的矛盾冲突。

事实上，如果我们不明了20世纪30年代白云观的两次住持危机，我们就无法更清晰地了解处于黑洞状态下的30年代白云观的历史实态，也更无法清晰地认识在《监督寺庙条例》颁布后白云观与政治之间的复杂关系，更无法从根本上认识40年代白云观纷争的起源，而这正是本章尝试回答的问题。

第一节 陈明霦之被革

在晚清以来的庙产兴学、破除迷信运动中，佛道庙观遭到沉重的打击，或庙观被摧毁，或庙产被提拨，较多研究对此已有提及①。南京国民政府在成立后相继颁布了《废除卜筮星相巫觋堪舆办法》（1928年9月22日）、《取缔经营迷信物品办法》（1930年3月19日）、《神祠存废标准》（1930年4月30日）等政策。相对于近代道教正一派道士、道观曾多次被地方政府严加取缔的困窘而言，民国时期白云观的境遇要好得多，它并没有受到政治上的直接冲击。有学者的研究表明，到1936年广州的正一祈福等喃呒道士遭受了广东省政府的打击，这些正一派道士被勒令关闭道观即日歇业，不得再有在道观内或赴丧葬喜事人家做拜斗、召亡、做七、放焰口、度仙桥及一切祈禳等情事，违者即行拘究②。相反，这些在广州被视为迷信的活动，在这一时期仍是白云观所提供并受到当时权要名流欢迎的宗教服务③。

显然与正一派不时受到政治的直接打击相比，白云观只是"有惊无险"④。小柳司气太曾称与关帝庙、文昌君帝庙等早已荒废的北京主要祠庙相比，唯白云观保存旧时之面目⑤。到1942年窪德忠到白云观调查时，也强调白云观规模宏大，保持着名副其实的道观式面貌和风格⑥。事实上，20世纪30年代，白云观需要面对的只是南京国民政府颁布的《寺庙登记条例》与《监督寺庙条例》的政策管治⑦。

---

① 关于近代庙产兴学以及破除迷信运动对佛道寺院的冲击，杨庆堃的《中国社会中的宗教：宗教的现代社会功能及其历史因素之研究》（范丽珠等译，上海人民出版社2007年版，第286—295、328—331页）、三谷孝的《秘密结社与中国革命》（第六章"南京政府与破除迷信运动"，李恩民等译，中国社会科学出版社2002年版，第169—207页）、杜赞奇的《从民族国家拯救历史》（第二编第一章"反宗教运动与被压迫者之复归"，王宪民译，社会科学文献出版社2003年版，第75—105页）均有述及。

② 对于广州正一派道士在民国时期被地方政府钳制的历史，黎志添的《民国时期广州市"喃呒道馆"的历史考究》（《"中央研究院"近代史研究所集刊》2002年第37期）与新著《广东地方道教研究——道观、道士及科仪》（香港中文大学出版社2007年版）有详细的论述。

③ 在常人春《近世名人大出殡》（北京燕山出版社1997年版）一书中，我们可以发现安世霖或派道士或亲自为潘复、吴佩孚、江朝宗、杨小楼等人做法事。该书还提到安世霖曾亲自为吴佩孚送殡。

④ 事实上，自清末以来，虽然白云观受到政治以及时局的影响，渐次衰微，但是似乎并没有受到政治的直接打击。参见李养正《新编北京白云观志》，第30页。

⑤ 参见［日］小柳司气太《道教概说》，上海商务印书馆1926年版，第86页。

⑥ 参见［日］窪德忠《道教史》，萧坤华译，上海译文出版社1987年版，第286页。

⑦ 关于这两个条例，陈金龙的《南京国民政府与中国佛教界（1927—1937）》（博士学位论文，中山大学，2005年）、黄运喜的《中国佛教近代法难研究（1898—1937）》（台北法界出版社2006年版）等均有深入研究。对于近代管理寺庙制度以及南京国民政府针对佛教敌对者的法律的颁布与实施，霍姆斯·维慈有过专门研究（参见霍姆斯·维慈《中国佛教的复兴》，王雷泉等译，上海古籍出版社2006年版）。

第三章 20世纪30年代白云观的住持危机 159

1928年10月2日，内政部颁布《寺庙登记条例》。该条例共有18条，规定了寺庙登记的范围、事项、机关、程序、时限等。强调凡为僧道住持或居住之一切公建、募建或私家独建之坛庙、寺院、庵观，均应进行登记。对于登记机关，条例规定在县由县政府、在特别市以及市由公安局负责办理。对于处罚，则强调如果寺庙违反条例各规定，情节轻微者强制使之登记，情节重大者科以一百元以下罚款或撤换其住持①。对此，已有研究认为它为国民党政府掠夺庙产提供了翔实的依据②。

虽然不少研究分析了《寺庙登记条例》的内容，但是对于该条例的具体实践则关注不够。从具体寺庙登记情况来看，学者忽视了寺庙登记实施中登记机关的变化对寺庙的重大影响。在此前的规定中，寺庙登记机关在县由县政府、在特别市以及市由公安局负责办理。这一规定在次年发生了变化，特别市以及市的寺庙登记机关已经变成了社会局。正是这一变化，导致寺庙被迫重新登记。如果不登记，《寺庙登记条例》规定情节重大者科以一百元以下罚款或撤换住持。《监督寺庙条例》规定倘若寺庙不遵章向该管官署呈请登记，地方官署则有权革除寺庙住持之职务③。白云观20世纪30年代的第一次住持危机即是缘此。

在《寺庙登记条例》颁布后，根据规定，白云观于1930年在北平特别市公安局登记。当白云观登记之后，由于寺庙管理机关发生了变化，寺庙登记、管理权限划归为社会局。因此包括白云观在内的已经在公安局登记的寺庙，此时必须在社会局再次登记。1930年6月，社会局训令北平各寺庙登记。经过社会局两次电催后，白云观"置之不理"④。由于白云观并没有根据章程在社会局登记，依据《监督寺庙条例》不遵章登记即革除住

---

① 参见《寺庙登记条例》，1928年10月2日，蔡鸿源编《民国法规集成》第40辑，黄山书社1999年版，第403页。
② 参见王炜《民国时期北京庙产兴学风潮》，《北京社会科学》2006年第4期，第62页。
③ 该条例第五条规定"寺庙财产及法物，应向该管地方官署呈请登记"。第十一条规定"违反本例第五、六条或第十条之规定者，该管官署得革除其住持之职；违反第七条、第八条之规定者，得逐出寺庙，或送交法院究办"。参见《监督寺庙条例》，1929年12月7日，《中华民国史档案资料汇编》第5辑第1编文化（三），江苏古籍出版社1994年版，第1028—1029页。
④ 《第三科签呈》，1930年9月1日，北京市档案馆馆藏北平市社会局档案，档号：J2－8－163，第54页。按照白云观监院高信鹏的说法，白云观"因有下院数处，正在操办间，忽送到告示，谓登记逾限，将方丈撤革等情。当经往见陈科长，诉明庙多事繁，尤须详细登记"。参见《白云观高信鹏呈请将撤革方丈处分撤销并免缴罚款由》，1931年3月24日，北京市档案馆馆藏北平市社会局档案，档号：J2－8－163（J2、8、163分别为全宗号、目录号、卷号，下同），第62—64页。

持之职的前述规定，1930年6月，社会局发布布告将住持陈明霦撤革，并令白云观道众"秉公推选堪充继任住持者三人呈局指派"①。

陈明霦是继高仁峒之后极具影响力的白云观住持，虽然他不若高仁峒在清代之"声势煊赫，炙手可热"，但其在北京影响亦甚大。1927年，因陈明霦第三次传戒经费不足，经杨小楼等人提倡，北京第一舞台于当年3月中旬为传戒筹款演义务夜戏，"一时名优网罗殆尽"。时人云陈明霦、江朝宗、吴炳湘为盟弟兄②。然而，在违反社会局登记条例后，陈明霦也无法避免被革职。如何应对社会局革除之令，渡过此次住持危机呢？1930年7月，监院高信鹏③率同知客安世霖、执事白全一报请北平特别市社会局开恩取消撤革陈明霦住持的命令：

> 窃鄙观住持陈明霦只因今春道众食粮不足，赴关外化缘，至今方回，身染重病，正在医治。登记一节鄙观上年在公安局完全登记，至于划归社会局管理另行登记一节，鄙观住持远在关外，未得甚详，焉能抗违，实执事等疏忽之误。恳贵局长宽恩，将鄙观住持陈明霦撤革之名目撤销，以符阖观众望，则感大德无极矣。登记一事赶紧办理，不能再误。伏乞恩准施行，是为德便。谨此报明北平特别市社会局鉴核④。

高信鹏等人称由于观内粮食不足，陈明霦赴关外化缘，兼以白云观上年已经在公安局登记，对于寺庙管理权划归社会局之后仍需另行登记一节，陈明霦在关外并不知道详情。对于不能按期登记的原因，高信鹏等人强调是观内执事疏忽并非陈明霦之过错，希望社会局开恩取消撤革之命，方便白云观赶紧登记。7月22日，在收到呈文后，社会局当即要求拟文驳斥⑤。7月28日，社会局正式批文给高信鹏等人，强调"所请取消撤革陈

---

① 《令该监院道士在白云观继任住持未经派定以前暂行管理该庙庙务财产法物等项由》，1930年8月2日，北京市档案馆馆藏北平市社会局档案，档号：J2-8-163，第14页。除白云观外，蟠桃宫、宏恩观亦是因延不登记被撤革住持，参见《第三科签呈》，1930年9月1日，北京市档案馆馆藏北平市社会局档案，档号：J2-8-163，第54页。
② 参见虞公编《民国骇闻》，襟霞图书馆1919年版，第19—20页。
③ 高信鹏时年58岁，河北乐亭县人。参见《为报请将住持陈明霦案请撤事》，1930年7月22日，北京市档案馆馆藏北平市社会局档案，档号：J2-8-163，第2页。
④ 同上书，第3—4页。
⑤ 参见《为报请将住持陈明霦案请撤事》，1930年7月22日，北京市档案馆馆藏北平市社会局档案，档号：J2-8-163，第1页。

明霈住持原案,着不准"①。在获悉所请不准后,高信鹏三人马上呈文社会局表示悔过,并乐意"现洋三百元以助社会局办理善举",再次请求取消撤革白云观住持原案,速行登记②。对于白云观乐捐,社会局当然欢迎,在拟批中称要让白云观认慈善捐及惠工学校经常费③。8月2日,社会局训令高信鹏,称在白云观继任住持未经派定以前,所有庙物财产法物等均由高信鹏暂行管理,"候住持派定后再行办理登记"④。

由于迟迟未能得到社会局的明确态度,8月15日高信鹏、安世霖、白全一三人呈称白云观愿意补助惠工学校开办费三百元⑤:

窃白云观执事等鉴于钧局关于教育事业尽力倡导,贫苦失学儿童受益匪浅,执事等曾在鄙观设立学校一处,久思扩大规模,实因财力维艰。今闻贵局倡办惠工学校筹办伊始,执事等拟由鄙观补助大洋三百元,略尽微诚而补万一。该款已备妥协,是否有当,俯候批示。为此谨呈北平特别市社会局长梁。⑥

在呈文递交后,同日高信鹏等三人再次呈文表示愿意再补助慈善费300元,或担心社会局马上要求兑现捐款,他们称该款项"须于十月十日鄙观之收入项下提出方可呈缴。今已将期票备妥,俟核准后再为呈缴上来"⑦。

---

① 《据呈请取消撤革陈明霈住持原案一节着不准由》,1930年7月28日,北京市档案馆馆藏北平市社会局档案,档号:J2-8-163,第7页。
② 参见《道士高信鹏等呈为悔过乐捐请取消撤革白云观住持原案速行登记由》,1930年7月28日,北京市档案馆馆藏北平市社会局档案,档号:J2-8-163,第10页。
③ 参见《道士高信鹏等呈为悔过乐捐请取消撤革白云观住持原案速行登记由》,1930年7月28日,北京市档案馆馆藏北平市社会局档案,档号:J2-8-163,第8页。
④ 《令该监院道士在白云观继任住持未经派定以前暂行管理该庙庙务财产法物等项由》,1930年8月2日,北京市档案馆馆藏北平市社会局档案,档号:J2-8-163,第14页。
⑤ 1930年,在处理电车工人抢夺铁山寺案中,由于北平两大佛教团体的内讧导致铁山寺归属纷争,社会局遂于该寺创设惠工学校。为筹备开办费、经常费,同年8月9日,社会局拍卖铁山寺物品。随后北平佛教向北平市政府控诉社会局借实施《监督寺庙条例》之机强令各寺庙认捐惠工学校开办费、经常费。参见《北平社会局呈为拟具处结铁山寺案办法敬请鉴核示遵由》,1931年11月18日,北京市档案馆馆藏北平市社会局档案,档号:J2-8-141,第138页。
⑥ 《白云观道士高信鹏等呈为补助惠工学校洋三百元由》,1930年8月15日,北京市档案馆馆藏北平市社会局档案,档号:J2-8-163,第22—23页。
⑦ 《白云观道士高信鹏等呈为补助惠工学校洋三百元由》,1930年8月15日,北京市档案馆馆藏北平市社会局档案,档号:J2-8-163,第27—28页。在此呈文中,提到白云观原来准备"举办工厂,收养贫民,无如财力薄弱,独力难成"。

一方面呈文表示愿意捐款，另一方面，亦在 8 月 15 日，监院高信鹏、安世霖、白全一、刘教海、李至岸以白云观全体执事名义联合火神庙住持田存续①呈文社会局保举陈明霦仍住持白云观庙务：

> 窃白云观执事等声明此次贻误登记，实因敝观住持因病住院数月之久，而且观中公事往来，向归住持裁决办理，讵料住持病久精神恍惚，现虽稍愈而期已逾。维思住持年虽老，精神尚健，对于敝观之整理，向有方针。又兼观中数十年来兵荒饥馑未遭倾颓者，实赖我住持之力也。为此仰恳钧局俯念斯艰，请将撤革原案收回成命，无任感荷之至，理合谨呈北平特别市社会局局长梁。②

高信鹏等人强调白云观此次贻误登记日期缘由在于住持陈明霦住院数月之久，陈明霦虽然年老但是精神尚健，其对于白云观之整理与维持实大有功绩，因此保举陈明霦仍为住持。不过就在安世霖、白全一随同高信鹏一道联名呈请社会局取消陈明霦撤革、保举陈仍为住持并愿意捐款的同时，令陈明霦、高信鹏没有想到的是，安世霖、白全一在背后采取了反对他们的行动。

8 月 18 日，社会局收到了安世霖、白全一、董明真等 28 人的禀文，他们指控陈明霦、高信鹏盗卖庙产、违背教规，要求社会局将二人驱逐，并另选朱智祥为方丈：

> 窃缘平西白云观系自唐朝遗建，相传唐宋元明清直至中华民国六朝代，均称古境，现被陈明霦方丈及监院高信鹏二人合谋盗卖弘德寺山场地亩，得价侵分，私蓄外家，伙卖道众食粮，吸食鸦片。伊等竟抗不登记，隐匿道产，种种行为是违背佛教清规③，任意摧残古庙，似伊等鬼蜮之行为，为小道等实不敢再行默视不言。只得具禀详陈，惟有叩恳钧局鉴核，恩赐详细调查明确，依章更换方丈陈明霦，驱逐监院高信鹏，令行速为办理交代清楚，即行逐出庙外。并请求速赐委令。朱智祥道高德重，治理有方，以符众望，实可为白云观方丈，能

---

① 参见《白云观道士高信鹏等呈为保陈明霦仍住持白云观庙务请收回成命由》，1930 年 8 月 15 日，北京市档案馆馆藏北平市社会局档案，档号：J2-8-163，第 19 页。
② 《白云观道士高信鹏等呈为保陈明霦仍住持白云观庙务请收回成命由》，1930 年 8 月 15 日，北京市档案馆馆藏北平市社会局档案，档号：J2-8-163，第 17—18 页。
③ 原文如此，为何不是道教清规？或值得进一步探讨。

第三章 20世纪30年代白云观的住持危机 163

负责整理观务,而保古庙,以杜合谋摧残六朝之胜境。凡住常丹道徒道众均感大德无极矣。谨呈北平特别市社会局长梁。①

这28人是谁呢?有白云观住观道士12人:靳赴仑、安世霖、白全一、梁至祥、高国祥、刘永续、张本生、孟至林、乔理亮、周明全、李崇利、江明宗②。2人为白云观下院道士:吕祖祠道士赵礼尘、广福观李圆玺。其余14人均为其他道观道士③。

在这一过程中,常人春提到是安世霖力图将陈明霦拉下马,田存续曾出面帮助陈明霦渡过难关。另外,高万桑注意到安世霖采取了最初的反对行动,力图取代陈明霦④。但是单纯根据上面呈文,似乎并不能确证。因为安世霖、白全一所推举的接任住持人选并非安世霖,而是白云观道士朱智祥。其何许人也?履历如下:

> 朱智祥年六十八岁,系山东泗水县人。自十八岁出家,投拜费县云蒙山白云岩清虚观王礼春名下为徒,在本庙参学十数年,各省游方数年。曾在山东济宁常清观任巡照之职,在上海白云观任知客之职,在奉天太清宫任执事房知事之职。民国二年在白云观受戒,曾任知翰账房执事房知客职任。又在玉清观任当家之职,由玉清观退值,在崇真观闭室参修。⑤

---

① 《道士董明真等二十八人呈为白云观住持陈明霦监院高信鹏等盗卖庙产违背教规请予驱逐另选朱智祥为方丈由》,1930年8月18日,北京市档案馆馆藏北平市社会局档案,档号:J2-8-163,第32—34页。
② 参见"具禀人名单",载《道士董明真等二十八人呈为白云观住持陈明霦监院高信鹏等盗卖庙产违背教规请予驱逐另选朱智祥为方丈由》,1930年8月18日,北京市档案馆馆藏北平市社会局档案,档号:J2-8-163,第36—38页。
③ 有董明真(住前外豆腐巷关帝庙)、贾明西(住前外豆腐巷关帝庙)、孟明会(辛店娘娘殿)、范智远(住便门蟠桃宫)、甄诚福(住揽杆巾火神庙)、张教全(住水关马神庙)、曾明义(住灰厂真武庙)、蔡羲先(住灰厂真武庙)、乔礼会(住铸钟厂真武庙)、钟宗元(住拐棒胡同钟氏祠)、彭明照(住下四条药王庙)、赵教贤(住老君滩)、王义达(住莲花山)等。参见"具禀人名单",载《道士董明真等二十八人呈为白云观住持陈明霦监院高信鹏等盗卖庙产违背教规请予驱逐另选朱智祥为方丈由》,1930年8月18日,北京市档案馆馆藏北平市社会局档案,档号:J2-8-163,第34—38页。
④ Vincent Goossaert, *The Taoists of Peking, 1800-1949—A Social History of Urban Clerics*, Cambridge: Harvard University Press, 2007, p. 177.
⑤ 《道士董明真等二十八人呈为白云观住持陈明霦监院高信鹏等盗卖庙产违背教规请予驱逐另选朱智祥为方丈由》,1930年8月18日,北京市档案馆馆藏北平市社会局档案,档号:J2-8-163,第41—42页。

对于安世霖等人的指控，8月20日，社会局批示称所控各节"词意含混，虚实无由判明，未便率准，仰即将相当证据声明以凭核办"①。8月23日，社会局收到了董明真等人控诉陈明霖盗卖庙产、摧毁道教清规的详细证据：

> 自陈明霖入庙充当方丈以来，霸持庙务，任意盗卖西山弘德寺山厂地亩数十顷，得价洋一万五千（有买弘德寺地人鲍贵卿可证），及房辛庄之地十顷有余，亦得价洋五千余元（卖与天津杨宅可证），均归陈明霖持入私有，置买大石作房产一处。伊竟假藉伊侄陈国栋为名，娶得堂子大院杭地山之妹为妻。又在平西长辛店镇，亦置房产一处，亦娶一美女为外妻。又勾结监院高信鹏伙卖道众食粮，共吸鸦片。而高信鹏在庙外姘养外家。其二人之恶迹种种，任意摧残古刹，凡在平中外各界人所共悉，而该古观有道德之道友及常住之丹众均行起丹离散，实被陈明霖等摧毁不堪。伏思该观六朝相传古刹，陈明霖高信鹏一再霸持庙务，违抗登记任意败坏，未免可惜，忍无再忍，实不敢再行默视伊等败毁佛祖之名号，摧残六朝遗建之古境，今只得略举伊等之恶迹，不过大概，均有实据事实可稽。惟有稽首叩恳钧局鉴核，恩准速赐依地点详细调查明确，依法将陈明霖高信鹏等更换驱逐，以杜盗卖及摧毁道教清规，而保六朝代之古刹。道士等公举朱智祥亦非私见，实系因公并无别情，倘有不实不尽之处，道士等愿完全责任。②

一方面，高信鹏等人表示愿意以补助惠工学校费用为由请求撤销革除陈明霖住持之令；另一方面，安世霖、白全一又联合董明真等道士控告陈明霖及监院高信鹏并举崇真观道士朱智祥为该观住持。从现存档案资料来看，社会局对于安世霖等人的指控似乎并没有理会，在社会局看来，白云观住持危机的解决并非在于驱逐陈、高二人，而是如何处理高信鹏所提出的以助捐换取撤销革除之令。9月1日，社会局第三科在给局长的签呈中

---

① 《据呈称为白云观道士陈明霖监院高信鹏等盗卖庙产违背教规请予驱逐另选朱智祥为方丈等情仰声明证据核办由》，1930年8月20日，北京市档案馆藏北平市社会局档案，档号：J2-8-163，第45页。

② 《道士董明真等呈复白云观方丈陈明霖等盗卖庙产不守教规各实情并举朱智祥为方丈情形由》，1930年8月23日，北京市档案馆藏北平市社会局档案，档号：J2-8-163，第49—51页。

称：查撤革住持系一事，愿助捐款又一事。似不能以助捐而要求撤销原案，拟将助款两呈先行批准，余俟考核办理，可否之处请鉴核①。

在社会局看来，尽管高信鹏等人愿意捐助款项，但是不能以助捐而要求撤销革职之令，处理意见则是现照准道士助捐之请，至于是否同意撤销前令，则要再考核办理。9月3日，社会局在批文中指出高信鹏等"热心慈善慨助校款殊堪嘉许"，令其即刻呈交以便转发②。由于社会局并没有同意取消撤革之令，高信鹏并没有理会社会局即刻捐款的要求。更重要的是，受到中原大战的影响，此事亦暂时被搁置。迨至1931年3月16日，第三科再次提出签呈，称迄今半载未见高信鹏呈缴600元慈善费、惠工学校费，要求传高信鹏到局询问③。

1931年3月20日，社会局通知高信鹏次日来局候询④。没有资料显示这次谈话的内容，倒是有资料表明24日高信鹏再次被社会局传询问话。在社会局，高信鹏在询问时称白云观现在由其管理，遇有大事再征求大家同意。对于社会局批令白云观道众公举继任住持为何迄未举出的原因，则称"因无相当人选，故未选举"。对于陈明霖现在是否仍住庙内之问，则云其"往来无定，在庙内并不担任任何职务"⑤。为何不缴纳所认捐之费用？高信鹏云："前此认捐之六百元，本为保留原住持起见，现在仍未奉有准予复任之明文，故亦迄未能照缴。"⑥当社会局提出现在应即缴局的要求时，高信鹏称无力认缴。对于白云观未能登记的原因则答"因无正式住持不能呈报登记"。社会局对高信鹏称，恢复住持与捐款及登记三事应分别办理方有办法。对此，高信鹏表示同意分别办理，但是要回庙商议后再办。对于社会局究竟是否认缴的询问，高信鹏称回庙后再于4月1日赴社

---

① 参见《第三科签呈》，1930年9月1日，北京市档案馆馆藏北平市社会局档案，档号：J2-8-163，第54页。
② 参见《据呈补助慈善事业费及惠工学校开办费洋各三百元请予照准等情仰即呈缴本局分别转发由》，1930年9月3日，北京市档案馆馆藏北平市社会局档案，档号：J2-8-163，第57页。
③ 参见《第三科签呈》，1931年3月16日，北京市档案馆馆藏北平市社会局档案，档号：J2-8-163，第58页。在最初的文件中，第三科的意见是"可否继续前案令知该观如数呈缴"，而不是先传其到局询问。
④ 参见《通知该道于三月二十一日来局候询由》，1931年3月20日，北京市档案馆馆藏北平市社会局档案，档号：J2-8-163，第61页。
⑤ 《三月二十四日问白云观监院高信鹏记录》，1931年3月24日，北京市档案馆馆藏北平市社会局档案，档号：J2-8-163，第62页。
⑥ 《三月二十四日问白云观监院高信鹏记录》，1931年3月24日，北京市档案馆馆藏北平市社会局档案，档号：J2-8-163，第63页。

会局答复①。

尽管在社会局的询问中，高信鹏对官方表现了充分的顺服，然而就在当日被询问之后，高信鹏呈文社会局指出，是社会局官员示意白云观捐六百元即可"旬日内将撤革字样取消"，然而"迨俟两旬多日，仍未奉饬，始知此项乃系诬罚性质，鄙观碍难承认"②。4月8日，社会局批复称，捐助慈善费及惠工学校经费各三百元，系白云观自动呈请，并无处罚明文。高信鹏捏称逼罚，希图蠲免，殊属荒谬，仍须"仰速呈缴，勿再延误"③。

在社会局的压力下，4月16日，白云观监院高信鹏承认捐款出于主动，表示在限定期内竭力筹措呈缴，并声请撤销处分④。对此，社会局表示同意分别核办。4月20日，拟稿批示高信鹏一方面再次要求尽快交清款项，另一方面对呈请撤销陈明霖处分一节另案办理⑤。4月25日，高信鹏向社会局呈交了两张各三百元的期条，表示白云观从麦秋地租项下筹出六百元，请社会局在7月15日支取⑥。

经历了诸多反复与波折，白云观终于在助捐方面拿出了实际行动，尽管这种助捐不可避免地带有勒捐的色彩。从当时寺庙登记的状况来看，高信鹏此前所称捐款后旬日内即可取消处分并非子虚乌有。在同期的电车工人抢夺铁山寺案中，社会局并没有将铁山寺发还给僧人，而是改铁山寺为惠工学校，甚至尤以调查登记为挟制，勒令寺庙捐款以作为该校之开办、经常费⑦。1930年8月，广慈庵住持慧果因登记误限，被社会局撤去住持，

---

① 参见《三月二十四日问白云观监院高信鹏记录》，1931年3月24日，北京市档案馆馆藏北平市社会局档案，档号：J2-8-163，第62—64页。
② 《白云观高信鹏呈请将撤革方丈处分撤销并免缴罚款由》，1931年3月24日，北京市档案馆馆藏北平市社会局档案，档号：J2-8-163，第68页。
③ 《据呈称前住持受诬被革请将处分撤销并免交罚款等情，卷查并无逼罚凭证仍应速缴由》，1931年4月8日，北京市档案馆馆藏北平市社会局档案，档号：J2-8-163，第71页。
④ 参见《白云观住持高信鹏呈声请撤销处分情愿认捐由》，1931年4月16日，北京市档案馆馆藏北平市社会局档案，档号：J2-8-163，第75页。
⑤ 参见《据呈复遵缴捐款六百元并请撤销处分等情仰将缴款日期呈局备，查所请撤销处分应另案办理由》，1931年4月20日，北京市档案馆馆藏北平市社会局档案，档号：J2-8-163，第78页。
⑥ 参见《白云观道士高信鹏呈为认捐惠工学校经费及慈善费各三百元附呈七月十五日期条两纸请鉴核由》，1931年4月25日，北京市档案馆馆藏北平市社会局档案，档号：J2-8-163，第81页。
⑦ 参见笔者另文《革命、法律与庙产——民国北平铁山寺案研究》，《历史研究》2009年第3期。

后社会局局员称"须认捐惠工学校经费二百元,即取消处分"①。

无论如何,白云观的捐资是解决陈明霦住持危机的关键前提,事实上在此之后,社会局很快就取消了撤销其住持的处分,6月底,陈明霦就曾以住持身份向社会局呈请登记外四区灶君庙等白云观数处下院的庙产②。虽然此前白云观与社会局约定在7月15日前交齐款项,但是7月16日,社会局派会计股左树屏、赵天德二人前往白云观提款只拿到了200元,剩余之400元,直到11月11日,陈明霦才交清,这一风波由此最终结束③。

20世纪30年代,白云观的第一次住持危机发生在《监督寺庙条例》实施不久。由于受到中原大战的影响,从1930年6月陈明霦被撤革到1931年11月陈明霦缴纳认捐费用,前后持续一年半之久。尽管在清代以及北平市政府时期,白云观具有重要的社会影响,尤其受到诸多权要的庇护,但是它在遵守《寺庙登记条例》《监督寺庙条例》等寺庙管理制度方面亦不能超然于外。尽管白云观在《寺庙登记条例》颁布不久后就在公安局做了登记,但是当社会局要求再次登记而白云观误期不登时,即便面对的是陈明霦这样一个著名道人,阎锡山控制下的北平社会局也毫不犹豫地将其撤革。从已经知道的案例来看,因误登记而被撤革者并非只有白云观,同时还有广慈庵、蟠桃宫、弘恩观。社会局撤革住持的实例充分反映了南京国民政府在贯彻《寺庙登记条例》《监督寺庙条例》,实践监督庙产、管理宗教目标上的积极努力。从白云观危机的角度而言,如何应对呢?白云观监院高信鹏不断向社会局呈文解释误期原因,强调陈明霦维持白云观的努力,包括联合在北平道教界亦极有影响的田存续共同作保,恳请社会局取消撤革命令。然而,危机的真正解决并非在于前述行动,而是白云观在写下捐助惠工学校以及慈善费各三百元之后。尽管社会局始终强调取消撤革与捐款实属两事,不存在必然联系,但是考虑到1930年前后北平社会局筹办惠工学校急需经费的情况,事实确是如此。在广慈庵住持慧果被撤革案中,也遇到了同样的情形。慧果在向北平佛教会的汇报中提

---

① 《呈为社会局变更成案违反法律没收寺产籍题索捐恳予回复原议,将铁山寺交还办理公益,以安僧侣而维佛教事》,1930年8月16日,北京市档案馆馆藏北平市社会局档案,档号:J2-8-1257,第139—140页。
② 参见《灶君庙道士陈明霦呈为缮具表格请准登记本庙庙产由》,1931年6月,北京市档案馆馆藏北平市社会局档案,档号:J2-8-377,第12—16页。
③ 参见《白云观陈明霦呈请续收四百元捐款书》,1931年11月11日,北京市档案馆馆藏北平市社会局档案,档号:J2-8-163,第89页。

到社会局局员称"须认捐惠工学校经费二百元,即取消处分"①。1932年3月,在僧人寿泉认捐2200元作为惠工学校的办学经费后,北平市政府方令社会局准予将铁山寺交还寿泉管理②。

第二节　安世霖继任住持风波

20世纪30年代白云观的第一次住持危机,其起源只是由于白云观误过登记,虽然由于种种原因历时长久,过程亦多有反复,经济上略有损失,但白云观总算恢复了其日常的轨道。不幸的是,这种局面并未能持续太久,随着陈明霦的病卒,围绕白云观继任住持人选安世霖的资格问题,白云观陷入了新的住持危机。尽管安世霖最终在权势人物的帮助下得以监院身份暂时代理住持,但是由此埋下了白云观20世纪40年代内部剧烈纷争并最终导致安世霖被焚烧的种子。

1936年3月16日,白云观监院安世霖呈报住持陈明霦已经于2月24日羽化,去世之前,陈明霦已经遵照宗教法简,"传授世霖名下管理一切庙务,当依照遗嘱及道众之推举,进行管理"。"因惟以条例攸关,未敢擅便,兹照章取具保结,呈请钧局鉴核施行"③。在同日出具的诸山保结中,广福观住持李欣斋、吕祖祠住持赵理尘、玉清观住持范明证④称安世霖呈报接管白云观住持一案,倘有虚伪捏报、同宗争论任何纠葛等项情事,均由三人担保⑤。

在安世霖呈报接任住持的过程中,除了请道友李欣斋、赵理尘、范明证三人具结作保外,安世霖还请政界友人王坦出面说项。王坦,字养怡,

---

① 《呈为社会局变更成案违反法律没收寺产籍题索捐恳予回复原议,将铁山寺交还办理公益,以安僧侣而维佛教事》,1930年8月16日,北京市档案馆藏北平市社会局档案,档号:J2-8-1257,第139—140页。
② 参见《北平市政府指令社会局迁出惠工学校由寿泉接收(令字第716号)》,1932年3月26日,北京市档案馆藏北平市社会局档案,档号:J2-8-141,第182页。
③ 《白云观道士安世霖呈报住持陈明霦羽化由伊接管庙务,附具保结请鉴核批准由》,1936年3月16日,北京市档案馆藏北平市社会局档案,档号:J2-8-163,第115页。申请书中载安世霖为34岁,籍贯为河北省房山县,见第114页。
④ 原名云集观,为白云观下院。道光二十八年(1848)重修改名为玉清观。玉清观信牌一道(清)孟至才勒石清道光二十八年十月按照规定玉清观为白云观下院,住持应为白云观住持,范明证等人自称住持实非妥当。
⑤ 参见《为出具诸山保结事》,1936年3月16日,北京市档案馆藏北平市社会局档案,档号:J2-8-163,第117页。

河北乐亭县人，系日本陆军士官学校毕业，1924年任陆军次长，为曹锟亲信[1]。为帮助安世霖继任白云观住持，王坦曾函送社会局局长雷嗣尚名片一张（名片背后有"王养怡"的印章），在名片上王坦写道："白云观住持陈明霦羽化，该庙住持已由陈明霦传法统于安世霖监院，请社会局更老换少。"[2]

社会局是否同意安世霖接充白云观住持？尽管有王坦出面说项，但是社会局似乎并没有贸然同意。最关键的原因并非雷嗣尚不卖王坦之人情，而是社会局通过此前的询问察觉到安世霖继任住持存在重大疑窦。

3月27日，社会局召集了担保人李欣斋、赵理尘、范明证三人问话：

> 问：你们与白云观是何关系？
> 答：均系近诸山。
> 问：白云观陈明霦何时羽化？何时传法？
> 答：旧历今年正月初九日传法，十二日羽化。
> 问：安世霖何时接受庙务？
> 答：去年阴历十一月廿八日。
> 问：安世霖在庙中是何名义？
> 答：他在庙中暂是当家的名义，俟办理几个月，如果妥善，再公推升任方丈。
> 问：安世霖既是当家名义，为何你们具结保他主持。
> 答：我们道庙当家即称住持，方丈是另一个人。[3]

针对李欣斋、赵理尘、范明证所称"安世霖现系当家名义，俟办理几个月，如果妥善再公推升任方丈""道庙当家即是住持，方丈是另一个人"等语，社会局驳斥寺庙方丈为住持之别称，"当家"乃是庙内执事人，并非住持。"今安世霖既系当家名义，竟呈报接充住持，具结人又复含糊其

---

[1] 王坦在1924年以前特任祺威将军，累晋至陆军中将，历任陆军次长、陆军部参事、步兵旅团长、炮兵团长、察防前敌司令部参谋长、混成旅一等参谋官等职。1931年以后著有《德文法真铨》《法文法独修》《法语读音篇》等书。1937年以后历任北京地方行政委员会委员、北京市公署外事主任，北平沦陷后任伪北京教育局局长。参见《教育局函送的局长王养怡之略历》，1939年9月21日，北京市档案馆藏北平市教育局档案，档号：J4-1-484，第5页。
[2] 《谨呈者奉交王坦名片一件，为白云观更换住持事由》，1936年4月4日，北京市档案馆馆藏北平市社会局档案，档号：J2-8-163，第132页。
[3] 参见《二十五年三月二十七日广福观李欣斋、吕祖祠赵理尘、玉清观范明证问话记录》，北京市档案馆馆藏北平市社会局档案，档号：J2-8-163，第125—126页。

词,迹近影射,似未便照准,免滋纠纷。"① 面临如此情况,社会局如何处理呢? 1936年4月4日,雷嗣尚向北平市长秦德纯呈文汇报了社会局的态度,那就是打算饬令白云观"依照该庙住持继承惯例迅速公推住持"具报核办。在呈文中,雷嗣尚将王坦的名片一并呈交。同日,在收到呈文后,秦德纯以"如拟批示"四字表示了赞同②。

在得到市政府的同意后,4月10日,社会局正式批复安世霖,强调其既未经诸山推举为住持,"竟然影射来局呈报,殊属不合",要求白云观按照历来惯例由诸山公推选举住持③。

4月13日,安世霖呈文再次要求更换住持。对于社会局的影射之说,安世霖并不承认,并辩白自己本身是按照惯例被诸山公推。安世霖声称社会局未能详查,不明白云观住持继任惯例,他强调作为道教十方丛林的白云观,监院即"为众大执事之首,名为住持"。安世霖辩称监院人选历来惯例是由白云观众大执事及挂单诸山道友等推举者。已故方丈陈明霦在光绪三十三年(1907)十月间,被推举为监院管理一切庙事。其后丁宣统年间,又被推举为方丈。由于没有合适人选,其所遗留监院人选一直由陈明霦代理,直至民国二十四年旧历十一月二十八日(1935年12月23日),因陈明霦方丈病重,恐庙内无人负责,自己即被推举为监院④。安世霖进而指出,民国二十五年旧历正月十五日(1936年2月7日),陈方丈未故时,邀请檀越诸山声明已经推举其为监院,"此乃正大光明之责任也"。安世霖强调其接任住持,不仅有李圆玺等三人遵照社会局命令出具切结,保证没有"虚伪擅报,同宗争论任何纠葛等项情事",更关键的是,事实上自己已经接任两月有余,"经理庙事,毫无舛错,亦无何人争论,安然如昔"⑤。

安世霖的辩称貌似极为有条理,实则大有疏漏,甚至有伪造事实、诡

---

① 《谨呈者奉交王坦名片一件,为白云观更换住持事由》,1936年4月4日,北京市档案馆馆藏北平市社会局档案,档号:J2-8-163,第130页。
② 《谨呈者奉交王坦名片一件,为白云观更换住持事由》,1936年4月4日,北京市档案馆馆藏北平市社会局档案,档号:J2-8-163,第131、134页。
③ 参见《据呈报接充住持等情应予驳斥,并于该庙住持应照历来惯例由诸山共推选举具报核办由》,1936年4月10日,北京市档案馆馆藏北平市社会局档案,档号:J2-8-163,第136—137页。
④ 参见《白云观道士安世霖为呈覆声叙更换白云观住持各缘由,请鉴核调查,伏乞示准由》,1936年4月23日,北京市档案馆馆藏北平市社会局档案,档号:J2-8-163,第141—142页。
⑤ 《白云观道士安世霖为呈覆声叙更换白云观住持各缘由,请鉴核调查,伏乞示准由》,1936年4月23日,北京市档案馆馆藏北平市社会局档案,档号:J2-8-163,第142页。

辩之嫌疑。在安世霖的辩白中，最核心、最关键的借口就是监院即为住持，以被公推为监院的事实伪造被公推为住持的假象，由此证明其符合被诸山公推的惯例。

关于住持之定义，时下学界歧义纷见。李养正先生曾云"监院亦称住持，俗称当家"①。《道教大词典》云：住持为道观执事名，又称监院、当家。地位稍低于方丈，但是实权过之，由丛林道众公选，三年一任，可连选连任，如有过失，也可公议撤换，多选精明能干者为之②。对于方丈，则云指道教十方丛林之最高领导者及其所居丹房。方丈亦称住持③。20世纪40年代，曾在白云观调查过的日人吉冈义丰指出住持、方丈、监院在丛林中处于最高地位，其中住持是对外的最高尊称，是丛林中的首座，不是实际职务。或由方丈兼任，或由监院摄行④。

在本书看来，上述观点均失之偏颇。在方丈、住持、监院三者关系中，最易混淆的是住持、监院的含义。虽然近代白云观历史上有以监院兼住持、住持兼监院的情形，但是从白云观的史事来看，住持、监院实则有别。

监院的确为众大执事之首，但是监院并非住持。尽管在口头上或习惯上道众可能称监院为"住持"或"当家的"，但是二者并非等同。在第一次住持危机中，陈明霖被革住持之职务后，正是监院高信鹏的努力才使白云观渡过危机。此即证明安世霖所云监院即为住持并非有理。此外，在安世霖的辩称中，陈明霖自被推举为方丈以来，长期自代监院直到1935年安世霖被推举，实则抹杀高信鹏任白云观监院的历史与事实。虽然安世霖比较正确地指出了方丈责任乃系客居阐扬道德，不干庙事。然而他却有意忽视了方丈必须首先是住持的事实。尽管或出于习惯，道众、社会上将住持与方丈混为一谈，但严格地说，住持只有在受戒后才能称为方丈⑤。作

---

① 李养正：《新编北京白云观志》，宗教文化出版社2003年版，第342页。胡孚琛主编的《中华道教大词典》介绍监院俗称"当家""住持"，为道教丛林总管一切事务者。参见胡孚琛主编《中华道教大词典》，中国社会科学出版社1995年版，第502页。
② 参见中国道教协会、苏州道教协会编《道教大词典》，华夏出版社1994年版，第557页。
③ 参见胡孚琛主编《中华道教大词典》，中国社会科学出版社1995年版，第499页。
④ 参见〔日〕吉冈义丰《白雲觀の道教》，新民印书馆1945年版，第49页。
⑤ 在现在的白云观监院、方丈推选办法中，没有"住持"一称，原因是住持被界定为正一派的职务。《道教宫观方丈住持任职离职办法》（2007年9月20日中国道教协会第七届二次理事会通过，2008年3月4日公布）第二条规定"方丈、住持是指道教宫观执事的最高教职称谓，全真派称方丈，正一派称住持"。参见《道教宫观方丈住持任职离职办法》，《中国道教》2008年第2期，第10页。

为驳斥安世霖辩白的最好例证，当为《白云观玉器业公会善缘碑》。碑文中提到为表彰玉器业长达二百余年的施善，民国二十一年（1932）8月，"本观住持方丈陈明霦、监院高信鹏会同玉器业同业公会会首张永祺等，议立丰碑，以垂久远"①。在落款中，再次有"白云观住持方丈陈明霦、监院高信鹏"之名目。

事实上，对于安世霖所云监院即住持之称，社会局亦认为毫无理由。社会局在驳斥中称监院、住持截然两事，不得混为一谈。对于安世霖接充住持之要求，5月1日，社会局批称"碍难照准"，并且反问：既然安世霖自认住持系监院名义，何得呈报接充住持？②的确如此，如果监院即为住持，那么何须呈报接任呢？

尽管遭到社会局的驳斥，安世霖并没有放弃寻求白云观住持的努力，考虑到社会局的态度以及客观的困难，他把目标修正为兼代住持。在安世霖的活动下，5月27日，关帝庙住持李崇一、关帝庙住持刘礼明与玉清观住持范明证、广福观住持李欣斋、吕祖祠住持赵理尘一道呈文公推安世霖以监院暂行兼代住持。

与此前李欣斋等三人呈请由安世霖接任住持不同，此次呈请的目的是暂时兼代住持。他们称安世霖在观中服务有年，对于一切庙事，尚称熟手，并且品行端方，性情慈善，又系先住持相传法子。考虑到白云观无人负责，特公推其"暂行兼代该观住持之职，以便维持该观一切"③。在同时递交的保结中，保证"倘有本法门发生纠葛，均有具保人担负完全责任"④。

由于社会局已经注意到此前吕祖祠住持赵理尘等人具结保举安世霖接充住持中有"蒙蔽情形"，当他们再次呈请时，社会局没有贸然照准，而是批令社会局视察员李绍塨详查⑤。

在接到命令后，李绍塨先后赴白云观、关帝庙、玉清观、广福观做了

---

① 李养正：《新编北京白云观志》，宗教文化出版社2003年版，第734页。该书在论述民国时期的监院时，没有提到高信鹏。
② 参见《据呈声叙该庙更换住持情形请收回成命等情碍难照准由》，1936年5月1日，北京市档案馆馆藏北平市社会局档案，档号：J2-8-163，第145页。
③ 《为白云观住持陈明霦羽化，所遗住持一职，因该观乏人负责，未便久悬，今由本法门李欣斋、范明证等公推该观监院安世霖暂行兼代住持由》，1936年5月27日，北京市档案馆馆藏北平市社会局档案，档号：J2-8-163，第149—150页。
④ 《为出具保结事》，民国二十五年5月27日，第152页。
⑤ 参见《为白云观住持陈明霦羽化，所遗住持一职，因该观乏人负责，未便久悬，今由本法门李欣斋、范明证等公推该观监院安世霖暂行兼代住持由》，1936年5月27日，北京市档案馆馆藏北平市社会局档案，档号：J2-8-163，第148页。

调查。调查情况如何呢？6月26日，李绍塨提交了报告。

在白云观调查时，安世霖称其于民国十六年（1927）6月受戒为天字一号戒徒，由陈明霦老方丈传给大法，现有法卷为证。又于本年旧历一月十五日接任住持，由陈老方丈出名，柬请各诸山同门①。在查阅白云观法卷时，李绍塨发现了法卷前后墨迹不同，在叙述陈明霦的功德传戒等史事时系一人之墨迹，"至叙弟子若干名，将法传与安世霖等等另系一人之墨迹"②。视察员指出既然安世霖称道家对于法卷之尊重犹如俗人之遗嘱，为何前后墨迹出于两人？认为其中似有隐情。对于安世霖所云曾柬请各同门诸山参加接任住持的仪式，调查发现所请者只是部分，并未将其所属各诸山同门悉数请到③。

为详细了解传法、公推情形，李绍塨还分别调查了吕祖祠住持赵理尘、外三区玉清观住持范明证、广福观住持李欣斋。赵理尘称法卷在道家被视为尊重物件，没有真假之分别，与传法之关系实为重大。对于法卷前后墨迹不同不明原因之所在。对于为何参与公推，则称系出于道友情面，故出面帮同推举，以期白云观负责有人，对以往安之为人好坏，则不甚明了，不敢负完全责任④。

玉清观住持范明证在调查中则称，法卷对于传法实关轻重，接座时不必全部将各诸山同门请到。对于安世霖之一切，愿负完全责任⑤。广福观住持李欣斋则称法卷墨迹前后不同为常有之事，至于未能将诸山各同门全部请到，是前任住持陈明霦的过失，与安世霖无关。对于安世霖之代行该观住持，愿负完全责任⑥。

在收到视察的报告后，社会局认为安世霖接法情形颇多可疑之点，考虑到白云观为北平唯一之十方古刹，为确保与传授习惯相符，6月30日，社会局训令刚刚成立的北平道教会⑦详查具复以凭核办⑧。

---

① 参见《为报告事》，1936年6月26日，北京市档案馆馆藏北平市社会局档案J2-8-163，第154页。
② 同上。
③ 同上。
④ 《为报告事》，第155—156页。
⑤ 《为报告事》，第156页。
⑥ 《为报告事》，第156—157页。
⑦ 道教会成立于1936年6月20日，田子久为会长。参见兴亚协会编《华北宗教年鉴》（第一版），载《民国佛教期刊文献集成》第93卷，全国图书馆文献缩微复制中心2006年版，第232页。
⑧ 参见《为据关帝庙住持李崇一等呈报公推安世霖接充白云观住持等情，经查颇有可疑之点，令仰该会详查县复以凭核办由》，1936年6月30日，北京市档案馆馆藏北平市社会局档案，档号：J2-8-163，第159—160页。

7月17日，北平道教会召开执监联席会议讨论李崇一等人公推安世霖接充白云观住持案。对于安世霖所云其为民国十六年传戒中的天字第一号，道教会常委委员张子余在发言中予以否认："民国十六年传戒，天字号系崂山周理鹤，现在羽化，有登真录（即同学录）可凭。"① 对于李崇一等人所述召集同法门公推一语，甄寿先则称与事实不符：

> 查观中执事众等，向无远支近支分别，一经挂单住观，同为一体。凡得授白云大法，领有法卷者，可称同法系。具保结等五处既未领有法卷，而又非先方丈之法徒，所称本法门近支，殊与名实不符。关于吕祖祠、广福观两处是诸山无疑，玉清观等三处确系白云观附属下院②。

虽然知道玉清观、宽街关帝庙、西便门内关帝庙均是白云观下院，北平道教会还是派调查股主任信翰臣赴三观调查确切。在调查玉清观时，范明证称其是"观内叫出保而不得不办"③。

白云观的住持、方丈推选规矩如何呢？在此次会议上，常委甄寿先介绍了白云观历来推选方丈之沿革、规矩。甄氏称：

> 白云观向来老规矩，方丈羽化后（一）生前若已有表示将来人选，曾经传授大法而为众望所归者，得同时推新方丈升座，然后办理丧事；（二）羽化后尚未有接座者，先由客堂执事等办理接三事宜，柬请各檀越护法及诸山各庙来观，送三后，请大家讨论推选新方丈，客堂召集本观执事大众，此时如有监院资望素著，道德高尚，大家同意后即请升入方丈席。大家先行道喜完毕，在［再］议出讣闻，由新

---

① 《北平道教会七月十七日议事录抄件》，1936年7月17日，北京市档案馆藏北平市社会局档案，档号：J2-8-163，第166页。傅勤家曾提到受戒之成绩按照天地玄黄等顺序排列，天字第一号留在观中学习大丛林一切规矩，以备异日为白云观方丈之候补。只有在受戒后，才能获得正式道士，毕业道士俗称老道。十方丛林有传戒之权，却不能直接收徒（傅勤家：《中国道教史》，上海书店1984年版，第239页）。1945年，伪北京特别市社会局制定了《北京特别市寺庙管理规则草案》（38条），其中放宽中"天地二号"均可传以法卷。草案内容可参见《北京特别市寺庙管理规则草案》，1945年6月26日，北京市档案馆藏北平市政府档案，档号：J1-2-268，第12页。
② 参见《北平道教会七月十七日议事录抄件》，1936年7月17日，北京市档案馆藏北平市社会局档案，档号：J2-8-163，第166页。
③ 《调查股报告书》，1936年7月23日，北京市档案馆藏北平市社会局档案，档号：J2-8-163，第169页。

方丈出名继席门人或治丧法徒；（三）若当时没有监院或有监院而因故不能升方丈时，得由各执事及大众内，均可推举。若本观均无有能继任者，应由本观客堂、寮房各出执事一人或二人，到诸山各庙或外省丛林，去请名望素著堪可为领袖者前来接座，此是历来观中的老规矩。①

甄寿先所强调的老规矩更多的是强调住持更替的程序问题，除此之外，更重要的是住持标准为何？前文安世霖所自称为天字第一号戒徒、诸山公推均是标准之一。根据1931年在白云观的实地调查，小柳司气太曾记载白云观方丈资格大概有五条：第一，须有传戒时字第一号之资格者；第二，曾在白云观里任高职，熟悉内外情形者；第三，在各省任方丈者；第四，年龄四十岁以上者；第五，得戒后，未曾犯过清规者②。他还提到现任方丈有权根据上述标准提出两三个意中人选："方丈病逝弥留之际，观中之监院等，迎请在京就近各道院方丈监院等于本观，于是方丈提出意中之人两三人，求其选择，于是各方丈等，参照于前记资格，定其适否。"③ 由于道教各当家的住持只有开坛传戒后才称方丈，因而小柳司气太所述之资格及过程实际上是关于住持而非方丈的。

根据小柳司气太、道教会的调查，我们发现安世霖呈报接充住持中的言辞多有虚构之处，其接任住持与白云观传授住持惯例，确如道教会所云"有与事例显不相符者"。其中最重要者有四点。第一，安世霖并非具有天字第一号资格。第二，针对须在各省任过方丈这一履历，安世霖亦并不具备。据1936年白云观下院玉清观庙产登记史料可知，安世霖民国三年（1914）出家，时年12岁④。民国十年（1921）入居白云观，民国十六年（1927）被任为知客，复继任总理，民国二十四年（1935）11月28日经

---

① 《北平道教会七月十七日议事录抄件》，1936年7月17日，北京市档案馆藏北平市社会局档案，档号：J2-8-163，第167—168页。
② 参见［日］小柳司气太编《白云观志》，载广陵书局编《中国道观志丛刊》第1辑，江苏古籍出版社2000年版，第118—119页。
③ 同上书，第119页。
④ 参见《玉清观人口登记表》，1936年10月1日，北京市档案馆藏北平市社会局档案，档号：J2-8-565，第54页。常人春、许英华的介绍称安世霖16岁出家为道，初在原籍房山县黑龙观做"念经道士"，1927年当前任方丈陈明霖传戒时，安氏以戒子来白云观受戒，于其出家时间则回忆有误。参见许英华《北京道士火烧白云观安世霖、自全一亲历记》，《文史资料选辑》第48辑，中国文史出版社2002年版，第156页；常人春《白云观活烧老道案始末》，《文史资料选编》第39辑，北京出版社1990年版，第206页。

陈方丈委为监院①。由此可知，安世霖亦不可能有任职方丈之履历。第三，就年龄而言，安世霖在1941年时方才有39岁，当陈方丈1936年去世时，安世霖亦只有34岁，更不符合年四十之规定②。第四，就安世霖的公推人资格问题以及继任住持的程序问题来看，具保结的五个道观并非本法门近支，所谓均系诸山亦与事实不符，其中玉清观等三处确是白云观附属下院，是安世霖令其三处出面作保。

1936年8月7日，北平道教会常委田子久、张子余、甄寿先三人联名呈复社会局，将上述调查情形如是汇报，强调在讨论中"佥以白云观为道教中最大丛林，历史悠久，住持为全观之道众表率，地位尊崇，苟非有资望夙著，道德高尚之人，充任斯席，实不足以继往开来，维持道统"③。

但是在收到报告后，社会局并没有认真追究安世霖接充住持中与事实以及传统惯例的不符，既然白云观监院按照惯例可以升任住持，在社会局看来，"未便因手续问题，延迟不决，致负责无人"④。因此，社会局的意见就是饬令安世霖找白云观各执事以及同宗或诸山出具"保证甘结"，如果具结人肯负全责，再打算"暂准该安世霖代理住持，以免久悬"⑤。社会局最后同意安世霖暂代，除了安世霖或有权要相助外，与寺庙登记大有关系。1936年6月29日，吕祖祠住持赵理尘等人以"北平各寺庙登记早经明令，瞬将期满。白云观因负责乏人，故有延迟呈递登记之事"为由再次呈文要求"迅予恩准该庙监院安世霖兼代住持之职"⑥。正是如此，社会局第一科在拟办意见中才有"未便因手续问题，延迟不决，致负责无人"一语。

8月20日，社会局批李崇一等人令遵照该庙推选住持惯例，由该观该

---

① 参见安世霖《白云观住持安世霖为整饬观务声明书》，1940年5月5日，第3页。阳历为1935年12月23日。
② 参见《安世霖陈被诬告原委文》，1941年4月14日，北京市档案馆馆藏北平市社会局档案，档号：J2-8-1342，第61页。据此可知安氏生于1903年，常人春先生认为生于1901年（参见常人春《白云观活烧老道案始末》，第206页），李养正《新编北京白云观志》称生于1902年（第386页）似有疏漏。
③ 《为遵令呈覆白云观推选住持传授习惯等情形》，1936年8月7日，北京市档案馆馆藏北平市社会局档案，档号：J2-8-163，第163页。
④ 《第一科拟办意见》，1936年8月10日，北京市档案馆馆藏北平市社会局档案，档号：J2-8-163，第162页。
⑤ 同上。
⑥ 《呈为白云观住持一职未便久悬，再行恳请，迅予恩准该庙监院安世霖兼代住持之职由》，1936年6月29日，北京市档案馆馆藏北平市社会局档案，档号：J2-8-163，第179页。

执事及道教诸山具结再行核办①。25日,"诸山李欣斋、范明证、赵理尘、李崇一、刘礼明,白云观执事谷都淇、知客王永震、王宗厚、巡寮崔世瑞、巡寮张至翰、巡寮万崇坤、巡寮李法全、高公赵诚璧、堂主陈绪秀、堂主杜信灵、都厨赵崇九、典造王崇利、帐房张信涛、迎宾武诚功等人具结保证安世霖代理住持,处理观中一切事务,其中并无不法之处,亦无纠葛其他情形"②。

9月8日,社会局通知白云观执事谷都淇等于本月11日公推代表三人来局咨询③。同日,也通知内五区烟袋斜街广福观执事李欣斋、外二区厂甸五号吕祖祠住持赵理尘、外三区南岗子六号玉清观住持范明证、外四区杨道庙街一号关帝庙住持刘礼明、内二区宽街七号关帝庙住持李崇一同期面讯④。

9月11日,在社会局问话中,李欣斋等五人强调他们与白云观是"诸山"关系,安世霖接充住持是依照庙内习惯办理,庙内执事及庙外诸山均无异议,将来如有其他争执解纷,由具结人担负完全责任⑤。同日,白云观也公推谷都淇、赵诚璧、陈绪秀三名代表⑥赴局听询。在回答社会局"白云观更换住持历来由何办理"的问题时,答曰"系由庙内道众公推"⑦。对于安世霖接充住持,"是否依照习惯办理?有无其他争执纠纷",则答:是按照习惯办理,并无其他争执纠纷,将来如果滋生纠纷,由我们具结人担负完全责任⑧。

---

① 参见《据呈报白云观住持羽化公推安世霖接充等情,仰遵照该庙推选住持惯例,由该观该执事及道教诸山具结再行核办由》,1936年8月20日,北京市档案馆馆藏北平市社会局档案,档号:J2-8-163,第174页。
② 《具保结人李欣斋、谷都淇等》,1936年8月25日,北京市档案馆馆藏北平市社会局档案,档号:J2-8-163,第182页。
③ 参见《通知白云观执事谷都淇等公推代表候询》,1936年9月8日,北京市档案馆馆藏北平市社会局档案,档号:J2-8-163,第185页。
④ 参见《通知李欣斋等来局面询》,1936年9月8日,北京市档案馆馆藏北平市社会局档案,档号:J2-8-163,第188—189页。
⑤ 参见《广福观李欣斋、吕祖祠赵理尘、玉清观范明证、关帝庙刘礼明、关帝庙李崇一问话纪录》,1936年9月11日,北京市档案馆馆藏北平市社会局档案,档号:J2-8-163,第192页。
⑥ 谷都淇系民国十四年(1925)进庙,赵诚璧与陈绪秀均系光绪年间进庙,谷都淇是知客,陈绪秀是十方堂主,赵诚璧是经主。
⑦ 《白云观谷都淇、赵诚璧、陈绪秀问话纪录》,1936年9月11日,北京市档案馆馆藏北平市社会局档案,档号:J2-8-163,第194页。
⑧ 参见《白云观谷都淇、赵诚璧、陈绪秀问话纪录》,1936年9月11日,北京市档案馆馆藏北平市社会局档案,档号:J2-8-163,第195页。

通过上述问话笔录，可以看出社会局此次的问话可谓走过场而已。被社会局以及道教会指出的范明证等三人明明系白云观下院，但是在回答与白云观的关系中仍然自称为诸山，考虑到社会局此前就曾以此斥责过白云观，此时态度之转变甚是令人生疑。在草草问过安氏在白云观的履历后，一个关键的问题是"庙外诸山及庙内执事有无异议"，在得到他们的答复后，社会局也没有太多的问题。他们的态度已经极为明显了。问话结束后，问话人，也就是办理此事的第一科科长唐集之、公益救济股主任陈保和，联合向局长做了汇报可否备案①。既然诸山及白云观执事均已具结证明与该观住持继承惯例相符一事，无其他纠葛，因此社会局准予安世霖暂行兼代，同时训令其"遵章将本庙及所属下院径速遵章呈报登记为要"②。

10月5日，安世霖呈文社会局称白云观八处下院住持向由本观住持兼充，现在本观住持陈明霦羽化由世霖继任住持，庙务同时已由世霖接管，现呈报登记处理③。社会局自然准予备案，并令遵章呈报登记④。

20世纪30年代白云观的第二次住持危机缘于住持更迭问题。陈明霦去世不到一个月，白云观监院安世霖向社会局呈报自己被陈明霦传授法箓，被诸山、道众公推为住持，恳请社会局批准。令人玩味的是，在这一过程中，安世霖曾委托王坦致函社会局要求批准"更老换少"。社会局并没有贸然批准安世霖的呈请，相反却在调查中发现安世霖虚构事实、不符合惯例之处。在安世霖支持者的多次呈请下，或许还有更重要的政治人物的帮助，尽管北平道教会在调查中确认安世霖继任住持的过程中有诸多疏漏，但是基于1936年寺庙登记的迫切任务，社会局最终改变原来的严厉态度，同意安世霖暂时兼代住持一职，糊涂了事。

---

① 参见《唐集之、陈保和的呈文》，1936年9月12日，北京市档案馆馆藏北平市社会局档案，档号：J2-8-163，第196页。
② 《据呈请以安世霖兼代白云观住持事情，应予照准，仰即遵章呈报登记由》，1936年9月，北京市档案馆馆藏北平市社会局档案，档号：J2-8-163，第198—199页。
③ 参见《呈为请求备案事》，1936年10月5日，北京市档案馆馆藏北平市社会局档案，档号：J2-8-163，第202页。这八处分别为：北郊柳村十三号永安观、内三区宽街七号关帝庙、西郊南坞村横街村一号悟真观、西郊巴沟村五十九号宝真观、外三区南岗子六号玉清观、外三区南岗子五号太阳宫、外四区达智桥三十七号皂君庙、外四区西便门内杨道庙一号关帝庙。
④ 参见《据呈报接受下院关帝庙事声请备案事情准予备案由》，1936年10月，北京市档案馆馆藏北平市社会局档案，档号：J2-8-163，第206页。

第三节　白云观住持危机中的道教与政治

在研究近代中国国家与宗教的关系时，杜赞奇曾强调南京国民政府颁布《监督寺庙条例》的真正目的并不是保护宗教，而是巩固对寺庙财产、僧侣以及宗教团体的控制权，加强对地方社会的控制，从而实现自己的"现代化"理想①。然而，在探究这一时期的政教关系时，在强调《监督寺庙条例》的同时，不应忽视《寺庙登记条例》《寺庙登记规则》在近代国家宗教控制事务中的重要角色。寺庙登记的目的并非简单的在于控制寺庙财产，为掠夺寺庙财产提供翔实的依据②。在《监督寺庙条例》颁布后，《寺庙登记条例》并没有被废止。相反，登记与监督合为一体构成了南京国民政府管理佛道事务、处理包括本书所研究的北平白云观住持危机在内的诸多寺庙纷争问题的基本出发点③。

在被国际学界视为近代道教社会史研究不得不读的最新成果《北平道士》中，高万桑凭借对北京市档案馆社会局所藏寺庙登记档案的考察与深入解读，敏锐地指出在国民党的众多宗教政策中，虽然调查程序是缓慢复杂的，寺庙登记并不像南方激烈的破除迷信运动那样具有即刻的威胁，但是对北平道士而言，寺庙登记与控制是最具有直接性的④。此诚为的论。本章试图进一步强调的是，由于寺庙登记与调查的原则在《监督寺庙条例》中持续得到了坚持，要想成为合法的具有凭照并受到《监督寺庙条例》保护的寺庙，登记是必需的强制措施。尤其是在《寺庙登记规则》规定了十年举行一次总登记、每年举行一次变动登记后，社会局对寺庙的管治日益严密。20世纪30年代白云观的第一次住持危机为什么会发生？其

---

① 参见［美］杜赞奇《从民族国家拯救历史》，王宪民译，社会科学文献出版社2003年版，第102页。
② 参见陈金龙《南京国民政府与中国佛教界（1927—1937）》，博士学位论文，中山大学，2005年，第36—46页；王炜《民国时期北京庙产兴学风潮》，《北京社会科学》2006年第4期，第62页。
③ 1931年6月，北平市政府在一份呈文中称自寺庙划归社会局管理后所有登记以及监督均严格依照这两个条例办理。参见《北平代市长胡若愚呈行政院文》（1931年6月18日），湖北省档案馆藏湖北省民政厅档案，档号：LS3-1-964。
④ Vincent Goossaert, The Taoists of Peking, 1800-1949, Cambridge: Harvard University Press, 2007, pp. 70, 67. 关于高万桑书的评价，可参见刘迅的书评，The Journal of Asian Studies, Vol. 67, No. 2 (2008), pp. 687-689。

根源在于北平社会局取代了公安局原有的管理寺庙权。尽管白云观等众多北平寺庙此前已经在公安局登记，但是此刻不得不再次登记，否则就面临着撤革住持、不颁发寺庙凭照的处分。

北平寺庙登记的程序是缓慢复杂的。第一次住持危机后，陈明霖在1931年6月向社会局呈文登记白云观以及八个下院，但是直到1933年4月才通过登记并获准领取登记凭照。在登记中，寺庙需要填写总登记表及财产、法物、人口等登记表，社会局还会派调查员赴寺庙实地调查，仔细核对每一个登记表格的具体内容。如在白云观第一次住持危机后，陈明霖依照规定向社会局登记白云观以及八个下院，社会局派调查员分别赴这九个道观一一查明，并与公安局原来的登记表互相比照，以确定是否漏报，甚至道观内漏填几棵树等细微之处都会被社会局调查员指出来并令白云观重新填报。1931年7月，社会局调查发现，与此前在公安局登记的资料相比，宽街关帝庙少了一本功课经、悟真观漏填三株大楸树（每株直径三尺）等①。在《寺庙登记规则》颁布后，寺庙财产、法物、人口还需要每年进行变动登记，正常的寺庙维修也都必须登记。如安世霖1939年10月底向社会局呈报照旧修建宽街关帝庙东院一间正房、添盖南平台二间以及砍伐死树一棵，社会局派人调查核实后方拟照准②。与寺庙财产、法物登记相比，人口方面的变动登记或许对于一个道观的未来而言更具有影响，原因在于住持更迭即是人口变动登记的核心内容，白云观的第二次住持危机也正与此有关。只有安世霖的暂代住持申请被批准后，他才被获准代表白云观申请寺庙登记。因此，虽然官方可能并不经常检查寺庙，但包含了丰富内容的寺庙登记赋予了社会局管理寺庙的重要权威。

在《寺庙登记条例》颁布后，像太虚、大醒这些近代宗教改革者曾对此抱有高度的期望，他们盼望内政部能认真以"登记庙产"而进于"整理改进"，最终于佛教与社会均大有裨益③。但是随着《监督寺庙条例》的颁布，他们发现"监督"是一种敷衍的纸上文章④。事实上，南京国民政府寺庙登记的目的是确立管理宗教、寺庙事务的权威，并不是通过对寺庙

---

① 参见《悟真观寺庙不动产登记条款表》，1931年6月，北京市档案馆馆藏北平市社会局档案，档号：J2-8-323。
② 参见《社会局的批令》1940年1月19日，北京市档案馆馆藏北平市社会局档案，档号：J2-8-455。
③ 参见大醒《内政部庙产登记的条例与整理改进》，《口业集》，中西印刷公司1934年版，第46页。
④ 同上书，第48页。

的"勒令整顿"而实现佛教、道教的复兴。正是基于此点,在具体的宗教事务方面,态度消极的南京国民政府也无意在管理寺庙、宗教方面走得太远。根据《监督寺庙条例》以及相关司法解释,南京国民政府强调尊重那些与迷信有所区别的寺庙、宗教的习惯,其中住持更替即是最重要的内容。司法院1931年2月18日院字第423号解释就曾规定:原有管理权之僧道"因死亡或其它事故,(如同条例第十一条由该管官署革除其职及逐出寺庙送法院究办等)无接收管理之人,至管理权暂无所属,在同一情形同条例既无若何限制之规定,其所属教会,于不违反该寺庙历来管理权,传授习例之范围内得征集当地各僧道意见,遴选住持管理"①。

事实上,强调住持更迭根据传授习惯这一原则在后来的行政院第4371号指令(1932年11月21日)、司法院院字第817号解释(1932年12月5日)、内政部礼字第95号指令(1934年6月29日)中得到了坚持,并成为官方处理此类宗教问题的基本立场②。1931年8月3日,当长椿寺住持寿泉以近支本家关系向社会局申请接管铁山寺时,根据北平寺庙十方丛林住持应当由所属教会遴选、当事人不能自己申请的传授习惯,社会局认为铁山寺继任住持亦应该在全市遴选方为合法,不能由寿泉自己申请③。作为道教十方丛林之首的白云观发生住持更替危机时,北平社会局最初的态度也同样如此。在安世霖呈请继任住持之时,尽管有王坦的说合,社会局却不予同意,原因就是安世霖未经诸山推举为住持,属于"影射来局呈报",并要求白云观按照历来惯例由诸山公推选举。

尽管社会局以及北平道教会的调查结果证明安世霖的继任资格有诸多不符历来老规矩之处,但是社会局并没有尊重自己以及北平道教会的调查。根据《监督寺庙条例》的规定,如果北平社会局严格履行其监管职权,由北平道教会公推住持,那么安世霖就不可能取得暂代住持这一实际的胜利。社会局为何会有虎头蛇尾、草草了事之举?其影响又是如何?从

---

① 内政部年鉴编纂委员会:《内政年鉴》,"第八章寺庙之管理",第113—114页。
② 1932年11月21日,行政院第4371号指令中称寺庙若无住持"倘系暂时状态,应由其所属教会或该管官署征集当地宗教相同各僧道意见,遴选住持管理,地方团体,亦不得占用拆毁"。同年12月5日,司法院院字第817号强调根据《监督寺庙条例》"住持被革除或逐出送究后,其所属之佛教会,于不违反该寺庙历来传授习例之范围,得征集当地各僧道意见,遴选新住持"。1934年6月29日,内政部礼字第95号强调"寺庙住持,如向由僧众遴选,地方公决;即可认为习惯"。参见内政部年鉴编纂委员会《内政年鉴》,"第八章寺庙之管理",第115—117、121页。
③ 参见《北平社会局拟办理铁山寺案办法文》,1931年11月18日,北京市档案馆馆藏北平市社会局档案,档号:J2-8-141。

前文所述王坦的说项可以看出安世霖获得了北平权要以及名流居士的支持。除了王坦外，江朝宗或是安世霖得以成功的关键①。若以后见之明来看，社会局同意安世霖暂代住持之职实开启了近代白云观最大悲剧之端。最迟从1940年开始，安世霖就成了白云观内部道众矛盾的焦点。由于勾结权势、压迫观众、破坏清规等行为，知客朱宗玉、乔清心等人率先开始了反对安世霖的行动，当朱宗玉等反对者被安世霖革出白云观后，最初为安世霖作保的玉清观当家人范明证也参与到反对安世霖的行动之中。经过多年的缠诉，由于安世霖受到了政界权要的有力庇护，更由于无论是日伪社会局还是抗战胜利后的北平社会局的纵容，安世霖的反对者最终放弃了国法，1946年11月11日，安世霖被反对者以太上清规之名活活烧死，而这成为近代白云观衰败历史最典型的象征与白云观研究中的最大黑洞②。这一惨烈的事实警示了近代国家法律对宗教事务控制与监管不善的恶果是多么的严重，而悲剧的根源恰恰始于第二次住持危机③。

20世纪30年代白云观的住持危机不仅体现了在建立现代性国家的过程中，道观被打上了国家严格控制以及管理不善的政治烙印，也反映了在衰败过程中白云观内部复杂的矛盾。

在第一次住持危机中，监院高信鹏多次呈请社会局取消撤革陈明霦住持的命令，在高信鹏多次奔走之际，令众人没有想到的是作为知客、巡察并且此前一直与高信鹏一同为陈明霦复职努力的安世霖、白全一同时又参与了反对陈明霦、高信鹏的行动。安世霖等28名道士联合呈文社会局，指控陈明霦、高信鹏盗卖观产、私蓄家室，欲借陈明霦被撤革之机将陈高二人驱逐出观。尽管在白云观第一次住持危机之前，一个名为"十恶"的白云观道士置妻四处的不轨行为已被市政府谕令社会局彻查以凭惩处④，但是关于陈明霦、高信鹏的指控或许是出于虚诬，他们的行动并没有得到社会局的支持，陈明霦最后得以复职，高信鹏仍然担任监院。没有进一步的史料证明安世霖、白全一的倒戈原因以及作用，并且在陈明霦复职后安、白二人职位没有受到影响以及参与拉座的诸多道士仍留居观中的事实，充分说明了白云观内部关系的复杂性。

---

① 常人春、张修华等称安世霖任知客后曾拜江朝宗为义父，结交权要以为靠山。详细论述参见本书第五章"安世霖的悲剧：1946年白云观火烧住持案"。
② 参见本书第五章"安世霖的悲剧：1946年白云观火烧住持案"。
③ Vincent Goossaert, *The Taoists of Peking, 1800 – 1949*, Cambridge: Harvard University Press, 2007, p. 181.
④ 参见《平津要闻》，《申报》1929年3月5日第8版。

第三章 20世纪30年代白云观的住持危机　183

在白云观第二次住持危机中，安世霖强调自己在陈明霦病卒前被推选为监院，且受到了陈氏的传法并有"命持引磬"的合影为证。虽然没有直接档案材料证明安世霖接替住持职务遭受内部道众的反对，但是白云观的内部矛盾仍然是客观存在的。针对安世霖强调由其继任住持乃出于陈明霦之亲授的说法，天津道士张修华不以为然地称，是安世霖在陈明霦病重临死前硬逼其写"方丈法"传他做方丈的[①]。尽管社会局同意安世霖暂时兼任住持职务，尽管李欣斋、范明证、谷都淇等白云观内外的道士保证没有异议与纠葛，但是这些并不能掩盖对于安世霖合法性不足的质疑。在随后的20世纪40年代，在白云观道士众多的反对理由中，继任住持不符祖制、与惯例不符乃是安世霖难以逃避的核心质疑之一。

高万桑在白云观与全真社区关系的研究中简单概述了白云观的几个下院，如宝真观、悟真观、永安观、济宁常清观、上海白云观[②]。从近代道观制度的角度而言，20世纪30年代白云观的住持危机对进一步深入理解近代白云观与下院之间的关系也具有重要的研究意义。正如前文所提到的，20世纪30年代白云观在北平有八个下院，其中在安世霖暂代住持风波中，玉清观、杨道庙街关帝庙以及宽街关帝庙均被令作保。其他的下院为何没有出面作保以壮其声势呢？根据两次危机后的寺庙登记表可以窥见，原因或在于其他下院规模实在是太小，如悟真观、灶君庙、太阳宫没有住观道士，庙由房户看守[③]。宝真观、宽街关帝庙、杨道庙街关帝庙只有1名道士住观[④]。永安观1931年时有住观道人2名，1936年时仅有住观道士1人[⑤]。人数最多的是玉清观，住观道士也只有3人[⑥]。

[①] 参见张修华《我和天后宫》，《天津文史资料选辑》第19辑，天津人民出版社1982年版，第198页。

[②] Vincent Goossaert, *The Taoists of Peking, 1800 – 1949*, Cambridge: Harvard University Press, 2007, pp. 166 – 168.

[③] 参见《悟真观寺庙不动产登记条款表》，1931年6月，北平市社会局档案，档号：J2 - 8 - 323；《灶君庙寺庙法物登记条款表》《寺庙登记条款总表》，1933年4月11日，北平市社会局档案，档号：J2 - 8 - 377；《太阳宫寺庙登记条款总表》，1931年6月，北平市社会局档案，档号：J2 - 8 - 553。

[④] 参见《宝真观寺庙法物登记条款表》，1931年6月，北平市社会局档案，档号：J2 - 8 - 322；《宽街关帝庙寺庙概况、财产登记表》，1936年10月8日，北平市社会局档案，档号：J2 - 8 - 455；《外四区关帝庙寺庙登记条款总表》，1931年6月，北平市社会局档案，档号：J2 - 8 - 381。

[⑤] 参见《永安观寺庙登记条款总表》(1931年6月)、《安世霖报寺庙财产登记总表》(1936年10月6日)，北平市社会局档案，档号：J2 - 8 - 567。

[⑥] 参见《玉清观寺庙登记条款总表》，1931年6月，北平市社会局档案，档号：J2 - 8 - 565。

玉清观等三个下院愿意作保，重要的原因或许是上下院的经济依附以及管理体制使然。宝真观的寺庙登记表显示，经济方面，下院的"年进粮石"需要解归白云观支配，日用膳费则由白云观发给，并由白云观管理。① 宽街关帝庙每月收房租十元归白云观，管理权、所有权归白云观，由后者委任道士管理。② 杨道庙街关帝庙 1931 年 7 月登记时"该庙现住有军队，月无收入，系白云观下院，所有开支均由该观支配"。③ 此外，永安观、太阳宫、玉清观等情形也均是如此。尽管下院在经济方面存在着依附性，尽管日常管理由白云观派人负责，但并不表示下院住观道士以及管理人不会挑战白云观以及安世霖的权威。1936 年曾参与保举安世霖暂代住持的玉清观管理道士范明证在 20 世纪 40 年代曾控诉安世霖迫害自由、伪造文书盗卖玉清观庙产，地方法院判决证明他的指控并非虚构。④

放宽视野来看，白云观住持危机尤其是第二次住持危机实际上反映了近代道教变迁中更大的危机——如何实现道教的革新与道士的自我教化？如何培养适应时代的领导人？

相对于佛教而言，在近代庙产兴学等风潮中，道教遭受了更加明显的打击。与佛教在庙产兴学等冲击下不断自我反思并成功走上革新之路不同，由于道教内部全真、正一两派的矛盾等种种原因，道教内部自我革新的努力与成效显然不若佛教。与民国初年白云观召集全国全真道观成立中央道教会从而在道教界发挥了重要作用不同，20 世纪 30 年代的住持危机显示白云观在北平道教团体中没有发挥足够的影响力。南京国民政府成立之初，田存续等正一派道士发起成立了北平市道教慈善联合会，在 1936 年成立的北平道教会中，田存续以及正一派道士实际负责了日常的工作，而作为全真十方丛林的白云观却仍处于比较尴尬的地位，白云观没有参加道教慈善联合会，在北平道教会中也仅仅是普通的会员。或许基于田存续以及北平道教会在白云观住持危机中的反对立场以及随后竞争北平道教界影响力等原因，20 世纪 40 年代，安世霖把田存续等正一道士视为白云观内部反对势力的背后支持者。不仅仅是这种两派之间可能的派别矛盾影响

---

① 参见《社会局调查宝真观登记情形》（1931 年 7 月 29 日）、《宝真观寺庙登记表》（1936 年 10 月 28 日），北平市社会局档案，档号：J2-8-322。
② 参见《调查关帝庙登记情形报告》（1931 年 7 月 25 日）、《关帝庙寺庙概况、财产登记表》（1936 年 10 月 8 日），北平市社会局档案，档号：J2-8-455。
③ 《外四区关帝庙寺庙登记条款总表》，1931 年 6 月，北平市社会局档案，档号：J2-8-381。
④ 参见本书第五章《安世霖的悲剧：1946 年白云观火烧住持案》。

到了道教在近代的复兴，在住持培养方面，他们也远远落后于时代。当太虚、大醒等佛教革新者创立佛学院、住持传习班，甚至主张寺庙住持须施行考试制度时，道士们似乎仍然生活在传统习俗的阴影下，安世霖充满质疑的继任资格以及后来的悲剧证明了住持危机的严重性。[①] 吊诡的是，正是这个悲剧主角、被质疑的安世霖却成了道士自我革新与自我教育的开拓者。1939年，他主持编纂《白云观全真道范》，制定了《道教全真龙门派规约》。1940年，他创办了白云观道士教育班，规定白云观道士必须在早上参加教育班上课，学习四书五经和道教史专题，规定晚膳后教育班的道士仍需要在经师带领下习诵经卷。[②] 但是，安世霖革新白云观的出发点与目的只是加强对白云观的控制，这不仅加剧了白云观的内部矛盾，最终还导致他自己被活活烧死的悲剧。

[①] 被称为近代道教四大丛林之一的南阳玄妙观也面临着同样的问题。自光绪末年以来，南阳玄妙观逐渐衰落的重要原因是三位住持姚祥瑞、李宗阳、聂少霞的极端腐化。参见《关于玄妙观资料汇编（油印本）》（根据1972年8月14日南阳县所整理编写之复印本翻印，出版信息不详），第16—20页。关于近代南阳玄妙观的研究，可参见刘迅的"Early Qing Reconstruction and Quanzhen Collaboration in Mid–Seventeenth Century Nanyang"（*Late Imperial China*, Vol. 27, No. 2, Dec. 2006），"Immortals and Patriarchs: The Daoist World of a Manchu Official and His Family in 19th Century China"（*Asia Major*, Vol. 17, No. 2, Spring, 2006）。

[②] 参见［日］吉冈义丰《白雲観の道教》，新民印书馆1945年版，第40—41页。

第四章　20世纪40年代白云观宫观制度的改革

第一节　《白云观全真道范》之颁布

自从20世纪日本学者小柳司气太在白云观实地考察并编撰了《白云观志》后，海内外学者对白云观的研究，无论是在研究资料，还是在研究内容方面，均不断有新的进展。然而，正如高万桑曾评价安世霖的暴亡乃是白云观史上的黑洞一样，有关安世霖本人以及白云观在20世纪40年代的历史中仍有诸多黑洞则提醒后来者继续他们的努力研究。其中，安世霖以及他对白云观宫观制度的改革即是白云观历史上诸多黑洞之一。1940年7月，在将原知客朱宗玉等反对势力逐出白云观后，为整顿观务，以挽宗风，安世霖制定并印刷了《白云观全真道范》[①]。

对于白云观宫观制度，已有研究尤其是小柳司气太、李养正在他们的白云观志中均有重要的记载，尤其是后者的《新编白云观志》，在小柳司气太所收集戒律、规则的基础上，又增加了不少新的资料。他们所汇集的白云观宫观制度的条例，从最初陆道和编辑的《全真清规》，直到当代白云观的管理制度。尽管李养正在其书中多处引用了安世霖编《白云观全真道范》的零星枝节内容，但是他对该道范中的重要内容基本上没有涉及。刘厚祜曾在研究中提到白云观具体的"文繁词缛"的丛林制度和传戒制度

---

① 《白云观全真道范》为白云观20世纪40年代前后任白云观住持兼监院的安世霖主持修订，根据安世霖的序言来看，应该是在民国二十九年（1940）7月7日前编辑成书，封面有江朝宗的题词，时间书为"天运庚辰年秋八月"。刘厚祜在《白云观与道教》（《道协会刊》1980年第6期，第34页）中曾提到傅增湘为《白云观全真道范》著有序言云："白云观为丘道人道场，创建迄今，历年数百，闳构崇构，冠绝燕京；玄风流衍，代有名人"。中国社科院藏本，并无傅氏序言。另此书目录曾列有"本观同人跋后"，但书中并无此内容。感谢白云观周智虚监长提供了其收藏的另一版本《白云观全真道范》，笔者方窥得全貌。

"大都创始于邱处机,完备于王常月,白云堂上的历代律师和嗣师们也都做了补充和修改。至于丘氏遗规,观中还保存了《长春真人清规榜》和《执事榜》,八百年来,奉为圭臬"①。刘氏所云这些遗规是否八百年来真的全部被奉为圭臬?实际上,在《白云观全真道教清规玄范》中,安世霖明言白云观自祖师开教以来,虽著有教律规范,但"惟时移事变,损益无闻,而名存实亡"②。安世霖为什么要重订《白云观全真道范》?在《本观全真演教宗坛道范组织纲目自序》中,安世霖对其重订道范原因有比较详细全面的阐释:

> 易曰:事穷则变,变则通,通则久。此千古不易之理也。本观自邱祖创建至今,历朝四纪,为时八百余年,不可谓不久矣。然其间观务之废兴,及宗风之隆替,不知几经损益,几费经营,方得流传至今。俾吾云水同人,修真有地,栖鹤如归,猗欤伟哉!皆前哲之功德及人也。霖自民国廿四年,被陈前方丈,委任监院。至廿五年二月,前师羽化,兼任住持。其时观内,百端待理,香积空虚,撑拄至今,筋疲力尽,且也人心不古,谤詈横加。清夜思维,心灰气沮。然终未敢稍卸仔肩者,祗以念前贤之垂创良难,感先师之推诚匪易。霖一去不难,将恐本观宗风,由兹息矣。此所以隐忍负重,而亟思振刷者。职是故耳,嗟呼!良美之法,积久则弊生,堕落之根,不革何以治?本观自入民国以来,宗风之落,一日千丈,皆由事无统系,人无专责。更兼十方云水,任意去留,但知福利之同沾,不计堕落之可畏。身未受教育之化,心但认依赖之供。餐宿而外,无余事矣。是可悲也。本监院既受重托,敢避繁难,目睹心伤,乌能恝置?谨按祖师遗训,加以修明,务使弊革而利兴,更望腹心之相倚。将来各自奋勉,共襄厥成,则先泽同沾,焚修所得,同人之利,亦即霖之志也。今当刨剧之初,谨叙原始于首,望我玄侣,共鉴丹诚。此序。民国二十九年岁次庚辰七月七日,本观住持兼监院安世霖谨序。③

安世霖以"事穷则变,变则通,通则久"的道理强调了改革的重要性。安世霖的序言明确表明尽管其受到"谤詈横加"但仍"隐忍负重"的

---

① 刘厚祜:《白云观与道教》,《道协会刊》1980年第6期,第34页。
② 《白云观全真道教清规玄范》,载安世霖编《白云观全真道范》,白云观自刊,1940年7月,第5页。以下省略书名、版本信息。
③ 参见《本观全真演教宗坛道范组织纲目自序》,第1—2页。

原因在于不忍本观宗风颓废。在序言中提到虽良美之法，积久则弊生，对于堕落之根不革则不能治。正是如此才制定道范，目的在于除弊兴利，兴观务，挽宗风。

吉冈义丰是最早注意到《白云观全真道范》的学者。《白云观全真道范》刚刚编订不久，受到了正在白云观调查访问的吉冈义丰的高度重视，他曾把道范中的一些重要内容翻译为日文，并收入他的《白雲觀の道教》一书中。对于道范，他曾略有简单的评价，认为安世霖把以往没有明文的规定明文化，也对旧的做了改革①。此后，尽管刘厚祜、李养正、高万桑等学者在其研究中均曾提及《白云观全真道范》，可惜没有详细介绍并研究它的重要内容②。《白云观全真道范》尽管不足百页，但其内容实际上包括宫观管理、宫观组织、宫观经济、宫观道士教育等宫观实际运作的基本制度。作为近代道士自我革新与自我教育的开拓者，《白云观全真道范》反映了安世霖在现代宫观制度建立过程中非常重要的作用。尽管安世霖本人的历史命运与结局极为悲惨，但是他革新白云观的实践，不仅在白云观历史，而且在全真道教史上有着重要的历史地位与深远影响。本书将利用学者甚少注意的《白云观全真道范》等资料，试图在长时段、比较研究等视野下，研究白云观近代重要住持安世霖重建白云观宫观制度的努力与实效。

第二节　白云观组织纲目之革新

《白云观全真道范》的首要内容是确定白云观的组织体系，重要内容包括制定白云观方丈、住持监院等高层领导的资格以及推选方法、条例，

---

① 吉冈义丰提到他所参阅的道范是"菊版87页"，他重点反映了道范中的如下内容：白云观的清规，住持、方丈、监院的资格及推选法，新来道士的服务，执殿的任命法，服务细则（客堂服务细则、执事房服务细则、内库服务细则、仓库细则、买办细则、经堂细则、书记房细则、十方云水堂细则、迎宾房细则、厨房细则、斋堂细则、食堂斋膳规则、夜巡房细则、菜园细则、茶房佣工规则等），道士的待遇（住持、方丈以及监院；其他道士的场合），道士的救济设施（经堂人救恤方法、储蓄部、养病室的设置、登真会、养老处五项）。参见［日］吉冈义丰《白雲觀の道教》，新民印书馆1945年版，第46—70页。
② 刘厚祜的《白云观与道教》（《道协会刊》1980年第6期）、李养正主编著的《新编北京白云观志》（宗教文化出版社2003年版）均略曾提及。高万桑指出安世霖曾修订了清规以及起草了相关的书稿（Vincent Goossaert, *The Taoists of Peking, 1800－1949—A Social History of Urban Clerics*, Cambridge: Harvard University Press, 2007, p.158）。

重新厘定白云观的组织纲目,重新修订白云观清规玄范,明确白云观修道程序以及去留条例。

在宫观组织框架中,方丈、住持、监院可谓最重要的角色,安世霖改革白云观的重要内容即是厘定白云观方丈、住持、监院的任职资格、推选的条例。在推出新的任职条例之前,安世霖首先重录了白云观全真演教宗坛有关方丈、住持、监院的定义以及重要职责。

在《白云观方丈监院道范》中,安世霖强调方丈、监院在宫观中的重要地位:

> 方丈乃玄坛戒主,度世宗师,居本观之极峰,为道众之上智。行持可法,履綦不外虔诚,教律垂慈,规范宜深景仰,辅国治承平之化,启群生沈溺之迷。佐以坛司,用承道纪。
>
> 监院居本观之要位。为道众之主裁,内外同钦,应付须优夫才智,操行谙练,举措宜越于平凡。统观内兴革之繁,须求美善。司众务优劣之鉴,宜具权衡。良善沐德化之诚,冥顽凛庄严之肃,道明法备,万象莫不包罗。弃短从长,一律群归陶冶。助宏道范俾振宗坛。白云观全真演教宗坛重录。①

安世霖重录的这一道范,原本出于白云观何时代编订之道范,仍有待进一步研究考证②。从内容而言,安世霖重录的方丈、监院道范,只是强调了对于重振宗坛的重任而言,方丈、监院所应具有的品德与才智,如要求方丈要为度世宗师,"辅国治承平之化,启群生沈溺之迷";而居于要位身为道众之主裁的监院,则要有"优夫才智",能够美善地统观内兴革之事。

在安世霖新订白云观方丈、住持、监院资格以及任选办法之前,前代道范又是如何规定的呢?安世霖重录了《白云观住持方丈监院之资格及推选之定法》作为前例:

> 住持为对外之尊称,非实在之职任,或由方丈兼任,或由监院摄行,俨居首座,领导南针。须嫡系之龙门,得前师之衣钵,兼以不明

---

① 《白云观方丈监院道范》,第1页。
② 李养正在《新编北京白云观志》中曾提到白云观内藏有约刊于明代的京都白云观《全真清规》原本,是否为其中内容,仍有待详考。

戒律，曷表羽仪，欲振宗坛，尤详世系。更宜受前师之委托，为本派所推崇。既询谋而佥同，准官方以备案，方足守前徽而勿失。遇盘错以随缘，任重道宏，选明无妄。

方丈为戒律之讲师，即宗坛之主教。道行高尚，须有渊源，宗派纷歧，首宜吻合，苟无前师之法简，曷证薪传。如违嫡系于龙门，安能阐教。果功行之有缺，莫妄居以多乖，任阙主座之贤，无俾前规之失。

监院居本坛之要职，为全观之中枢，资格略同乎住持，才智尤长于举措。更宜受前师之委任，辅首座如股肱。旧律申明，无贤宁缺。本观住持兼监院事安世霖重录。①

与此前重录的方丈、监院道范相比，此次重录的资格以及推选定法至少在两个方面有重要的不同。其一，增加了有关住持的内容；其二，在对方丈、监院、住持任职资格方面有进一步的明确规定。

对于住持，重录的这一条例，强调住持并非实在职务，只是对外的尊称，或由方丈兼任，或由监院摄行。其任职条件则是"须嫡派之龙门，得前师之衣钵"，更要明戒律，详世系，要受前师之委托以及本派所推崇，并且还要得到官方的同意与备案。对于方丈，除了强调方丈为戒律之讲师、宗坛之主教，道行高尚等品质外，在具体标准方面，明言要有"前师之法简"，且系嫡系之龙门。至于监院，条例称监院为全观之中枢，资格略同于住持，不仅才智要长于举措，更要受前师之委任，无贤宁缺。在白云观火烧安世霖事件后，穷老道曾注意到道范关于住持、方丈、监院三者的关系，并作了形象的比喻：

惟"住持"一名词，不在此三十九级之内，因为住持是对外之尊称，方丈则为戒律之讲师，宗坛之教主，乃对内者，故住持可以方丈兼任，亦可由监院兼摄，高陈二老道，都是方丈兼住持，安世霖则为监院住持。惟住持之选任，必须受前方丈之衣钵及委任者，始能充之。监院为全观之中枢，为方丈之辅佐，仿佛国务总理，或古制之宰相者，故安世霖之身份，仿佛新制之国务总理代行总统职权，又仿佛以重臣而摄政者。②

---

① 《白云观住持方丈监院之资格及推选之定法》，第1—2页。
② 穷老道：《八十年来之白云观》，《一四七画报》1946年第8卷第4期，第12页。

在重录、援引旧律的基础上，安世霖制定了《白云观住持方丈监院之资格及推选之条例》：

> 一须全真龙门宗派之嫡系；二须受全真演教宗坛之戒律，得有法证者；三须在本观执事服务有年，道品超群，有确实功行成绩者；四须经前住持委任者；五须经本观道众推举者；六须呈请官府备案批准者；七须由本派道众呈请者。①

住持、方丈、监院的推选条例明显吸收继承了重录的《白云观住持方丈监院之资格及推选之定法》中最重要的几点内容，如必须为嫡系之全真龙门，必须受过全真演教宗坛之戒律且有法证，必须经前任住持委任，呈请官方备案并批准。这些改革所依据的旧道范是否确实施行？如何看待安世霖的这些改革？这些是随之而来摆在我们面前的重要问题。

安世霖重录的旧例肯定并非其虚构，然而这两则旧例，尤其是方丈、住持、监院资格以及推选之定法，究竟制定于何时？安世霖并没有明言。更重要的问题是，这两则旧例，尤其是其中的关键内容，住持并非实在职务，住持、方丈、监院的任选要为嫡系之龙门，是否、何时被真正地施行？

从住持并非实在职务这一条来看，尽管旧道范中确实说住持为对外之尊称，或由方丈兼任或由监院摄行，并非实在之职任，但是至少从晚清以来白云观的历史来看，住持并非仅仅为对外之尊称。首先，住持与监院实属不同的职务。其次，只有在住持任内传戒后才能被称为方丈。晚清以来的高仁峒长期以住持兼方丈身份扮演了政治中人的重要角色。民国时期长期担任白云观住持的陈明霦也是如此。作为反驳住持并非实在职位的最好例证，实际上还是安世霖1936年在陈明霦病逝后以监院身份继任白云观住持最初受到北平社会局的反对这一重要史实。在这个例子中，安世霖辩称监院就是当家的，即是住持，被社会局驳斥既是住持何必再申请继任。尽管后来安世霖在权要者帮助下成功地继任了住持，但是由于他继任资格的瑕疵如谎称天字第一号、追令下院出名公推、法卷墨迹不同等，他也没有取得完全胜利，社会局限于寺庙登记的迫切，同意安世霖以监院身份暂时兼任住持。在安世霖编订新的《白云观全真道范》时，他的身份实际上

---

① 《白云观住持方丈监院之资格及推选之条例》，第2页。

仍是监院兼任住持，而非他所宣称的住持兼监院①。

其次，安世霖所重录的住持、方丈、监院继任资格以及推选定法是否真正地施行？由于旧例无法确定颁行时间，我们暂时无法证明它从何时开始施行，但是根据已有的几份资料我们可以证明，至少在高仁峒任职住持以来，旧的继任资格以及推选方法并没有严格被遵循。

据吉冈义丰的记载，高仁峒实以华山派的身份来白云观受戒，时年31岁②。对于安世霖所定监院、住持、方丈继任的七个条件，吉冈义丰亦曾有介绍，并且也注意到与高仁峒以华山派身任白云观方丈的例子相比，安世霖所定必须是龙门嫡系方有资格继任监院、住持、方丈的规范，是最关键的改变③。

高仁峒的例子说明旧道范并没有严格地被遵循。小柳司气太的实地调查进一步证实了我们的推论。与旧道范相比，在小柳更加细致的记载中，龙门嫡系并非必要的条件。在安世霖继任住持危机中，曾有北平道教会的常务委员、蟠桃宫的主持甄寿先介绍了白云观历来推选方丈的沿革、规矩。甄氏所说的标准中并不涉及宗派问题。

甚至在20世纪40年代当安世霖陷入了盗卖庙产、迫害观众的司法纠纷中，针对白云观住持继任资格问题，安世霖的反对者们在接受社会局的询问中，也一直强调全真宗派均可接任白云观住持。

从前述的例子我们可以明确，尽管安世霖重录的白云观住持、方丈、监院继任资格以及推选定法可能的确属实，但是在白云观实际运作中，并没有完全得到施行。安世霖新定的标准除继承了旧道范中未施行的龙门嫡系的规定外，还明确要受前师之委任，这一点在小柳以及甄寿先的记载中均是惯例。相反，小柳记载中的要有天字第一号戒徒、在各省任方丈、年过四十等规定并没有被安世霖所接纳，这或许与安世霖本人恰恰不具备这些条件有关。

在重新规定了住持、方丈、监院的资格以及任选办法后，安世霖进一步重新改革了宫观的组织纲目。为什么要重订宫观的组织纲目？安世霖在序言中明确了理由：

> 邱祖设戒开坛，尤重职司之序，故寻真访道，丛林固可停云，而

---

① 有关安世霖继任住持的讨论，参见本书第三章有关内容。
② 参见〔日〕吉冈义丰《白雲観の道教》，新民印书馆1945年版，第37页。
③ 对于安世霖所表达的苦衷（在书中没有提到这些苦衷是什么），他表示理解。他认为此条是可以融通的。参见〔日〕吉冈义丰《白雲観の道教》，新民印书馆1945年版，第49页。

第四章 20世纪40年代白云观宫观制度的改革　193

习律修身，饱食乌堪终日。事虽繁而有系，任专责以分司。此本观道教所以有组织纲目也。考本观自邱祖创建以来，为全真之丛林，即道侣之常住，宅燕京之福地，肃穆堂皇，蒙檀越之宏施，美完轮奂，以至十方之云鹤齐集，万源之举措良多，不肃羽仪，曷尊景仰，欲宏道范，须具规模。本监院自受前师重托以来，惧宗风之堕落，忧纲纪之沦亡，日夜战兢，心思振刷。爰就薪传旧制，各立专规，更于观务分功，另标细则，从此人安其责，无依倚推诿之嫌。事贵有成，具谨慎操持之律，观范声名之丕振，各沐荣光，身心锻炼于修持，同沾雨露，各宜勉之，有厚望焉。①

安世霖强调其是惧宗风堕落、忧纲纪沦亡，才"心思振刷"，不过是"薪传旧制"，名虽然不同，但职责相同。根据新订的组织纲目，白云观的道士分如下38类：

　　方丈　监院　督管　巡照　总理　知客　执事　司库　督讲　化主
　　高功　经主　书记　帮库　买办　管仓　督厨　典作　堂主　迎宾
　　司斋　经师　知翰　知随　侍者　值殿　司碓　司饭　司䉂　司汲
　　司菜　司濯　行堂　夜巡　值园　值门　值圊　值牲②

安世霖强调这些执事，"均按先世之楷模，作宗坛之道范，名称虽异，职责相同"，凡是宫观道士均应当"体祖师垂律之难，更念观务专司之重，宜顾名思义，勿渎职以偷安，各秉丹衷，同维玄戒"③。名称不同的道士在白云观的组织纲目中关系如何？安世霖曾订有组织系统表可以略窥一斑：

在约刊于明代的《京都白云观全真清规》中，白云观的执事有36种，里面没有方丈的名目。咸丰六年（1856）十一月制定的白云观《执事榜》则规定的执事多达64类，方丈也是并未在其中④。在这64种职务中，吸

---

① 参见《白云观全真道教组织纲目》，第3页。
② 同上。
③ 《白云观全真道教组织纲目》，第3—4页。
④ 《京都白云观全真清规》和咸丰六年（1856）的两种执事名称可参见李养正《新编北京白云观志》，宗教文化出版社2003年版，第338—339页。

收了不少《京都白云观全真清规》中的名称，如火头、童子等。尽管咸丰六年（1856）的执事榜在小柳司气太考察时一直被挂在客堂里面，但是随着宫观道士人数的减少，保留太多的执事名称事实上已是没有必要。与咸丰六年版的执事名称相比，安世霖去掉了不少，如海巡、巡寮、海寮、纠察、点作、庄头、饭头、麦作、告灯、磨头、水头、火头、洒扫等名称，相对而言，执事更显精简①。

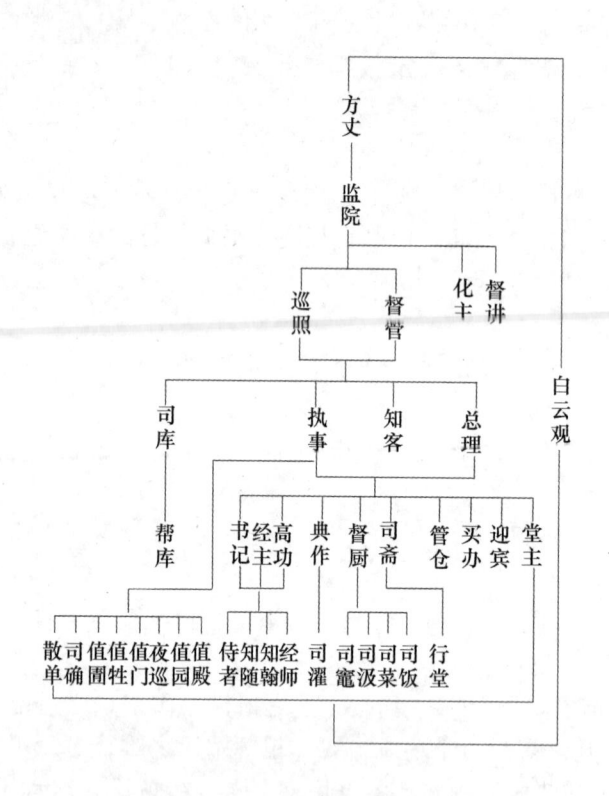

图4　白云观道范组织系统表

资料来源：《白云观全真道范》，第4页。此图与前相比多一"散单"。穷老道在前文中应是据此称白云观的人事共分39级。

重订清规是安世霖规范白云观纲领文件之一。李养正曾说清规是对

---

① 五十岚贤隆在20世纪30年代曾调查过沈阳太清宫领月俸的道士名称有50种，其中诸多名称仍是延续旧《玄门必读》中执事榜（有69种执事名称）的规定，其中火头、碗头、水头等名称均与白云观咸丰六年（1856）执事榜相同。参见[日]五十岚贤隆《道教丛林太清宫志》，东京国书刊行会1986年版，第216—218页。

违反戒律、规矩的常住道士的惩罚条例，虽然各宫观自行依据道范而定立，白云观所订清规，在措辞、条款、轻重上常有不同，但原则基本依据戒律[1]。

在安世霖之前，白云观曾践行多个清规，如《教主重阳帝君责罚榜》《全真元范清规》、明代的《京都白云观全真清规》以及咸丰六年（1856）的《清规榜》等。尽管有不少资料证明，这些清规一直被揭示于白云观的客堂之中，如小柳司气太的实地调查充分证明了此点（李养正的资料均是来源于此），但问题是这些清规到底在多大程度上被实践，这是一个令人困惑的问题。安世霖或可帮助我们进一步理解并回答这个问题。在制定《白云观全真道教清规玄范》的序言中，安世霖明确说尽管自祖师开教以来就著有教律玄范，尽管条例宽严，在最初久遵无懈，但是"时移事变，损益无闻，而名存实亡"[2]。正是名存实亡的现实，安世霖觉得"振兴宜亟"。此外，由于挂单的道士来自各地，"因而异俗殊方，性情各具，不有同遵之道，曷肃威仪。宜严共戒之条，方维秩序"[3]。正是出于上述两点考虑，安世霖在以往清规的基础上，又增加了新的规定，"守既往之良图，警新潮之恶习"，并希望道众自此遵循勿违。

安世霖重新制定的清规内容如何？在刚刚制定后，吉冈义丰就有所注意，并将其内容记载在其有关道士生活的文章里面。安世霖所订的清规玄范共32条：

开静不起者跪香　云集不到者跪香　朝真失仪者跪香
出不告假者跪香　结群闲游者跪香　不讲卫生者跪香
集聚闲谈者迁单　钟板错误者迁单　殿堂不洁者迁单
滥用职权者迁单　茹荤嗜酒者催单　扰乱执事者催单
不服派遣者催单　骄慢师尊者催单　贻误所司者催单
攻讦人短者催单　不遵细则者催单　妨害观瞻者催单
戏虐斗殴者催单　夜不归宿者催单　假满不归者催单
不遵戒律者开革　染有嗜好者开革　故毁公物者赔偿杖革
公费私己者追究杖革　窃盗经典公物者送究　集众扰乱本观者送究

---

[1] 参见李养正《新编北京白云观志》，宗教文化出版社2003年版，第330页。
[2] 《白云观全真道教清规玄范》，第5页。
[3] 同上。

不慎火烛者杖革送究　假道惑人骗财者送究　假冒本观募缘者送究

妄谈国政者杖革送究　干犯国法者杖革送究①

安世霖自云以往清规条目虽多，可惜随着时间的流逝而名存实亡。因此，在这里我们并不能把白云观历史上所有的清规内容做一比较，而是选取了咸丰六年（1856）的《清规榜》，不仅因为它的时间最近，它也一直被保留在斋堂②。

咸丰六年（1856）版清规规定跪香者有 13 种情形：

开静贪睡不起者、早晚功课不随班者、早午二斋不随众过堂者、朔望云集祝寿天尊不到者、止静后不息灯安单者、失误自己执事误乱钳锤者、奸猾慵懒出坡不随众者、上殿诵经礼斗不恭敬者、本堂喧哗惊众两相争者、出门不告假或私造饮食者、毁坏常住物件照数包补者、越职管事倚上倚下横行凶恶者、厨房抛撒五谷作践物料饮食者。③

在新清规中，罚跪香的情形只有 6 种，其中开静不起、出不告假均是旧清规中的条文，云集不到、朝真失仪、结群闲游、不讲卫生均是新的规定。旧规中的其他罚跪香条文均被删除。

迁单是比跪香略重的一种处罚，咸丰六年（1856）版清规规定了 2 种迁单情形："三五成群，交头结党者迁单"；"公报私仇，假传命令，重责迁单"。在新版中，安世霖规定了 4 种，相对旧版而言，处罚则要严重得多。如"集聚闲谈者""钟板错误者""殿堂不洁者""滥用职权者"均要迁单。

至于逐出的情形，旧版有 7 种：

——毁谤大众，怨骂斗殴，杖责逐出。

——无故生端，自造非言，挑弄是非，使众不睦者，逐出。

——违令公务，霸占执事者，逐出。

---

① 《白云观全真道教清规玄范》，第 5—6 页。

② 李养正称它自咸丰六年（1856）来一直沿用到 1946 年。高万桑曾介绍了这一清规的内容，Vincent Goossaert, *The Taoists of Peking, 1800–1949—A Social History of Urban Clerics*, Cambridge: Harvard University Press, 2007, pp. 157–158。

③ 李养正：《新编北京白云观志》，宗教文化出版社 2003 年版，第 332—333 页。

——茹荤饮酒，不顾道体者，逐出。
——赌博引诱少年者，逐出。
——偷盗常住物件及他人财物者，逐出。
——犯清规不受罚者，杖责革出，永不复入，逐出。[①]

新规则用催单、开革、杖革等取代逐出的名义。比较旧规而言，新规要严厉得多。如不服从派遣、傲慢师尊、妨害观瞻、夜不归宿、假满不归等均会被催单。对那些不遵守戒律、染有嗜好者一律开革。故意毁害公物者不仅要罚赔偿，还会被处以"杖革"的处分，同样的是那些"公费私己"者，在"送究"之后还会被杖革。与旧规相比，安世霖的清规强调了对官方的依赖。如在旧版中偷盗常住以及他人财物只是被逐出，新版对于盗窃经典公物者、集众扰乱本观者、假道惑人骗财者、假冒本观募缘者直接送究，也就是交官方处分，与旧规相比，这是非常明显的变化。对于那些不慎火烛者、妄谈国政者、干犯国法者，安世霖的处分则是更为严重——"杖革送究"。

旧版中最重的处罚则是规定："违犯国法，奸盗邪淫，坏教败宗，顶清规，火化示众。"类似的规定在沈阳太清宫伪满康德年间所订的清规中出现，该清规第一条就明确规定"凡奸盗邪淫，败太上法律，坏列祖之宗风，架火焚身"[②]。类似的违反清规的行为在道光年间张良庙方丈任永真所订清规中只是灸断眉毛逐出："违犯国法，奸盗淫杀，玷辱道风者，按清规重责四十，灸断眉毛逐出。"[③] 安世霖所订清规最重要的一个改变就是废除了旧清规焚烧的规定，也没有像张良庙一样有灸眉迫令还俗、逐出道界的条文。相反，安世霖重视官方与国法在宫观治理中的力量，除了将违反清规特别是贪污、盗窃、聚众扰乱、假冒道士募集骗财等违法行为者直接送官方惩处外，安世霖严令道士不得妄谈国政、不得干犯国法，否则杖革送究。

[①] 李养正：《新编北京白云观志》，宗教文化出版社2003年版，第333页。
[②] 沈阳太清宫伪满康德年间（1934—1945）邢赴灵监院等所撰辑《全真须知》中之清规榜共29条清规，处罚最重者为：第一条：凡奸盗邪淫，败太上法律，坏列祖之宗风，架火焚身。第二条：拐带欺骗者灸眉烧单。第三条：扰乱清规不遵律法者杖责革出。第五、六、七、八条皆杖责革出。转引自闵智亭《道教仪范》，宗教文化出版社2004年版。在葛月潭羽化前后访问太清宫的五十岚贤隆曾记载了13条清规。他提到总共有31条清规，在五十岚贤隆的记载中，第三条略有不同：扰乱清规不遵法律者杖责革出。参见［日］五十岚贤隆《道教丛林太清宫志》，东京国书刊行会1986年版，第184—185页。
[③] 道光二十三年（1843）陕西张良庙任永真方丈撰序之《三乘集要》第36条，转引自闵智亭《道教仪范》，宗教文化出版社2004年版。

除了组织纲目、系统、清规外，修真程序也是道范中的原则性规定之一。什么是修真程序？为什么要订修真程序？修真程序，实际上就是道士在道观任事以及职务晋升的制度规定。为何要订程序？安世霖强调万事错综复杂，无序则难行，因此需要设官分职，立有专曹。作为十方丛林的白云观，由于规模庞杂，人多任剧，向来都是遵守前代遗规定法。由于年代淹没，虽良法美意，但人事变更，早已南辕北辙，玄风不振，也无可避免。正是如此，安世霖强调自己责任的重大："本监院既任住持，安逃劳怨，思同舟之共济，维大局于群安，谨照先规，另标名目，庶使人明劳绩，循序而自展良才。事历奖惩，上进自无忧埋没，凡我道侣，望共同心。"①

吉冈注意到了安世霖新订修真程序对初来挂单道士的严格规定，如均被派去干种菜园、扫厕所、养猪等脏重活②。程序规定，只要新单到观，不拘年限，根据其才力，由巡照因材派遣，下列四种任务不得违抗，或自由选择：(1) 值园；(2) 值圊；(3) 劳动堂主（包括经堂外经堂及执事房等堂主言）；(4) 知随。在这些职务中，值圊，也就是清理厕所的职务大概是最低的，值圊一年，可升转司门，任司门一年者，仍转散单。值园一年的道士，可升转夜巡。夜巡与劳动堂主及知随等，任满一年者，可升转斋堂。在晋升斋堂的过程中，升降程序规定，如是平时斋堂缺额，可由夜巡房按升序升转；如至每年正月二十一日，斋堂缺额时，须尽优先以劳动堂主及知随升转，递补后再不足额时，方由夜巡房填补。任斋堂一年者，升转厨房，任厨房一年者，升转值殿。

值殿内部升转程序如何，安世霖随后在专门的值殿程序中作了明确的规定，强调白云观各殿堂值殿须由厨房按先后次序升转。倘厨房人数不敷值殿分配时，则应按修道程序，依例递补。各殿堂的晋升顺序则是如下：(1) 吕祖、八仙殿；(2) 后土殿；(3) 娘娘殿；(4) 玉皇殿；(5) 四御殿；(6) 七真殿；(7) 灵官殿；(8) 火神殿；(9) 斗姥阁；(10) 真武殿；(11) 五祖殿；(12) 华祖殿；(13) 祠堂；(14) 三丰殿；(15) 儒仙殿；(16) 东西宗师殿；(17) 关帝殿。

这17个殿堂中前12个，任期均为一年，更换日期均为每年正月二十一日。祠堂等后5个的任期及更换期，均与前同，但准连任。此外，还有些殿堂是不包括在值殿升转程序内的，如功德祠值殿，归夜巡房兼任。邱

---

① 《白云观全真修道进行程序》，第6—7页。
② 参见[日]吉冈义丰《道士的生活》，余仲珏译，《道协会刊》1983年第1期，第57页。

祖殿，归斋堂兼任；南极殿，则归教育班班长兼任；三清阁，归内库兼任。

在修真程序中，安世霖还特别制定了特殊的破格晋升条款，确保了住持可指定晋升的权力："一切任职道众，如有特殊劳绩，及才品超群者，经本观教育班管理处正面后，概由住持制定升转，不拘年限及地位；执事副执劳绩才品特殊者，亦由住持制定升转，余人不准干涉，籍示鼓励，用维观纪。"①

在修真程序后，安世霖特规定了《白云观云水去留条例》。为何要订云水条例？安世霖云：

> 盖闻枉直同流，举措固贵乎得当；贤愚杂处，考核务亟于分明。苟滥竽之数充，将害群而事敗。此新单考核宜慎，而升黜之所以须明也。本观为十方常住，三教同归，黑白一任其混淆，冠履将因而倒置。故条规不肃，良莠曷分，教范常明，迁留自别。法惩前而毖后，事原始以要终，慎审行藏，望循规律。②

《白云观云水去留条例》共有14条，明确规定9种情形不留：宗派三代籍贯不清者；有恶疾及不良传染者；被其他常住开革者，得有通知者；奇装异服，短发疯狂者；妄谈异端，有医卜星象嫌疑者；课诵不熟，年未成人者；复号染有不良嗜好者；挂单满半月他去者；消号未满半月而复号者。

凡是被催单者，必须过一定年限方可复号。如被方丈监院催单者，三年复号；被督管巡照催单者，二年复号；被总理知客执事催单者，一年复号；被堂主催单者，半年复号。但是被革除者，永不复号。③

除了道士外，有趣的是白云观可以接纳僧单，对于原因，安世霖有云：

> 原夫三教同流，何分畛域之界？十方供养，均宜雨露之沾。是以云水来归，同仁共视；斋膳常设，尽力随缘。此本观之僧单，所以备有斋宿也。然道虽有别，而理则无殊。既饱暖以相安，何逸居而无

---

① 《白云观全真修道进行程序》，第7页。
② 《白云观云水去留条例序》，第8—9页。
③ 同上书，第9—10页。

事。况参禅悟道，首宜锻炼身心，则除旧布新，理当洒扫庭院。本观振兴伊始，作则示人，无道侣而身闲，望僧单以力助，此日之庭除洁净，将均感禅侣之功。他时之习去晏安，或稍获道宗之益。谨拟简则，望共修持。①

具体程序方面，安世霖规定了僧单住观条例，规定僧单来观应同遵守本观迎宾房细则，同道众共遵守观内规矩。僧人挂单后，应履行被派苦行之义务，不得违抗。在斋堂用斋时，须按一定座位，不得紊乱。僧人在观内，"不准任意横迤竖卧，须共守本观威仪。更不得在止静前，短衣游荡"②。

第三节 道士教育班：白云观宫观改革的新事物

在安世霖所有的改革措施中，道士教育班可能是最值得关注的举措之一。从安世霖后来的命运来看，正是教育班对宫观制度的重大改革尤其是在道士升转中的重要作用，使安世霖企图借道士教育班加强对白云观的控制成为反对者指控的重要理由；从更开阔的视野来看，道士教育班反映了民国以来全真派道观在道士自我教育改革方面的重要努力。在以往的几篇文字中，笔者曾根据档案等材料中散见的教育班资料略作了介绍，在发现《白云观全真道范》中有关教育班的系统资料后，本书拟据此对教育班作进一步的阐释。

为什么要创立道士教育班？安世霖在序言中清楚地表达了自己的理由：

慨夫宗风日下，阐教者每悯其沉沦。道德云亡，司铎者群专夫教育。是以人心思乱，因而礼教不明。溯其致病之源渊，实由失教之顽梗。本观为燕京常住，道侣繁多，其勤苦修持者，固不乏人，而游荡堕落者，亦复不少，以致受人煽惑，实由失学愚蒙。本监院有鉴于斯，故有教育班之成立，欲使人人悟道，同趋智识之途，处处随缘。共助承平之益。将来学就，虽不能悟澈归真，而普通智识，终可操券

---

① 参见《本观僧单例序》，第85页。
② 《本观僧单住观条例》，第85—86页。

而得。望我同人，苦志上进，竭力自修，庶可挽玄风于将沉，亦可明道教之微旨也已。①

在晚清庙产兴学风潮中，像白云观、玄妙观等全真宫观做出了积极参与社会教育的行动，但是有关道士自我教育的认知以及实践，却长期以来受到忽视，至少与佛教相比，道教远远地落在了后面②。尽管民国初年，中央道教会在创立布告及组织纲要中，曾有计划加强道教研究，创办刊物，体现了道士自我教化的意识与紧迫感，但是由于中央道教会此后并没有开展具体的实践运作，道教会内部似乎重新归于沉静③。从道士教育班的创办可以看出安世霖把握住了近代道教振兴的关键，可谓道士自我教育的倡导者与实践者。为什么要创设道士教育班？安世霖的理由其实很简单，就是因为宗风日下，道德沦亡。造成这种状况的原因就是缺少教育。作为十方丛林的白云观，道侣众多，虽有勤苦修持者，而游荡堕落者也为数不少，所以常"受人煽祸"，根源都在于"失学愚蒙"。对安世霖认识的一个佐证就是吉冈义丰的实地观感。吉冈指出大多数出家的道士出身于贫苦家庭，体弱多病，过世俗生活困难，因此大部分人对道教认识不够，缺乏精神力量④。安世霖强调，正是鉴于此点方有教育班之创设，目的在于"人人悟道，同趋智识之途；处处随缘，共助承平之益"，即便"不能悟澈归真，而普通智识，终可操券而得"。

那么白云观道士教育班如何运作？安世霖为此公布了简章、细则等进行了较全面的规划。简章明确教育班"以丕振玄风，普及道士教育为宗旨"；教育班设主任一名，由白云观住持兼任，综理其事；教育班聘请讲师一人或二人，每日按课程授课，授课内容则以"老子道德经、文学四书、道教规律、社会常识为教材"；简章规定教育班经费由白云观自备，所有道士均须上班听讲，至相当程度时考查成绩一次⑤。

---

① 《白云观教育班创始序》，第10页。
② 如光绪三十二年（1906），白云观方丈高仁峒创办初级学堂，并获得学部立案，详细概况可参见本书第一章。有关南阳玄妙观对现代教育的贡献，可参见刘迅教授的《全真广学：玄妙观与清末明初南阳的现代改革》，载黎志添主编《十九世纪以来中国地方道教的变迁》，香港三联出版社2013年版，第383—416页。
③ 参见《藏外道书》第24卷，道教会布告，第473—478页。近代以来当太虚等佛教革新者创立佛学院、住持传习班，甚至主张寺庙住持须实行考试制度时，道士们似乎仍然生活在传统习俗的阴影下，安世霖的道士教育班或是现代道教院的先驱。
④ 参见［日］吉冈义丰《道士的生活》，余仲珏译，《道协会刊》1983年第1期，第52页。
⑤ 参见《本观教育班简章》，第11页。

在随后的教育班细则以及讲堂规则中，安世霖进一步强调了道士上课的种种纪律。安世霖强调教育班已经呈准社会局立案，成立道士教育班的目的是增长道众智识，发扬道教精微，所有同人必须遵守规则。道士教育班原则上要求所有道众都应上班听讲，但是对于"年老残疾不能受教者"，可另设旁听席，任其自由旁听。对于职务甚繁、不能同时上班听讲的宫观"执事人等"，暂定每日早晚二班，轮流上课。细则规定执事在于职务没有妨碍的时间内，"亦可连续到班旁听。设或今日因事不能按规定时间内上课者，可改当日早班或晚班，但本日功课，万不能推延次日。惟公派出差，及特别事故，不在此限"①。

在请假方面，细则规定除非因公派出外，否则无故不得请假。"如遇不得已必须请假时，须先行填写假条，交付班长，再行转交管理处。经许可后，始准欠席，但一旬内，不得超过二次。"②

教育班除有住持兼班主任外，每班还设班长以及副班长，其责任包括：上班时人数之集合；教师上下班时，指挥全体起立；观察教室内外；有触犯规则者，应劝导之；道士遇有请假者，应调查之；管理誊写机，刷印讲义等事；下班后，督促全体自习功课；本班所有发给书籍讲义等，应好自保存，不得损坏抛弃。

在奖惩方面，教育班"以戊日休息一天"，每月考核成绩一次，"订记分数"；每年终则会考一次，学业操行及格者，则分别划定等级，"酌予奖品"；其不及格者，"应受记过及开除之惩诫"。所有听讲道士，三年期满及格者，则由观里发给奖证。凡是无故不到班听讲者，记过一次；每年触犯三次者，按本观清规例，催单三年。在课堂上，倘若受课道士不遵从讲堂规则者，按事之轻重，分别处罚。为辅助教育班的管理，还特设管理处，凡是不服从管理处指挥者，"与犯本观清规同"③。

尽管细则对受课道士的上班纪律有所要求，如所有受课道士，在上课时，"所衣服装，必须整洁，以重观瞻"；一闻铃声，道士应按课程表，携带书籍讲义等，齐集讲堂，不得迟误④。安世霖还另订《本观教育班讲堂规则》进一步强化了课堂纪律。如听讲时应按规定座位就座。讲师上下班，宜全体敬立；上班宜各精心听讲，不得喧哗及随地吐痰；与讲师问难

---

① 《本观教育班细则》，第11—12页。
② 同上书，第12页。
③ 同上书，第13页。
④ 同上书，第12页。

质疑时，必须起立；不得有骄慢讲师等失礼行为；听讲时间内，不得擅离座位及外出；讲堂内所有用品，不得损坏，倘有损坏，宜即赔偿；设有来宾参观者，宜全体起立，以示敬意①。

为了辅助教育班的运作，安世霖还设立了教育班管理处，该处办公人员由知客执事合组而成，其任务负责教育班的具体运作：

> 负讲堂设备、讲师接洽、会计出纳、文件管理、册簿登记、监察听讲并约束等事；视察上课出席人数，在上班前，将假条查点明白。填记人名册，并注明人名牌上，以便稽核；在上班前十分钟，督促茶役振铃，以便齐集。下班时，亦须监督振铃，俾免紊乱；本处应随时视察上班道士之操行，倘有违反教育班规章者，其议罚与本观清规同；每班轮流值日二人，（知客执事各一人）随班听讲，并负有招待参观者及监督本班听讲责任；设茶役二人，早晚轮流值班，应督促其尽职，以免懈怠。②

安世霖强调，创办教育班的目的在于养成教育、培养道士道律以及社会常识，从而挽救白云观乃至全真道教的颓势。但是在安世霖的反对者看来，安世霖的目的显然不是这样简单，其目的如同擅自更改《清规榜》一样，通过教育班的创设，改变白云观十方丛林的大同性质，实行独裁手段将白云观变为自己的私庙。③

安世霖的反对者意识到了道士教育班的创设与安世霖所订修真程序之间的密切联系，事实上也正是如此。教育班的重要性不仅仅是通过这些课程能够提高道士的素质，更攸关道士职务之升转，比如安世霖规定如果道众有特殊劳绩以及才品超群，经过教育班管理处证明后，可由住持指定升转而不拘年限、地位等。对于习惯了以往白云观大同选贤的十方丛林制度，白云观的用人行政毫无疑问则由安世霖一人大权独揽。

尽管安世霖创设教育班等活动受到了被革除者的反对，但是从实践来

---

① 参见《本观教育班讲堂规则》，第 13 页。
② 《教育班管理处办事细则》，第 15 页。
③ 《为白云观已革住持安世霖违抗法令延不离职仍擅自以住持身分在观任意妄为申请迅予重惩办以申功令由》，1941 年，北京市档案馆馆藏北平市社会局档案，档号：J2-8-1342，第 101—102 页。高万桑曾注意到这 18 页的文件，但是没有进一步的分析（Vincent Goossaert, *The Taoists of Peking, 1800-1949— A Social History of Urban Clerics*, Cambridge: Harvard University Press, 2007, p. 179）。

看，教育班并非仅仅是空文。据日人吉冈义丰1940年的观察，白云观道士必须在早上参加教育班上课，学习四书、五经和道教史专题，约上三小时课，上完课午膳。晚膳后，教育班的道士仍需要在经师带领下习诵经卷①。尽管教育班遭到部分道士的反对，但是并没有随着安世霖的暴亡而消失，1948年，在继任住持赵诚藩的推动下，在道士教育班中，白云观道士公推知客李高明为监院。

尽管安世霖自任教育班主任，且凭此加强了对白云观的控制，然而教育班之创设，仍能体现安世霖欲图加强道士教育，进而革新白云观以及道教的努力。除了创设教育班外，安世霖还制定了图书室规章、学经细则等章程，力图提升白云观道士的教育水平。

通过图书室规章可以看出，白云观试图设立图书室，知客兼任管理员，经理图书出纳。设有图书目录，以备查询。规定图书室内所备图书经典，均供本观道众阅览。借阅人每人每次只限一本或一函，以十日为限，到期如未看完，仍可续借五日。对于借出图书，如有损坏或遗失，除由阅览人赔偿外，并受本观损坏公物清规处罚②。

白云观内藏道藏，在道教史上有重要地位。安世霖还制定了阅读道藏经须知。其中强调为发扬起见，观藏道藏供给各界人士及道士阅读③。

鉴于世风日下、道教寝微的现实，安世霖强调道众要勤习经文。他强调："欲振纲纪之乖，宜勤讽诵于始，人皆悟道，潜移清謦之声，祷可祈祥。维诵红鱼之节，将见崆峒盛事，重现目前。庶使云水丛林，中兴劫后也已。"④

如何推动观众学经？安世霖特又制定了学经细则。规定凡是进入白云观的道士，一入观内，首要之事便是"勤习讽诵，助振宗坛"。为帮助观众学经，规章决定在观内设立"经识教室"⑤。经识教室设主任一人，教师二人，管理员二人。主任由住持委任，总理本教室一切事务。教师则由主

---

① 吉冈义丰：《白雲觀の道教》，新民印书馆1945年版，第40—41页。又见《道士的生活》，第60页。五十岚贤隆记载了太清宫道士早中晚不同的念经篇目，并提到道士自我修道的方式：打坐、念经、写字、念书（参见［日］五十岚贤隆《道教丛林太清宫志》，东京国书刊行会1986年版，第187—192页）。高万桑曾介绍了北平道士所须学习的经书目录，如《玉皇经》等。参见 Vincent Goossaert, *The Taoists of Peking, 1800 - 1949—A Social History of Urban Clerics*, Cambridge: Harvard University Press, 2007, pp. 99 - 101。
② 参见《本观图书室规章》，第14页。
③ 参见《本观阅读道藏经须知》，第34页。
④ 《告道众勤修经识文》，第16页。
⑤ 《本观道士学经细则》，第16—17页。

任指定之，担任教授经识文一切事务。管理员由知客执事共同负责，其管理法与教育班同。另外教室还选班长一人，专为领导学经道众，并召集及请假考查等事。

在上课方面，规则强调每日学经时间为两小时，上班以止静为准，不得迟到或早退；学经道众宜听受教师及管理员之训导，不得违抗；教室内，不许开谈喧嚣，自由出入，及任意涕唾，以重秩序及卫生；教室洒扫茶水一切杂物，由学经道众轮流值日；遇有特别事故应请假时，宜先通知班长，由班长申请管理员及教师，在得到允许后方准退席；学经道众，其未成者，不得自由告退。

白云观道士教育成效如何？在没有更充分材料的前提下，这是一个比较难以回答的问题[1]。不过，窪德忠的实地调查提醒我们安世霖对道士教育的改革成效并不太乐观。1942年，当窪德忠到白云观参观时发现早餐后按照规定应该是受教育的时间被取消了。极少数道士甚至成天到处晃荡、晒太阳打发日子[2]。

第四节 白云观的宫观管理制度

1917年，清华一女生游览白云观时观察到白云观的仓房买办似庶务科，经堂书记室似文牍科，"可见行政职组织必须分科办事也"[3]。的确，对于宫观而言，管理制度对其正常运行乃是重要的基础。作为十方丛林的白云观，其宫观如何实现自我管理、自我运作的呢？尽管，《三乘集要》等类似的资料使我们对全真宫观的执事及其职责有一定的认识，但是客观来看，长期以来由于缺少具体的文献资料，对于宫观的内部管理与运作，还了解得不够，特别是对宫观制度的改革与变化，我们还缺少细致的观察。从这个意义上来讲，安世霖的《白云观全真道范》对理解全真宫观制度内部的实际运作以及现代性的制度变革，具有重要的价值。

安世霖为什么要改革白云观的管理制度？安世霖在重修职事序中坦承了他的目的：

---

[1] 杨德睿在最近研究中指出了当代道教学院课程的局限，这导致宫观年长道士并不愿意年轻小道士上学，参见杨德睿《当代中国道士培训教程的特征与意义》，《中国农业大学学报》（社会科学版）2010年第1期。

[2] 参见[日]窪德忠《道教史》，萧坤华译，上海译文出版社1987年版，第288—289页。

[3] 林德育：《京师白云观游记》，《妇女杂志》1917年第3卷第4号，第4页。

夫身闲少事,古圣所讥。职责无章,同人曷守。欲提纲而挈领,须提要以钩元。事与年增,损益自殊。夫殷夏例随世变,繁剧因始终周官。大小虽殊,职司则一。从古以来,有由然矣,本观自邱祖创建以来,清规之外,向有章则。唯因年代之屡迁,遂致阙略而无补。是以观务繁剧,丛朕而每有推移。职任增多,劳怨更相为依倚,以致事因循而莫振,人偷惰以相安。本监院鉴于既往,应诸将来,苟非纲举而目张,势必因陋以就简,将令祖师衣钵,自此凌夷;云水丛林,由兹堕落。因仿分曹立责,各有专司,更于共守清规,另标细则,从此事繁任别,更无推诿之嫌;共树分条,各副贤能之具,凡我羽流,望共遵守。①

安世霖强调自从邱祖创立白云观以来,在清规之外,就订有执事职务的章则,但是由于年代变迁,以致"阙略而无补",随着观务繁剧,职任增多,"劳怨更相为依倚,以致事因循而莫振,人偷惰以相安"。为避免祖师衣钵"自此凌夷",云水丛林,"由兹堕落",在清规外另订执事办事细则,各负其责,"从此事繁任别,更无推诿之嫌;共树分条,各副贤能之具"。通过安世霖所重订之职事章程,我们可以明了白云观内部各机构的运作,在比较中更可看出它的变与不变。

客堂。客堂是接待宾客兼管全观总务之所。客堂执事应具有的品格是"循守清规、谨慎谦诚以自持"。客堂设督管一人,其职责是处置全观要务及监督执事人等之勤惰。在督管之下另设总理一人佐之。客堂内设知客五人。其职责包括:接待宾客、保管藏经、收储契证、检点家具、经箱法器、杂项购置、征收租粮、监督出纳、册簿牌表登记、监察设置、圣诞主祭、接洽经事、各项酬酢、公务出差、考核新单、管理图书室②。

客堂接待宾客时,执事等共负其责,必须礼敬待人。执事应当妥善保管观内所藏的经典图书及法器经箱各项家具等。遇有阅读及取用时,须向住持申请,再会同执事办理,不得省事。购置杂项,须详加考查秤量,不得省事。征取租粮,无论在内或出外,均宜慎重交涉,免生意外。客堂负责监督内库及仓房一切财物支时,要注意手续清楚。客堂要逐日明白登记

---

① 《白云观职事重修序》,第17页。
② 参见《本观客堂办事细则》,第18页。北京市档案馆馆藏民国时期白云观的档案资料显示,20世纪30年代白云观中知客常在三名左右。另外,客堂知客的任务不少是新增加的,特别是与教育班等新创设的机构有关。

保存各项簿册牌表文件；对观内各殿堂院一切有关体统及妨害卫生等事，须会同执事，勤加视查，督促整理；客堂对于"圣诞主祭拈香朝真"，务须谨记遵行，不准遣误失仪；对于接洽经事、各项酬酢、公务出差等事须认真登记汇报；遇到"挂搭安单"者，须详细照章考核，免被滥竽充数。

客堂职务除非有专责外，遇到重要事项，须共同协助办理。客堂每日轮流值日一人，遇事须负全责。客堂每日应安排两名知客，轮流在教育班管理处服务。所有知客每日须轮流上班听讲。知客如有"迁单请假"等事，必须将个人任内手续结交清楚后方能去职。①

执事房。执事房为举措全观要务之中枢，执事者务须循守清规，廉明自矢，方足振兴观誉。细则规定执事房设巡照一人，统管全观重务并督促执事人等各尽其职。在巡照之下，执事房设执事五人，分担巡查、钟板、派遣、升黜、监工、栽种、要差指定以及一切杂事。

就具体要求而言，巡查方面，执事房应当巡查院内殿堂住室卫生火烛及一切有碍观瞻、妨害仪式规律等事。钟板方面，执事房要对于开止静及斋堂上下殿各项钟板务须准确，不得随意参差。派遣劳力工作，应平均支配派遣。升黜方面要秉公举措，勿得瞻徇。对于观内道众请假事情，酌情按章核允。执事房对观内的工程修葺等事应负监工责任。督促耕植菜园田地、培养树木花果。如同知客一样，执事房的执事每天也要轮流上教育班听讲，并且还有派遣两人轮流在教育班管理处服务。执事房每日也要安排一人值日，执事如有转单请假等事，必须将个人手续交接清楚。②

内库。内库是观内财务出纳之所，设司库、帮库各一人，负责管理财物收支登记账簿折单等事。司库与帮库须详慎廉洁、不准有昧公营私行为，二人应互相维系，不得擅离职守。内库账簿折单由司库者逐项登记清楚，每日晚会同知客清算，填具日清表。每至月终，在客堂会同执事等，开具月总账。每至年终，则开具年总清册。在银钱出纳方面，务必查点清楚，妥为保管，倘有遗失应负赔偿责任。无论何人借领物件，在问明用途及交还日期后由帮库发放，否则不准。所有内库房一切物品，应妥为保管。每月十四、三十日，在各值殿者领取香烛杂项时，内库应率领茶役，照章发放。每月初二、十六日为祭祀财神典礼，届时内库应侍候主祭。另外，内库执事也应抽空上班听讲，遇到迁单请假时，应会同知客执事交接

---

① 参见《本观客堂办事细则》，第18—19页。
② 参见《本观执事房办事细则》，第20页。

清楚。①

仓房。仓房为储存一切米粮食物重地，司事者宜忠诚尽职。每日收支米粮物品，应详细秤量数目，务须准确。每日止静后，将单汇齐，填具日清表，总报明内库登记。所储米粮物品等应妥为保管，并须详记收支数目以备考查。另管仓人兼管西二门开关打扫等事②。

买办。买办的任务是每日上市购买零星物品，司事者不准昧公营私，每日上市之银钱物品出纳应手续清楚，交代明白。仓房、买办也须上教育班听讲，如有迁单请假时，须跟同知客执事将手续交接清楚。③

经堂。经堂为讽诵经典之所，经堂设高功一人，领导讽诵经典各事。高功之下，设经主一人，综理全堂出坛及上殿一切任务。另设经师若干人。经师等无论出坛与否，均须谨守清规，保持个人品德，不得自暴自弃，致玷观誉。在每日早晚上殿、皇经殿以及每逢圣诞祭日道场，经师应虔守定章，不得失仪，虔心讽诵，以崇道范。遇到出坛经事，应候执事房的通知及派遣。经师等均遵守登真会的规章，在每日公事完成后，应随时学习经典及唪诵等事。另经师等每日须上班听讲④。

书记房。书记房为辅佐经事之所，设书记一人，负责一切讽诵经事。设知翰一人，负责保管疏文及承作印刷填写等事。此外，还设有知随二人，除辅佐知翰办理各事外，并应办送单引导等事。以上各人每日须轮流上班听讲，遇到请假须同知客执事交接清楚。⑤

十方堂、云水堂。十方、云水二堂为新单道士息宿之所，各设堂主一人，为领导新单学习一切规范。所有新单道士，应听从堂主指导，不得违抗。新单道士每晨起床、晚间熄灯，一闻堂板，应立即遵行，不得任意自在。遇到派遣工作，必须立行，不准托故怠惰。新单道士应按时上班听讲，注意清洁以及公共卫生。如其品行不端，违犯本观清规者立即催单。

白云观同意僧人来观挂单。不过，要求僧人也应恪守白云观的清规，且限留五日，号止五人。住宿应在十方堂南炕西头，在云水堂北炕东头，不得紊乱。僧单已满五日不去者，由堂主通知催行。既去之后，不过半月，不准复单。⑥

---

① 参见《本观内库办事细则》，第22—23页。
② 参见《本观仓房细则》，第22页。
③ 参见《本观买办细则》，第22—23页。
④ 参见《本观经堂细则》，第23—24页。
⑤ 参见《本观书记房细则》，第24页。
⑥ 参见《本观十方云水堂细则》，第25—26页。

迎宾房。迎宾房为新来道士挂单之所，设迎宾一人，应循守本观道教清规，不得轻忽泛滥收录。遇到道士来观挂单，要详加盘诘，凡是不符合《白云观去留条例》中留单标准的，如宗派三代籍贯不清等情，一概不准入号留单。新单道士务必真实明了本观道教清规并宜恪遵，倘有触犯，立即催单。①

殿堂。殿堂各设值殿一人，负责保管殿堂各项器具，不准凌乱缺少；早晚拈香击磬，务须虔诚，遵守定例，不得自由；每遇圣诞祭日，应先准备，以候主祭，不得延误。殿堂也应上班听讲。②

厨房。厨房为全观设斋之所。司事者应勤劳耐苦，节俭物力，对于卫生，尤须格外注意。厨房设督厨一人，监督支配一切厨务。设司灶二人，每日本职工作外，兼管饲猪及喂鸡鸭等事。司饭二人，除每日煮粥做饭之外，还负责所有门户之开闭，院内及房间之打扫。设司汲、司菜各一人，负责所有担水做菜。厨房各人每日也要轮流上班听讲③。

斋堂。斋堂为道众每日用斋之所，设宜全体维持道范，注意羽仪，不得喧嚣，致贴清玷。设司斋一人，监理斋堂一切事务。设行堂四人，负责支应斋堂及拈香击磬鸣钟等事。斋堂每日须轮流上班听讲。

夜巡房。夜巡房专司夜间巡更等事，应全力留意窃盗火烛二事，司事者宜谨慎勤敏，不可懈怠疏忽，致酿巨祸。每日晚间以查堂板为初更，以摧起板为止更。出更巡绕院内，遇特别事故时应急报知执事房。每日须轮流上班听讲。

菜园。菜园为供给观众斋蔬之用，设三人看管，负责菜园种菜，兼管猪圈清理等事。雇用掌把一人，所用伙计工资，由其包办，自行雇用。菜园所产菜蔬，除供给厨房食堂每日应用外，其任何人不得私自摘取恣食，倘有制止不遵者，应具情形报知执事房，任凭处理。菜园之种植，由掌把雇用伙计为之；农具之添置及修理，由掌把申请执事房办理。每季菜蔬，其用不尽者，由执事房酌量价卖，所得售款，提三成为掌把酬劳，余者归公。每日应轮流上班听讲。④

食堂。食堂为殿堂祭祀斋供之所，并招待宾客及方丈监院斋膳之用。设典作一人，负责监督烹调斋供一切事务。设司濯一人，负责刷洗洒扫担水管灶一切劳动工作，并兼管东二门的开关打扫等事。设厨役一二人，司

---

① 参见《本观迎宾房细则》，第26—27页。
② 参见《本观殿堂细则》，第28页。
③ 参见《本观厨房细则》，第29页。
④ 参见《本观菜园细则》，第30页。

炊膳等事。

茶房。茶房为管理全体用水之所，茶房应当注意开沸及清洁。茶房设头目二人、茶役数人，负责管理观内外各项听差工作及随经出坛等事。茶役应每日在观听候差遣，不得自由怠工。头目应指导全体茶役工作，并负责管理观内外经箱之责，倘有故意损坏及遗失，除追究保证人，令其照价赔偿外并送官究办①。

茶房在随经、酬酢、外出送礼时，均照牌轮流派遣，不准苦差推诿，优差抢先（遇有特别派遣者不在此例）。茶房所得一切赏钱，统归内库保管。至每月三十日，按股均分。茶房股份的分配标准有一份、半份、四分之一份三种。新来茶役，年龄幼小不能出勤者，钱份以四分之一给之。对于服务确实有成绩者，由督管支会头目，随例派遣，优给钱份。

香客酬神后在观内用斋膳者，所给香资，无论多少，均由全数中提取二成赏与厨役及茶役。其中厨役得二成，茶房得八成。如香客在指定香资之外另有茶役之赏。则所给本观香资，概不再赏。如香客没有用斋有赏钱者，"本观决不收取。一律统归茶役"。

茶役在观外出勤得有回力者，除交十分之二积存外，余者应归个人独得。如果因馈送檀越斋膳得有回赏者，应分与食堂厨役一半，本人一半，他人不得过问。茶役随经出坛得有零赏者，除十分之八为出坛人共同分配外，余者交库保管，至期按股均分②。茶役每年在庙会期间请假者，会期零钱及奖金，一律核免③。

经典图书物品保管条例。条例规定经典藏经由为客堂、执事房共同保管；全观一切家具瓷器书画及散部经典经板等由客堂、执事房共同负责保管；经箱法器等由客堂指定知客及茶房头目共同加意收存保管。契证为内库收贮，由督管、巡照及司库共同保管，开取时必须声明住持。日需工具及零星碎料为执事负责保管；殿堂供器及家具什物，由该值殿人经理保管。厨房炊具，为督厨负责保管；食堂炊具，为典作负责保管；斋堂一切器物，为司斋人经理保管④。条例规定所有供器、家具、陈设、书画等次序不准自由擅动及私行掉换。督管巡照有查看责任。一经遗失，除将窃犯按规赔偿究送外，督管巡照均应按事大小轻重议罚，以警疏忽之咎⑤。

---

① 参见《本观茶房雇工应守规则》，第31页。
② 同上书，第32页。
③ 同上书，第33页。
④ 参见《本观保管经典图书物品条例》，第33页。
⑤ 同上书，第34页。

安世霖还制定了阅读道藏经须知，开放各界人士阅读道藏。规定阅读者须有人介绍并须预先与本观藏经阁负责人接洽。阅读时间以每日早九点至下午四点。若过时未阅读完毕，须次日续借。至于阅读地点，只能在观内阅读室内，不得携书出观。①

安世霖强调道众要注意观瞻与卫生，强调秩序首重清洁：

> 今夫不重观瞻，遑计威仪之雅；不知清洁；安知疾疫之侵。是以良禽惜羽，犹知避棘而栖；蝼蚁微虫，尚念贪生之意。况夫羽流慕道，无仪来相鼠之嘲；云水同居；卫生与公德须讲。此修行宜明戒律之礼，而秩序首重清洁之条也。本观自开创至今，惟肃静是守，是以殿堂庭院，洒扫各有专司。所望杖履纶巾，朴素亦宜整饬。盖羽仪不重，慕道者何观。污秽不除，修真者安事。本监院既修明于观览，宜收束夫身心，莫忘道士之尊。宜讲观瞻之肃，愿尽棉薄，务求形外而诚中，各守程规，藉免贻讥于诟病云尔。②

如何保障日常卫生呢？安世霖制定了详细的条例。如保障殿堂处所室内秩序及卫生、观内厕所羊圈每日由值园清理；长生猪圈应由菜园司事逐日轮流整理。所有道众均须注意卫生，不准在厕外任意小便，更不得在尿池大便，以重公德。道众之衣履纶巾必须勤加整洁，"不得破烂褴褛，自矜清高"。每日开静板后到止静板前，所有道众不得穿短衣在院摇摆，"致忘道范"。所有上殿及圣诞道场祭祀等，均宜衣冠齐整，以示诚敬。③

跪殿讽经对于全真道士而言是邱祖遗规，宏道与济世所需之典则。安世霖强调跪殿讽经的重要性："经典不明，于人安补。修持匪力，度世何能。宜律己以精勤，方益人于渡济，从此世风归朴。祈祷洗安享之愆，大众蒙麻，梵呗助修明之化"④。经师在观内须上殿诵经。安世霖制定了相关程序，规定执事房按表制定经师上殿，每日一闻击鼓，由经堂经师率导齐集殿堂。殿堂分四御殿及七真殿。四御殿上殿时间为早斋毕，经师九人。七真殿上殿时间分早晚两坛，均于早晚斋前。除经师等九人外，全体散单也须参加。所诵经典为早晚功课经及《玉皇经》《三官经》等⑤。经师也

---

① 参见《本观阅读道藏经须知》，第34页。
② 参见《本观道众注意观瞻卫生序》，第34—35页。
③ 参见《本观道众宜注意日常卫生及观瞻条例》，第35页。
④ 《劝诫本观道众跪殿讽经文》，第36页。
⑤ 参见《本观逐日上殿诵经程序》，第36页。

可出坛，对此道范中有专门细则规定了出坛的程序、经师指派的办法。

修真慕道，勤苦所以炼身。安世霖制定派遣苦行细则，强调除执事、副执事外，所有道众，有任派苦行义务，苦行的工作以及派遣人数，由执事房全权处理，不得违抗。派遣方法，除了自愿做工外，其余按照修道程序，挨次不得自由避重就轻。年臻耄耋者停止派遣。苦行一经派遣者，均优待遇。① 至于派遣苦行的原则，安世霖强调要"苦乐同情，任由重轻，壮羸须别，务使绝偏枯之弊，事举人安，更宜明量力之施，上和下睦"②。

除了具体的宫观管理制度外，道范还详细规定了宫观一年中的圣诞祭日③以及祭祀威仪。祭祀威仪严格规定了祝厘、礼讽经、道场、祭星、焰口、展墓、接玉驾、接神、礼斗、转天尊、圣诞等活动的程序、时间、日期以及主祭等内容。

第五节 白云观的经济制度与生活

关于白云观的经济生活，根据一些碑志以及民国时期白云观的寺庙调查资料，我们或可得出一些大概的认识④。这些资料以及研究成果帮助我们了解了白云观宫观经济的一些重要方面，如在晚清时期以刘素云等为代表的重要信徒对白云观的捐助帮助了白云观宫观扩展，厚积田产。在南京国民政府成立之后，北平社会局开展的寺庙登记运动在一定程度上帮助我们理解了这一时期白云观的经济状况，如寺院财产调查表中记录了白云观的不动产、动产的种类⑤。从推进对民国时期全真宫观寺院经济的角度而言，除了了解寺院本身所拥有的资产、如何拥有这些资产之外，宫观经济的另外一个重要内容则是宫观内部经济制度、利益或待遇分配的实况⑥。

---

① 参见《本观派遣苦行细则》，第45—46页。
② 《派遣苦行序》，第45页。
③ 参见《白云观圣诞祭日表》，第38—34页。此表李养正曾照录在《新编北京白云观志》（第278—280页）中，不过没有注明出处，转录中略有少数错误。
④ 前述高万桑、王见川、刘迅等人的研究成果对晚清白云观的宫观扩张以及观产有一定的论述。
⑤ 民国时期的寺庙调查与登记资料可以帮助我们重建近代寺院经济的基本面貌，有待学界进一步的研究。
⑥ 五十岚贤隆有关太清宫内部经济状态生动的介绍，对我们理解全真宫观的经济生活有重要的学术价值。参见［日］五十岚贤隆《道教丛林太清宫志》，东京国书刊行会1986年版，第206—224页。

第四章　20世纪40年代白云观宫观制度的改革

从宫观经济制度的角度而言，由于资料的缺少，对于这个方面，我们的认识还很薄弱。安世霖的全真道范所拟定的众多章程在很大程度上可以帮助我们理解近代宫观尤其是全真宫观内部经济制度的改革以及运作，它包括宫观住持方丈等道众的待遇、宫观的财务制度、宫观道众的救济与福利制度等。

在宫观中，住持、方丈与监院是最重要的领导，因此安世霖专门订立了《白云观住持方丈与监院供养条例》，主张对住持、方丈、监院特别供养，安世霖强调：

> 住持居全观之首座，为道众之南针，供养资于十方，酬酢兼乎三教，必也衣单洁饬，方能冠冕群伦。綦履严明，庶足威仪道范。俸资宜越于全观，报功须示以明条，凡我同人，谅无掉罄。
>
> 方丈为道范之主教，须重威仪，导戒律之宗坛，尤其供养。况夫衣单不肃，曷仰高风？杖履无资，难修净业。是宜守前良范，明示规文，非曰报功，聊以崇德云尔。
>
> 监院任本观之领导，居要务之冲繁，辅助宗坛，折冲方外。今则待遇溥施于道众，酬庸安欤于高行，宜示明条，用彰道纪。①

具体而言，住持、方丈、监院的供养标准如何？条例规定，住持衣单费每季100元，按四季支取。住持的交际酬酢费，每月按50元支取。另外，如果住持因观务的原因而酬酢各界者，这方面的费用则公用公出。至于方丈，其衣单费每季50元，也是按四季支取。方丈传戒出坛报功费，"至期公议酬谢，戒坛不开，概不支取"②。相比住持、方丈，监院的待遇要略低一些。条例规定监院每季度的衣单费用是40元，同样按照四季支取。如果出现住持兼方丈，或住持而兼监院的情况，其兼任方丈或监院的衣单费，是否支领，概由住持自便③。以安世霖自称住持兼监院的情形而言，根据住持的标准，他每季度可领取衣单费100元，交际费每月50元，如果因观务而交际，那么这方面的费用全部是公出。此外，由于他兼监院职务，如果他愿意，每季度又可多领衣单费40元。这样算下来，仅仅是每年的衣单费就高达560元，交际费则有600元！

---

① 《白云观住持方丈与监院供养条例》，第46页。
② 同上。
③ 同上书，第47页。

对于住持、方丈、监院，宫观要供养。对于其他的观众，安世霖的改革则是要明确待遇。在安世霖的改革中宫观道众的待遇问题是首要的内容。为何要明确观众的待遇？安世霖云：

> 权利义务，对待须平。不唯社会之同趋，亦我道众所必履。本观待遇，向沿旧例，不计利益之均平，致有偏枯之流弊。兹承祖师遗范，并应社会潮流，自不能不略予修正，庶可免欣戚相悬，利务偏重。兹汇集各项收入，平均分配，并拟实施细则，俾使遵循，凡我道众，望共鉴守。①

安世霖的序言表明白云观道众的待遇，旧例是不计利益之均平，因此有"遍枯之流弊"。因此，即使是祖师道范，也应适用社会潮流，不得不略予修正，因此将各项收入，按照权利义务平等原则，平均分配。

作为仅仅次于住持、方丈、监院的宫观高级管理人员，督管、巡照、总理的待遇相对而言要少得多，他们每年每人由观里支给的衣单费只有20元，在每年会末（正月二十一日）发放。在发放前退职者则概不分给。每年秋季白云观征收的租银，除去一切花费，按收入之总数提出6%，分给知客执事、司库及茶房共同按人数支配（其中茶房以一分计算）。

斋醮出坛念经是宫观的重要宗教活动，其收入与分配也关系到经师等相关参与者的待遇问题。条例规定：

> 本观所有斋醮出坛经事，除照例随时开发斋俸外，于每日经事完毕后，由本观按出坛人数，每人提奖五分。如夜间再有传灯焰口等经事，本观仍按夜间出坛人数，各予提奖五分，奖款暂先注册存放。此项账册，由执事房负责办理，俟至每年三节，由本观按册支出发放。其享受者为经师、知客、执事、司库、知随、茶房头目及茶役等，按人数支配。但知随二人一份，茶役共一份。再者经师等，每日跪讽皇经殿，每人即日发放奖金三分，该值日殿者亦同此享受。以上享受出坛经事奖金者，于未发放前，设有迁单请假时该款即不发放。②

白云观富有田产，除了自用以外，这些田产收入也会被相关道士分

---

① 《本观待遇统计实施序》，第47页。
② 《本观待遇统计实施细则》，第48页。

配。安世霖规定，白云观所收租粮自碾成米，米粮售卖的款项全数分给知客执事、管仓、司确等，按人数分配。其售卖及分配概由执事房经管办理。①

白云观各殿堂执事的待遇与庙会密切相关，待遇实施细则特别规定了各殿堂及会仙桥与各处摊资等在庙会期间以及平时的收支章程。

第一，庙会期间各殿堂的人员安排。庙会开始前，由客堂执事房遴选帮殿人，经住持核定再行分派。帮殿的人数按各殿堂繁简支配其职务。除设一人专门负责款项外，其余人帮同值殿人办理一切事物。

第二，庙会期间各殿堂的财务统一支出。条例规定各殿堂庙会期间所需之香料统一由观里出资，各殿堂按照所需数量逐日领取，正月二十日会末各殿所收款项内扣还之。庙会期间所有司事者的斋筵，统由白云观食堂预备，一日两斋，标准为一菜一饭，或馒首。

第三，收入统一入库，按章分配。庙会期间每晚由执事人会同值殿者将各殿堂所收的香资送交内库点清，入账储存。到庙会最后一日（正月二十日）由执事人协同内库将各殿堂储存款项分别清算、列单，按成数支配后，再另行通知各值殿等人领取。

第四，各殿堂所收款项具体分配方法，条例规定以三成支给值殿者，以二成支给全体执事人②。剩下的五成为本观补助斋资及一切酬劳帮殿等费用。如果入不敷出，则由白云观支补，如有盈余则当归观。

各殿堂的收入支配方法不仅限于庙会期间，平时也应按此章支配。香火隆盛的殿堂，条例规定要随时派执事人兼管。对于功德祠、东西宗司师殿、三丰殿、儒仙殿、祠堂这几个或可连任或由夜巡房兼任的各殿堂，条例规定所收香资超过五元者，也按上述章程办理。

安世霖强调无论是庙会期间还是平时，要加强对各殿堂收入的稽查，一旦查出或被人检举有昧公营私行为者，除将款项追回外，还即刻开革，永不复号。

对寺院宫观而言，除了固有的田产、房租以及其他投资收入以外，各殿堂的香火实际上是最重要的来源之一。像1932年沈阳太清宫的收入中，香资高达3918余元，在12项收入来源中仅次于房租、公司商股、来往算

---

① 参见《本观待遇统计实施细则》，第47页。
② 这二成共分作十股，八股分给执事人，按人数均分。如果执事人同时兼职帮殿，也只能给一份。另外二股的分配则是一股给茶役等人，另一股给食堂厨役。

等项目①。天津天后宫道士张修华在成年后成功收回被父亲卖掉的殿堂股份的亲身经历表明，正一派宫观各殿堂的香火被分成若干股，这些成为持有者以及后人赖以生存的重要财富②。白云观有关殿堂收入的规定对于我们了解白云观乃至全真宫观的寺院经济具有重要的意义。与天后宫不同的是，十方丛林包括殿堂香火等在内的财富从理论上来讲属于丛林共有，但是在实际上，至少在安世霖的改革中，殿堂香火等收入被划分为不同的比例，分别提给不同的道士，毫无疑问这将丰富我们对全真宫观寺院经济的理解与认识。

在庙会期间，白云观会仙桥下打金钱眼对信众而言是一项重要的活动，对于宫观而言同时也是重要的经济利益，清代到民国时期的不少游记甚至指责打金钱眼是白云观道士骗钱的迷信手法。《申报》光绪初年的一则史料称，若晴天游人杂沓时道士一日可得数千文③。对于庙会期间会仙桥的收入如何分配？新规规定十分之三为坐桥者二人、副堂主二人、值门者一人等五人均分。剩下的七分，按照殿堂分配方法来分配。对于庙会期间白云观内各摊贩所缴纳之摊资的分配方法，安世霖强调"仍照旧例"。新规明确规定一经颁布即刻施行，不过对于庙会期间各殿堂分配方法，条例特别规定在1943年前，先以二成支给值殿等，以六成归为白云观的经费④。

在白云观道士待遇的改革中，除了住持、方丈、监院等高级道士有特别的衣单费外，总的来看，白云观道士的待遇与各自职责密切相关，其分配改革坚持了分成的原则。白云观改革之前道士待遇如何确定？五十岚贤隆1933年前后有关太清宫的调查可以帮助我们略微有所了解。根据他的记载，太清宫道士采取了定薪制，根据道士的层级以及工作确定道士的年俸或月俸。方丈葛明新的待遇最高，其年俸120元，监院刑赴灵略次，年俸有80元。在方丈、监院之下，其他道士均是月俸制，其中知客、经丹执事、经主、书记、高功、督厨、洒头等人的月俸最高，其标准为每月4元4角。最低的如板钟、点造、夜巡等人，月俸只有1元6角⑤。

---

① 参见［日］五十岚贤隆《道教丛林太清宫志》，东京国书刊行会1986年版，第210—211页。
② 参见张修华《我和天后宫》，《天津文史资料选辑》第19辑，天津人民出版社1982年版，第196—203页。
③ 参见《骗钱妙法》，《申报》1879年2月27日第2版。
④ 参见《本观待遇统计实施细则》，第50页。
⑤ 参见［日］五十岚贤隆《道教丛林太清宫志》，东京国书刊行会1986年版，第216—118页。

在白云观内部经济制度中,物品领取发放制度以及食堂斋膳制度也是重要的内容。

安世霖强调宫观发领物品要遵守程序与条例:

> 慨夫人无公德,物非己而不珍,天降凶殃,孽自作以难逭。原经营之本意,利物所以便公。恨暴殄之存心,损人终无益已。此人之宜存公德,而节俭之所以种福也。本观为常住第一,规模宏远,云朋鹤侣,近悦远来。举凡宗坛之所需,莫不供张而尽美。惟以费由公出,遂致视同自来。予取予求,无瑕疵之可忌。狐埋狐搰,任弃置于无心。岂知生活程度,月长增高,出入倍差。源流将竭,狐狲共攫。果树倒而何冯?云水群归,将飘裂而安食。本监院支撑力竭,振刷心孤,望节俭以经心,勿秦越而相视。此后单据出入,节券相符,规例详明,上下共守。将来宗坛誉起,各沐先哲之恩施,观用源开,永享长春之福荫矣。①

具体程序方面,道场、圣诞、祭日等活动均严格按《祭品斋供数别表》支领;各殿堂处所支领香供物品,也均按规定数别表支领;香供及日用消耗等品类,统由内库发放;灯油及海灯油,由仓房发放;斋供由食堂备办发放;煤炭由执事房发放。条例规定:倘有冒支冒领,查有证实者,即追究冒支人财物,否则由冒发者照数赔偿。但均按清规公物私己条例斥革,而督管巡照,亦不得辞咎②。

《白云观祭祀诞辰发领斋供表》严格规定了仙圣祝厘、祭星等祭祀诞辰等活动所须斋供的品别以及数别。如仙圣祝厘需要墩蜡一对、檀香一包、定香三包、斋供一桌,而祭星则有所不同,所需墩蜡四对又一对、洋蜡两对、定香二束又五束、币帛五份、斋供一桌③。

在年节时各殿堂所领之贡品供数也有不同,像三清阁、四御殿、七真殿、斗姥阁、真武殿、火神殿、华祖殿、后土殿、五祖殿、娘娘殿等可领三份贡品,每份包括馒头两盘、蔬菜五篮,总共27处殿堂共领48份贡品,共馒头96盘,供蔬240篮④。

至于香供方面,安世霖还制定了《白云观发领香供物品统计表》,规

---

① 《本观发领物品宜守程序条例序》,第51—52页。
② 参见《本观发领斋供物品银钱程序及条例》,第53页。
③ 参见《白云观祭祀诞辰发领斋供表》,第53页。
④ 参见《白云观年节发领贡品表》,第55页。

定了各殿堂处所每半月、每季度、半年、全年可以领取的香供物品数别、支领日期表。这些物品有定香、檀香、高香、供茶、火柴、墩蜡、洋蜡、海灯油、笤帚、毛箪、簸箕等。但是不同的殿堂支领的数量不定。以三清阁为例，全年三清阁可领定香48束、檀香24包、高香624包、供茶24包、火柴24盒、墩蜡8支、洋蜡192支又20支、海灯油3斤、笤帚大2把小1把、毛箪1把、簸箕1个①。

为加强斋膳经济管理，安世霖还发布重修斋膳通告，改变取饭打饭旧律，所以道众一律到斋堂用膳。

> 本观道众，向不赴斋。饭菜作成，各自取用。不唯观瞻不雅，实在预算难稽。皆因饭食稍粗，蔬菜失饪，以致斋堂难大。几等无人，饭菜虽供，更同虚设。本监院从今变计，立予振兴，菜倍增油，饭加稻米。惟自今始，凡我道侣，斋膳须尽到斋堂，不许一人再蹈故辙。如有取饭打菜等事，无论何人，概柜绝。特拟简章，望同遵守，倘有故犯，该负责人，照章惩斥，决不姑容。切切此告。②

在斋堂用膳，道众除应遵守斋堂、斋膳房条例外，安世霖还制定了《本观斋膳威仪条例》，要求道众按时集合、斋前全体讽诵供养咒、斋时不得自由往取等③。

道众的斋膳不仅有关威仪问题，实际上也是宫观中的重要经济生活。对此，安世霖还制定了《本观厨房斋堂备办斋膳程序及蒸作面食供品之条例》，详细规定了白云观内备办斋膳的程序以及饮食标准。如每日早晚斋应备小米粥足用，咸菜每二人一碟。每日午斋应备两米饭足用，其菜蔬每人一碗，咸菜照前。每月初一、十五两日，午斋为大米饭，其菜蔬仍照平时④。

若通知蒸作面食时，则由督厨会同知客执事，核定观众人数后，通知仓房按照每人一斤的标准领取面粉。斋膳时，每人发给馒头一个，其菜蔬及斋膳程序，仍照平时。条例严令司饭、司菜等人不得克扣米粮及暴殄粥饭、克扣油料及菜蔬，如有违反，督厨除照数赔偿外再受五倍之处罚。对于请病假者，则可养病室司室人支取菜饭外。余者勿论何人，均不得支

---

① 《白云观发领香供物品统计表》，第56页。
② 《本观重修斋膳通告文》，第73页。
③ 参见《本观斋膳威仪条例》，第74页。
④ 参见《本观厨房斋堂备办斋膳程序及蒸作面食供品之条例》，第74页。

取。在斋饭时，如果买办及茶房马号菜园雇工等因紧急公务外出，必先到执事房声明公出时间及不能按期斋膳之理由，然后由值日执事于斋前通知司饭人留候粥饭。待回观后集体到雇工舍用斋，但只能补斋一次，再迟到者不候。对于在观用斋的重要宾客，每人米或面一斤外，其菜蔬随时派定。本观方丈、监院每人每斋面一斤或米一斤，其菜蔬按时配备①。

在安世霖的改革中，建立宫观道士的救济与福利保障制度也是重要的内容。这些体现在建立储蓄部、登真会、老人堂等方面。

储蓄部。为何建立储蓄部？安世霖称：

> 夫绕床阿堵，清高固属不谈。而栖鹤修持，杖履亦应自备。何况年臻耄耋，动辄需人。即当病蓄参苓，资须凤积，是以大学首具生财之文，本观所以有储蓄之设也。查本观道众，素号繁多，出蘸经坛，尤称剧数。故梵呗勤修之士，斋俸常允，而财源生集之方，羽流不讲，以致泉名徙水，流去无还。人事需资，急何能集。本监院慨云朋之素窘，因设法以同储，期远利优，数随自便，从此为山九仞，始由一箦之施。储金十年，行满八功之德，培观内之元气，利己益公，汇意外之巨金。日增月聚，群宜踊跃，共起经营。后列储单，各祈赞察。②

储蓄部由白云观住持负责，附设于本观内库，一俟积有成数。再行分送储金机关。凡是宫观的道众或及雇工茶役等人，均可参加储蓄。储蓄部的储蓄分活期、定期两种。活期以一元起码，概无利息；定期以十元起码，周息一分。定期存款如未满一年而支取，则以月息五厘支付。每次在年终为期结算利息。如果要取款，须提前五日声明）。取款时，要根据利息总数扣取手续费5%，作为司库的酬劳。存取的手续，无论活期定期，先到客堂填写储蓄传单，由本人到内库存取。办公时间为上午十二点至下午一点③。

重立登真会。登真会实际上是为筹措道士丧葬费而设。高万桑曾注意到1936年北平有道士不得不卖掉住持私有的财产以支付其丧葬费用④。在

---

① 参见《本观厨房斋堂备办斋膳程序及蒸作面食供品之条例》，第76—77页。
② 《本观创办储蓄部序》，第78页。
③ 参见《本观储蓄部简章》，第79页。
④ Vincent Goossaert, *The Taoists of Peking, 1800–1949—A Social History of Urban Clerics*, Cambridge: Harvard University Press, 2007, p. 106.

安世霖之前，陈明霦任方丈时就创立有登真会。安世霖重订登真会会章，在序言中强调了理由：

> 盖闻人生须化，乃天道之常规。大限临头，即仙真亦尸解。是以寄身难同于泡幻，而脱行终属于泉台。此古人所以有葬费之储，及殡具之设也。盖葬仪虽简，而附身须完。不有积储于生前，曷以猝备于事际。本观享有登真会，其创始为陈前方丈，只以观内羽化流甚众，每当羽化，居然两袖清风。按之观章，只有一幢薄槽。修真一世，受苦九原，同人奭焉伤之。今由监院更订，每经师出坛，则由本俸内扣资三分。余如各执事等，亦由经坛奖金内扣资三分，存储观内，以备将来。一粒虽微，太仓可集。后有会章，望共遵守。①

登真会规定凡是经堂、课堂、执事房、司库等同人均有入会之资格，每一天出坛经事，每人出纳会费三分。登真会所有以前会款，仍照旧存储。会款储存在内库，但其账簿登记管理则由经堂负责。

白云观经事出坛，会费由执事房随时扣收，如遇帮坛经事，由领事人经手，也应照章扣留会费。客堂执事房司库等人在发放经坛奖金时，扣资三分，一并入册存储。会款的存储由经堂负责人会同执事同送内库储存，每遇会员羽化，必须协调知客执事后支取。每年三节，由司账者将账簿结清，会同执事，查点存拟一次。凡是入会道众羽化后，可享受以下会益：棺材一具，贡夫八名，祭品香供等。这三者所需之经费，除按照白云观旧例支领10元外，连同会款，不得超过35元。经堂同人须连纳会费百日以上者，方得享受本会利益。知客执事司库等连纳会费一年者方得享受会益。会员羽化后，其所入会费，除照章支出殡葬费用外，其生前所纳者一律补充本会经费，他人不得干预冒领②。

养病室。养病室是为服务道众而设置，当道众病重请假经督管巡照调查确实并须行隔离者，即行派往。而道众之原有职务按修道程序升转补充之，道众病好后，另行派遣任务。

> 盖闻三年蓄艾，人防疾病之求。一室群居，谁尽扶持之谊。是以羽流之苦，举目无亲。寒暑之侵，须人是守。且也隔离不讲，颠蹶无

---

① 《本观重立登真会序》，第82页。
② 参见《本观登真会简章》，第82—83页。

依。危险之病偶临，生死之途立泮。哀吾道侣，命等鸿毛，是可悲也。本监院念同修之雅，与无告之嗟，阐祖师之慈，怀胞兴之念，特辟病室，为静养之需。并仰同人，作将伯之助，医药所需自具，茶汤之备无愆。庶几六气之偶侵，或得一分支保障。望我羽流，共维义举，同广仁风。莫谓秦越之无干，须念兔狐之伤类。此日之扶持问候，固为同道之钦迟，他时之报德铭恩，尤予吾心以安慰矣。特拟细则，备共遵循。①

养病室根据病人多寡临时设司室数人，司室者由巡照于苦行中派遣。任职者和蔼慈祥。病者倘有要求，如在可能范围内，立即代办，不得心烦。司室者还应负责室内之卫生、代病者领取斋蔬、代取开水、支应病者一切。入病室之道众，经疗养痊愈后，应由司室回明巡照。认为无碍，即行出室②。

修真养老处所。修真室、养老堂之设置是白云观重要的抚恤制度，是为服务多年而年老之道士设置，安世霖在序言中强调，必须是资深望重、行苦功高之人方足受供：

> 夫宗传道德，羽流修炼之方。年至期颐，观内恤养有例。是以修道慕道，服务年多，优恤高行，壮强时去，不有清幽之地，曷以精勤。使无待遇之资，安能生活。此本观所以有焚修之室，而年高所以有老人之堂也。然而年当执事，向道不必专功。德未及人，养老何能服众。必也资深望重，行苦功高，方足受供养于十方，享权利于群外。否则年方少壮，藉口焚修，观内无功，强词养老。揆之情理，在三教而难通，证以德功，任两戒而无异，望我道侣，共鉴明条。③

为年老道士修真养老考虑，白云观设置有焚修堂、老人堂。白云观规定焚修堂专为修道退修之地，入选道士必须具备三个条件：一是年在耄耋期颐者；二是在本观服务，确实劳绩可证者；三是道众申请经过住持许可者方可入住。老人堂是年老道士颐养之地，斋膳以及日常生活所需，其待

---

① 《本观养病室创办序》，第80—81页。
② 参见《本观病室及服务细则》，第81—82页。
③ 《白云观修道养老之处所及程序》，第84页。

遇均与本观道众同。修道养老均要遵守清规①。

经师之抚恤。安世霖认为经堂同人每到年老，按照惯例应当修养。但是"服务难多乎功绩，铭功未见于施行"，安世霖目睹心伤，"取长补短，就观费之余绪，旌劳绩之累年，薄予修金，聊供香积云尔"。② 哪些经师可以享受抚恤？安世霖规定有两类：其一高功、经主、书记、执事兼任经师、连续服务五年以上者；其二经师等连续服务十年以上者。抚恤的标准如何？条例规定：每年支给奖恤金15元，分三节发给。每年由登真会储款项下支给衣单费20元。于三月一日、九月十五日，两次发给。再每月支给赡养费5元③。

苦行待遇。安世霖强调修真悟道首在苦行，"事难勤于在己，资可启于来源"④，特制定简章以示优待。具体标准方面，宫观的执事如是公派出差，所有川资一律实报实销。往返本市西南城者，每次资费4角；往返本市东北城者，每次资费6角；凡在观内扫除搬运肩挑各项工作，由早晨至午饭者，1角；由午饭至晚殿者，1角；工作整天者，3角。凡是被派遣看护庄田者，每人每日3角，再酌其勤苦与否，另行发给酬劳⑤。

第六节 被遗忘的道教改革？

安世霖为什么要制定全真道范，他的改革目的是什么？又在多大程度上发挥了影响？这是我们不得不思考的几个问题。

从我们前面对《白云观全真道范》几个方面内容的介绍来看，安世霖的改革实际上涉及了宫观制度、生活、经济等各个方面的具体内容，毫不客气地讲，安世霖几乎全面阐释并制定了在他看来一个现代的白云观的新形象。

安世霖为什么要改革，在序言里面安世霖强调了他挽救民国以来白云

---

① 参见《白云观修道养老之细则》，第84页。1917年，清华师生曾有游览白云观的活动，一名名为张梦兰的老师注意到三丰殿右边有老人堂，"观中年老道士居住之，往往有百年左右之老人"（《张梦兰先生白云观记》，《清华周刊》1917年第106期，第16页）。同时一名女生在游记中也称老人堂之设置，"以养年老无依靠之人，洵慈善之事业也"（林德育：《京师白云观游记》，《妇女杂志》1917年第3卷第4号，第4页）。
② 《本观经堂同人奖恤序》，第50页。
③ 参见《本观经堂同人奖恤简则》，第50页。
④ 《本观苦行待遇序》，第51页。
⑤ 参见《本观苦行待遇细则》，第51页。

观宗风之落一日千丈的使命感，正是出于兴观务、挽宗风的目的，才修明祖师遗训，革弊兴利。事实上，如果了解1940年前后白云观内部的剧烈冲突，我们还能够发现安世霖的改革还有一个重要的目的，那就是重建白云观的宫观秩序。

1940年4月4日，白云观知客朱宗玉、乔清心等人集合全体道众150余人剪安世霖之发髻，迫令其还俗，安世霖的监院一职亦随后被道众推选的朱宗玉所代替。在警察局、社会局介入并将此案送交法院办理后，安世霖恢复自由，并重新担任了白云观监院兼住持。5月7日，安世霖据社会局训令开具革条，将朱宗玉等滋事之21人"一律开革驱出庙，永不复入"①。对于反对者的行动，安世霖则认为："朱宗玉等数人纵其野心，觊觎权位，鼓惑道众，假借售地粮食之两小问题，遽欲推翻祖训，强霖退职，私相授受，迫以强权，何其凶且愚也。"②尽管安世霖革除了不少反对者，但是正如吉冈所记载的很多被革除的道士仍居留在北京等待复仇③。安世霖重订道范，也正是恢复、重建白云观宫观秩序的重要内容。

针对安世霖的改革以及重建白云观秩序的努力，安世霖的反对者曾指责安世霖犯有宗教狂妄罪，指责他擅自改清规榜、设教育班等的目的是改变白云观十方丛林的性质，变为自己的私庙。这些指责从负面的角度证实安世霖的改革具有重要的历史影响，而安世霖也毫无疑问是一个很有抱负的宫观改革者。

安世霖宣称改革要"守既往之良图，警新潮之恶习"。在安世霖的改革中，他继承了不少旧的传统，同样也废弃了在他认为不合时宜的旧规。这在安世霖重订住持、方丈、监院任职条例、清规等方面表现得尤其明显。在安世霖清规的改革中，安世霖强调了传统道教清规戒律与国法的结合，制定了送究官方惩治违反清规道众的条款。在具体的宫观管理方面，安世霖规范了宫观内部各机构、各执事的职责，其规范甚至细致到了请假的规定。如对于宫观执事，安世霖强调服务不拘年限，均应随时听候互相调转，非有特别事故，不得请假，"致误所司"。在请假制度方面，规定每年秋收时间内不得请假。临时请假，每日不得超过四小时，每旬只限一次。普通道众请假须亲至执事房填写假条，由执事送交客堂，转请住持。

---

① 《本观革条原文》，1940年5月7日，参见安世霖《白云观住持安世霖为整饬观务声明书》，1940年5月5日，北京市档案馆藏，书号：ZQ4-1-1510，第13页。

② 安世霖：《白云观住持安世霖为整饬观务声明书》，1940年5月5日，北京市档案馆藏，书号：ZQ4-1-1510，第3页。

③ 参见［日］吉冈义丰《道士的生活》，余仲珏译，《道协会刊》1983年第1期，第61页。

经许可后，方准离观。每年限请假两次，每次不得超过十天。临时请假者可不写假条，但须亲至执事房声明，经巡照许可后始得离观①。

安世霖改革的目标是什么？从道士层面来讲，安世霖强调道众不仅要注重卫生威仪，更要注重修身。安世霖为此还制定了修道任事功过格，规定本观道侣无论有无职责，均应力争上进，"勿任下流，功过一分，赏罚立判"。凡勤于职务有特殊功绩证明者，由都管巡照申请住持记功于册。凡操行能劝上规过，有益观务及道德学问超群者，亦记功于册。凡偾事误职，非有意故犯者，轻者记过②。

从宫观的角度来讲，安世霖的改革要挽救宗风，具体而言挽救的是全真龙门的宗风。安世霖不仅仅在住持、方丈、监院任职条例中添加了必须出身龙门的标准。为进一步加强挽救宗风、复兴龙门派的声誉，安世霖还制定了《道教全真龙门派规约》20条。规约强调，本派道士应当遵守邱祖遗训；衣帽整洁、言行端正、恪守清规；遵守监督寺庙各项章程及本规约；要求应使年轻道士求学或研究艺术以谋独立生活，道士除日课外还应当从事劳作；本派道士不得有门户之见，须尽力弘扬道教。对于本派各庙住持、代理人选问题，安世霖强调当本派各庙住持如羽化或失去住持资格而无继承人时，须申请道长共推临时代理人代管庙务，且代理人应从速训练前任住持之徒弟，待其能充任住持时，即将庙务交还，在代理期间并应负责维持，不得随意变动庙产③。

安世霖改革的实效如何？在道范中，安世霖明确规定各条例一经公布立即施行。吉冈1940年7月进入白云观后曾听过白云观道士教育班的课程，他有关白云观道士斋膳的观察也证明了安世霖食堂规则也确实被施行④。安世霖改革道范，重建白云观宫观秩序的一个重要影响是导致不少道士不堪受苦，纷纷离去。1941年，在调查白云观内部冲突原因时，一份调查报告表明在陈明霖任住持时，白云观居住道士等习惯性养成，散漫随

---

① 参见《本观执事副执轮流服务及退修简则附请假规则》，第80页。
② 参见《本观修道任事功过格序》，第86页。
③ 参见安世霖《道教全真龙门派规约》，北京市档案馆藏，档号：J2-8-1342，第317—320页。
④ "每天的菜谱和蔬菜用量是经过仔细选定的，如果发现有人作弊，从严处罚。道众在大斋堂用膳，早晚喝稀饭，两人一碟咸菜；中午吃玉米面窝头和炒菜，外加两人一碟咸菜。不习惯的人吃这种素斋是有困难的。每月初一、十五中午吃馒头，每人一斤，面粉是次等黑面。上层道士的高灶膳堂一般吃稀饭或面条。若有来宾用膳，才配备菜肴，最多不得超过四盘。这和日本素斋的丰盛奢华相差甚远。"参见[日]吉冈义丰《道士的生活》，《道协会刊》1983年第1期，第61页。

便。但是在安世霖掌管白云观后，他整理道教规则，每日令各道士受训，因此发生恶感，不能受苦之道士陆续走去①。一个简单的数字对比可以印证这个调查报告的真实性。吉冈曾做了白云观1940年、1943年住观道士表，1940年包括后来被革除的21名道士在内，白云观的住观道士是193人，但是到了1943年这个人数减少到115人②。到后来安世霖被烧死时，居住在白云观的道士只有30余人。

道士教育班的课程后来似乎不了了之，但是道士教育班本身一直存在，《白云观全真道范》也并不因为安世霖的暴亡而失效。在白云观惨案的善后中，赵诚藩即是据《白云观全真道范》所定原则被推选为白云观住持兼监院。1947年3月，白云观全体道众暨该派各庙住持也联名呈文北平市市长，公推赵诚藩为监院。道众称，赵诚藩任临时监院以来笃实和平、以身作则，道众无不心悦诚服，除不符合第四条须经前任住持任命外，"核其品行学问资格与全真道范书内所定推选条例悉相符合"。因此，白云观道众以及龙门派各庙住持公推以赵诚藩为白云观住持仍兼监院事务③。

尽管安世霖本人可能确实有很多缺点，但不可否认的是他是有心好学的道士。有史料称其"自幼好学，寡言语"④。吉冈提到安世霖曾主动背诵《北斗延命经》。常人春也指出安世霖为人耿直，曾着手聘请学者编撰观史、延请音乐家编制经韵，治理观务井井有条，对道士约束甚严⑤。然而，20世纪40年代白云观内部的剧烈冲突与安世霖本人所面临的种种指责以及自身所存在的众多问题，导致安世霖并不能像其前任高仁峒、陈明霖一样获得权威与支持⑥。甚至与同时代的知名道教住持如沈阳太清宫方丈葛月潭相比，安世霖的境遇无疑更加困窘，高万桑亦曾强调安世霖无法以强加的形式获得权威与魅力⑦。毫无疑问，安世霖的宫观改革也是其试图获

---

① 参见鞠德荣《调查报告书》，1941年6月1日，北京市档案馆馆藏北平市警察局档案，档号：J181-23-9939。
② 参见［日］吉冈义丰《白雲觀の道教》，新民印书馆1945年版，第111—126页。
③ 参见《白云观全体道众暨本派各庙住持联名呈文北平市市长》，1947年3月7日，北京市档案馆馆藏北平市社会局档案，档号：J3-1-128。
④ 《烧死两道士》，《联合画报》1946年第193—194期。
⑤ 参见常人春《白云观活烧老道案始末》，《文史资料选编》第39辑，北京出版社1990年版，第207页。刘厚祜提到安世霖著有《白云观志稿》（《白云观与道教》，《道协会刊》第6期，第27页），李养正的《新编北京白云观志》有关殿堂、神仙像的论述很多摘录于安世霖《白云观志稿》中"神像考"等内容。
⑥ 有关白云观20世纪40年代的内部冲突以及安世霖本人的困境，可参见本书第五章。
⑦ Vincent Goossaert, *The Taoists of Peking, 1800-1949—A Social History of Urban Clerics*, Cambridge: Harvard University Press, 2007, p.182.

得权威与魅力的一部分，甚至他想获得更多，如忍辱负重重挽宗风的改革者形象。然而，在1946年安世霖被反对者以他所废弃清规活活烧死的悲剧发生后，安世霖彻底无法继续他的改革。尽管安世霖所订的全真道范仍或多或少被实施，但是安世霖本人成了白云观历史上的黑洞，他所推行的改革也有意无意地被遗忘。

第五章　安世霖的悲剧：1946年白云观火烧住持案

尽管安世霖在白云观20世纪30年代的第二次住持危机中得以以白云观监院身份代理住持，但是安世霖的资格自1940年以来受到白云观其他道士持续不断的质疑，白云观内部的矛盾与冲突也不断激化，最终的结局则是以1946年11月安世霖以及督管白全一被活活烧死收场。在本章看来，这不仅是安世霖以及白云观自身的悲剧，也是近代变动时代下白云观乃至中国道教衰败的最典型象征之一[1]。关于这一惨案的发生原因，事件的亲历者以及研究者认为是教派冲突的结果。如日人吉冈义丰在获悉惨案后，认为是白云观内冲突的结果，并对安世霖的暴亡感到"又惊骇又难过"[2]。白云观惨案的善后者之一天津正一派道士张修华，介绍了正一派道士田子久与全真派道士安世霖之间的道教内部冲突，并指出安世霖破坏道规、盗卖庙产乃是惨案的重要起因[3]。从尊重历史、维护道教名誉出发，北京民俗学者常人春依据民国

---

[1] 关于安、白二人之职务，诸多回忆多有出入，惨案发生后，据白云观观众恳请选推新住持的呈文则称安世霖为"住持兼监院"，白全一则为督管，参见《白云观全体道众暨本派各庙住持联名呈文北平市市长》，1947年3月7日，北京市档案馆馆藏北平市民政局档案，档号：J3-1-128，第3页。在安世霖自书以及社会局的批令等档案中，或称监院，或称住持，或称代理住持。李养正先生曾云监院亦称住持（参见李养正《新编北京白云观志》，宗教文化出版社2003年版，第342页），实则有误。

[2] 对这一过程，他记载道："战后我回到日本，好些年我吃的基本上是土豆根，不喝酒。也就是在这时候，大概是我回国后两年，一位留在北京的朋友写信告诉我安世霖暴亡了，他在邱祖殿前被庙里另一派暴徒烧死了，还附上了一张照片和剪下的部分北京报纸作为佐证。我又惊骇又难过。上面讲到过：我第一次住进白云观之前，庙里发生过冲突。当时安监院这一派把对方的一些道士赶了出去，这些人待在北京，等候机会报仇。不难想象战后的年月是动乱的，这些人能够煽动庙里的暴徒来达到他们个人的目的。"参见［日］吉冈义丰《道士的生活》，余仲珏译，《道协会刊》1983年第1期，第62页。

[3] 参见张修华《我和天后宫》，《天津文史资料选辑》第19辑，天津人民出版社1982年版，第196—203页。但是，张氏的回忆将惨案的时间误作1944年。另外，张修华误记乔清心为惨案的主谋人，亦与事实不符（参见张修华《我和天后宫》，第199页）。

时期北京《世界日报》等报刊，访问知情道士，撰文详细介绍了惨案的起因、举事、归案、舆论、审判等详细过程①。白云观惨案的重要策划者许信鹤亲历记的刊布，则进一步丰富了今人对此案的认识②。鉴于宗教情感，《新编北京白云观志》虽然多处不得不有所提及，但是整体而论，该书对此案多有避讳③。高万桑在研究白云观的管理者时，提到安世霖被烧死的事件具有戏剧性④。他指出，安世霖事件在近代道士史研究中成了一种黑洞，它与北京所有的道士或多或少产生关联，然而至今几乎没有被讨论，并且在道教史的学术出版物中被刻意地忽略掉⑤。然而，安世霖的意义却极为深远，正如高万桑所指出的那样，它不仅是道教衰落的证据之一，除了私仇外，还牵涉一些更大的问题，如谱系、寺庙、道观、清规等之间的联系，更重要的是它可被视为国

---

① 参见常人春《白云观活烧老道案始末》，《文史资料选编》第39辑，北京出版社1990年版，第203—221页。常人春，北京史地专家，原地安门外火德真君庙方丈田子久记名弟子，20世纪80年代曾挂单于北京白云观。此文改名《白云观活烧老道案》又被《中国近代另类丑恶亲历见闻档案》（河北人民出版社）收录。卿希泰先生主编的《中国道教史》（第四卷修订本）根据常人春一文，对安世霖以及白云观惨案做了概述（四川人民出版社1996年版，第289—299页）。最近佟洵编著的《道教与北京宫观文化》一书根据常人春、卿希泰前书以《安世霖与一场奇特的"纵火案"》对此又做了介绍，但是疏漏、误读之处亦有不少，如误以为许信鹤直接收白云观事件之前就参与控诉安世霖的行动（参见该书，宗教文化出版社2008年版，第394—398页）。

② 参见许英华《北京道士火烧白云观安世霖、白全一亲历记》，《文史资料选编》第48辑，中国文史出版社2002年版，第155—166页。许信鹤为道名，许英华为其本名。此文系陈子坚1965年据许氏回忆整理。后略有删改，曾公开发表（《白云观发生的焚烧住持案》，《纵横》2003年第5期）。最近陆安依据常人春的研究又撰文《白云观火烧老道案》（《档案天地》2007年第2期），对此案有所介绍。高万桑在研究北京道士时曾采访过常人春，并对此案亦有所提及。参见 Vincent Goossaert, *The Taoists of Peking, 1800 - 1949—A Social History of Urban Clerics*, Cambridge: Harvard University Press, 2007, pp. 177 - 181。值得注意的是，高万桑还利用了北京市档案馆馆藏北平市社会局（J2-8-163、J2-8-565、J2-8-1342）、警察局（J181-22-12524）的部分档案，对20世纪40年代白云观的诉争有简略的介绍，他讨论的重点在于道观领导者的权威与魅力。

③ 关于此案的原因，该书认为田子久借日伪势力常滋事挤压安世霖与白云观，这种教内冲突是酿成事后惨案的"火种"，许信鹤、杜信灵等人的行动乃是出于田子久团伙的挑唆（参见李养正《新编北京白云观志》，宗教文化出版社2003年版，第30—31页）。在谈到清规榜时，该书注意到了清规与法律之间的矛盾，认为"凶道杜信灵等滥用"清规（第332页），在介绍安世霖时，亦称杜信灵等人为"歹徒"（第386页）。在介绍安世霖时，《新编北京白云观志》亦仅称其为监院（第386页）。

④ Vincent Goossaert, *The Taoists of Peking, 1800 - 1949—A Social History of Urban Clerics*, Cambridge: Harvard University Press, 2007, p. 19。关于安世霖的生年，该书亦认为是1901年，实则有误。

⑤ Ibid., p. 181.

家法律对寺庙的法律以及政府对宗教事务管理不当的结果①。在以上研究的基础上，根据北京市档案馆馆藏相关档案来看，1946年白云观惨案实乃1940年以来白云观内部矛盾冲突不断激化下的不幸结果，它不仅牵涉道教派系冲突、庙产纠纷等问题，也与近代政治、道士的社会角色、道教革新等问题息息相关。因此，本章从白云观惨案为什么会发生这一问题出发，力图从较长的时期，对20世纪40年代白云观诉争作较全面与深入的阐释，冀希有助于加强近代变动时代下政治、道教与道士的角色与命运的研究。

第一节 夺观

白云观惨案肇始于1940年白云观知客朱宗玉②等人迫令安世霖③还俗之纷争。关于此事件，许信鹤在回忆中提及朱宗玉等人系按照《太上清规》迫令安世霖还俗，并逐出观外，但是安世霖贿赂主管机关之一的北京

---

① 高万桑在利用部分档案以及常人春、张修华等资料的基础上，对围绕安世霖的诉争作了极为精要的介绍（Vincent Goossaert, *The Taoists of Peking, 1800-1949—A Social History of Urban Clerics*, Cambridge: Harvard University Press, 2007, pp. 177-181）。
② 朱宗玉1940年32岁，河北人，属于龙门派，在吉冈义丰1940年的调查中，朱宗玉排名仅次于安世霖，在观号数为2，列三名知客之首（朱宗玉、李法全、全一）。参见〔日〕吉冈义丰《白雲觀の道教》，新民印书馆1945年版，第112页，"民国二十九年住观道士表"。在吉冈义丰的记载中，主谋者并非朱宗玉，乃是田某（《白雲觀の道教》，新民印书馆1945年版，第214页）。在1950年镇反运动中，朱宗玉在黑龙江被以"道教反动道首"名义镇压，参见《爱辉区宗教——建国后的宗教工作》（http://aihuiqu.mofcom.gov.cn/aarticle/gaikuang/200509/20050900426795.html）。该表中号房数分别为3、5、6的李法全（正月初六日）、吕至清（正月二十三日）、李崇一（十二月二十日）在纷争前后销号他去。
③ 许英华介绍道："安世霖字泽普，河北省房山县人，16岁时出家，是该县黑龙观的'念经道士'，后来在白云观挂单，遂长住此观。安为人聪明伶俐，办事有权术，骗得老方丈陈明霖的青睐，陈常交他办一些事。时间久了，安世霖升为白云观监院之职，看到陈明霖年衰多病，不大问事，他就借机把白云观的重要事情都把持在手中。"参见许英华《北京道士火烧白云观安世霖、白全一亲历记》，《文史资料选辑》第48辑，中国文史出版社2002年版，第156页。

特别市公署社会局，反把朱宗玉等20多个道士逐出，复做了住持①。考察既有档案，本章认为1940年朱宗玉等人逐安氏之举实启白云观惨案之端。

1940年4月4日下午七时许，白云观知客朱宗玉、乔清心②等人在四御殿击"天尊板"，他们集合全体道众150余人"按照宗教上之正当仪法"将安世霖纠出，并质问其种种罪状，在安世霖"当时俱经承认"之后，朱宗玉等人对其施以道律处分：以香尺戒板施以击打，并剪去安世霖之发髻③。此举意味着安世霖被道众迫令还俗，从此与白云观无涉，而其监院一职亦随后被道众推选的朱宗玉所代替。当朱宗玉等人执行《太上清规》时，被视为安世霖之党羽者——白云观知客白全一则逃至警察局声称"道众行凶，殴打住持"④。随即警局派人赴白云观捉获乔清心等人，而朱宗玉"情虚畏罪，潜由菜园逃脱"⑤。在警察局、社会局介入并将此案送交法院办理后，安世霖恢复自由，并重新担任了白云观监院兼住持。4月16日，社会局局长张水淇发布告令："观内各道士务须恪守庙规，安分居住，倘有被人鼓惑再蹈覆辙，定行从严惩办不贷。"⑥ 5月7日，安世霖据社会局

---

① 参见许英华《北京道士火烧白云观安世霖、白全一亲历记》，《文史资料选辑》第48辑，中国文史出版社2002年版，第159页。常人春先生对此事件误作1942年，称系"东北派的道士在观内举事，联合道众，将安世霖从方丈室扭出痛打，并将他的道冠剪掉，强迫他还俗"。参见常人春《白云观活烧老道案始末》，《文史资料选编》第39辑，北京出版社1990年版，第208—209页。安氏自己对此事件有过描述："朱宗玉、乔清心、赵崇久喝令将霖群殴，复强行剪去发髻，囚拘暗室，彼等遂自行推举朱宗玉为监院，擅行职权。"（安世霖：《白云观住持安世霖为整饬观务声明书》，1940年5月5日，北京市档案馆藏，书号：ZQ4-1-1510，第5页，全书不标页码，作者自编）高万桑曾对朱宗玉的行动做了简略的介绍，但是把时间误为5月3日（Vincent Goossaert, *The Taoists of Peking, 1800-1949—A Social History of Urban Clerics*, Cambridge: Harvard University Press, 2007, p.178）。

② 乔氏时年32岁，山东人，为华山派（参见［日］吉冈义丰《白雲觀の道教》，第112页）。1943年在黑龙江时，适逢沈阳太清宫金诚泽方丈在双城县无量观开坛放坛，乔乃入戒坛受"三坛大戒"。后任西安八仙宫监院，中国道教协会第一、二届副会长。参见孙高苑《缅怀乔清心道长》，《中国道教》1994年第2期，第41—42页。

③ 参见《为白云观已革住持安世霖违抗法令延不离职仍擅自以住持身分在观任意妄为申请迅予重惩办以申功令由》，1941年，北京市档案馆馆藏北平市社会局档案，档号：J2-8-1342。

④ 同上。

⑤ 安世霖：《白云观住持安世霖为整饬观务声明书》，1940年5月5日，北京市档案馆藏，书号：ZQ4-1-1510，第5页。

⑥ 《北京特别市公署社会局布告第十一号》，1940年5月3日，北京市档案馆馆藏北平市社会局档案，档号：J2-8-1342，第12页。

第五章 安世霖的悲剧:1946 年白云观火烧住持案　231

训令开具革条,将朱宗玉等滋事之 21 人"一律开革驱出庙,永不复入"①。尽管朱宗玉、乔清心、赵崇久避往他处,但是北京地方法院仍对其提出公诉。

朱宗玉等人为何要"武力逼迫"安世霖退位?据安世霖所云,乃是售地与粮食两个"小问题"。由于朱宗玉等为首者事后逃走,于此事并无留下言辞。根据次年控诉安世霖盗卖庙产的道众的介绍,朱宗玉等人控诉安氏罪状略如下数端:

一曰食粮问题。朱宗玉等人称安世霖身为一观住持,不能与道众同甘共苦,"乃自行饮酒吃肉,杯盘罗列,而道众等所食者则有一半谷粒在内",上下悬殊,故不得不群起质问②。

二曰盗卖庙产。反对安世霖的道士们认为,出家人不能从事物质生产,本应力守清贫。时各地水旱天灾农民饿死者数见不鲜,出家人此时应安贫守分,且跪祷斯民祝福,或办理慈善救济事业,而安世霖却以"香火地租收入日渐颓微"之故出而募捐,甚至卖房卖地以增加收入,倒行逆施③。如盗卖崇外四块玉地 20 亩余,卖洋 9000 余元,盗卖外三

---

① 《本观革条原文》,1940 年 5 月 7 日,安世霖《白云观住持安世霖为整饬观务声明书》,1940 年 5 月 5 日,北京市档案馆藏,书号:ZQ4-1-1510,第 13 页。开革名单如下:朱宗玉、乔清心、赵崇久、田明礼、田礼普、赵德恒、杨来明、暴圆贵、赵永志、刘圆会、陈明慧、王礼钧、李诚光、杜圆钧、王圆三、李至一、李至会、刘永绪、田信太、郭尚春、杨明太。在吉冈义丰"民国二十九年住观道士表"中,共有 23 人被革除永不复入:朱宗玉、田明礼、李至(吉冈义丰书中写为"玉",下同)一、赵崇久、王礼钧、刘永绪(续)、杨明太、暴圆(元)贵、杜圆(元)钧、李诚光、赵永志、田信太(泰)、陈明慧、李至会(玉慧)、王(丕)圆三、郭尚春、乔清心、田礼普、杨来(阳荣)明、蒋信钟、赵诚璧、张明雨、刘坐洞。与安世霖的革条相比,吉冈的记载多了蒋信钟、赵诚璧、张明雨、刘坐洞四人,少了赵德恒、刘圆会(不知道是否即为赵诚璧、刘坐洞)二人。根据吉冈的记载,这 23 人中,除了郭尚春(三丰派)、刘坐洞(金山派)、乔清心(华山派)、田礼普(华山派)、杨(阳)来明(蓬莱派)5 人外,其余 18 人均为龙门派,没有正一派道士参与其中。后来参与诉讼的范明证亦是龙门派。这 23 人中,山东人有乔清心、田明礼、王礼钧、刘永绪(续)、杜圆(元)钧、李至(玉慧)、杨来明(阳荣明)7 人;陕西、绥远、河南、甘肃、奉天各 1 人(分别为杨明太、李诚光、赵永志、丕圆三、蒋信钟),其余 11 人均为河北人,并且领头人朱宗玉亦为河北宁河人。参见[日]吉冈义丰《白雲觀の道教》,新民印书馆 1945 年版,"民国二十九年住观道士表",第 112—120 页。

② 参见《为白云观已革住持安世霖违抗法令延不离职仍擅自以住持身分在观任意妄为申请迅予重惩办以申功令由》,1941 年,北京市档案馆馆藏北平市社会局档案,档号:J2-8-1342,第 107 页。

③ 同上。

区铁辘轳把房屋 30 余间，卖洋 10500 元①。

对于这些指控以及朱宗玉等人的行动，安世霖则认为："朱宗玉等数人纵其野心，觊觎权位，蛊惑道众，假借售地粮食之两小问题，遽欲推翻祖训，强霖退职，私相授受，迫以强权，何其凶且愚也。"②

对于道众口粮粗劣的指控，安世霖强调并非有意苛待，实乃"水旱成灾""各处禁运"等情势所迫，劣米亦不易可得③。

对于盗卖崇外四块玉地以及外三区铁辘轳把房屋的指责，安世霖为自己做了辩护，强调均为社会局同意之举。为何要卖四块玉地呢？安世霖称四块玉地被他人做官地买卖，经其向官府请求，费尽心力始得物归原主。据安世霖提供的相关证据表明，所述情况当系属实。④ 由于这些地"多年来弃置无用，恐将来再生事端，故将其变卖"⑤。外三区铁辘轳把 83 院属于白云观下院玉清观所有，由于房屋收铺的牵制，多年来已经丧失所有权，月得租银三两余，所得极微且形同废墟，无法修理，因此在呈准社会局同意后，安氏将其变卖，是化废弃为有用，并非盗卖庙产："正化废弃为有用，非霖之私卖庙产也。且事前已呈准官府批示遵行，更非霖之盗卖也。今彼等竟籍此为第二之质问，岂不更可笑耶？"⑥

在安世霖看来，朱宗玉等人为何欲图将自己驱逐呢？关键是朱宗玉因侵占捐款过多，无法交代，故欲图去安自任监院以渡过此难关。1938 年 8 月，安世霖以庙房损坏、地亩湮没、生活维艰为由向伪北京市公署呈请批准白云观道士"赴满洲国募化捐款"，同年 8 月社会局通知安世霖照准。随同募捐的有安世霖、朱宗玉、赵崇庆、李高西四人。募捐成效如何？据安世霖自言共得捐款 6004.70 元。安世霖指责朱宗玉将募捐成效概认系己之功，且对于款项之使用毫无预算，任意处分，致使白云观在油饰各殿时

---

① 参见《为白云观已革住持安世霖违抗法令延不离职仍擅自以住持身分在观任意妄为申请迅予重惩办以申功令由》，1941 年，北京市档案馆馆藏北平市社会局档案，档号：J2-8-1342，第 100 页。
② 安世霖：《白云观住持安世霖为整饬观务声明书》，1940 年 5 月 5 日，北京市档案馆藏，书号：ZQ4-1-1510，第 3 页。
③ 同上书，第 3—4 页。
④ 参见《北京特别市财政局布告第 5503 号》，1939 年 11 月，收入《白云观主持安世霖为整饬观务声明书》，1940 年 5 月 5 日，北京市档案馆藏，书号：ZQ4-1-1510，第 10 页。
⑤ 安世霖：《白云观住持安世霖为整饬观务声明书》，1940 年 5 月 5 日，北京市档案馆藏，书号：ZQ4-1-1510，第 4 页。
⑥ 同上。

第五章　安世霖的悲剧：1946年白云观火烧住持案　233

费款甚多，"除募来之净余款洋外，尚枉费三千余元"。并且，朱宗玉"复勾结乔清心等从中侵占一千三百十五元，共计朱宗玉经手款洋虽共数六千余元，然因其上述行为，本观反赔出六千余元"①。不仅如此，安世霖还指责朱宗玉逃走前，"向本观帐房冒支洋一百八十元，更向天津张若水道兄以霖名义，借洋六百元"②。朱宗玉是否侵占募捐款项，实际上只是安世霖的一面之词，当北京地方法院决定对朱宗玉、乔清心、赵崇久等人提出公诉时，在所列的犯罪事实中并没有提及此点。然而，对于朱宗玉在白云观账房支洋180元及以安世霖名义借款600元之举，检察官认为侵占诈欺毫无疑义③。

双方在前述盗卖庙产等事件中各执一词，不仅如此，在事后多起控告安世霖盗卖庙产案中，此两处庙产问题亦多次被牵涉在内。事实上，从手续上来看，正如安世霖所称，其并非盗卖，实际上得到了社会局的同意。然而，社会局同意是否就意味着合法呢？实则不然。按照《监督寺庙条例》第八条"寺庙之不动产及法物非经所属教会之决议并呈请该管官署许可，不得处分或变更"④之规定，安世霖变卖四块玉地以及铁轱辘把房屋并没有经过道教会通过此项变卖，为何如此呢？抗战胜利后社会局的调查专员则认为是安世霖与时任伪社会局局长张水淇勾结有关："乃奉伪社会局命令，惟依《监督寺庙条例》，处理庙产须道教会通过此项变卖，未经此手续，似可说明安与张水淇之关系。"⑤

除了庙产与粮食两问题之外，朱宗玉等人反对安世霖的重要理由是其擅改清规榜。清规榜乃白云观中执事人员之组织大纲也，朱宗玉等人强调，出家人修道虽不能直接从事物质生产，但是其动见观瞻，实为一般民众之表率，因而"十方丛林之组织在理实犹应为一般组织之楷模"。在朱宗玉等人看来，安世霖显系犯有狂妄之罪，通过创设教育班，从而改变十方丛林之大同性质，将白云观变为自己一人支配之寺庙：

  丛林之组织向为大同性质，选贤与能，传法授座，后世艳称尧舜

---

① 安世霖：《白云观住持安世霖为整饬观务声明书》，1940年5月5日，北京市档案馆藏，书号：ZQ4-1-1510，第4—5页。
② 同上书，第5页。
③ 参见《北京地方法院检察官起诉书》，1940年5月9日，北京市档案馆馆藏北平市社会局档案，档号：J2-8-1342，第13页。
④ 北京市档案馆编：《北京寺庙历史资料》，中国档案出版社1997年版，第6页。
⑤ 《社会局呈文北平市政府调查张教全控告安世霖情形文》，1946年8月20日，北京市档案馆馆藏北平市社会局档案，档号：J2-8-1342，第367页。

时代之禅让政治，而丛林中实即有此精神在也。乃安世霖竟将此种精神根本抹杀，以逞其独裁手段，观其自撰《白云观全真道范》一书全真修道进行程序栏内第五项载："一切任职道众，如有特殊劳绩及才品超群者，经本观教育班管理处证明后，概由住持指定升转，不拘年限、地位。执事、副执劳绩才品特殊者，亦由住持指定升转，余人不准干涉"等语。而教育班简章第三条载："本班设主任一人，综理其事，由本观住持兼任"。是观中一切用人行政俱由安世霖一人大权独揽，别人更毫无参与之余地，是大同制之十方丛林，完全成为一人支配之私庙矣。以事实观之：白云观于前数年间住观道士不小二百余人，至今不过数十余人，其老于观事者悉遭驱逐，因而观中一切珍贵法器尽可由安世霖任意变卖，毫无顾忌。故清规榜之擅改，实为安世霖一切盗卖行为之张本。①

1940年初，安世霖在白云观成立了教育班，令道众学习四书五经以及道教史。根据《白云观全真道范》之规定，观内道众的晋升亦必须通过教育班管理处之证明，班主任规定由住持，也就是由安世霖自任。对于白云观大同选贤的十方丛林行政而言，白云观的用人行政毫无疑问则被安世霖一人大权独揽。因此，如果单纯从安世霖的辩白来看，似乎朱宗玉等人的反对理由仅仅是为了庙产以及安世霖苛待道众生活等"小问题"，实际上关于擅改清规榜的质疑表明朱宗玉等反对者对安世霖白云观住持一职的合法性提出了挑战②。

如何成为白云观合法的住持？

本书第三章曾介绍了小柳司气太实地调查中发现的五条标准，如曾获天字第一号戒徒身份、曾在白云观任高职、在各省任方丈、年龄在四十岁以上及并未犯清规。

安世霖是否具备小柳司气太所记之标准呢？以史事来看，安氏并不符

---

① 《为白云观已革住持安世霖违抗法令延不离职仍擅自以住持身分在观任意妄为申请迅予重惩办以申功令由》，1941年，北京市档案馆馆藏北平市社会局档案，档号：J2-8-1342，第101—102页。高万桑曾注意到这个18页的文件，但是没有进一步的分析（Vincent Goossaert, *The Taoists of Peking, 1800-1949—A Social History of Urban Clerics*, Cambridge：Harvard University Press, 2007, p. 179）。

② 在介绍安世霖时，《新编北京白云观志》亦仅称其为监院（第386页）。高万桑曾指出从一开始在很多人看来，安世霖缺少合法性，尽管他自称方丈且看上去确实具有领导能力、魅力与文化（Vincent Goossaert, *The Taoists of Peking, 1800-1949—A Social History of Urban Clerics*, Cambridge：Harvard University Press, 2007, p. 177）。

合条件。首先，安世霖并不具备有天字第一号之传戒资格①。根据北平道教会的调查，1927年传戒时的天字号系"崂山周理鹤"而非安世霖②。其次，须在各省任过方丈这一履历，安世霖亦并不具备。据1936年白云观下院玉清观庙产登记史料可知，安世霖1914年出家，时年12岁③。在朱宗玉殴打事件之后，安世霖发表了《白云观住持安世霖为整饬观务声明书》，其中谈到自己在白云观的履历："霖自民国十年入居白云观，于十六年被任为知客，复继任总理，二十四年十一月二十八日经陈方丈委为监院，至民国二十五年二月二日，陈方丈始行羽化。"④ 由此可知，安世霖并未有任职方丈之履历。最后，就年龄而言，陈方丈1936年去世时，安世霖亦只有34岁，至1941年时亦不过39岁，实不符合年四十之规定⑤。

那么安世霖是何时、究竟如何"升任"住持的呢？是否得到公认呢？从安世霖自己的相关言论亦可发现其中的破绽。首先，安世霖升任住持的时间问题。已有回忆提到安世霖聪明伶俐，办事有权术，因此在陈明霦病卒之前就被升为白云观监院⑥。何时成为住持的呢？安世霖指出其任监院

---

① 参见张修华《我和天后宫》，《天津文史资料选辑》第19辑，天津人民出版社1982年版，第198页。
② 参见《北平道教会七月十七日议事录抄件》，7月17日，北京市档案馆馆藏北平市社会局档案：档号：J2-8-163，第166页。
③ 参见《玉清观人口登记表》，1936年10月1日，北京市档案馆馆藏北平市社会局档案：档号：J2-8-565，第54页。常人春、许英华的介绍称安世霖16岁出家为道，初在原籍房山县黑龙观做"念经道士"，1927年当前任方丈陈明霦传戒时，安氏以戒子来白云观受戒（参见许英华《北京道士火烧白云观安世霖、白全一亲历记》，《文史资料选辑》第48辑，中国文史出版社2002年版，第156页；常人春《白云观活烧老道案始末》，《文史资料选编》第39辑，北京出版社1990年版，第206页）。除误记安世霖的出家时间外，对其出家地点所述亦不确切，吉冈义丰指出当为"宛平县黑龙关龙王庙"，度师为王兴有（参见［日］吉冈义丰《白雲観の道教》，第112页），此说与档案符合。
④ 安世霖：《白云观住持安世霖为整饬观务声明书》，1940年5月5日，北京市档案馆藏，书号：ZQ4-1-1510，第3页。
⑤ 参见《安世霖陈被诬告原委文》，1941年4月14日，北京市档案馆馆藏北平市社会局档案，档号：J2-8-1342，第61页。据此可知安氏生于1903年，常人春先生认为生于1901年（参见常人春文，第206页），李养正《新编北京白云观志》称生于1902年（第386页）似有疏漏。高万桑根据档案正确地指出了陈明霦去世时间为1936年2月24日，但是误称时年安世霖为35岁（Vincent Goossaert, *The Taoists of Peking, 1800-1949—A Social History of Urban Clerics*, Cambridge: Harvard University Press, 2007, p.177）。安世霖在呈文中明确称其34岁。参见《白云观道士安世霖呈：呈报住持陈明霦羽化由伊接管庙务，附具保结请鉴核批准由》，1936年3月16日，北京市档案馆馆藏北平市社会局档案，档号：J2-8-163，第114页。
⑥ 参见许英华《北京道士火烧白云观安世霖、白全一亲历记》，《文史资料选辑》第48辑，中国文史出版社2002年版，第156页。

的时间是1935年11月28日,任住持是在陈明霦羽化之前半月即1936年正月十五日①。然而到了1946年9月22日,安世霖发表《北平白云观住持安世霖迭遭诬陷节略》时,将自己接充住持的时间提前到了1935年。他称自己继承陈明霦之衣钵,"于民国二十四年继充白云观住持"②。

1945年4月24日,伪社会局曾召集白全一等维持观务的白云观道士问话(因安世霖涉及妨碍道众自由案被暂停住持职务),作为安世霖心腹的白全一、赵崇一等人称安世霖升任住持的时间是1936年,并云安世霖接观一年余,陈方丈才羽化③。安世霖以及他的支持者对其任住持时间的描述前后不一,在笔者看来,个中虽或有记忆疏漏等客观原因,然而更可能反映了他们的微妙态度。

更重要的问题是,安世霖究竟是如何获得住持之位呢?安世霖称是被陈明霦授予住持之位:

> 先法师于羽化之前半月授霖以住持,当邀集本教各界声明后,师弟摄影,霖侍立时,命持引磬,意谓本教薪传若此磬之音声绵续,足徵先师于本教关垂之切,对霖期望之殷。回首五年,音容如在,缅溯师恩,悲梗无亟,爰志其颠末,以示追远之思。时为民国二十五年正月十五日也。④

白全一等人在社会局问话时,也强调安世霖是由陈明霦方丈委派:"二十五年承陈方丈之委派为住持,全体道众一直通过送座,有其接任住持时之法帖可证。安世霖接观一年余,陈方丈羽化。"⑤对于白云观继承习惯,能否师传徒受呢?安世霖自己也不得不坦承不许:"敝观向承祖师遗训以道为公,而私意不许授徒,以观为公,而传位首重德行,是以历代相

---

① 参见安世霖《安世霖师徒合影照片题记》,《白云观住持安世霖为整饬观务声明书》,1940年5月5日,北京市档案馆藏,书号:ZQ4-1-1510,第2页。李养正先生曾提及监院亦称住持,俗称当家的。如果监院亦称住持的话,那么安世霖根本就不必说民国二十四年(1925)被任监院,二十五年(1926)又任住持。
② 安世霖:《北平白云观住持安世霖迭遭诬陷节略》,1946年9月22日,北京市档案馆藏北平市社会局档案,档号:J2-8-1342,第300页。
③ 参见《社会局询问笔录》,1945年4月24日,北京市档案馆藏北平市社会局档案,档号:J2-8-1342,第172页。
④ 《安世霖师徒合影照片题记》,《白云观住持安世霖为整饬观务声明书》,1940年5月5日,北京市档案馆藏,书号:ZQ4-1-1510,第2页。
⑤ 《社会局询问笔录》,1945年4月24日,北京市档案馆藏北平市社会局档案,档号:J2-8-1342,第172页。

第五章　安世霖的悲剧：1946年白云观火烧住持案　　237

承，概由方丈举贤任能，询谋金同，始行立案，非如他庙之由私意授受，遽行成立。"①白全一等人亦云必须经过公选："白云观是龙门派，十方传法，不分派别，经大家公选，以法高望重、修持、经学均佳。"②

虽然安氏在师徒合影照片题记中强调其任住持系陈明霦法师去世前半月所授，且"命持引磬"有薪火相传之意，但是，是否经过本观乃至本派道众公推呢？安世霖只是强调"邀集各界声明"。而白全一等人亦云安世霖所任住持乃是陈明霦之委派，虽然全体道众"送座"且有接任住持之法帖，问题是这"全体道众"实则不能因此就代表了全真派。正是如此，常人春虽然肯定安世霖亦为白云观做过一定成绩，但是在谈到安世霖之继任住持问题时，亦认为有违祖制："本来十方丛林制度，方丈死后另选新人，徒弟不能继承，陈方丈写给他的'方丈法'也是有违祖制的。"③

对于安、白等人所强调的安世霖所任住持乃系出于前任方丈之亲授的说法，张修华在回忆中不以为然："（安世霖）根本不够作方丈的资格，是前任老方丈陈明霦在病重临死前，安硬逼着陈写'方丈法'（类似遗嘱）传他作方丈的。"④许英华在回忆中则称，安世霖是乘陈方丈羽化之后无人主持之际，勾结观中督管白全一自动代理白云观的住持，并且安世霖自知如果按程序来，他根本没有当选的可能，因此便以种种借口推延和阻滞正式住持的选举，借着和白全一的紧密勾结及外边结交的显要的援助，长期以监院代理住持。时间一长，他竟自称起住持来⑤。在驳斥朱宗玉以清规迫令还俗并去安自任监院一节，安世霖强调："是以被选继任监院者苟非违反清规，破坏观章，概不许洁己自退，更不许任人更代。诚以委托任重，稍有业胜贻害全观，可不慎哉？"⑥在此，安世霖所强调不能所去者乃是监院而非住持，由此可印证前述结论，即安世霖住持之职确有违祖制。考之于实情，陈明霦去世后，安世霖实乃以监院兼代住持，社会局、北平

---

① 安世霖：《白云观住持安世霖为整饬观务声明书》，1940年5月5日，北京市档案馆藏，书号：ZQ4-1-1510，第3页。
② 《社会局询问笔录》，1945年4月24日，北京市档案馆馆藏北平市社会局档案，档号：J2-8-1342，第173页。
③ 常人春：《白云观活烧老道案始末》，《文史资料选编》第39辑，北京出版社1990年版，第207页。
④ 张修华：《我和天后宫》，《天津文史资料选辑》第19辑，天津人民出版社1982年版，第198页。
⑤ 参见许英华《北京道士火烧白云观安世霖、白全一亲历记》，《文史资料选辑》第48辑，中国文史出版社2002年版，第156页。
⑥ 安世霖：《白云观住持安世霖为整饬观务声明书》，1940年5月5日，北京市档案馆藏，书号：ZQ4-1-1510，第3页。

道教会亦曾驳斥了安世霖所请接任住持中的错误。在一场住持危机之后，安世霖的任职才被社会局认可①。

第二节 缠讼

当朱宗玉等20余道士被安世霖开革后，虽然社会局也发布公告以资震慑，但是结果并非能如安世霖之所愿，白云观并没有因此平静，反而卷入了更大的风波之中。

在被革除后，李至慧、刘永续②等人向伪华北政务委员会内务总署控告安世霖盗卖观产破坏清规。1940年12月6日，内务总署训令北京道教会彻查。12月14日，崇文门外南岗子白云观下院玉清观监院范明证③等12人亦向内务总署控告安世霖盗卖白云观以及玉清观之庙产④。在获悉范明证等人控告后，12月18日、31日，安世霖先后两次推派白全一、李崇一等数人，偕同日本律师及翻译前往玉清观，限期勒令范明证等离观不准兴讼，否则驱逐出庙，范明证等人遂以安世霖、白全一等人妨碍自由等罪向北京地方法院起诉⑤。围绕盗卖庙产与妨碍自由两大问题，安世霖再次成为道众必欲去之的目标，而白云观亦陷入接收风潮。

当李至慧、李至一等人控告安世霖盗卖庙产、伪造文书（指道教规范）时，安世霖则反诉二人诬告，结果法院判决均不起诉⑥。纷争之解决除了司法途径，另外也不得不依赖行政的力量。按照华北政务委员会的规

---

① 关于安世霖兼代住持的详情以及白云观20世纪30年代的住持危机，参见本书第三章。
② 此前被革名单上书为李至会、刘永绪。
③ 范明证，河北河间人，为龙门派，在山西大同北岳庙出家，1940年时46岁（参见［日］吉冈义丰《白雲觀の道教》，第113页）。约在1943年赴内蒙古任太清宫住持，有"神医"之称，又因其举止不俗，仙风道骨，经常舍粥放衣，救助穷苦百姓，更是深得众望，人称"老当家的"。抗日战争时期，太清宫和归化城的几座道观曾经是地下党和抗日组织的联络点和集会处，范明证率弟子多次掩护抗日游击队队长高凤英等人和"绥远抗日救国会"的人员脱险，有数名道教弟子先后被日本宪兵队逮捕杀害，还有十几名道士参加了抗日游击队（http://www.northnews.cn/news/2007/200706/2007 - 06 - 28/91728.html）。新中国成立后，范明证曾与乔清心一道当选为第一届道教协会理事。
④ 参见《河北高等法院刑事判决书》，1942年6月22日，北京市档案馆馆藏北平市社会局档案，档号：J2 - 8 - 1342，第177页。
⑤ 同上。
⑥ 1940年8月24日，北京地方法院判决对双方互诉均不起诉。参见《北京地方法院检察官不起诉处分书》，1940年8月24日，北京市档案馆馆藏北平市社会局档案，档号：J2 - 8 - 1342，第322页。判决书中称安世霖的身份为白云观监院。

第五章 安世霖的悲剧:1946年白云观火烧住持案 239

定,北京地区宗教事务的最高管理机构为华北政务委员会内务总署(礼俗局),而北京特别市的管理机构为北京特别市公署社会局第一科(风化宗教股)①。关于李至慧等人指控安世霖盗卖庙产,在经过一番调查后,1941年3月,华北政务委员会内务总署认为安世霖有不法变卖观产行为以及窃取背信侵占等罪嫌疑,因此华北政务委员会的态度是:第一,安世霖收得房地价款有无侵占以及原卖契约应否无效涉及司法,应由内务总署将此案移送地方法院依法处理;第二,应由北京道教会组织清查委员会彻底清查白云观法物及房地契据;第三,在此案未解决以前,应准许道教会推选全真道士暂行代理住持职务以维持现状②。

据此,北京道教会曾呈文内务总署称,定于1941年4月9日接替白云观住持,请求总署派员监视并咨行北京特别市公署转令社会、警察两局妥为保护。对此总署批令:"除由本署派员前往监视接交外,已咨请北京特别市公署转社会局令知白云观住持安世霖,在本案未解决以前,暂行停止白云观住持职务预备交接手续,并转饬警察局派警妥为保护矣。"③

接收的情况如何呢?有史料记载云:"北京道教会遵即于四月九日派员前往接收,届时并经内务总署科长王仲哲、张翰藻到观指示一切,唯接收人员等,到观后未及两小时即怏然而返,当时情节,外人未能详知,唯据该安世霖表示,此种接收绝不合法,碍难交待。"④

为何会有接收之举呢?接收为何却铩羽而归呢?有研究与回忆均提到正一派与全真派的道教内部矛盾冲突乃是导致接收的重要原因。1941年,出于利用道教为其侵略服务的目的,由"兴亚院"下令,伪华北政务委员会成立了华北道教总会,在伪内务总署监选下,前国务总理靳云鹏为华北道教总会会长,田子久为副会长⑤。由于两派素有积怨,对于田子久之任华北道教总会的副会长,安世霖非常不服气,于是下令白云观一百多

---

① 参见兴亚宗教协会编《华北宗教年鉴》(第一版),第710、712页,载《民国佛教期刊文献集成》第94卷,全国图书馆文献缩微复制中心2006年版,第242、244页。
② 参见《为白云观已革住持安世霖违抗法令延不离职仍擅自以住持身分在观任意妄为申请迅予重惩办以申功令由》,1941年,北京市档案馆藏北平市社会局档案,档号:J2-8-1342,第97页。
③ 同上书,第98页。
④ 同上。对于接收过程详细的描述,可参见张修华的回忆,第197—198页。
⑤ 田子久(法名田存续)为正一派道士,然常住在白云观下院地安门火神庙并任住持,由于靳云鹏仅为挂名而已,实权落在田子久的手里。参见张修华《我和天后宫》,《天津文史资料选辑》第19辑,天津人民出版社1982年版,第196—197页;常人春《白云观活烧老道案始末》,《文史资料选编》第39辑,北京出版社1990年版,第205页。

名常住的道士谁也不准加入道教总会，否则立即予以"启单"，即驱逐出庙。同时，安世霖还千方百计地拉拢正一派道士张子余等，大挖田子久之墙脚。另外，他将白云观大批古物盗出，送给曾任日伪维持会会长的江朝宗，以为靠山。正是如此，田子久毅然采取了对策，借口白云观是华北道教祖庭，经呈请华北政务委员会委员长王揖唐批准，以白云观为道教总会会址，规定日期由道教总会接管①。

前述回忆与研究对于斯时北京道教界内部矛盾之描述大体属实，然则据档案史料可知，具体接收白云观的并非华北道教总会，而是北京道教会。对于全真、正一两派矛盾，华北政务委员会内务总署在下令接收时并未提及，接收原因仅强调田子久欲图将白云观改为华北道教总会会址，忽视了白云观被革道士等控诉安世霖的行动。然而，前述回忆与研究所提到的教派矛盾亦确系实情。

在安世霖看来，道教会为田子久所操纵，且白云观道众并非会员，因此关于白云观的纠纷，道教会无权牵涉其中。"该会组织向不健全合法，只该田子久一人操纵全会，此实不可掩之事实。查白云观乃本市大观，道众最多，该会会员并无本观之人参加，即与本观不生关系。该会弃置主管官署竟越级呈请。"② 为何道教会有接收之举呢，1941年4月14日，安世霖强调在朱宗玉事件后，北京道教会③利用此可乘之机，"遂将该不法道人以及住观不守清规被革之一般道众尽量收拢，操纵指示"，以盗卖庙产为名，勾串范明证等人到处控诉，是"谋夺白云观野心不死"④。在安世霖看

---

① 参见张修华《我和天后宫》，《天津文史资料选辑》第19辑，天津人民出版社1982年版，第197页；常人春《白云观活烧老道案始末》，《文史资料选编》第39辑，北京出版社1990年版，第206页。
② 《安世霖续陈探明田子久诬构真相文》，1941年8月14日，北京市档案馆馆藏北平市社会局档案，档号：J2-8-1342，第10页。1940年10月13日，日伪"华北道教总会筹备会"成立，常委员11人中，有田存绪、门至三、安世霖等，管理人为田存绪（字子久，年43岁，现任北京市道教会会长）。目的是"发扬道教，并藉以促进建设东亚新秩序"[兴亚宗教协会编：《华北宗教年鉴》（第一版），第215页，载《民国佛教期刊文献集成》第93卷，全国图书馆文献缩微复制中心2006年版，第231页]。
③ 在华北道教会成立后，时北京道教会会长为门至三，参见许英华《北京道士火烧白云观安世霖、白全一亲历记》，第159—160页。1941年6月25日，据吕祖阁道士段智华称"田子久华北道教总会副会长，于六月十二日往天津青岛等处视察各分会会务等语，约至七月十五日前后才能回归"，北京市档案馆馆藏北平市警察局档案，档号：J181-23-9940，第18页。华北道教会成立时间约在1941年初，门至三当在田子久后继任北京道教会会长。
④ 《安世霖陈社会局被诬原委文》，1941年4月14日，北京市档案馆馆藏北平市社会局档案，档号：J2-8-1342，第2—3页。

第五章　安世霖的悲剧：1946年白云观火烧住持案　241

来，告发人李至慧、刘永绪、范明证等均系白云观被革之不法道人，"该田子久藉北京道教会为护符，勾结庇护上述不法道人肆行侵扰白云观之素志"①。

对于内务总署令由道教会推选全真道士暂行代理安世霖白云观住持职务的态度，安世霖认为"实无异将全真道一体残杀灭掉，世霖虽粉身万死亦不敢承认"②。在接收事件后，对于白云观纷争，当时警察局曾有调查。据与范明证同为白云观下院玉清观道士的靳赴伦称，范明证曾参与朱宗玉、乔清心等率众殴打安世霖的事件，与北京道教会会长田子久甚是亲近。白云观道士系全真派，而田子久系天师派。田子久野心甚大，想借此机会将白云观吞没③。内务总署支持接收白云观的原因，勒赴伦称系内务总署内礼俗局局长王笃功素与安世霖不睦④。据此，警察局认为："此次之纷争由于天师、全真两派相争，各不相下，因以前陈方丈待人宽厚，安世霖接座后，诸事认真，故有一部分道士对安不满意，暗中勾结天师派，意欲将全真派推倒，白云观归天师派所有之意。"⑤

虽然安世霖以及警察局的调查认为接收冲突系天师派意图推翻全真派，并且警察局认为事件的起因乃是部分道士不满意安世霖的整理道观，但本章看来，警察局对安世霖不免多有回护。有回忆曾云，田子久官面上的势力敌不过安世霖，人又胆小，平素对控告安世霖采取旁观态度⑥。实际上，内务总署的接收并非欲图改白云观为天师派所有，而是令北京道教

---

① 《安世霖续陈探明田子久诬构真相文》，1941年8月14日，北京市档案馆馆藏北平市社会局档案，档号：J2-8-1342，第9页。
② 《安世霖陈社会局被诬原委文》，1941年4月14日，北京市档案馆馆藏北平市社会局档案，档号：J2-8-1342，第4页。
③ 参见鞠德荣《调查报告书》，1941年6月1日，北京市档案馆馆藏北平市警察局档案，档号：J181-23-9939，第39页。
④ 参见鞠德荣《调查报告书》，1941年6月1日，第40页。
⑤ 参见鞠德荣《调查报告书》，1941年6月1日，第41页。调查中称"平日安世霖早晚两餐与众道士等同食，并未见其有饮酒情事"。实际上与战后社会局的调查并不一样，后者称嗜酒（参见《社会局呈文北平市政府调查张教全控告安世霖情形文》，1946年8月20日，北京市档案馆馆藏北平市社会局档案，档号：J2-8-1342，第366—367页）。日人吉冈义丰曾问过安世霖是否可以吃鱼肉，安世霖称在庙里我们严守清规，可是一出来，就要松动灵活一些。在庙外要严守清规是不实际的（参见［日］吉冈义丰《道士的生活》，《道协会刊》1983年第1期，第61—62页）。
⑥ 参见许英华《北京道士火烧白云观安世霖、白全一亲历记》，《文史资料选辑》第48辑，中国文史出版社2002年版，第159页。

会推选全真道士暂行代理住持职务以维持现状①。

接收失败的原因，前文已经提及，固因安世霖认为接收系田子久欲图谋夺白云观，自是不肯退让。更重要的是，安世霖获得了日伪政权大佬江朝宗的支持。既有回忆与研究中提到，接收白云观是在华北政务委员会委员长王揖唐的支持下决定的，为保障接收成果，王揖唐令警察局局长余晋和命令西郊警察署派人去弹压。不料风声走漏为安世霖所知。经安世霖转告，江朝宗获悉后大为震怒，说："北京城有我在，无论谁想动白云观一指头都不行！"当即找来余晋和，强令不准配合道教会接收白云观的行动，余被迫收回成命。及至接收人员田子久、孟广慧（鼓楼前烟袋斜街广福观住持）、张修华（天津天后宫住持）等人去白云观接收时，安世霖、白全一声称没有见到公事，根本不予接待。事后得知此次变故乃江朝宗从中作梗，王揖唐又斗他不过，只得让田子久等人返回，故而接收失败②。

据档案史料来看，前述回忆确有其事。华北交通北京建设事务所曾向社会局提交了一份秘密报告，提到在接收时，"西郊警察分局李局长传前市长电话拒绝拨交"③。前市长是谁呢？是江朝宗④。早在陈明霖任方丈时，江朝宗与白云观的关系即极为密切。时人曾有记载云："民国以来，权势压落，然微闻今方丈陈某犹与江朝宗吴炳湘辈称盟弟兄。"⑤ 在安世霖接充监院后，拜江为义父，并将白云观大批古物盗出，送江朝宗以为靠山⑥。在内务总署以及道教会接收白云观时，北京市政府以及社会局却无人协助。许信鹤称原因是北京市政府的秘书长吴某为江朝宗的女婿，"与

---

① 参见《为白云观已革住持安世霖违抗法令延不离职仍擅自以住持身分在观任意妄为申请迅予重惩办以申功令由》，1941 年，北京市档案馆馆藏北平市社会局档案，档号：J2 - 8 - 1342，第 97 页。高万桑曾正确地指出相对于田存续等正一派道士而言，安世霖的敌人中更多的实际上是全真派道士（Vincent Goossaert, *The Taoists of Peking, 1800 - 1949—A Social History of Urban Clerics*, Cambridge: Harvard University Press, 2007, p. 179）。
② 参见张修华《我和天后宫》，《天津文史资料选辑》第 19 辑，天津人民出版社 1982 年版，第 197—198 页。
③ 《关于白云观代理住持安世霖被控案的调查》，1943 年 6 月 12 日，北京市档案馆馆藏北平市社会局档案，档号：J2 - 8 - 1342，第 156—157 页。
④ 北平沦陷初，江朝宗为维持会会长，1937 年 8 月 19 日就职市长，1938 年 1 月 5 日辞职。参见刘苏《民国时期北平历任市长及有关问题》，《档案与北京史国际学术讨论会论文集》上册，中国档案出版社 2003 年版，第 301 页。
⑤ 虞公著《民国骇闻》有《白云观道士》，襟霞图书馆 1919 年版，第 19 页。
⑥ 参见张修华《我和天后宫》，《天津文史资料选辑》第 19 辑，天津人民出版社 1982 年版，第 197 页；许英华《北京道士火烧白云观安世霖、白全一亲历记》，《文史资料选辑》第 48 辑，中国文史出版社 2002 年版，第 157 页；常人春《白云观活烧老道案始末》，《文史资料选编》第 39 辑，北京出版社 1990 年版，第 206 页。

第五章 安世霖的悲剧：1946年白云观火烧住持案 243

安世霖臭味相投"①。

接收白云观只是内务总署的理案办法之一，其二则是清查白云观观产，以查核安世霖是否有盗卖实情。为此，内务总署制定了《北京白云观观产清查委员会暂行办法》，会址设在北京道教会，设委员7人，内务总署2人，北京特别市公署社会局1人，北京特别市公署警察局1人，燕京道公署1人，北京道教会2人。这一办法规定主席委员由内务总署礼俗司呈请督办制定之，随时由主席委员召集，清查时须有委员3人以上轮流莅场监视，遇有必要时，得由各公署所派委员调用所在之公署职雇员处理之；凡经查明之观产法器等物，须责成本观负责人保管并照章登记②。但是，据实际清查概况，在组织清查观产委员会时，北平特别市公署则谢绝内署派员参加③。自1942年2月4日到6月12日，该会共开七次会议，最后的结论则是，该观法礼乐器及神像等物品与原登记尚无短缺，而账目亦尚相符④。

虽然在接收之争与清查观产两方面，安世霖成功地逃过一劫。但是，在地方法院的刑事审理中，却没有获得胜利。1941年6月21日，北平地方法院经过侦查之后决定提出公诉，认定安世霖犯有两大刑事罪：一曰侵占及行使伪造文书罪；二曰伤害范明证等人属实，犯有妨害自由罪⑤。

尽管刘永续等人控诉安世霖盗卖多处庙产，然而真正被官方认为有确凿证据者，乃是在安世霖盗卖京郊区枣林树道教坟地。据地方法院的调查，枣树林坟地共22亩，1940年9月11日安世霖签收起坟费940元。1941年5月8日，安世霖同样以个人名义签收地价2145元。然而，当其在接受调查时，曾多次否认收到上述款项。1940年12月15日，安世霖在北京道教会接受调查时，妄称并未领取起坟费。1941年5月10日，安世

---

① 许英华：《北京道士火烧白云观安世霖、白全一亲历记》，《文史资料选辑》第48辑，中国文史出版社2002年版，第160页。
② 参见《北京白云观观产清查委员会暂行办法》，时间未著，北京市档案馆藏北平市社会局档案，档号：J181-23-9939，第7—8页。最后九名委员是周肇祥、胡恩先、袁祚庠、吴修源、王金波、关铨林、郭岳坤、信修明、唐宗昱，主席是胡恩先。参见《北京白云观观产清查委员会第一次会议记录》，1942年2月4日，北京市档案馆藏北平市社会局档案，档号：J2-8-1351，第1页。
③ 参见《关于白云观代理住持安世霖被控案的调查》，1943年6月12日，北京市档案馆馆藏北平市社会局档案，档号：J2-8-1342，第157页。
④ 参见《北京特别市政府训令》，1945年6月28日，北京市档案馆藏北平市社会局档案，档号：J2-8-1342，第165页。
⑤ 参见《北京地方法院检察官起诉书》，1941年6月21日，北京市档案馆藏北平市社会局档案，档号：J2-8-1342，第125页。

霖则改口称收到启坟费 80 元（共 10 座，每座 10 元），地价则未收。20日，其又改口称，于 1940 年 9 月 20 日收到启坟费 940 元，此时仍然坚称地价尚未收到。直到 5 月 31 日在地方法院侦查时，安世霖才最终承认收到地价。正是安世霖"不实不尽之陈诉，其意图不法之所有已经昭然若揭"①。并且，检察官还发现白云观 1940 年、1941 年的"出入银之总账"被添加者多处，更印证了法院的判断。至于妨害自由罪，尽管安世霖、白全一否认有强迫之事实，然而根据事发时当地警察的供词，检察官认为二人均犯有教唆罪。1941 年 12 月 15 日，北平地方法院据此作了一审判决。

在收到判决后，安世霖、白全一对于侵占部分并无疑义，因为他们的上诉只是针对妨害自由部分。在上诉中，安世霖、白全一称并非勒令范明证等人出庙，而是要求后者回白云观挂单。但是在河北高等法院看来，此系空言，不足为信。因为范明证等人由白云观移居玉清观多年，迄无被催令回白云观挂单之事。1942 年 6 月 22 日，对于第一审判决仅判决白全一教唆罪等的疏漏，河北高等法院撤销了部分一审判决，结果判决安世霖、白全一共同连续以强暴胁迫妨害人行使权利未遂，安世霖处有期徒刑一年，白全一处有期徒刑 10 个月②。尽管如此，安世霖等人并未被下狱，不仅仅因为安世霖等人成功地申请河北高等法院再审，更关键的是安世霖遇到了大赦机会。1943 年 11 月 19 日，日伪政权公布大赦条例，规定在 1943 年 10 月 30 日以前法定最重本刑为两年以下有期徒刑者均可赦免。据此，河北高等法院认为安世霖等人所犯妨害自由罪刑在 1940 年，符合大赦条件，1944 年 1 月 30 日，判决取消安世霖等人徒刑③。

内务总署的第三条解决纷争方案则是暂停安世霖职务，以便清查。1941 年 10 月 16 日，社会局训令"以在清查观产委员会施行清查期间，住持安世霖为回避起见，暂行停职另由观推选资深道士三人维持院务"④。随

---

① 参见《北京地方法院检察官起诉书》，1941 年 6 月 21 日，北京市档案馆馆藏北平市社会局档案，档号：J2 - 8 - 1342，第 126 页。
② 参见《河北高等法院刑事判决（三十一年度上字第 675 号）》，1942 年 6 月 22 日，北京市档案馆馆藏北平市社会局档案，档号：J2 - 8 - 1342，第 177 页。
③ 参见《河北高等法院刑事判决（三十三年度再审字第一号）》，1944 年 1 月 31 日，北京市档案馆馆藏北平市社会局档案，档号：J2 - 8 - 1342，第 183 页。高万桑注意到安世霖再审申请的成功以及 1944 年被释放（Vincent Goossaert, *The Taoists of Peking, 1800 - 1949—A Social History of Urban Clerics*, Cambridge: Harvard University Press, 2007, p. 178），但是安世霖实际上没有被逮捕入狱。在吉冈义丰"民国卅二年住观道士表"中，安世霖时年 41 岁，仍为"住持兼监院"（[日] 吉冈义丰：《白雲觀の道教》，新民印书馆 1945 年版，第 120 页）。
④ 《白全一等呈请社会局准令安世霖复职文》，1944 年 4 月 11 日，北京市档案馆馆藏北平市社会局档案，档号：J2 - 8 - 1342，第 77 页。

第五章　安世霖的悲剧：1946年白云观火烧住持案　245

后白全一、赵理朴①、张永清三人被推选并得到社会局的批准，直到1945年7月安氏之复职。②1943年3月22日，范明证等人第六次呈文华北政务委员会内务总署称，安世霖虽被停职查办，但是仍盘踞观内操纵观务，尤为变本加厉，"更对于选举正式住持一项百计阻挠，以便遂其私图"。范氏等人称："安世霖、白全一等早被一二两审法院分别判处有期徒刑在案，以身犯刑章之人依旧把持观务，尤为全体道众之羞"，因而恳请内务总署咨行市公署转令社会局彻查，并将安世霖驱逐出观，另选道高德重之全真道士接充住持③。11月6日，市公署训令社会局会同警察局查办安世霖是否有阻挠选举住持各节④。在1944年1月河北高等法院撤销安世霖、白全一的刑事处分后，1944年4月11日，白全一等人呈文请求社会局准令安世霖复职。社会局则称在会同警察局调查完毕后呈请市府定夺⑤。在白全一等人推动安世霖复职的过程中，1944年6月6日，参与控告安世霖的杜信灵、李法全、李至慧三人出具甘结：

> 道纳等呈控白云观代理住持安世霖操纵观务阻挠选举一案，原呈道众八人，其中范明证已去厚和，王永真、王蓬日已故去，万崇坤、刘永续已去山东，现只余道众三人在京。此案道等所控安世霖操纵观务阻挠选举系指原内务总署派人接庙时被其拒绝而言，至于近年观内之事务，道众概不知其情，现经高等法院将其赦免，道纳亦无其他异议，特此出具甘结是实。⑥

1944年11月30日，社会局通知控告安世霖把持庙务的杜信灵等人12

---

① 赵氏为龙门派，其度师为门至三，1940年时为45岁（参见［日］吉冈义丰《白雲觀の道教》，"民国二十九年住观道士表"，第112页）。李养正介绍其在新中国成立前后曾任监院，1957年中国道教协会成立时当选为理事（《新编北京白云观志》，第386页）。
② 参见《白全一等呈请社会局准令安世霖复职文》，1944年4月11日，北京市档案馆馆藏北平市社会局档案，档号：J2-8-1342，第78页。
③ 参见《道众范明证等呈查办安世霖并驱逐出观文》，1943年3月22日，北京市档案馆馆藏北平市社会局档案，档号：J2-8-1342，第216页。
④ 参见《北京特别市公署训令社会局文》，1943年11月6日，北京市档案馆馆藏北平市社会局档案，档号：J2-8-1342，第212页。
⑤ 参见《白全一等呈请社会局准令安世霖复职文》，1944年4月11日，北京市档案馆馆藏北平市社会局档案，档号：J2-8-1342，第77页。
⑥ 《杜信灵等三人甘结书》，1944年6月6日，北京市档案馆馆藏北平市社会局档案，档号：J2-8-1342，第207页。这一甘结只是针对接收之争，对于其他事务并无涉及，从后来杜信灵主谋安世霖惨案的情况来看，这一甘结似有被迫之嫌疑。

月4日到局候询。12月4日，杜信灵等人在接受询问时称：白云观系龙门派律门，其他各寺院可以师传徒受，而十方丛林均续由白云观接传大法，从任何宗派均可接白云观住持。至于安世霖如何把持庙务，杜氏等人除了强调盗卖四块玉等房产，以及勾引日人律师寅地次郎迫害范明证等人外，在被停职后仍不离观。被问及白云观常住规则时，称："历代挂单为六十年，而现改为三天。"① 对于更改规则经过何方许可方准成立的询问，则云："须经各庙及本观道众公议，方能成立，不得一人主持。"② 对于再选住持，杜氏的意见是可由社会局令道教会通知"我们法辈公选"③。

1944年11月前后，安世霖在华北道教总会北京分会会长改选时当选为会长。同年11月30日，社会局训令华北道教总会北京分会通知安世霖以控案未结暂缓就职。④ 1945年4月19日，赵理朴、张永清、白全一三人呈文社会局，杜氏等人的具结说明"批等天良重先"，而安世霖又当选为华北道教总会北京分会会长的事实更证明安世霖"砥行砺品众望夙孚，绝非谣传蜚语所能诬蔑"⑤。他们三人进而要求恢复安氏白云观住持职务，称："受有祖师传统法简者始得被选呈请充任，更无以个人私意擅行阻扰之理。"⑥ 五天后，社会局召集白全一等维持观务的三人问话。针对安世霖担任住持一事，白全一等人称安世霖是受陈明霦委派，且全体道众一致通过送座⑦。对于安世霖是否把持庙务，他们三人一概否认，称安世霖任住持时每月收支由账房管理，当众报告共同商议，毫无把持情事。对于白云观继承习惯，则称白云观是龙门派，十方传法，不分派别，"经大家公选，

---

① 《社会局询问笔录》，1944年12月4日，北京市档案馆馆藏北平市社会局档案，档号：J2-8-1342，第196页。
② 《社会局询问笔录》，1944年12月4日，第197页。
③ 《社会局询问笔录》，1944年12月4日，第198页。
④ 参见《令安世霖以控案未结暂缓就职由》，1945年11月30日，北京市档案馆馆藏北平市社会局档案，档号：J2-8-1342。在无法任职的情况下，安世霖以称病需要调养，一时不能赴会任事为由，嘱咐由副会长孟明慧暂行代理会长职务。12月26日，孟明惠呈文称，该会同意由其暂代会长职务，恳请社会局同意，获得批准。参见《华北道教总会北京分会关于由副会长孟明慧代理会务的呈文》，1945年1月19日，北京市档案馆馆藏北平市社会局档案，档号：J2-2-143。
⑤ 《白全一等三人呈明事实恳请恢复安世霖住持文》，1945年4月19日，北京市档案馆馆藏J2-8-1342，第171页。
⑥ 同上书，第170页。
⑦ 参见《社会局询问笔录》，1945年4月24日，北京市档案馆馆藏北平市社会局档案，档号：J2-8-1342，第172页。

第五章　安世霖的悲剧：1946年白云观火烧住持案　247

以法高望重、修持、经学均佳"①。5月30日，白全一三人再次呈请将安世霖复职。由于白全一等人的多次呈诉，考虑到观产清查委员会既然查明该观法礼乐器及神像等物品与原登记尚无短缺，而账目亦尚相符，兼以河北高等法院已经判决撤销地方法院对于安世霖的罪刑处分，因而，1945年6月28日训令社会局同意安世霖复职②，并于7月6日，社会局拟文令白全一知照③。

如果严格地遵循《监督寺庙条例》处理诉争，那么至少安世霖被判决有罪时，就应当被革除职务。该条例规定：住持于宣扬教义、修持戒律及其他正当开支外，不得动用寺庙财产；寺庙之不动产及法物非经所属教会同意并呈请该管官署许可，不得处分或变更，违反者得逐出寺庙或送法院究办④。对于寺庙住持不守清规者，内政部亦曾有过处理办法：寺庙住持，不守清规，系宗教范围内之事，当由其教会按照教规惩戒，如系触犯违警罚法及一般刑章，则与平民同科，应由官署依法惩处，其情节重大者，并得依照《监督寺庙条例》第十一条之规定，革除其职务⑤。1943年，对于如何善后白云观纷争，华北交通北京建设事务所在调查之后认为应当撤革安世霖代理住持之职，由华北道教总会召集全华北全真道士推选道行高洁之全真道士出任住持以及监院，凡系安世霖党羽嫌疑者均不得参选⑥。结果却是虽然安世霖被判决有罪，但是由于华北当局大赦，他并未下狱，而社会局最终令其复职的决定则进一步印证了反对者关于安世霖与权要勾结、行贿的指责。对比1930年陈明霖因误过登记日期即被社会局革除住持职务的情形而言，安世霖未免太幸运了，不过这也恰恰加快了他的悲剧进程。

---

① 参见《社会局询问笔录》，1945年4月24日，北京市档案馆馆藏北平市社会局档案，档号：J2-8-1342，第173页。
② 参见《北京特别市政府训令》，1945年6月28日，北京市档案馆馆藏北平市社会局档案，档号：J2-8-1342，第165页。
③ 同上书，第163页。
④ 参见《监督寺庙条例》，1929年12月7日，内政部年鉴编撰委员会《内政年鉴》，商务印书馆1936年版，"礼俗篇附录二（礼俗法规）"，第118—119页。
⑤ 参见《江苏省政府咨据民政厅转据灌云县政府呈（内政部礼字第四七号）》，1933年2月6日，内政部年鉴编撰委员会《内政年鉴》，商务印书馆1936年版，礼俗篇（第八章"寺庙之管理"），第118—119页。
⑥ 参见《关于白云观代理住持安世霖被控案的调查》，1943年6月12日，北京市档案馆馆藏北平市社会局档案，档号：J2-8-1342，第158页。

第三节 惨案

　　一波未平，一波再起。抗战胜利后，安世霖又被反对者控上法庭。1945年12月14日，内一区齐内南水关马神庙住持张教全在北平警备司令部稽查处检举安世霖为汉奸。1946年1月30日，又在河北高等法院检察处告发安氏有汉奸嫌疑。同年3月，经过侦查，该院不予起诉。原因有三：一是安世霖坚决否认有迫害白云观道士王信真及盗卖庙产等情事；二是告发人张教全不能提出积极之证据；三是"白云观之方丈无伪职身份。如有教唆杀人或共同窃占之嫌疑，亦仅触犯普通刑法，应属地方法院管辖第一审，与惩治汉奸条例不合"①。在张教全又追加了部分理由后，4月30日，河北高院将此案移送地方法院侦讯②。

　　1946年5月，张教全直接呈文蒋介石恳请组织特别法庭审理安世霖：

　　　　窃北平白云观代理方丈安世霖破坏庙规，甘犯国法，连年被控，该管机关图受贿赂，不加惩戒，敷衍塞责，歪曲事实，包庇偏袒，颠倒是非，冤屈好人，任令安世霖逍遥法外，形成恶霸，视法纪如弁毛，视宗教如草芥，擅将庙产盗卖，以金钱势力勾结日本宪兵及中国该管机关，谋害道教信徒并欺压道众，致使人人畏之如虎，咸敢怒不敢言。迫不得已，全国道众联合住持泣恳委员长大发慈悲，恩准饬令行政院院长驻平办公处、监察使署、社会部联合组织特别法庭公开会审解决此案，秉公彻底根绝安世霖之恶势力，以维道教而保人权。③

　　5月24日，国民政府文官处奉蒋介石"交北平市政府"之谕令，饬令北平市政府查照④。在北平市政府转达此令之后，社会局指派专员再次对

---

① 《河北高等法院检察官不起诉处分处分书（民国三十五年度利字第72号）》，1946年3月21日，北京市档案馆馆藏北平市社会局档案，档号：J2-8-1342，第241页。
② 参见《张教全呈最高法院、行政院院长驻平办公处稿》，时期不详，北京市档案馆馆藏北平市社会局档案，档号：J2-8-1342，第248页。
③ 《张教全为请求恩准饬令组织特别法庭由》，1946年5月，北京市档案馆馆藏北平市社会局档案，档号：J2-8-1342，第254页。
④ 参见《国民政府文官处公函》，1946年5月24日，北京市档案馆馆藏北平市社会局档案，档号：J2-8-1342，第242页。

白云观纷争做了调查。1946年8月20日，社会局局长温崇信向北平市政府报告了对安世霖指控的调查结果，其内容分为三个部分。

第一，查实而有据者。社会局认为安世霖罪行确为属实并证据确凿者有三条：一是私吞枣树林十方坟地22亩，价款及起坟费共计3085.04元，物证有地方法院检察官起诉书，人证有吕祖祠道士李至慧。二是勾串敌人残害同道。物证有日人引地寅治郎之任白云观顾问证，及安世霖自认请日人引地寅治郎为律师之书面证明，人证西便门内关帝庙道士杜信灵。三是与江逆朝宗勾结。物证有白云观内江逆之字联、匾额特多，足以说明①。

第二，查实而无确据不能取得物证者。首先是关于包养女人一节。社会局调查后发现属实：

> 娶妻名小艳信，哈德门外花市上堂子胡同；与随身工友艾姓之母姘度，并为艾姓娶妻，而更染指，艾姓住顺治门小四条；宽街关帝庙坤道六人中，有二十余岁者，二人均发生关系，并有女居士二人，其一年近三十，丈夫久商于东北，其余一年仅十七八龄，二人均与安有染。安常住宿于关帝庙中，以念经天晚为借口，附近居民及当地保甲长对此颇有厌恶。②

其次是关于盗卖古物。社会局调查之后发现白云观中"无清中叶以前字画及古玩"。盗卖古物显系属实：

> 查白云观建于唐时，历朝王公均多与方丈交笃，为国内有名观庙。其中字画古玩，历朝积存定必可观。该观现曾于金、元两次大火，即今片瓦无存。而明朝以后之物必可存在，乃竟无一清中叶以前之物，且旧财产底册遗失，无从查考，似已说明确为人盗卖。观中有六十花甲子之塑像，据云并有此塑像之画像共六十张，为明朝物，所附照片即其中之一。然现时观中则确无此物，是有盗卖嫌

---

① 参见《社会局呈文北平市政府调查张教全控告安世霖情形文》，1946年8月20日，北京市档案馆馆藏北平市社会局档案，档号：J2-8-1342，第366页。江朝宗曾有题字"万古长春（岁在庚辰冬月）"，北京市档案馆馆藏北平市社会局档案，档号：J2-8-1342，第310页。当在1940年冬月所题。
② 《社会局呈文北平市政府调查张教全控告安世霖情形文》，1946年8月20日，第366—367页。

疑。此外，据确切消息，安世霖曾与开古玩店之某商来往甚密，惟其姓氏及住址不详。①

第三，原呈文中所未提及安世霖之罪恶证据。除去上述张教全所控告之事项，社会局还汇报了其他13项情形，并认为"亦足为安世霖罪恶之一证"②，这些情形约略分如下数端：

一曰安世霖违反清规，声名极差，如西便门外一带居民对安多深恶痛绝；安世霖本人嗜酒，违反出家人规矩；自己生活优裕，而观中众道士则生活太苦，苛待同道；确实常不在观中。

二曰安世霖确有犯有罪刑。如华北地方法院曾判决安世霖及白全一徒刑，后以陈公博出任主席而大赦未执行；关于迫害道众方面，架捕王信真之汽车0230号车主曾有口供，证明安世霖与此大有关系；安世霖承认与张教全素不相认识，足以证明张之控告非因私仇；为应付诉讼，安世霖另请有律师陈某常驻观中，专为安应付讼事。

三曰安世霖确实与华北当局勾结。如曾于1938年赴"满洲国"；华北政委会曾撤安之住持，安拒不交代，因其与社会局局长张水淇过往甚密，有所依恃；安之变卖玉清观、铁轱辘把房屋乃奉社会局命令，唯依《监督寺庙条例》，处理庙产须北京道教会通过此项变卖，未经此手续，似可说明安与张水淇之关系；确据实调查，抗战时期与安来往者，不止引地寅治郎一人，此外尚有日人二三名；第十一战区司令长官部曾于1946年6月函警备司令部逮捕安世霖并缉获引地寅治郎，唯迄今安仍逍遥法外。

社会局认为调查属实，并将相关证据一并送交法院依法究办。此时，又有何惠亭等七名道众，向国防部长官白崇喜控告安世霖败坏宗教、盗卖观产古玩。在控诉中，除强调安世霖勾结日人迫害范明证、王信真等人外，特别强调安世霖盗卖古玩：

　　一在琉璃厂火神庙开古玩铺思古斋，暗之请掌柜的，不敢出名白

---

① 《社会局呈文北平市政府调查张教全控告安世霖情形文》，1946年8月10日，北京市档案珍藏北平市社会局档案，档案：J2-8-1342，第367页。安世霖在向社会局等机构呈文中的铺保是外三区琉璃厂文化商场十七号的思古斋裱画处。参见《安世霖陈被诬告原委文》，1941年4月14日，北京市档案馆藏北平市社会局档案，档号：J2-8-1342，第61页。时年安世霖39岁。

② 《社会局呈文北平市政府调查张教全控告安世霖情形文》，1946年8月20日，北京市档案馆馆藏北平市社会局档案，档号：J2-8-1342，第367—368页。

云观，古玩暗运思古斋；二盗卖真金的老君像有十五六斤；三盗卖玉老爷无价之保［宝］；四盗卖老君店一对珠沙瓶，康熙年间的；五盗卖天坛东四块玉地二十亩；六盗卖花市大街小市口铁轱辘把房产八十二号、八十三号三十余所；七盗卖白云观绢的古画六十花甲子太岁像，此画无价之宝，关系北平文化。①

1946年9月12日，社会局在收到此控诉后，呈文市政府以与张教全所控相同，仍请专员李济安查复核办。9月28日，李氏向北平市政府做了汇报。对于此案的意见，认为关于安世霖汉奸部分，已经河北高院予以不起诉处分，关于侵占杀人违反清规部分，正由北平地方法院侦查审理中，应将此案一并交给地方法院办理②。

10月30日，北平社会局分别致函国民政府文官处、国防部将调查情形予以汇报。同时批令张教全、何惠亭等人称已经派员调查，除汉奸部分既经河北高等法院予以不起诉应"毋庸议"外，关于安世霖"侵占杀人违反清规部分"已经交由地方法院审理中，令张教全等人"候法院核办"③。

岂料候办中，惨案骤然发生。

1946年11月14日，北平《华北日报》第3版刊登了一条极为轰动的消息："白云观火焚二道士"，还有两小标题极为醒目："道众私自恶行惨杀住持，昨日验尸法院将有措置"。报道内容介绍称："本市白云观十一日夜十二时发生道众火焚住持安世霖、执事白全一惨案。"④ 事实上，由于此案之离奇，很快风传全国。采录世界重要消息不落人后的美国《时代周刊》，11月25日也登载了这一事件，题目是"狗日里的死"（Death in the Dog Days）：

狗年内十一月之十一日为宜于设奠牺牲之日子，十二日宜安坟、置棺、葬殡。十一日的晚上，三十六位着了黑袍的道士，聚集在北平市古

---

① 《何惠亭等呈国防部控告安世霖盗卖庙产破坏宗教文》，约1946年9月，北京市档案馆馆藏北平市社会局档案，档号：J2-8-1342，第353—354页。
② 参见《李济安向北平市政府汇报调查情形文》，1946年9月28日，北京市档案馆馆藏北平市社会局档案，档号：J2-8-1342，第371页。
③ 《社会局批令马神庙住持张教全文》，1946年10月30日，北京市档案馆馆藏北平市社会局档案，档号：J2-8-1342，第390页。张教全为内一区齐内南水关马神庙住持。
④ 《白云观火焚道士》，《华北日报》1946年11月14日第3版。

老而美丽的白云观之院落之中，他们是为审判为诉申于道祖而来。

道士们把白云观方丈安世霖和他的宠道白全一从邻近正殿的居室中拉扯出来，在油灯火苗闪烁中，严讯开始了。陪审官的道士们认为方丈同他的党羽与妇人（藏在观外某所房内）有奸情，私用观产（购买海洛英），并饿毙拒绝与日本合作之二人，故为有罪。

子夜稍过，灯油将行耗尽之时，苦苦哀诉之方丈及道士，双目均用石灰揉瞎，手脚亦被缚了起来。彼等被置于殿门外之柴草垛上，满注以汽油，举火而焚。四围树上，黑影绰绰，异臭自烈焰上蒸于阴暗的上空。

当尸首冷了下来，"宜下葬"的十二日的晨曦窜过观墙之刻，道士们抬了方丈和知客黑焦的遗体到一里外的坟坑去。这三十六位裁判官和行刑手，将死者的罪状书于一大张黄纸上，贴于殿门左近。然后彼等庄严的向警局自首，说道："我等愿同归于尽。"（We have chosen to perish together）

警察（前曾将对方丈的诉苦置之不理者），现在侦查了。他们查知公众的见解是赞成这项死刑的。一个农人说："我没有什么意见，只是我以为设使方丈是好人，就绝不会被害。老道们杀死了他，我想他定是做过坏事的。"①

根据后来的有关报道，在惨案发生前，安世霖、白全一其实对于危险并非一无所知，毫无预防，正如报刊所记载，尽管安世霖也意识到危险的来临并曾作了防备："时安某亦略闻道众将对其不利，因而将他的住室在第五层玉皇殿东小跨院中，后通空院，将北墙下凿成一门仅余一砖之砖，倘遭不测，则破墙奔逃。外挂一布帘，并道衣等物，以遮人耳目。白住东耳房迤北监院室。"②可是为时已晚。

由于事变后参与谋杀的道众曾向各报刊、机关发布冤启，对于事变前的矛盾冲突，各报刊大体不差，然而火烧的具体事情经过到底如何？根据北京档案馆所藏北平市警察局郊四分局的报告，案发经过如下：

许信鹤供彼等于白云观下院西便门内关帝庙充道士，白云观住持

---

① 玉和译：《"狗日里的死"：美国时代周刊上边对白云观事的记载》，《一四七画报》1946年第8卷第9期，第3页。"Death in the Dog Days"，*Time*，11/25/1946，Vol. 48，Issue 22，p. 34。

② 李尧生：《烧死两道士》，《联合画报》1946年第193、194合期，第13页。

第五章　安世霖的悲剧：1946年白云观火烧住持案　253

安世霖督管白全一在敌伪时期勾结日寇引地寅治及残害道友盗卖庙产与女人姘度等事，于胜利前后法院均有案可查。前并曾以汉奸案呈北平行辕第十一战区、蒙难同志会、宪兵十九团、警备司令部、监察使署均未见查办。故起意以清规除奸，合谋人有马至善、张教全、杜信灵、李至慧、陈全明、陈至中、田恒意共八人，彼于事先取得观内道士赞同，故于十一日晚探实安白二人住于观内，于深夜乘其二人睡熟，故行前来下手。彼往捉安世霖，马至善往捉白全一，尚有其他道士帮助并以煤油浸在安白二人衣襟，以点火着，复有人抱来柴火堆烧，于安白二人身死后，由杜信灵宣读罪行，榜示并以须行报官，取得三十六人同意之签名附于预先备好呈蒋主席、法院、警察局、社会局之呈文，由陈志中呈发，彼等实系出于道教义气，并无利图及背景等语。质讯马至善、张教全、杜信灵、李至慧、陈全明、陈志中等七人，均与许信鹤所供相同。除杜信灵、张教全供于动手时并未参加外，其余均供认共同动手不讳。该李至慧手并持有呈诉安世霖等汉奸及盗卖庙产之文据。复经讯问，有白云观道士曹明芳、袁明义……等十名均供认曾帮助同烧死安世霖白全一不讳。其余道士表明薛至杰、赵心慧……等十五人亦均赞同，仅据张高镁、赵嘉修二人供系出于盲从各等语。①

在烧死安、白二人后，根据报告可知，许信鹤等人主动致电附近派出所。12日8时15分，第二派出所警长舒吉秀接白云观许信鹤的电话，后者称由于本观住持安世霖、督管白全一违反清规，已"于夜内依清规用火烧死，请为查验"。舒姓警长听闻后马上电报分局当派员警驰往白云观庙内。许信鹤、马至善承认烧死安白二道士"系彼等主谋，故行报案愿代表到案"，警察在四御殿前查验到"有被火烧毙尸体两具，遍身焦烂，面目不清，殿墙上有榜示一纸，上书安白不守清规之犯行"。而所列36人名单中，"有十八人现在观内，有十八人外出念经"。除了将许信鹤等18人解案外，"外出念经之十八人经派警分别查传，十七人到案，尚有一人名田恒意未着"；对于庙产之看管，警察令"由负责之道士袁明理、薛至杰二人会同现场官警将重要房舍方丈堂监院堂库房督管室讲师室西客堂等处以临时之封

---

① 《为白云观住持安世霖督管白全一被许信鹤等谋杀一案呈请鉴核由》，北京市档案馆馆藏北平市警察局档案，档号：J181-24-2162，1946年11月16日，第3—4页。另外，常人春据报刊史料亦有详细梳理。参见常人春《白云观活烧老道案始末》，《文史资料选编》第39辑，北京出版社1990年版，第209—219页。

条，暂行封闭，计用临时封条一号至十号，其余未封之室均不重要"。

1946年11月13日，北平市警察局收到了白云观36名道众的联合呈文，许信鹤等人报称白云观为执行《太上清规》已经将安世霖、白全一二人架火焚烧：

> 窃缘白云观住持安世霖暨执事白全一违反清规，破坏戒律，并利敌杀人、惨害同道及通敌盗卖观产古物道藏等项，构成宗教汉奸罪刑一案。该二人既违反道众祖师遗法，即难再为容留。缘集合道众公议议决，谨按清规据第一条执行，以保观务，众意所在，已依律实行，为此自行先为申报备案。除分呈外，即乞鉴察，实感公便。谨呈北平市警察局局长钧鉴。①

到13日，地方检察处检察官也展开了验尸等行动：

> 旋于十三日下午二时许，有地检处检察官任维屏率书记官检验员等到场眼同主犯许信鹤、马至善，验得安世霖白全一尸体脖项带被绳勒痕，因被烧身死。验毕，发给抬埋执照，并嘱将安白二尸脖项未烧尽之绳段于明日连同人犯一并解送过处等语。当饬袁明理、薛至杰二道士令工人将安白尸体装殓在观西黄土坑地方该观坟地内，标志葬埋该安世霖卧室，经检察官眼同道士启封入内勘验验毕，即行补贴十一至十四号之临时封条。本月十四日复眼同道士袁明理、薛至杰将该观各殿补封封条一至一百号。至在逃道士之田恒意已饬查缉，除已将到案道士许信鹤等三十五名于本月十四日解往地检处依法办理外，理合呈请鉴核，再该观产甚多。现时无人看管，并请转函社会局派员迅予清理接管为祷。谨呈局长汤、副局长祝。附抄榜文一纸，查封房舍清条一份，抄结四纸。②

为何要烧死安世霖等人呢？许信鹤等人供称因法律无法解决，故"起

---

① 《白云观为白全一违反清规盗卖产物古玩并利敌杀害同道实难容留呈准备案》，1946年11月13日，J181-24-2162，第5—12页。关于白云观的人数，据冈义丰统计，1940年、1943年住观道士分别为183人、115人。参见［日］吉冈义丰《白雲観の道教》，新民印书馆1945年版，"民国二十九年住观道士表""民国卅二年住观道士表"，第120、126页。

② 《为白云观住持安世霖督管白全一被许信鹤等谋杀一案呈请鉴核由》，1946年11月16日，北京市档案馆藏北京市警察局档案，档号：J181-24-2162。

意以清规除奸",以太上家法处置。安、白二人所犯之罪,许信鹤等人亦发布榜文予以公示。

> 本观道众公议执行
> 太上家法,谨按白云观规则,所犯奸盗邪淫火化焚身清规第一条之成例执行,安世霖白全一二人,触犯条例,详列于下:
> 安世霖自任住持以来,即伙同白全一将原有清规擅改,且伊有利己之行为,抹杀太上旧日家风,欺祖灭宗,无过于此。
> 本观乃静修道院,该安白狼狈为奸,不惜巩固财物养活浪人多名,居住方丈室,终日白面毒品酒肉,过其自在生活,十方钱财来之不易,任意挥霍,将先祖苦行置于不顾。
> 盗卖长生猪马羊三宗,乃施主不忍杀害,送来养老终年。口粮施主所出,安白竟敢私自盗卖,置数十性命之不顾,残暴行为,盗贼亦所不能。
> 盗卖小市口房产,此乃施主所赠,永为香火,不准盗卖,如有买卖男盗女娼,竟将原契焚化,声明遗失,背信忘义,是人俱不能为。
> 《道藏辑要》乃我玄门最贵重之经典,与文化有密切之关系,竟敢私卖日寇纪纲,得价肥己,勾结日寇,构成汉奸行为。
> 侵占枣林起坟费及连卖四块玉地二十余亩,价款媚敌肥己。
> 出家人乃太上弟子,修真养性,苦志参玄,古圣明训,载诸经史,娶妻成亲既所不许,安白意将玉清观任为幽会之所,藏着姘妇康太太,安白倚仗敌日寇势力,勾串战犯引地寅治,驱逐范明证,用宪兵害死王信真,饿死王永震、王蓬日,连日逼走本观道众数十名。
> 以上数条,聊表大概,不但违犯清规,而且有犯国法,商诸大众,公议火化,作为奸盗淫邪不守清规者戒。①

从该榜文可以发现,许信鹤等道众认为安世霖、白全一盗卖庙产、盗卖长生猪马羊、勾结当局迫害道众、擅改清规等,不仅仅违犯清规,更是干犯国法。由于在抗战胜利后,张教全等道众以汉奸案先后呈文北平行辕、第十一战区蒙难同志会、宪兵十九团警备司令部、监察使署、河北高等法院等部门,然安世霖均未被查办。总结法律解决"屡打屡败"的原

---

① 《为白云观住持安世霖督管白全一被许信鹤等谋杀一案呈请鉴核由》,1946年11月16日,北京市档案馆馆藏北平市警察局档案,档号:J181-24-2162。

因，以许信鹤为代表的道众认为，无权无势的穷道人和势大钱多的安世霖打官司是永远打不过的，只有用直接行动来解决才是唯一有效的办法①。正如常人春的研究所提及者，许信鹤等人于事前曾三次谋划行动。在谋划的过程中，有道众曾四处寻找门路，以便有更好的办法，经过吕祖祠李道长联系，国民党某机要人答应暂时扣押安世霖，白云观立即选举新住持取而代之，但是须以100条黄金为酬劳。如此，许信鹤之师兄杜信灵②提议若真心卫道，则按许信鹤的提议以教规办事。

对于火焚道士，根据现有的史料尚未发现有类似的案例。在白云观众道烧毙安世霖事后，有人联想到戏剧《竹林计》火烧余洪的案例，提到安世霖焚死固惨，"而余洪战败后在竹林隐藏欲遁不得，被火烧身现原形，其状亦极可怜"。

> 关于白云观众道烧毙安世霖事，与戏剧对照的，昨日偶然思及有《竹林计》火烧妖道余洪一出，余不多见。此次安老道焚死固惨，而余洪战败后在竹林隐藏欲遁不得，被火烧身现原形，其状亦极可怜。此戏演唱最早的为刀马旦陈桐仙，陈伶扮相武功超众，在先进推巨擘，近年尚小云演此列入"桃花阵"，范宝亭配余洪颇佳。富连成社二科方连元、骆连翔两人亦常演之，连翔跌翻勇猛，在武二花脸中首屈一指。皮簧戏外，滦州影剧演火烧余洪，颇讲求火彩，为皮簧班火彩所不及也。③

刊发此文的画报编辑在此文后做了意味深长的评论：

> 侠公先生此文，系点景之作，余洪以一"老员外"兴风作浪，宜其召来杀身之祸也。揆之白云观烧死安士霖之远因近果，亦可为自利自私，恃一己小聪明骄肆妄为者，作一儆戒！顷见报载有修正"太上家法"之说，是不知是那位高明老先生，欲演此矛盾趣剧也。④

---

① 参见许英华《北京道士火烧白云观安世霖、白全一亲历记》，《文史资料选辑》第48辑，中国文史出版社2002年版，第161页。
② 山西文水人，时年40岁。案发后记者据庭审言论认为杜氏见识比其他道士高。参见常人春《白云观活烧老道案始末》，第218页。小柳司气太曾记载，杜曾任白云观四名知客之一（时安世霖排名第一），第117页。
③ 《白云观与竹林计——活烧安世霖和火烧余洪》，《一四七画报》1946年第8卷第2期，第17页。
④ 同上。

第五章 安世霖的悲剧：1946年白云观火烧住持案

安世霖被烧死后，基于榜文、众道士的呈文，整个舆论事实上对于安世霖多有较为负面的评价。徐燕孙以"鄙人与白云观有四世之交谊（安道除外）"的身份提到曾亲见白云观藏有六十花甲子像，"侧闻此画已零幅分别售出，将来法院调查安道生前罪行，此事并为关键。画之存在与否，即足证明其一部分罪行之有无也"①。

然而由于反对者采用火焚之方式，特别是当案发情节经各报传开后，对于外人而言无疑是巨大的震惊。不少人质疑，究竟是否有火焚之清规。

著名剧作家景孤血曾作《连天谣·烧老道》介绍此案，感叹太上国法好厉害：

> 白云观本金时造，元初又有长春宫之号。据云始有邱长春或邱长清，自阉避免宫娥□，清代更有金漆瘿钵上题诗，外制朱栏互相绕。每年正月十九时，燕邱大会焚庭燎。当年且为开夜城，中有老人堂内养诸老。老猪老羊人放生，窝风桥下金钱怕打老道脑。总之紫府琳宫此最幽，人人都说修行好。讵知近有一事骇人听闻，活烧老道住持知客一齐了。

> 初冬霪雨断人魂，忽然白云观内活烧人。乃有住持安世霖与白全一，多年观内作修真，忽被祁县老道许信鹤等三十六或居下院或即住于观内久存身，里应外合山门启，人手一棒打进方丈室中，往外揪活人，并在吕祖殿后备妥煤油与柴草，安白惊醒将众询，许答因你盗卖庙产有犯清规应处死，安等呼救众人如不闻，一方绳勒颈项又以石灰揉瞎眼，拖至四御殿前上泼煤油用火焚，安白齐被火烧毙，腹部炸开肠肚外溢赤红焦黑味蒸熏。许更集众按手印，向官方递四呈文，上呈蒋主席与北平地方法院警察局又社会局，复派道士十八去至槐里胡同诵经主人即为万福麟。然后杜信龄等去至西郊分局前自首，旋由局将出外诵经各道士等逮捕乱纷纭，仅有一田恒义未捕到，当由法院验尸痕，并带许信鹤与马玉善，齐至尸场辨认经过然后薄皮棺殓即在庙后葬成坟。主要房屋俱已被封闭，可怜善地一派血腥气味并且惨绝于人群。

---

① 徐燕孙：《白云观补谈》，《一四七画报》1946年第8卷第8期，第12页。徐氏在文章中也提到观中有唐代老子像系安世霖所发现："白云观在唐代为天长观，唐以老子为始祖，尊为玄元皇帝，敕天下道院，立像奉祠，像有定型，颁自中朝，观中存有石像一躯，即为唐代敕造之物，于历史文物，在在据有关系。本为安道于观中发现者，于此不为无功也。"

此事酝酿实已久，八年官司打起未完总缠纠。曾有一夜多人打入安世霖住房，剃其头发以代首。后来屡次控安皆未成，由其具有通天眼与通天手，所交结者皆要津，最近被控汉奸结果又以无罪而在宥。因此众人愤愈深，所以不惜三十六命抵两口。当彼烧毙白与安，即以黄榜贴在吕祖殿之后，公布死者之罪行，云为本观道众公议执行太上家法有所受。一云安世霖将旧有清规擅改作为与己有利之行为。一云勾引浪人居住方丈室内供以白面肉与酒。一云盗卖长生马、羊、猪，又将小市口房出卖施主所施变私有。一云道藏藏辑私卖与日寇。一云侵占枣林起坟费及出卖四块玉地二十亩（音某）。一云竟与康太太者轧姘头，玉清观内作幽媾。一云勾串日寇引地寅治郎，以日宪兵势力害死王道信真饿死王道永震与王蓬日，并将本观道众数十名驱走。下署名者卅六人，等于隋唐卅六友。

吾于此事不愿作深评，顾亦有言愿众听。倘使众道士之控案不败诉，何致激成此等凶惨之劣行？然则法院过去之审判，必有不公与不平。以卅六人抵二人命，此账岂真算不清？人急造反狗急跳墙乃古训，大祸滔天孰激成？于是又可见出虽有势力终无用，虽禁人与拼命总戕生？如安生前岂不豪华与奢侈？卒乃薄皮材殓烧成烬炭甚苦情。呜呼太上国法好厉害，适明国法之失刑。[①]

对于安、白二人被杀死的方式，即便是对白云观较为了解的北平当地人士，也多有不解。针对前节榜文中提到的所谓太上法规第一条犯奸淫窃取，即处以焚身之罪，有人曾提出"是否确有其事"。在安世霖被烧死后，写出长篇《八十代来之白云观》略史的穷老道对此似乎也一无所知。

最近平市有两大奇案，皆与宗教有关；一为和尚汉奸案，一为老道惨杀案。和尚虽以空为本，然在肉身未成佛以前，不能四大皆空，仍然是个凡胎人身，凡人因贪富贵而攀敌龙附伪凤，演成汉奸罪名，则尚有可说。惟独老道，以修真养性，清净无为为主，而竟由缠讼而剪发髻，以至于揉眼、勒脖、棍打、火烧，在四御殿前供献煤油烤人肉，翻遍了老子道德经及南华经，以至全部道藏，这个"太上家法"，不知载在那部经内？宗教是辅助法律之不足，而三清弟子本身，竟演出如此惨酷悲剧，能辅助法律不能，那是另一问题，惟有诸位大居士

---

① 景孤血：《连天谣·烧老道》，《一四七画报》1946年第8卷第1期，第10页。

第五章 安世霖的悲剧：1946年白云观火烧住持案

大檀越，嗣后您再拿着香油白面钞票写布施时，不如请您舍到暖棚或粥厂，穷人既沾实惠，您的功德亦无边无岸。否则"多一僧道，即多一游民"（见清乾隆谕旨），善心施舍反倒为国家制造了一群游民；是功是罪，请读者一评！其真正参修的老道，根本上得不到您的施舍啊！因一四七社主人嘱写白云观稿，笔者将近四五日所感触的肝气，藉此一泄，权当作《八十年来之白云观》的引言。①

虽然没有更多的资料考证穷老道的真实身份，但是通过他的长篇论述，可以发现他对高仁峒、陈明霦、安世霖这三代白云观方丈的历史极为了解，对于三人的特点，他的评价也极为传神：

> 高方丈一世，是为劳神受累而来，陈方丈一世，是吃现成饭，享福而来，安泽普（世霖字）是挨骂受罪而来。平心而论，机警口才，学识阅历，安泽普较其师祖师父，都高一筹。不过，高方丈的环境，是熙朝盛世的太平年，有西太后为之仗腰眼，王公太监为之作护法。陈方丈是饮食无忧，虽遇鼎革大故，而民初时代，社会元气未伤，人心未变，百足之虫，死而不僵。唯独安世霖一入白云观，即赶上民国七年的军阀捣乱，从此高升一次，民生是一年不如一年。民国十六升知客，第二年即政府南迁。二十四年升监院，第二年死师父。大丧办完，尚未三年孝满，又遇上二十六年的日本陷北平。从此步入坑坎，宛如瞎人骑瞎马，一路乱闯。假使这个时期，若搁在高老神仙身上，吾恐四御殿前烤人肉，在沦陷时期，即已发生，等不到今日矣。不过，安泽普才有余，而道德的涵养，稍差一点，如能与道众同甘苦，不自奉惟丰，财政再行公开，取消封建的一人专政制度，则吾恐不用说三十六友，即三千六百友，亦无如之何。②

在这篇文章中，穷老道肯定了安世霖面临乱世处境艰困的不易，也指出安世霖尽管才有余，然道德涵养不足，不能与道众同甘共苦，一人专政。安世霖的专政，穷老道指出体现在其在白云观人事组织、挂单的升迁程序中的大权。

对于人事组织，穷老道介绍：

---

① 穷老道：《八十年来之白云观》，《一四七画报》1946年第8卷第2期，第12页。
② 穷老道：《八十年来之白云观》，《一四七画报》1946年第8卷第4期，第13页。

白云观人事分三十九级，一方丈，二监院，三督管，四巡照，五总理，六知客，七执事，八司库，九督讲，十化主，十一高功，十二经主，十三书记，十四帮库，十五买办，十六管仓，十七督厨，十八典作，十九堂主，二十迎宾，二十一司斋，二十二经师，二十三知翰，二十四知随，二十五侍者，二十六值殿，二十七司确，二十八司饭，二十九司灶，三十司汲，三十一司菜，三十二司濯，三十三行堂（斋堂），三十四夜巡，三十五值园，三十六值门，三十七值圊，三十八值牲，三十九散单，此三十九级之名词，为安世霖按旧有的名词，加新撰者编列而成，并著有《白云观全真道教组织纲目》，乃民国二十九年七月宣布之新创规制也。惟"住持"一名词，不在此三十九级之内，因为住持是对外之尊称，方丈则为戒律之讲师，宗坛之教主，乃对内者，故住持可以方丈兼任，亦可由监院兼摄。高陈二老道，都是方丈兼住持，安世霖则为监院住持。惟住持之选任，必须受前方丈之衣钵及委任者，始能充之。监院为全观之中枢，为方丈之辅佐，仿佛国务总理，或古制之宰相者，故安世霖之身份，仿佛新制之国务总理代行总统职权，又仿佛以重臣而摄政者。①

在人事方面，安世霖以监院兼住持，身份重要。对于挂单的升迁程序，安世霖通过改革则进一步加强了权力：

道士入庙挂单，名曰散单，新来者曰新单，到庙后不分年限，按其才力，由巡照，以值园、值圊、堂主、知随等职责分别派任之。值圊一年期满，则升司门，任满一年，仍回散单。

如由散单任值园，一年后升夜巡，夜巡升知随，一年后升斋堂，再一年升厨房，再一年升值殿，散单至此，则至最高级。其他各级之职责，则无一定之年限，乃按个人成绩，由住持指定提升。安世霖之得罪人，此种升降之权，亦为原因之一。

挂单之管理，有云水去留条例及十方云水堂细则。十方堂及云水堂，专管挂单道士，来路不明及有嗜好则不收，不遵堂主指导而犯规，则"催单"，即催其离去也，简言之即撵出，被方丈监院撵出，三年后始准再来挂单，若犯大规，则革之，永不准来矣。此规则亦为

---

① 穷老道：《八十年来之白云观》，《一四七画报》1946年第8卷第4期，第13页。

安世霖所定，招人恨怨，以此最甚。①

穷老道的描述进一步证实了笔者此前的结论，即安世霖作为近代宫观制度改革者的悲剧性角色，这种改革加强了安世霖在全真宫观中的权力，但基于其本身的不完美，导致其成为宫观矛盾的焦点。或许是为了更进一步革新旧的宫观制度，安世霖重新修订了白云观的全真清规，穷老道注意到清规的种类：

> 道观不是军营，没有生杀大权。最轻者为"跪香"，如开静不起床，召集而不到，上殿失仪，出门不告假，不卫生……等小过犯皆用之。再重则"迁单"，降调也，如滥用职权，茹荤饮酒等用之。再重催单，如不敬师长，打架斗殴，夜不归庙者用之。再重则开革，如嗜毒，不遵戒律……等用之。再重则杖革，打完撵出也，如侵吞公款者用之。再重则送究，如偷盗拐骗用之。再重则杖革送究，乃打完开革职名而送法院，官司完后，不论法院办理如何，永不准回庙。若方丈监院犯规，则举人质问，不服，约众山道众而"拉座"。被拉者因羞辱不堪，不待驱逐，必行自去也。上所述，即为清规玄律。如若削道冠，拘黑屋子，聚众棍殴，石灰揉目，秽物堵嘴，煤油木柴架火烧，尤其勾结外人，以下犯上，道律中无此惨酷，其"太上家法"，则寻遍道藏中，不知为何物焉。②

通过上述所引文字，可以发现穷老道注意到安世霖重新编撰《白云观全真道教组织纲目》，通过对挂单程序以及升迁由住持制定的描述，可以推测穷老道肯定明了安世霖对白云观的宫观改革，然而考察他对清规内容的描述，可以发现他所了解的清规只是安世霖新订的内容。笔者此前专论安世霖的宫观改革时指出，安世霖曾重订《白云观全真道教清规玄范》共32条③。

从这些完整的内容来看，的确没有火焚的内容，然而安世霖所订清规没有相关内容并不代表白云观或其他宫观的清规中就没有。

安世霖的改革清规不仅仅是补充了新的内容，更为重要的是删除了旧

---

① 穷老道：《八十年来之白云观》，《一四七画报》1946 年第 8 卷第 5 期，第 10 页。
② 同上。
③ 参见安世霖编《白云观全真道范》，白云观自刊，1940 年，第 5—6 页。

清规中的最重处罚，那就是："违犯国法，奸盗邪淫，坏教败宗，顶清规，火化示众。"也正是通过这一细节，我们可以猜测穷老道必定只是一个宫观外人，因为如果他是白云观道士或普通宫观道士，不会不知道全真宫观有此规定①。事实上，火焚并不是白云观独有的清规，本书前章曾提到类似的规定在沈阳太清宫伪满康德年间所定的清规中出现。

许、杜等人所提之道规正是后来火烧安世霖、白全一的依据。据许信鹤称乃是《太上清规》第一条："凡奸盗邪淫，败太上之法律，坏列祖之宗风，架火焚身"②。上述榜文中亦云按"白云观规则所犯奸盗邪淫火化焚身清规第一条之成例"③。

在上述榜文中，关于安世霖干犯奸盗邪淫等各指责，均经道众先后向法院以及有关机构控诉，其中关于安世霖侵占枣林起坟费及仗敌日寇势力、勾串战犯引地寅治，驱逐范明证、养活浪人多名居住方丈室④等证据

---

① 比咸丰六年（1856）清规榜较早的《京都白云观〈全真清规〉原本》第一条就是火焚的规定："凡奸盗邪淫，败太上之律法，坏列祖之宗风者，架火焚身"。参见李养正《新编北京白云观志》，宗教文化出版社2003年版，第330页。

② 《清规玄妙全真参访集》，第21页。又见李养正《新编北京白云观志》，宗教文化出版社2003年版，第330页。该清规共有36条，其他条款如：凡拐带欺骗者，炙眉烧单；凡搅乱清规，不遵律法者，杖责革出；凡赌博耍钱，及食洋烟者，却单逐出；凡谈讲烧丹炼汞哄骗迷人者，杖责革出；凡饮酒、茹劳荤食肉，搅成常住者，杖责革出；凡污言毁伤人父母，詈骂大众者，杖责革出；凡不拜师长，不知宗派者，逐出；凡常住办事，克众利己，隐欺大众者，罚打斋；凡倚恃官势，欺压道众者，合堂公议，杖责逐出；凡大众上堂公事，俗衣小帽者，跪香；凡嫉妒贤良，欺漫后学，骄傲自夸者，逐出；凡上殿登坛，谈笑喧哗，背立呼童，斜目曲视，吃烟吐痰，不依礼规，拜跪不恭者，跪香；凡名殿神祠，早晚香灯供桌，秽污不洁者，跪香；凡朝暮功课，转天尊不到者，跪香，公事者免；凡常住食物私自款客，不上客堂，库房告自者，跪香；凡赤体夜睡，不穿小农，不系裤带者，跪香；凡出门不告白，不领签者，跪香；凡衣冠不洁上殿，私自开看藏经者，罚斋；凡烹厨供献，用污水秽柴，灶前戏笑不虔者，跪香；凡出入上灯后不回者，跪香，公事免；凡戴黄冠及上殿朝真之冠巾，入厕行恭者，跪香；凡开静不起者，跪香；凡夜寝言语惊众者，跪香；凡厨房抛弃五谷，毁坏什物家伙者，跪香；凡常住有大公事不帮助者，跪香。

③ 这一清规为咸丰六年（1856）白云观《全真元范清规》所不载，参见小柳司气太前揭书，第108—110页。《斋堂揭示第二》（同为咸丰六年十一月）最后一条为"违反国法，奸盗邪淫，坏教败宗，顶清规，火化示众"（同上，第116页）。李养正书中曾云许信鹤等人据此烧死安白二人（参见该书第333页注释1）。高万桑曾指出白云观的清规随着方丈的更替时有新定（Vincent Goossaert, The Taoists of Peking, 1800 - 1949—A Social History of Urban Clerics, Cambridge: Harvard University Press, 2007, p. 158）。多个版本的清规在白云观内同时存在，然而到底哪个版本的清规被使用，会在不同的情形下被住持、监院甚至道众选择性地使用，安世霖、白全一的惨案即是一例。

④ 虽然道众有所夸大其词，但是吉冈义丰等人的回忆可为参考，佐证属实。

第五章　安世霖的悲剧：1946年白云观火烧住持案

确凿，为事实以及此前社会局调查所承认。但问题的关键是，许信鹤等人以清规解决是否合适？许信鹤等举事道众认为，以清规乃是法律无法解决后的无奈之举。正是如此，有资料显示在庭审中，许信鹤身穿崭新青棉道袍，足踏云履，俨然以胜利者的姿态出现，而其他道士在退庭时窃窃发笑，意颇自得①。

虽然举事道众自视焚烧安、白二人为护道义举，但是各方反应如何？在白云观惨案发生后，经北平市政府之令，北平道界在和平门吕祖阁成立"道教整理委员会"。1946年11月17日，该会负责人广福观住持孟广慧对报界发表谈话，表明道界之立场。孟氏强调清规不可等同于国法，且道众无权处置，认为凶犯应受国法制裁②。孟广慧称安世霖、白全一触犯清规应令其停职，而道众不能擅自进行火化。尤其是许信鹤正在与安世霖等人诉讼，且其并非白云观挂单道士，更不应该介入此事③。《申报》也曾报道过对待孟氏之态度："如果住持与香伙有犯清规，可予开革，主犯前曾对住持与香伙提出诉讼，结果败诉，此次谋杀，或系私人泄愤云。"④

官方态度如何呢？某法界要人同日亦在报刊发表谈话，对于道众所称之《太上清规》，该要人认为早应当纠正道众以清规等同国法的观念，对于道众所公布之安、白所犯各款，若以刑法而论，仅能判处徒刑四五年，但结果竟被烧死，道众不仅无权处分且处分过重。关于处分道众，则认为虽然可以依据自首情形减刑，但是仍然应"量刑惩处"。对于惨案发生原因，该要人称乃是由于管理机关对白云观监管不严所致。其称安世霖在1940—1941年被控诉，并经过华北当局法院判处徒刑，但是安世霖适逢大赦，故并非法院不理其事。尽管如此，安世霖既被控告，即应更换住持，如此不至于发生惨案⑤。

社会大众又是如何看待清规与法律的冲突？有署名"采真者"曾刊文，在叙述道士架火焚烧安白二人经过之后，提出了自己的看法。

北平白云观的住持老道叫做安士霖，还有一个道士白全一，他们

---

① 参见常人春《白云观活烧老道案始末》，《文史资料选编》第39辑，北京出版社1990年版，第217—218页。
② 同上书，第215页。
③ 同上。
④ 《平白云观惨案地方法院昨日开审两主犯认罪》，《申报》1946年11月18日第2版。
⑤ 参见常人春《白云观活烧老道案始末》，《文史资料选编》第39辑，北京出版社1990年版，第215页。

俩在敌伪时期，勾结日寇，为非作歹，并苛待全观道士。安老道在观中还藏着一个半老徐娘的康太太。胜利后曾蒙难同志会向第十一战区司令部长官控告，但却并无下文。近来白云观的多数道士对于这两个老道，动了公愤；于是就有许信鹤、马玉善、杜信龄、张教全、黄义忠、李玉慧等六人，计议将安白两人，用火焚化。这一个计划，得到观中大部分道士的同意，就在本月十二日晚上实行。许信鹤和马玉善两人乘安白入睡之后，潜入他们房内，把他们揪到观中四御殿前，其时已由众家道士，架起柴火，泼上洋油，用香燃点，顷刻火起，众人遂将安白两老道抛入火中，活活烧死。事后，众家道士在四御殿前，张贴黄榜，历诉两老道的七大罪状，并声明执行太上家法……

　　该案发生后，已由北平警察局将白云观中参加是役的道士，计首从三十六名，于廿三日移解法院审判。这三十六名道士向法院递了一张自首状，声明系依照太上法规第一条犯奸淫窃取，议罚焚身之罪，照律执行。这一件火焚老道案，固然轰动了故都，但在法律方面也成为一个极重要的复杂问题。照普通常识讲，安白两人犯了罪，自有国法惩办他们，观中道士擅自将他们焚死，当然成立杀人罪。不过这是关于法律原则上的话，至于依照刑法，究应怎样判定罪刑，那就很不简单了。白云观中的道众原是道教中的人物，所以我们对于本案的论断，第一步须要在法律的立场上，再就宗教的角度去观察。我认为左列三要点，是应该予以充分的注意和审究：

　　（一）所谓太上法规第一条犯奸淫窃取，即处以焚身之罪，是否确有其事？

　　（二）道众焚死安白两人，除激于义愤外，是否尚有其他原因？

　　（三）黄榜上所揭示的各条罪状，是否确实？

　　关于第一点，并非国法上可以承认太上法规第一条；但若道教的清规，确有这种成例的流传，那末由于教徒信仰上的狂热而触犯法律，其罪恶的性质，自与普通杀人罪有异，处刑时应从末减。关于第二点，那些道众如果别无他种犯罪原因，其动机完全出于义愤，那就情节轻微得多。至就第三点而论，果使安白两人所犯的勾结日寇，荒淫害命等罪状，一切不虚，那末，就可证实三十六个道士的犯罪动机，确系受了义愤的激动，否则，便是虚构事实，企图诿卸罪责了。

　　总之，本案的犯罪行为，既有黄榜为凭，说明"商诸大众，公议火化"本系不争之事实，所应审究的却在犯罪之动机。所以上列三要点，系属先决问题。这三要点，审究明白以后，如果有利于被告，那

第五章 安世霖的悲剧：1946年白云观火烧住持案

就可以援引刑法第五十七条、第五十九条，而就第二百七十一条减轻其刑了。至于白云观道众所呈递的自首状，那是不合法的；因为自首限于"案未发觉"，这就是说原在无人知有罪案时或不知被告是谁时，方可自首。像白云观道士焚杀安白两人，差不多是公开的，无所谓"案未发觉"，当然也不生自首的效力了。①

署名采真者认为焚烧安世霖不仅是个重大社会新闻，在法律上也系一个极重要的复杂问题。照普通常识讲，安白两人犯了罪，自有国法惩办他们，观中道士擅自将他们焚死，杀人罪当然成立，"不过这是关于法律原则上的话，至于依照刑法，究应怎样判定罪刑，那就很不简单了"。采真提出"白云观中的道众原是道教中的人物，所以我们对于本案的论断，第一步须要在法律的立场上，再就宗教的角度去观察"。首先要弄清三个重要问题：（1）所谓太上法规第一条犯奸淫窃取，即处以焚身之罪，是否确有其事？（2）道众焚死安白两人，除激于义愤外，是否尚有其他原因？（3）黄榜上所揭示的各条罪状，是否确实？

采真指出关于第一点，"并非国法上可以承认太上法规第一条；但若道教的清规，确有这种成例的流传，那末由于教徒信仰上的狂热而触犯法律，其罪恶的性质，自与普通杀人罪有异，处刑时应从末减"。关于第二点，那些道众如果别无他种犯罪原因，其动机完全出于义愤，那就情节轻微得多，在判决时应当注意减刑。至于第三点，如果安白两人所犯的勾结日寇、荒淫害命等罪状，一切不虚，那么，就可证实三十六个道士的犯罪动机，"确系受了义愤的激动，否则，便是虚构事实，企图诿卸罪责了"。

对于该案犯罪的行为，由于"有黄榜为凭"，说明"商诸大众，公议火化"，本系不争之事实，所应审理的应该是道众犯罪之动机。如果确有清规、确系处于义愤、安白确系有罪，"那就可以援引刑法第五十七条，第五十九条，而就第二百七十一条减轻其刑了"。至于白云观道众所呈递的自首状，采真提出那是不合法的：因为自首限于"案未发觉"，这就是说，原在无人知有罪案时或不知被告是谁时，方可自首。像白云观道士焚杀安白两人，差不多是公开的，无所谓"案未发觉"，当然也不生自首的效力了。②

11月19日，北平地方法院检察官王金岳提出了起诉：

---

① 采真：《白云观火焚老道案》，《礼拜六》1946年第53期，第3—4页。
② 同上。

查被告许信鹤与马至善，藉整理清规为名，于本年旧历九月三十日，在西便门内关帝庙预定阴谋，意图烧死白云观住持安士霖，督管白全一二人。于同年十一月十一日上下午，又在关帝庙先后召集同道张教全、陈志中、李至慧、陈金明、杜信灵及在逃田恒义等八人，计议妥当，密约白云观道士薛至杰、袁明理、郝明俊、张高镁、金宗彦、李诚柱、赵嘉修、阎圆德、赵心慧、赵明智、常赴昆、何理修、李明亮、陈宗山、郭理臣、赵明俊、曹明芳、张郎缘、王理至、陈复恒、袁明义、冯意诚、李崇林、郑理厚、黄义忠、刘永慧、陈诚明、杨宗镁等共计三十六人，于是日夜晚实施。当由被告陈金明、杜信灵、刘永慧等三人持棍把守白云观之门户，由被告许信鹤、马至善、陈至中等三人，将安世霖白全一二人分别由白云观住室内以绳勒住脖项，拉至庭中，与被告张教全、李至慧、赵心慧、李明亮、陈宗山、郭理臣、王理至、袁明义、冯意诚、李崇林、杨宗镁及在逃田恒义等十八人，用煤油及烧柴一并烧死，而其余各被告均从旁助威帮助。事后由杜信灵代表自首，经警四分局连同其余各被告及捡获之木棍二根，绳子八小节，并解送到案。讯据被告许信鹤、马至善、张教全、陈至中、李至慧、陈金明、杜信灵、赵心慧、李明亮、陈宗山、郭理臣、王理至、袁明义、冯意诚、李崇林、刘永慧、杨宗镁等十七人，均各自白前情不讳，核与验断书及在警局初讯供述，均各相符，且有木棍及绳子为证，足证均各应负共同连续杀人罪责。被告袁明理、薛至杰、郝明俊、张高镁、金宗彦、李诚柱、赵嘉修、阎圆德、赵明智、常赴昆、何理修、赵明俊、曹明芳、张郎缘、陈复恒、郑理厚、黄义忠、陈诚明等十八人，均谓事前仅在自首文上列名盖章或捺手印而已，实未帮助曾有助威情事等语，查该被告等设无助威帮助情事，何用自首？且杀人重案，避之尚恐不及，焉有自愿同凶犯列名自首之理。并由自首呈文可证，足证均各应负共同帮助连续杀人罪责。综上论述，应认被告许信鹤、马至善、张友全、陈至中、李至慧、陈金明、杜信灵、赵心慧、李明亮、陈宗山、郭理臣、王理玉、袁以义、冯意诚、李崇林、刘永慧、杨宗镁与在逃田恒义等十八人，均有刑法第二十八条、第五十六条、第二百七十一条第一项之嫌犯，其余各被告，均有上项帮助之嫌犯，并均应依同法第六十二条减轻处断。获案之木棍及绳子系供犯犯罪所用之物，应依同法第三十八条第一项第二款没收，合依

第五章 安世霖的悲剧：1946年白云观火烧住持案

刑事诉讼法第二百三十条第一项第二项起诉。①

起诉书称许信鹤与马至善，借整理清规为名，"于本年旧历九月三十日，在西便门内关帝庙预定阴谋，意图烧死白云观住持安世霖，督管白全一二人"，在同年11月11日，又在关帝庙先后召集同道张教全、陈志中、李至慧、陈金明、杜信灵及在逃田恒义等八人，计议妥当，密约白云观道士薛至杰等共计36人，于是日夜晚实施将安、白二人杀害，起诉书称许信鹤等人"均有刑法第二十八条、第五十六条、第二百七十一条第一项之嫌犯，其余各被告，均有上项帮助之嫌犯，并均应依同法第六十二条减轻处断"②。

起诉书否定了道士们的整理清规之说，但是在律师看来这却不是简单的杀人案。当此案公开庭审时，义务帮助许信鹤辩护的律师凌昌炎发表了极为生动的辩护书，强调"关于犯罪部分本案为宗教革命，乃社会问题，并非普通杀人罪"：

> 凡一宗教之改革，均因旧日掌教者不守教规，或私德有亏，引起教友之不满，其时统治阶级，凭借特殊势力，为非作歹，与教义背道而驰，教友等痛恨掌教者之无道，影响教义之沉沦，除革命外，别无惩罚之方，遂不得不铤而走险，步上推翻革命之大道，如昔日欧洲耶稣新旧教徒流血斗争，十字军七次之血战，其中可歌可泣之事实，史书俱有记载，而耶教亦因此而大放光明，不乏前例也。
>
> 宗教革命与普通杀人罪出发点不同，即是前者纯为教义，无私仇无私怨，而后者完全站在私人仇怨之立场。今查被告许信鹤、马至善二人首倡奉行"太上清规"，惩除道教叛徒安世霖、白全一二人，重整道教道德运动，事前并无组织，只知为正义，为清规，为道教。临时又激于义愤，二人发难，邀集大众三十六人，同时响应，可谓志同道合，集团行为，共同依照道教遵守之"太上清规"，将安世霖、白全一烧死，是其共同目的，在整理道教，因安白私人行为第一犯淫戒，奸女人（安奸康太太，白奸赶车李三的女人），又有下列诸端罪行。
>
> （1）盗卖寺产，天坛东四块玉地二十余亩，崇外小市房三十余

---

① 《白云观道士许信鹤等杀人案起诉书》，《法律知识》1947年第1卷第3期，第26—27页。
② 同上。

间，地院已有案起诉。

（2）盗卖寺内长生猪羊马，高院监察处已有再议案可查。

（3）侵占枣林村十方坟起坟费，伪组织法院曾起诉。

（4）勾串日敌战犯引地寅治郎，于民国二十九年逼走道友范明证，害死王信真，饿死王永震、王篷日，又逼走道众数十名，不但违反清规，且有犯国法。以上有蒙难同志会检举、蒙二十一战区司令长官部批示，认定安士霖有汉奸罪行，交北平警备司令部缉捕，至今数月，未有实行。

（5）盗卖道教惟一孤本《道藏辑要》与日寇纪纲。

（6）摧毁白云观、玉清观两处有数十年历史之平民学校。

统计上列诸罪行，如在国法，已够施诸重典，若在普通国民，久已在法院告诉。无奈被告许信鹤等，自幼即为道士，并未受过国民教育，平时只知念典、修行、耳濡目染，除道教教规外，并无其他知识，该等以为应当遵守之法律，即为其道教共同遵奉之"太上清规"。因为历来道教，对于太上清规，认为吕纯阳手订之唯一法典，事无大小，俱以清规为戒律，且国民政府亦无取消或禁止"太上清规"之法令，故各该被告此次对于安七霖、白全一火焚者，适合刑法第十六条后半段之规定："如自信其行为为法律所许可，而有正当理由者，得免除其刑"。不然，如系私仇宿怨，该被告等何不用刀、用斧、用棍简便之方法，处安白二人之死？偏以积薪举火，施以焚烧，且三十六人不约而一致同心，积薪举火，拖人，费去长久时间，而无一人中途变计，及临时走开之不合作情形，足见该被告等共同目的，认为安白二人所犯奸盗邪淫之罪，为道教叛徒，火烧二人乃为清规当然之举，并无一点私念掺入其中也。且该被告等事前既无攘谋权利之企图，事后又无争庙夺位之计划，处置安白二人以后，一面推举代表书写清规榜，宣誓大众，一面报告警察分局履行自首手续，表示家法处置以后，听候国法制裁，丝毫不乱，秩序井然，所以辩护人请求钧院认定本案各该被告行为，完全为宗教革命，是乃社会问题，绝非为普通杀人罪也。

关于自首部分。查被告许信鹤、马至善等纯为教义，完全为宗教革命，与普通杀人之动机，霄壤有别，已如前项所述。事后由杜信灵代表自首，按刑法第六十二条，对于"未发觉之罪，自首而受裁判者，减轻其刑，但有特别规定，依其规定"，细译本条立法意旨，自首所以减轻之原因：一面足征犯人已有悔过迁善之意向，一面并可省

第五章　安世霖的悲剧：1946年白云观火烧住持案

法院侦查犯罪之麻烦，一面更可免无辜者或因而受诬，故减轻其刑，以资奖励。本案被告许信鹤、马至善等，嘱杜信灵代表自首，其具自首文之意旨，乃呈明安白之死，为犯戒律，伊等纯为护道尽责，自信无罪，与其他普通自首，希冀减轻其刑者，决不能同日而语。请依照刑法第十六条后半段规定"如自信其行为为法律所许可而有正常理由者，得免除其刑"之规定，予以减免。

正犯从犯部分。查本案检察官起诉书，谓"许信鹤等十八人均应负刑法第二十八条二人以上共同实施犯罪之行为，皆为正犯之罪责"。殊不知许信鹤、马至善等身为道士，平日奉典修行，只知为道教，为正义，为清规，教义沦浃脑际，服膺"太上清规"，与社会普通人士素怀法律观感者迥乎不同，故焚化安白，仅能认许信鹤等只知教义，毫无法律观念，藐为过失正犯而已。次查起诉书中，对于袁明理等十八人，均谓事后仅在自首文上列名盖章，或捺手印，实未帮助，曾有助威等情事，检察官以杀人案情重大，若非帮助何用自首云云？殊不知本案许信鹤等具自首文之本意，纯属呈明安白之死，为犯戒律，伊等皆为护道尽责，根本无罪，不过至家法施行以后，请求经过国法之鉴定耳！与其他普通自首，希冀减轻其刑者有别。刑事以发见真实主义为主，本案起诉书认袁明理等十八人为从犯，亦与真正事实不符，应请宣告无罪。

综上所述，应请求钧院认定本案各该被告之行为，完全为宗教革命，是乃社会问题，绝不能科以普通杀人罪，应请依照刑法第十六条后半段，暨同法第二百七十三条之规定，对于为首之被告，减轻其刑，或宣告缓刑。其余之被告，请依照刑法第三十条之规定，谕知无罪，至为公便。谨呈北平地方法院刑事庭。①

在上述辩护书中，律师强调《太上清规》是道教数千年的传统家法，其立意为维护道教尊严与防止其道众风纪之败坏，是道士们应当遵守之法律，即为其道教共同遵奉之"太上清规"。凌氏云道士们自幼即为道士，并未受过国民教育，平时只知念经、修行、耳濡目染，除道教教规外，并无其他知识。政府既无明令禁止或取消道教的清规，自是承认该清规有存在之必要与效用。凌昌炎认为，该案应该被视为宗教革命的流血事件，而

---

① 凌昌炎：《白云观道士许信鹤等杀人案辩护意旨书》，《法律知识》1947年第1卷第3期，第27—28页。

不应该看作一件普通杀人案件。安、白二人犯有种种大罪恶行，屡经道众警戒和控告，不但不改，而且变本加厉，道众见法律诉讼无效，不忍其宗教之被破坏，才激起公愤义愤，执行《太上清规》之家法以解决之。他还特别指出，即便是退一步从法律观点上讲，被告道众从容投案，一齐自首，主动领受国法裁治，他们的这种殉道牺牲精神和尊重国法的行为，法院亦应当对其特别从宽论处。对于为首之被告，减轻其刑，或宣告缓刑。其余之被告，请依照刑法第三十条之规定，判决无罪[1]。

12月14日，北平地方法院作出判决，判决书没有与辩护律师辩驳杀人案究竟是否属于宗教革命，以清规杀人与普通杀人罪的不同，针对辩护律师所云反对者与安世霖并无私人恩怨，判决书强调许氏等人有杀人动机，原因就是许信鹤等人因对安世霖与白全一之观务处理及日常行为有所不满，并认为安、白二人"属唇齿相依，而怀恨安世霖、白全一之心日积，继探悉观内道士不满安世霖、白全一，遂萌杀机"，所谓整理清规只是借口。辩护律师强调道士们具有自首情节，且正犯从犯应有所不同，从北平地方法院最后的判决来看，确实有所改变。最后判决许信鹤、马至善、杜信龄三人犯有"共同杀人"，各处无期徒刑，剥夺公权终身。其他参与人根据情节各判决不同刑期。陈志中、李至慧共同杀人，各处有期徒刑十五年，剥夺公权十年。陈金明，共同杀人，处有期徒刑十二年，剥夺公权十年。张教全，共同杀人，处有期徒刑八年，剥夺公权八年。袁明义、李明亮、曹明芳、杨宗锳、冯意诚、陈宗山、张郎缘、李崇林、郭理臣、王理玉、赵心慧、刘永慧，共同杀人，各处有期徒刑四年，剥夺公权四年。袁明理、薛至杰、何理修、郑明厚、金宗彦、郝明俊、黄义忠、赵明智、陈诚明、李诚柱、陈复恒、阎圆德、常赴崑、郭明俊、张高瑛、赵嘉修等十余人虽然签名，但是不过为事后同意，不涉及杀人行为，均判无罪[2]。对此判决，许信鹤等为首三人并不服从，在律师帮助下，他们提出上诉。以事实与法律条文提出原判量刑过重，最终在他们的据理力争下，1947年9月21日，河北高等法院改判主犯许信鹤等三人服刑五年，其余

---

[1] 对古代社会中佛道戒律以及与传统法律关系的研究成果亦有不少，如严耀中的《佛教戒律与中国社会》（上海古籍出版社2001年版）、刘绍云的《道教戒律与传统社会秩序研究》（博士学位论文，山东大学，2006年）、唐怡的《道教戒律研究》（博士学位论文，四川大学，2006年），等等。但是道界戒律与近代法律之间的关系，似乎有待深入探讨。

[2] 参见《北平活烧老道案，为首三人坐长监，其余各人分处徒刑》，《申报》1946年12月14日第2版；又见许英华《北京道士火烧白云观安世霖、白全一亲历记》，《文史资料选辑》第48辑，中国文史出版社2002年版，第164—165页。

十二人亦减刑或释放①。北平解放前，许信鹤等被通知找到保人，刑期未满者即可保外，但是由于无钱行贿，虽然找到保人也不见释放。直到新中国建立后，许信鹤等人才出狱，重新回到白云观下院关帝庙做道士②。

惨案后发生后，除了如何处分举事道众外，另一关键的问题是如何处理白云观善后事宜。

1946年秋末惨案发生后，除一二名道士外，其余均卷入旋涡，由于观内无人主持，白云观当即被警察局查封并派员驻守。直到11月22日，北平市警察局致函社会局"希即派员前往接管"③。12月19日，经过北平市府核准，北平道教整理委员会成立白云观临时保管委员会④。其成员共有15人，警察局、社会局、白云观、北平道教会、天津道教会各2人，北京士绅5人，委员长为道教居士、北京书法家潘龄皋，北平道教整理委员会主任委员孟广慧为副委员长⑤。自成立以来，到1947年7月15日解散，临时保管委员会驻扎白云观代为管理，其工作内容除办理启封即接收白云观、订定保管办法善为保管白云观、办理庙会等项外，最主要的工作有两端：一曰清查法器、礼器以及动产、不动产等观产；二曰推选白云观监院及住持⑥。

自1940年以来，白云观道众迭次控告安世霖盗卖庙产，然而在保管委员会提交北平市社会局的报告中，对安世霖是否盗卖观产一节却语焉不详，颇有隐讳。如在清查账目时，称："白云观存款甚微，且为经手道士取用潜逃，安世霖在外有无来往存项，遍查无据可考。"⑦ 新中国成立以后，临时保管委员会成员之一的张修华，回忆查点白云观账目的实际情形：在清查时，对白云观知根底的当地保长提出地契、浮财都是次要的，白云观最值钱的是安世霖私人与前门外各银号来往的存款折子。当张修华

---

① 参见《北平火烧老道案主犯三人判五年》，《申报》1947年9月23日第5版。
② 参见许英华《北京道士火烧白云观安世霖、白全一亲历记》，《文史资料选辑》第48辑，中国文史出版社2002年版，第165—166页。
③ 《北平市警察局的函》，1946年11月22日，北京市档案馆藏，档号：J181-24-2163，第5页。
④ 参见《为白云观临时保管委员会成立有期至请转饬该管分局届时启封以便点收保管由》，1946年12月17日，档号：J181-24-2163，第10页。
⑤ 参见常人春《白云观活烧老道案始末》，《文史资料选编》第39辑，北京出版社1990年版，第220页。
⑥ 常人春提到该会结束时间为1947年6月15日（参见常人春《白云观活烧老道案始末》，第221页），实则有误。
⑦ 《白云观临时保管委员会报告解散事宜》，1947年7月16日，北平市社会局档案，档号：J2-4-483，第3—4页。

与田子久徒弟赵心明进入安世霖房中查点时，司账逃走并偷走存折。事后张修华等保管委员查明，安世霖给江朝宗等权要行贿送礼是通过西河沿思古斋这一家古玩铺，但是慑于权势，保管委员会不敢找该铺。此外，张修华在清查中发现安世霖奢侈豪华，如房中有三多：花色缎子多、帽子多、鞋多①。

临时保管委员会最重要的工作实际是推选白云观临时监院以及住持。临时保管委员会成立后不久，为维持观务，公推沈阳太清宫道士赵诚藩为临时监院，并获得社会局批准同意。由于委员会系临时性质，未便长久驻观，因此，1947年3月5日，在清查观产结束后，临时保管委员会便召集会议推派代表，赴沈阳太清宫请赵诚藩转任正式监院②。两天后，白云观全体道众暨该派各庙住持也联名呈文北平市市长，公推赵诚藩为监院，推选的依据则是安世霖生前所编订之《白云观全真道范》③。为何要公推赵诚藩呢？道众称，赵诚藩任临时监院以来笃实和平、以身作则，道众无不心悦诚服，除不符合第四条须经前任住持任命外，"核其品行学问资格与全真道范书内所定推选条例悉相符合"，因此白云观道众以及龙门派各庙住持公推以赵诚藩为白云观住持仍兼监院事务④。

1947年4月7日，市政府民政局⑤下批文，训令白云观道众、同派各庙住持及临时保管委员会，同意赵诚藩为白云观住持仍兼监院事务，并令白云观临时保管委员会遵照移交⑥。5月21日，白云观举行赵诚藩升座典礼。7月15日，当临时保管委员会解散之后，白云观管理权正式移交赵诚藩。8月，白云观各下院住持次第改为赵诚藩，并得到民政局的批准⑦。

---

① 张修华：《我和天后宫》，《天津文史资料选辑》第19辑，天津人民出版社1982年版，第201页。
② 参见《白云观临时保管委员会报告解散事宜》，1947年7月16日，北平市社会局档案，档号：J2-4-483，第4—5页。
③ 参见《白云观全体道众暨本派各庙住持联名呈文北平市市长》，1947年3月7日，北平市民政局档案，档号：J3-1-128，第3—4页。
④ 同上。附录《白云观道众签名单》（赵理朴、王信缘、袁明理等36人，第6页）、《本派各庙签名单》（东便门蟠桃宫住持陈诚量、广宁观住持韩信禄、崇外花市大街火神庙住持齐信达、崇内泡子河吕公堂住持马元丰、崇外大石桥火神庙住持甄诚福、新街口北大街大四条关帝庙住持马宗正，第9—10页）。
⑤ 1947年北平市民政局成立后，寺庙管理则划归该局负责。
⑥ 参见《市政府批令民政局》，1947年4月7日，北京市档案馆馆藏北平市民政局档案，档号：J3-1-128，第19页。
⑦ 参见《呈报更换附属下院住持请鉴核备案》，1947年8月14日，北平市民政局档案，档号：J3-1-128，第23页。

到1948年3月20日，赵诚藩以道众日多事务繁忙不能兼任监院为由，在该观道士教育班经道众公举道士李高明①为监院。3月29日，北平道教会理事长赵心明据赵诚藩之请，转报民政局。4月3日，民政局批复，准予备案。

第四节　变动社会中的道士、道教与政治

白云观惨案为何发生？它不是1946年许信鹤等人一时冲动之举，而是1940年以来白云观内部冲突不断激化的结果。如果要探讨晚清至民国时期的道教与政治，这一事件是难以避免的关键问题之一。作为全真派的白云观，近代以来虽然一直处于衰微的境地，如在陈明霖之后竟无人能再次传戒。然而晚期随着庙产兴学、破除迷信运动之勃兴，以及南京国民政府制定《监督寺庙条例》等相关法规的施行，相对于其他诸多佛教寺庙、道教道观被摧毁、庙产被提拨、以及遭受政治上的重创，相对于近代正一派道士曾多次被地方政府严加取缔的困窘而言，从目前掌握的资料来看，民国时期白云观的处境要好得多。

尽管白云观幸运地避免了近代政治的直接打击，但令人惋惜的是安世霖以监院兼代白云观住持所体现的权威性以及合法性的不足，种下了日后白云观内部矛盾的种子。1940年，知客朱宗玉等人的夺观，以及失败者被安世霖处以革观处分的结果表明，作为全真祖庭的白云观内部亦有着如此剧烈的冲突。虽然安世霖在社会局的支持下，成功夺回白云观的管理权，但是被革除的道士以及部分白云观下院的道士在以道规、清规施行宗教裁判无效后，选择了诉讼。刘永续、范明证等人关于安世霖盗卖庙产、压迫道众的指责，不仅仅将白云观内部矛盾全然暴露，更使安世霖暂时被停职，甚至部分指责如迫害自由、意图贪污钱财被确证为属实，并使安世霖等人最终被判处徒刑，尽管安世霖凭借大赦法令成功地避免了牢狱之灾。在南京国民政府光复后，安世霖的反对者再次希望能以法律解决，但是在饱经失望之外，他们放弃了法律之道，重新选择了清规处分，而这时的清

---

① 李高明时年49岁，1946年在沈阳太清宫任知客，1947年在白云观任督管。参见"履历书"，时间未著，北平市民政局档案，档号：J3-1-128，第28页。

规则更加严酷，那就是火化焚身①。

为什么要反对、处置安世霖？在朱宗玉等人的夺观行动中，反对安世霖的理由是苛待道众、盗卖庙产以及擅改清规榜；在安世霖采取了革除行动后，安世霖的反对者们则进一步系统化了安世霖的三大罪状：其一，在宗教上犯有杀、盗、淫、妄、酒罪；其二，安世霖不服从宗教裁判，即不遵从朱宗玉等人之清规处分，反过来借助社会局势力开革反对者；其三，在政治上勾结官方压迫道众、妨碍自由；不服从政治、法律处分，如不服从内务总署接收之令等。在反对者看来，安世霖毫无疑问是与各方权要勾结、破坏清规的恶道。事实上，在白云观纷争中，除了指控安世霖盗卖庙产等恶行、恶迹外，反对安世霖的重要理由之一乃是安世霖擅改清规榜。在安世霖被执行家法时，所列第一条罪刑就是：将原有清规擅改，且以有利己之行为，抹杀太上旧日家风，欺祖灭宗。安世霖擅改清规榜的情形，前文曾有详细介绍，亦即其在观内创设教育班。反对者认为，教育班之创设实则擅自改变了白云观作为十方丛林的性质。安世霖规定教育班主任由住持兼任，而同时安世霖在《白云观全真道范》中规定，一切任职道众如果欲图升转职务，在经过教育部证明后，概由住持制定，不拘年限，余人不准干涉。正是如此，反对者指出，白云观一切用人行政皆由安世霖大权独揽，因此选贤与能、传法授座、大同性质的十方丛林变成了安世霖一人支配之私庙。正是如此，反对者才指出擅改清规榜实际上是安世霖一切盗卖行为之张本②。

针对安世霖的这些指控是否属实呢？诉争发生后，华北当局、南京国民政府以及其他各方均次第有所调查，在前文各节本论曾已分别述及。尽管社会局调查采信安世霖的支持者如靳赴伦的证词，认为白云观纷争缘于全真、天师两派相争，对安世霖多有回护。尽管反对者关于安世霖的某些指责查无实据，甚至有些指控或有夸大、仍待考证之处，如安世霖养活日本浪人多名、终日白面毒品、包养康太太等，但是大致而言，法庭判决安世霖、白全一等人犯有破坏文书、迫害道众自由并判决徒刑

---

① 高万桑指出安世霖、白全一被焚烧是他所发现的唯一一例以清规焚身的案例，而晚清和尚被焚的案例倒是有多起。参见 Vincent Goossaert, *The Taoists of Peking, 1800 - 1949—A Social History of Urban Clerics*, Harvard University Press, Cambridge (Massachusetts) and London 2007, p. 157。

② 参见《为白云观已革住持安世霖违抗法令延不离职仍擅自以住持身分在观任意妄为申请迅予惩办以申功令由》，1941 年，北京市档案馆馆藏北平市社会局档案，档号：J2 - 8 - 1342，第 102 页。

第五章　安世霖的悲剧：1946年白云观火烧住持案　275

一年，以及战后社会局最后的调查，充分证明了安世霖并非一名令人信服的管理者。

然而本章针对围绕安世霖诉争的实证研究，并非仅仅是为了证实有关安世霖罪行的指控，亦不仅仅是为了阐释安世霖的反对者徘徊于清规处分与法律诉争之间的举动。我们的思考实际上应该并且能够走向更加深远，在本章看来，至少还有如下两个问题值得我们进一步探讨：其一，安世霖的道教改革者形象；其二，白云观纷争中所凸显的道士与政治、道观与官方、道教派系矛盾等复杂关系。

高万桑在梳理近代中国的国家与宗教的关系时曾概括已有研究存在着世俗化、连续性、压制与反抗、二元、更新等典范，他强调地方宗教史的研究是未来的方向之一，其中关于国家对地方宗教冲击下不同群体角色变动的问题，确有非常重要的意义①。为实践这一目标，高万桑在新近出版的北京道士的专著中有着成功的尝试。他研究道士最重要的理由之一是，没有道士，那么道教实际上就成了一句空话。相对于道教而言，道士的角色受到忽视，因此高万桑从道士而非道教出发，力图重建这一群体的职业、履历、活动、组织、生活方式，等等②。在研究北平不同道士群体的社会生活、社会角色等重要问题中，高万桑强调道士并不只是道教仪式中的参与者，实际上也是城市生活中的重要演员③。尤其是对道观的住持以及管理者而言，只有从更广泛的宗教社会层面上，才能更进一步厘清他们的角色与地位。在本章看来，安世霖就是一个鲜明的例子。

如果我们单纯局限于安世霖的错误、罪行而言，毫无疑问安世霖是一个不合格的道士，遑论是一个令人信服、才德并重的管理者。高万桑亦曾强调安世霖的例子，证明道观领导者的权威与魅力无法以强加的形式获得④。然而，如果我们不能更进一步拓展研究的视野，那么安世霖的道教改革者的形象毫无疑问亦被掩盖，而这对考察近代道教的革新而言，可是

---

① 参见高万桑《近代中国的国家与宗教：宗教政策与学术典范》，黄郁琁译，《"中央研究院"近代史研究所集刊》2006年第54期，第199—200页。
② Vincent Goossaert, *The Taoists of Peking, 1800 - 1949—A Social History of Urban Clerics*, Harvard University Press, Cambridge (Massachusetts) and London, 2007, p. 4.
③ Ibid., p. 6.
④ Ibid., p. 182.

极为重要的案例①。

安世霖是一个什么样的人？吉冈义丰曾赞安氏热心，对仪式法会、道士戒律等均较熟悉的可资信赖之人②。常人春指出：实事求是地说，安世霖为人耿直，也作出了一定的成绩，如升座后着手聘请学者编撰观史、延请音乐家编制经韵，治理观务井井有条，对道士约束甚严③。《道教大词典》中也称其通晓道教科仪和道教韵曲④。高万桑也强调，安世霖确实具有领导能力、魅力与文化。不过这些成就与道众的指控相比，则未免相形见绌。尤其是在反对者看来，安世霖的创设教育班、擅改清规榜实改变白云观十方丛林性质，据以实行个人独裁。但是，从安世霖的角度，他的措施却是除积弊、革新道教的改革之举。1946年，安世霖发布了《北平白云观住持安世霖迭遭诬陷节略》，在宣称继任住持的合法性后，强调反对者的理由实际上是对自己革新白云观的不满："安世霖承乃师二十一代嗣教陈方丈衣钵，于民国二十四年继充白云观住持，感宗风颓堕，积弊丛生，毅然着手改革，而懒惰者不堪勤苦，贪婪者矢其侵吞，环伺觊觎之辈，更乘机而起，群魔交至。"⑤

安世霖如何革新白云观呢？考查现存史料，略有如下数端。

其一，创设教育班。本书前章曾仔细讨论了安世霖创设教育班的过程，教育班的重要性不仅仅是通过这些课程能够提高道士的素质，更攸关道士职务之升转，比如安世霖规定如果道众有特殊劳绩以及才品超群，经过教育班管理处证明后，可由住持指定升转而不拘年限、地位等。尽管教育班遭到部分道士的反对，但是并没有随着安世霖的暴亡而消失，正如本

---

① 关于白云观以及近代道教内部的革新，其影响最大者实乃民国初年陈明霦等联合全真道派创建中央道教总会，该会民国二年（1913）1月被内务部核准登记，陈明霦乃是呈请人（《内政年鉴》，礼俗篇，第九章，宗教团体，"前内务部核准之宗教团体一览表"，第134页）。该会强调，随国体革新，道教亦应变制主张在组织上救济门（包括赈灾、治病、济贫等）、劝善门（文字劝导、言说劝导、开通智能）、化恶门（弥杀、弥盗、弥淫、正俗）实现五族混化，万善同归。但是陈明霦重振道教的计划并没有能得到真正的实施。参见卿希泰主编《中国道教史》第4卷修订本，四川人民出版社1996年版，第426—430页。
② 参见［日］吉冈义丰《白雲観の道教》，新民印书馆1945年版，第247页。
③ 参见常人春《白云观活烧老道案始末》，《文史资料选编》第39辑，北京出版社1990年版，第207页。
④ 该书中称安世霖为"安世林"（档案中亦曾有此书写），参见中国道教协会、苏州道教协会编《道教大词典》，华夏出版社1994年版，第498页。
⑤ 安世霖：《北平白云观住持安世霖迭遭诬陷节略》，1946年9月22日，北京市档号馆馆藏北平市社会局档案，档号：J2-8-1342，第300页。

章曾提到的，1948年，在继任住持赵诚藩的推动下，在道士教育班中，白云观道士公推知客李高明为监院。

其二，安世霖在兼任住持后，主持编撰《白云观全真道范》，制定《道教全真龙门派规约》①。在《白云观全真道范》中安世霖规定住持兼任教育班班主任，从而强化了教育班的作用。对于担任白云观住持、方丈、监院之资格，安世霖则通过《白云观全真道范》规定了七个条件，其中规定必须是全真龙门宗派之嫡系、必须经前任住持委任等。此外，安世霖又更改白云观常住规则，将历代挂单最长时间六十年的规定改为五天，等等②。考虑到白云观本属十方丛林的性质以及公推惯例，安世霖的规定既是重大的改革，又是一种破坏③。如同教育班的命运，在白云观惨案的善后中，赵诚藩即是据《白云观全真道范》所定原则从而被推选为白云观住持兼监院。

1941年，巡官鞠德荣的调查表明在陈明霖任住持时，白云观居住道士等习惯性养成，散漫随便。但是在安世霖掌管白云观后，他整理道教规则，每日令各道士受训，因此发生恶感，不能受苦之道士陆续出走④。

安世霖虽然欲图整理道范，革新白云观，但是在朱宗玉等反对者看来，是犯有妄罪，抹杀白云观十方丛林性质。令反对者不满的是，安世霖的改革实际上更加强了他对白云观的控制，使十方丛林的白云观更沦为安

---

① 高万桑根据吉冈义丰的《道教的研究》一书中相关的记载，指出安世霖曾修订了清规以及起草了相关的书稿（Vincent Goossaert, *The Taoists of Peking*, *1800–1949—A Social History of Urban Clerics*, Cambridge: Harvard University Press, 2007, p. 158），相信吉冈义丰的记载即是此二者。

② 张修华还提到改变挂单庙规背后存在着重要的经济原因。此前挂单道士由庙内管饭分派职务，出去念经的还可分到经份钱。安世霖得势后想利用庙中资财做投机生意发财致富，便擅自更改这种制度。为挤走道士故意把伙食弄得粗劣异常，还不管饱。参见张修华《我和天后宫》，《天津文史资料选辑》第19辑，天津人民出版社1982年版，第198—199页。

③ 根据前文可知，白云观住持继任的老规矩并没有规定必须是由前任住持委任。另外，前文曾提到，1944年，杜信灵等人在社会局称全真何宗派均可接任白云观住持。据吉冈义丰的记载，高仁峒实以华山派的身份来白云观受戒，时年31岁（参见［日］吉冈义丰《白雲觀の道教》，新民印书馆1945年版，第37页）。对于安世霖所订监院、住持、方丈继任的七个条件，吉冈义丰亦曾有介绍，并且也注意到与高仁峒以华山派身任白云观方丈的例子相比，安世霖所订必须龙门嫡系方有资格继任监院、住持、方丈的规范，是最关键的改变。对于安世霖所表达的苦衷（在书中没有提到这些苦衷是什么），他表示理解。他认为此条是可以融通的（［日］吉冈义丰《白雲觀の道教》，新民印书馆1945年版，第49页）。

④ 参见鞠德荣《调查报告书》，1941年6月1日，北京市档案馆馆藏北平市警察局档案，档号：J181-23-9939，第39页。

世霖之私庙①。更为关键的是安世霖本身的局限,如苛待道众、盗卖庙产等恶习、恶性,最终导致自己被焚烧,安世霖道教改革者的形象亦因此变得黯淡。然而,正如前文所提到的那样,安世霖所订的道范,尤其是监院、住持、方丈资格以及创设之道士教育班并没有随着他的暴亡而被废除,在白云观的善后中,它们成了白云观推选新住持、监院的依据。

是谁反对安世霖呢?诸多研究强调道教内部的派别之争乃是重要的原因。不可否认,自安世霖兼任住持以来,安世霖与田子久所代表的全真与天师两派便一直在争夺北京道教会的权力。然而,由于田子久资历、声望远胜过安世霖,因此在1936年北京道教会成立时,遂由田子久当选会长。抗战时期,"华北道教总会筹备会"成立时,田存绪、门至三、安世霖均当选为常委委员,但是管理人却是田子久。当华北道教总会成立后,由于争权失败,安世霖遂禁止道众参加该会,当华北道教会奉令接收白云观时,安世霖以白云观并未参加该会作为拒绝交接的理由之一。无可否认,天师派与全真各派的确存在教派矛盾与冲突,在白云观纷争中,安世霖以及他的支持者均称,白云观内部的道士与天师派勾结,欲图变白云观为天师派所有。事实上,前文已经述及,安世霖以及他的支持者将天师派视为反对者的幕后支持者,无疑是过于夸大了全真与天师派之间的冲突,未免有转移焦点之嫌疑。同理,我们也不能单纯地将白云观的纷争简单归于东北派的反抗,如同本章在分析被革人员中,反对安世霖的人多为与安世霖同籍的河北人,如果我们过于注重全真与天师之争、东北派与河北派之争的话,就无法更清晰地明了白云观的内部冲突②。

在白云观纷争中,道教内部的矛盾与冲突的确不能忽视,但是我们的视野亦不能仅仅局限于此,而是应当更进一步追问,在这些纷争中安世霖与权要、社会局等寺庙监管部门的角色问题。

宗教与政治的关系历来受到学界的高度重视,僧侣、道人亦并非决然

---

① 按照十方丛林的规定,住持应当三年一选,但是安世霖并没有遵从这一规定,许英华称安世霖自知按照程序来他无法当选,因此以种种借口推迟或阻滞正式住持的选举。参见许英华《北京道士火烧白云观安世霖、白全一亲历记》,《文史资料选辑》第48辑,中国文史出版社2002年版,第156页。就监院而言,也应当是三年一选,具体公推程序与概况,参见武理真的《全真道教十方丛林之规制》(《中国道教》1987年第2期)。

② 吉冈义丰在朱宗玉等人被革除后进入白云观考察,对于这一事件,他强调是双方冲突表面化的丑争。吉冈称自己从来没有问过纠纷的真相到底是什么,并且法庭的判决也未下,因此认为讨论这个事情是过分、不恰当的。但是从道教界建设的期望出发,他认为双方应当妥善地处理纷争。参见[日]吉冈义丰《白雲觀の道教》,新民印书馆1945年版,第214页。

不问世俗的方外之客,"政治中人兼神仙中人"者亦非少见。与佛教界与政治的关系相比,近代道教界与政治研究仍大为薄弱。就白云观而言,其与近代之政治关系匪浅,清末高仁峒与内廷、陈明霦与民国权要即是先例①。在白云观纷争中,虽然安世霖迭遭控诉,另有内务总署接收之令,虽然法院曾判决其徒刑一年,并在1941年10月至1945年7月被暂停住持之职,但是安世霖仍然实际管理着白云观②。从档案以及后人回忆来看,安世霖受到江朝宗、北京市社会局的庇护的确属实。作为北京市寺庙的直接管理机构,社会局在处理白云观纷争时,对安世霖无疑是过于纵容了。1941年7月14日,在北京特别市警察局陈述时,范明证称曾先后向华北政务委员会、内务总署、兴亚院、新民会、治安部、宪兵队等11个机关控诉安世霖"把持任意变卖寺产,欺压我们道众,不叫吃饭",强调安世霖时持社会局公文恐吓,故他们不敢在社会局控告,恐怕于己不利③。

《监督寺庙条例》规定了住持除正当开支外,不得动用寺庙财产,非经所属教会同意并呈请该管官署许可,不得处分或变更寺庙之不动产及法物,违反者得逐出寺庙,或送法院究办。对于寺庙住持不守清规者,南京国民政府内政部曾有过原则性的规定,即:当由其教会按照教规惩戒,如涉及刑法则与平民同科,并且应由官署依法惩处;若情节重大,则可革除职务。考虑到安世霖已经被判决徒刑的事实,倘若社会局严格地遵循《监督寺庙条例》办理诉争,安世霖当即被革除职务④。安世霖被焚烧案件的发生,从反对者的视角而言,显然是从清规处理无果到寻求政府监管、司法诉讼失败,最后回到传统清规焚烧的结果。在朱

---

① 对高仁峒的研究,可参见蔡鸿生、王见川、刘迅、高万桑等前述研究。关于陈明霦,有史料曾提到他与江朝宗、吴佩孚为盟兄弟。
② 在吉冈义丰以及窪德忠的记载中,在此时期他们在白云观的考察中,从未提到安世霖被停职的事实,相反,接待他们的最高管理者即是安世霖。1944年7月,安世霖曾以住持身份向北京地方法院检察处报告日本永大洋行的代理人范某拖欠地租、毁坟、侵占土地等罪。参见《安世霖在西郊分局的具供结》,1945年1月25日,J185-2-3595,第5页。
③ 参见《询问笔录》,1941年7月14日,北平市警察局档案,档号:J181-23-9941,第2—4页。
④ 有学者注意到在华北、华中等沦陷区,无论是在伪中华民国临时政府以及汪伪国民政府统治区域中,其具体的司法实践表明仍然坚持的是南京国民政府所颁布的法律以及相关解释。在寺庙管理方面,正如高万桑所指出的那样,沦陷时期的北京依然根据《监督寺庙条例》管理寺庙,1928—1949年可被视为一个整体来讨论(Vincent Goossaert, *The Taoists of Peking*, *1800-1949—A Social History of Urban Clerics*, Cambridge: Harvard University Press, 2007, p. 67)。

宗玉夺观事件后，北京社会局致函北京道教会，告诫僧侣道众应当"猛自省察，力图向善，如再敢违反戒律不知自爱，经本局查属实或经人告发，轻则驱逐出境，重则依法送究，咎由自取，绝不宽假"①。事实上，社会局支持安世霖革除朱宗玉等人的事实，表明这一告诫目标只是安世霖的反对者，而非安世霖本人。安世霖的反对者就曾主张宗教与法律皆为维持社会秩序之手段，宗教治人行为之动机，法律者乃治人行为之结果。他们强调：既然安世霖在宗教上不遵从裁判，其也难免不服从法律制裁，更难免借口法律以为掩饰，因此不如以行政力量作适当之处置，可免无限之波折②。处分的方式就是撤革、赶出北京等重惩。针对白云观纷争，前文提到华北交通北京建设事务所的一份秘密调查，就曾主张撤革安世霖代理住持之职，在白云观惨案发生后，某法界要人亦是持同样态度。然而相比陈明霦曾因误过登记日期即被革除职务而言，安世霖受到了政界权要的有力庇护。尽管抗战胜利后的社会局在查实安世霖的诸多罪刑后，将此案送交法院究办，可惜这一结果来得太迟。长达多年的司法诉讼，无论是日伪法庭对安世霖盗卖庙产的审理，还是南京国民政府对安世霖汉奸、破坏清规的审理结果，对许信鹤等人而言无不视为对安世霖的庇护。当杜信灵、许信鹤等反对者对民国法律、社会局监管、国民政府的政治彻底丧失了信心后，他们选择了清规，安世霖的悲剧成了不可避免的结局③。

惨案发生后，某种程度上加强了一般民众对于火焚清规的了解，然而火焚的规定从清代到民国从宫观角度一直都存在，然而实际案例的缺乏没

---

① 《北京特别市社会局第286号公函》，1940年4月17日，《为白云观已革住持安世霖违抗法令延不离职仍擅自以住持身分在观任意妄为申请迅予重惩办以申功令由》，1941年，北京市档案馆馆藏北平市社会局档案，档号：J2-8-1342，第111页。
② 同上书，第109页。
③ 许英华在回忆中还提到他在起意"用直接行动来解决"安世霖、白全一之后，得到了所结识之在北平做地下工作的吴同志的赞成："你们如果真要解决安世霖，只有用革命手段"。参见许英华《北京道士火烧白云观安世霖、白全一亲历记》，《文史资料选辑》第48辑，中国文史出版社2002年版，第161页。为补充《监督寺庙条例》以及《寺庙登记条例》之不足，北京特别市社会局制定了《北京特别市寺庙管理规则草案》(38条)，对佛道寺庙传法问题做了规定，1945年6月26日社会局局长尹以瑄呈请市政府批准。8月28日，市政府拟批中称教育总署鉴于传法问题屡起讼端，亦制定了《华北管理寺庙僧伽暂行规则草案》(68条)，由于此时处于时局转换中，均令暂缓施行。这两条草案学界似未曾注意，待另文研究。草案内容可参见《尹以瑄呈请市政府文》(1945年6月26日)、《对社会局呈文的拟批》(1945年8月28日)，北京市档案馆馆藏北平市政府档案，档号：J1-2-268，第2-3、16—17页。

第五章　安世霖的悲剧：1946年白云观火烧住持案　281

有对清规与法律冲突的关系提出挑战，以往对宫观寺院清规戒律的研究多注意它们与国法的协调、配合、补充，安世霖重订清规从国家管理、宫观改革角度而言，显示安氏确为有才的一面。然而反对者所指出的安氏的诸多罪行，无疑弱化了他作为改革者的光彩。在惨案发生后，尚未审判前，一位与白云观略有关系的小丘八给《一四七画报》投稿，痛斥北平地方的种种恶俗，如"有些个吃秧子，嫖哥儿，捧戏子，跑寡妇门，拉姨太太，与靠吃僧道"，"这样的人，歪曲天良道德，走动的官私。即是一堆狗屎，也要用文笔描写一朵鲜花儿"。关于白云观火烧安白这一段公案，他称这是社会的问题，"国家是保持四维还是保持奸淫邪盗呢？由他们随意判决去"①。当一审案件判决前，《申报》上有个简单评价：静安寺之争庙产，白云观之烧道长，一切的宗教落入下乘②！

无论如何，惨案的发生沉重地打击了白云观，白云观因此成了社会舆论的焦点话题，无论是涉案的道士、白云观自身，还是道教，他们的形象亦因之受到重创③。正如不少画报等民国后期报刊所揭示的那样，白云观日渐荒凉，到次年顺星日，一篇对白云观负面评价的游记生动描绘了大致概况：

> 29日是白云观顺星之期，庙外却有吹号打鼓的基督教联合布道会在那里布道，希望人们破除迷信，有几个乡下孩子站在一旁发呆。这些人物，背景，倒构成一幅讽刺的画面。
>
> 从宣武门到白云观路上，充塞着各种车辆，和别有风趣的小驴子，把一条泥路搅得烟尘滚滚，更加北风吹起，游人脸上身上都蒙上一层泥土，但这并不能使游人却步。下午四时，仍有人络绎前往。
>
> 火烧老道案，尚未被人遗忘，若干贴着白纸封条的屋子，往往有

---

① 一四七信箱：《白云观案件一封丘八函》，《一四七画报》1946年第8卷第9期，第20页。作者在信中还证实安世霖卖四块玉等地是为了补助白云观油饰费用："惟对贵刊白云观记，末尾说安士林，卖四块玉土地，及磁器口房子是补助该庙油刷代费的不足；这可有个事实。请到白云观门前牌坊上去看，那上边有老憨我的名字。此系因抗战，母亲在家乡，被警察特务打成中风不语。死去之后，不敢回家发丧的一笔钱，将他献出在佛祖之前，作为油刷白云观之款。当时更不敢露名，借此以尽人子一段迷信的心愿。特此敬上，略重事实。"

② 参见《今非昔比》，《申报》1946年12月14日第12版。

③ 近代以来，白云观在大众舆论中的形象乃是颇值得关注的课题之一，蔡鸿生在《璞科第与白云观高道士》（《近代史研究》1991年第1期，第287—291页）一文中对此有所涉及。白云观惨案后的社会舆论与道教的形象问题，常人春的《白云观活烧老道案始末》（《文史资料选编》第39辑，北京出版社1990年版）亦略有提及，仍有待深入研究。

人凑过去，在破纸的窗洞上看两眼，遇见道士也都要注意一下，总疑惑他是不是"三十六天罡"之一。尤其庙门前和殿堂上，全贴着皇皇的告白，上写"进香诸君，凡与安士霖白全一二道士有交谊者，请到本观后院东客堂北间，签留姓名住址，以便届时通知参加公祭为盼。公祭白云观安监院白督管筹备会公启"。倒有人为二位老道筹备公祭了！

星神殿上人最多，殿外墙角堆积不少的残香——那些仅仅点着，就被道士吹灭了的香。许多人点上香，就爬在人堆里磕一个头，然后像得到解脱似的，满怀高兴踱出来，殿外就有人喊："带福还家吧"。当然，又得掏出五百块钱，买一双绒做的小蝙蝠。

除了星神殿意外，就以子孙娘娘的生意最兴隆了。桥洞中的两位道士的买卖，也相当不坏，一千块钱买六铜元，或是十九个制钱，就图换一个"钱往声来"。①

图5 惨案后白云观之外景及守庙之疯老道

资料来源：孤血：《记白云观》，《一四七画报》1946年第8卷第3期，第13页。

1947年五月，28岁的白云观道士单明举由北平来到天津，单氏山东

---

① 《白云观看顺星》，《华北日报》1947年1月30日第3版。

第五章　安世霖的悲剧：1946年白云观火烧住持案　283

泰安人，身体高大，面貌清秀，最初住在赵家窑大街荣记店，后来与天津老道任立魁（46岁，清河人）"相热"，"于五月十二日由任劝至开源里同住，七月十三日晚，单明举尚与相识者孙静秀、李庆荣、袁吉星在开源里五号做雀战，迄晨四时始散"。不过二三时辰后，单明举之头颅被发现于鬼市，警察判定为生前被击毙后头颅被刀割下后抛弃所致。一时间"鬼市人头案"传遍全天津。经过半个月的调查，警察探明了真相，"竟是一位无量筹老道性心理变态演成的惨剧"。原来同居之任立魁乃是一位"性心理变态之龙阳君，即自己假充女性实行同性相交者是也"，根据曾与任氏同居的王文清等人的供词，警察局判断"任与单之必有一段性生活关系，不料单固风流道士，吃喝嫖赌，无所不为，且常深夜不归，以致惹动任立魁嫉妒之火，而将其杀死。这由任立魁之割挖单明举心脏及生殖器可以窥知，但任立魁对此点尚未供认。任立魁何必将人头抛之鬼市呢？这可以从任立魁杀人前对人说的话里寻出答案，他会说："人死后，鬼是跟着头走的。"他显然希望那鬼不要在他的屋里作祟，所以弃之于鬼市①。

到1948年时，由于国共内战，此时白云观也成为难民收容所，而此时的白云观更是面目全非：

> 来平之难民，住的问题，比之食的问题，较有办法，即因"物"虽不"博"，"地"却不失为"大"，有些大坛大宇，大庙大寺，如安定门内国子监，西便门外白云观，永定门内天坛，都做了收容所。白云观虽所谓长春真人邱处机所留的"蓬莱阆苑"，庙址极大，院多神多，前清时香火之盛，气派之大，无与伦比。而今一派荒凉，自火烧老道大案后，更面目全非，指作"收容"，尚不失为废物利用。②

---

① 《天津发生离奇命案，鬼市人头内幕，单明举心脏被挖，凶犯任立魁拘解法院讯办》，《申报》1947年8月6日第5版。
② 瘦娟：《紫罗半盒杂碎》，《申报》1948年8月6日第8版。

结论：国家、宗教与社会
——以白云观为中心的历史透视

长期以来，作为中国本土宗教的道教一直受到海内外学术界的高度关注，经过多年积酝，也产生了诸多具有开拓性的成果。然总体而言，学术界的既有成果在研究时段以及研究内容方面仍有进一步拓展的空间。在研究时段方面，既有研究或侧重早期道教及其历史的研究，或高度关注当前道教的实际状态以及仪式，对于近代以来道教的历史变迁以及革新研究有所不足。从研究内容来看，既有研究多侧重道教经典、思想、内丹学等宗教史方面，对道教宫观以及道士重视不够，事实上，宫观与道士是道教维系其存在与发展的重要基础与力量，缺乏对宫观以及道士的研究，无法帮助我们真正理解道教。进一步而言，如果我们的研究仅仅局限于宗教史，而不去拓展研究视野，不去从政治史、社会史等层面加强对宫观以及道士的研究，就无法真正理解道教在近代中国历史上的重要变化，更无法真正深入理解近代中国的国家、宗教与社会之间的复杂关系。

循着如何理解近代中国的国家、宗教与社会这一主题，本书以白云观为中心初步考察了近代以来白云观的嬗变，尝试从以下角度略作粗浅的总结。

第一，从宗教史的角度来看，白云观在近代中国扮演了极为重要的角色。在晚清，白云观在高涨全真龙门祖庭声势方面取得显赫声势，这不仅体现于近代白云观宫观的重要拓展，也体现于白云观的宗教活动如传戒等逐渐步入正轨与常态，还体现于正是高仁峒担任方丈时期，白云观全真龙门的历史与认同得到了高度强化。民国创立，全真道以及白云观均力图因势而变，强调改革道教以与共和国体相适应，提倡道教应当"出世与入世"化而为一，应当创办学校、医院、实业等。作为全真龙门祖庭的白云观则在民初道教革新中扮演了领袖角色。在陈明霦的努力下，白云观联合全国十余全真道观成立了中央道教会，呼吁民初政府保护宗教信仰自由，保护庙产。同时，白云观也开展社会慈善活动，强调道教出世与入世的统一。从白云观内部而言，民国时期白云观的宗教影响力远逊于晚清，但是陈明霦仍然维系了白云观的传戒等日常运作。在安世霖兼任白云观住持时期，白云观在改革旧宫观制度方面作出了重要成绩。1940年7月，在将原知客朱宗玉等反对势力开革逐出白云观后，为整顿观务，以挽宗风，安世霖制定并印刷了《白云观全真道范》。《白云观全真道范》尽管不足百页，但其内容实际上包括了宫观管理、宫观组织、宫观经济、宫观道士教育等宫观实际运作的基本制度。作为近代道士自我革新与自我教育的开拓者，《白云观全真道范》反映了安世霖在现代宫观制度建立过程中所起到的重要作用。但是这种改革目的直接是强化安世霖的领导地位，从而导致宫观内部矛盾的加剧，最终导致安世霖的被烧死，这反过来沉重打击了白云观的声誉。尽管安世霖本人的历史命运与结局极为悲惨，但是他革新白云观的实践，不仅是在白云观历史，而且在全真道教史上都有着重要的历史地位与深远影响。

第二，从政治史的角度而言，宫观以及道士在近代中国政治生活中发挥了不同寻常的作用。白云观与晚清政治的关系极为密切，甚至诡异。在高仁峒继承了白云观住持之后，由于与刘素云为同戒戚友的关系，高仁峒与慈禧以及李莲英等宫廷太监关系日益密切。高仁峒发挥了超越道教的作用，不折不扣是一个"政治中的神仙"。他不仅交通宫禁，与内廷太监结成朋党，受到慈禧信任，卖官鬻爵，朝中权贵、宫中内侍，多寄名宫中为弟子，外省官吏，则奔走其门，争相结纳，影响到晚清的政治生活，而且与俄国人璞科第（华俄银行理事）、日本人高尾（使馆秘书）勾结，在对外关系方面发挥了不太光彩的作用。新近发现的日本机密档案也提供了宝贵的确证。尽管民初继任住持的陈明霦同样与政要保持了密切关系，被视为在对待民国权贵方面极有手腕。但是在南京国民政府颁布《监督寺庙条例》及登记条例后，白云观基于内政部之监管、内部矛盾等因素先后陷入了住持危机。20世纪30年代白云观的第一次住持危机为什么会发生？其根源在于北平社会局取代了公安局原有的管理寺庙权。尽管白云观等众多北平寺庙此前已经在公安局登记，但是由于不遵守再次登记的指令，住持陈明霦被撤革住持。当陈氏去世后，由于获得了北平权要以及名流居士的支持，本身并不具备合法资格的安世霖最后被确认为暂代住持。民国时期，白云观道士安世霖在管理宫观中，也仰仗宫观外政治人物的力量。从20世纪30年代的住持危机开始到40年代白云观内部激烈的冲突，从南京国民政府到日伪占领时期，正是依赖不同的政治力量，安世霖才得以延续其长期对宫观的管理。

最迟从1940年开始，安世霖就成了白云观内部道众矛盾的焦点。由于其勾结权势、压迫观众、破坏清规等行为，知客朱宗玉、乔清心等人率先开始了反对安世霖的行动，当朱宗玉等反对者被安世霖革出白云观后，最初为安世霖作保的玉清观当家人范明证也参与到反对安世霖的行动之中。经过多年的缠诉，由于安世霖受到了政界权要的有力庇护，更由于无论是日伪社会局还是抗战胜利后北平社会局的纵容，安世霖的反对者最终放弃了国法，1946年11月11日，安世霖被反对者以太上清规之名活活烧死，而这成为近代白云观衰败历史最典型的象征与白云观研究中的最大黑洞。

白云观的研究提醒我们在注重《监督寺庙条例》的同时，不应忽视《寺庙登记条例》《寺庙登记规则》在近代国家控制宗教事务中的重要角色。寺庙登记的目的并非简单的在于控制寺庙财产，为掠夺寺庙财产提供翔实的依据。登记与监督合为一体构成了南京国民政府管理佛道宗教事务、处理诸多寺庙纷争问题的基本出发点。20世纪30年代白云观的两次住持危机以及随后40年代安世霖的被烧死，不仅反映了白云观在衰败过程中内部复杂的矛盾冲突，也深刻地表明在建立现代性国家的过程中，道观被打上了国家严格控制与管理不善的政治烙印。如果社会局严格依照《监督寺庙条例》的规定，安世霖就不可能取得暂代住持这一实际的胜利。如果不是日伪社会局以及抗战胜利后北平社会局的纵容，安世霖的反对者也不会最终放弃国法，选择太上清规将其活活烧死。这一惨烈的事实警示了近代国家法律对宗教事务控制与监管不善的恶果是多么的严重。

第三，从社会生活与大众文化的角度来看，白云观不仅是宗教空间，也是城市大众文化的游乐空间。在宗教史与政治史中，高仁峒是"神仙中人兼政治中人"，那么从社会生活史的角度来看，高仁峒既是雅士，又是俗人。高仁峒乐意与社会各色人物交往，对内交往的不仅有内宫太监，还有中央、地方大员。对外方面，既有俄国人璞科第，还有日本使馆秘书高尾等人。此外，作为一个"世外高人"，高仁峒还极乐意与士人交游，并常在白云观内设宴。有史料从不同方面描绘了他的俗人的生活方式，或饮酒吃肉，或耽于女色，并为人所诟病。从社会生活而言，作为全真祖庭的白云观首先在宗教方面为道士以及城市民众提供了信仰的场所。对城市民众而言，除了宗教信仰的需要外，白云观也是一个重要的社会活动空间，本身作为纪念邱处机的燕九节也从宗教节日扩大成为一座城市的大众节日。在这个空间中，娱乐、庙会、交游等活动频繁发生，城市中的各阶层，从官员、士人到普通民众，都曾在这个空间中积极地活跃着，正是如此白云观成为北京明清社会文化中的典型之一。通过阅读民初白云观等碑刻，可以初步发现白云观信众之广泛，不仅有"满蒙回汉、士农工商"，甚至在伶人中也具有重要影响力。此外，民国时期寺院财产登记表初步建立了白云观道士们物质与精神生活的基础，白云观出租房间作为铺面以及从耕地所得之地租，具有极为丰硕的财富；白云观寺庙的图书收藏，除了道家经典外，还大量收集了史部典章、诗文笔记类，甚至还藏有《古史辨》一本、《精神哲学通编》一部等学术研究成果。宫观藏书并不一定代表道士都能阅读，并且图书来源也无法一一明确，也存在较大的偶然性。不过，陈明霦1930年印刷的《白云集》中有一重要部分就是《读书录》，仔细校阅其所著《白云集》，略能窥测陈氏这一著名道人的读书与阅读世界，除《玉皇心印经》《金光咒》等外，他阅读、摘录较多者是《庄子》《通书》《论语》等经典。

白云观在民国成为城市旅游的重要空间，不仅仅景色秀雅，更因白云观的历史与古迹，成为北京之名胜，不仅出现在地方志、风俗志中，更是成为旅游手册的重要内容。即便是在破除迷信运动时期，白云观仍然作为胜迹成为中外游客的游乐空间，尽管它也不可避免地成为破除迷信者嘲弄的对象。在白云观与近代中国社会的研究中，学术界开始注意利用近代报刊史料对晚清白云观的社会角色进行认识，一个比较有趣的问题便是在这些报刊及舆论中又是如何描述与构建白云观的社会形象的。在近代庙产兴学乃至民国初年破除迷信、"五四"等运动波及下，相对于白云观的晚清显赫地位，民国初年白云观开始步入衰退，重要表征之一则是舆论中白云观的负面报道开始增多。不少游记感叹白云观洞天胜境，也有的人称赞白云观风景优雅，不过堂上联语恶劣，使名园失色。有的游记颇有兴趣地介绍了白云观各景点的历史，有的介绍会神仙、庙会的种种热闹，包括骑着毛驴去白云观的趣味。然而，民国以来，不少的游记注意到聪明的道士也就利用了大众求财求子等迷信心理而大发其财，如对打金钱眼的批评屡见不鲜。不少游记感叹道士狡猾与游人之愚蠢，不管游人凶吉，道士都可得钱，即便是在景色风雅的后花园，也到处是煞风景的化缘道士，甚至在神殿附近也售卖着庸俗不堪的书籍。道士之狡黠善于利用信仰，谋取金钱，更有甚者，在民国大众报刊以及舆论中，白云观的历史也不断被重新认识，其负面报道与内容也渐次增多。在民国，对于高仁峒的形象，游览白云观的人士都有所评价，对于他在晚清宫闱、外交、生活中的举止，多有讽刺与批评，有的称之为"卖国的首魁"。在民国反对迷信的风气下，也有不少游乐的学生对于白云观的迷信与旧俗提出了批评与革新的希望。有的强调要将白云观改为"全国道教大学","庶可化无用为有用耳"。我们知道,民国以来陈明霦以及白云观在近代道教改革中的重要努力与成效。然而,1936 年初陈明霦因尿石症病重住进天主教所办的中央医院,很快不治而逝。在陈氏羽化后,天主教系统内的诸多报刊发布了陈氏临终受洗之新闻。陈氏究竟受洗没有?天主教系统报刊只是一面之词,但是无论如何,对于陈氏及白云观而言,无疑被涂抹了难言的黑色。更加令人惋惜的是,当安世霖继任住持并于 1946 年被宫观道士活活烧死后,白云观的形象更加暗淡。

从更大的视野来看,近年来道教宫观研究成果的纷纷问世,在一定程度上证明了加强宫观宗教社会史研究的重要性。康豹在总结有关成果时强调,近代道教史研究的涌现成功地颠覆了"近代道教处于一种衰退期"的刻板印象,近代道教不仅保存了中国传统文化的许多重要成分,而且还能适应各种前所未有的挑战甚至还发展出不少创举。[①] 在笔者主持的"国家、宗教与社会:以近代全真宫观为中心的探讨(1800—1949)"的研究项目中,白云观之外的其他全真宫观,如武汉长春观、南阳玄妙观在宗教、社会与政治生活中发挥了重要的作用。梅莉对长春观传戒的研究显示,在北洋政府统治时期,因为各地政治环境不一,中央国家威权羽毛未丰,旧的保守政治文化势力及个人的影响依然强大,全真道教的丛林宫观仍然可以继续在地方社会实施其历史与传统的影响力。刘迅对南阳玄妙观的研究表明,玄妙观自从 19 世纪晚期积极参与清军镇压太平天国以及回民起义并重建南阳城,到 1911 年辛亥革命时期南阳玄妙观道士也积极参与了革命行动。更为重要的是,南阳玄妙观道士利用在诗歌、书法、园林、厨艺以及公共园林等方面的文化诉求,在清末民初的南阳等地方社会中建构自身的政治权力和影响的历史。通过考察玄妙观等宫观积极参与现代教育的举措,刘迅提出要重新检视和反思传统宗教在中国现代化进程中的地位。像南阳玄妙观、北京白云观等强大有力和资源丰富的宗教机构在一些地方能够且确实在中国现代化进程中发挥过重要作用。他们参与建立新式学校和社会慈善工作,不仅仅是出于社会政治变革和动荡时期求生的本能,更出于与国家合作的自身历史及服务当地社会的传统[②]。

事实上,除了白云观、玄妙观、长春观之外,学界对其他宫观的研究

[①] 参见康豹《中国近代史中的宗教、社会与政治》,《国史研究通讯》第 7 期,第 45 页。
[②] 参见付海晏、刘迅、梅莉等《国家、宗教与社会:以近代全真宫观为中心的探讨(1800—1949)》(书稿,待出版)第八章、第九章。

也不少①。高万桑曾从宫观制度史、社会史、地方史以及跨国史四个角度回顾近年来道教史（毫无疑问很多研究成果均是与宫观直接相关）的进展，在本书看来，这些成果不再仅仅局限于宗教文本、宗教思想的研究，更多地被视为新宗教史或宗教社会史的研究，无论是从宫观自身、地方史、国家乃至国际性这四个层面的某一层面所做的研究，还是政治史、宗教史、社会生活史、艺术史等领域，充分展示了近代宫观此前被有意无意忽视的复杂面向，也昭示了新宗教史或宗教社会史的魅力与令人期待的前景。特别是在数字人文与量化研究新方法、数据库的广泛利用与重要性日益被认同的当下，我们相信，已有的这些研究只是刚刚开始，新宗教史或宗教社会史研究将逐渐成为海内外关注的重要研究领域，它已经改变并将持续影响我们对近代中国寺庙宫观乃至近代中国宗教的认识。

---

① 参见付海晏、刘迅、梅莉等《国家、宗教与社会：以近代全真宫观为中心的探讨（1800—1949）》（书稿，待出版）绪论以及高万桑的《近代道教史研究的展望》（罗格斯大学道教国际学术研讨会会议论文，2015 年 11 月）。

附录一
《白云观住持安世霖为整饬观务声明书》
（节录）

　　敬启者，敝观向承祖师遗训以道为公，而私意不许授徒，以观为公，而传位首重德行，是以历代相承，概由方丈举贤任能，询谋佥同，始行立案，非如他庙之由私意授受，遽行成立。是以被选继任监院者苟非违反清规，破坏观章，概不许洁己自退，更不许任人更代。诚以委托任重，稍有丛脞贻害全观，可不慎哉！霖自民国十年入居白云观，于十六年被任为知客，复继任二任总理，二十四年十一月二十八日经陈方丈委为监院，至民国二十五年二月二日，陈方丈始行羽化，其时观内空虚，米粟资财一无所有，且负有债务，即前方丈丧费亦由贷借而来。此皆有会计簿可凭，非霖一人之空言也。兼之连年荒歉，外县地产十收一二，加以苛捐杂税，按年递加，庶务开支，随时增涨。且也人心不古，田产诉讼常年不免。即此诸端已使霖束手无策，以本观道众二百生计所需，尤为亟务，即素行俭朴，当此薪桂米珠之时，已使霖一筹莫展矣。况霖以驽骀之材，蒙陈前方丈提携栽培，不以霖为不材，谓足胜任，而本观道众亦以陈前方丈为任得其人，毫无异议，始将监院重任授之于霖，则霖之努力支持竭尽棉薄，以维观务者，深恐负陈前方丈委任之苦心也。观内则极意节俭，对外则务以忠诚，深恐违陈前方丈经营之遗训也。

　　今乃有朱宗玉等数人纵其野心，觊觎权位，鼓惑道众，假借售地粮食之两小问题，遽欲推翻祖训，强霖退职，私相授受，迫以强权，何其凶且愚也。谨将经过一一陈明之。

　　查本观食粮，向仰给于梅厂田庄所产，惟自近三年来，水旱成灾，颗粒未获，又值各处禁运，北京粮米购买为难，霖当此艰巨，何敢惮烦，乃请求官府，始得买到小米百二十石，共洋四千余元。此款均由商号浮借应用，非本观之素有储蓄也。乃彼等藉口米劣，谓霖有意而为，岂知即此劣米已不知费几许心力，群众方得坐食，是则彼等所借口者，正霖之苦心筹

附录一 《白云观住持安世霖为整饬观务声明书》(节录)

画,非舍有好米,而专购劣货也。本观素有外债,积累日久,偿还为难,乃将崇外四块玉地亩变卖,因此地被他人作官地买卖,经霖向官府请求,费尽心力始得物归原主。又因其弃置无用,恐将来再生事端,将其变卖。再有外三区铁轱辘把房屋,因铺底牵制,致失所有权多年,月得租银三两另铜元百二十枚。按之市价所得极微,且圮毁破烂,俨同废墟,既实无法修理。适观中法衣蔽败,屋宇复多毁漏,故将其变价,用以举办此两项要务,早已呈准官府允予变卖,正化废弃为有用,非霖之私卖庙产也。且事前已呈准官府批示遵行,更非霖之盗卖也。今彼等竟藉此为第二之质问,岂不更可笑耶?本观用度素亏,不谋开源,殊难应付,霖乃请求官方准许,方准许更延请京津名流,拟具捐启,赴满募捐,派往者为朱宗玉等三人,幸蒙诸大善士捐款共六千〇二十四元七角,而此项于募化之时,已由观内先支出路费等项至二千五百余元,乃朱宗玉概认为己功,将募来之款,毫无预算,任意处分,其油饰各殿费巨工冗,除募来之净余款洋外,尚枉费三千余元,于此期间,伊复勾结乔清心等从中侵占一千三百十五元,共计朱宗玉经手款洋虽共数六千余元,然因其上述行为,本观反赔出六千余元。霖见其遇事跋扈,不忍干预,乃伊见亏款过多,无法交代,遂鼓惑道众假词去霖,而自思监院,庶可解此难关。于是纠结乔清心赵崇久等多人,在四御殿前聚众质问,霖一一照前答复,彼等理屈词穷,羞恼成怒,竟由朱宗玉乔清心赵崇久喝令将霖群殴,复强行剪去发髻,囚拘暗室,彼等遂自行推举朱宗玉为监院,擅行职权,适警署闻讯赶至包围,始行捉获乔清心赵崇久田礼普田明礼赵德恒等五人,始解此围。朱宗玉情虚畏罪,潜由菜园逃脱。霖至此始得自由。警局将此凶犯解送法院侦查起诉,嗣后发觉朱宗玉事前向本观账房冒支洋一百八十元,更向天津张若水道兄处以霖名义,借洋六百元,刻本案亦经法院侦查起诉在审讯中,此后处置自有国法,非霖所得过问者矣。惟霖受前师之委托,感道众之推崇,以君子之心度小人之腹,忽视凶恶授以重权,使彼等匪类生其野心,几酿成巨祸,皆霖无知人之明鉴,负先哲之苦心,清夜扪心,惭悚无地,乃复蒙各界念其夙好,慰以专函,雒诵之余,感愧尤甚。谨将前后真相郑重声明并将官府公文以及募捐文件照像列后,以资公证。此后惟有谨遵遗训,慎重任人,宏我前徽,俾无失堕,是则霖之所以报前师者,亦即霖之所慰众望者也。此启。安世霖谨启。

(藏北京市档案馆,档号:ZQ4-1-1510)

附录二
北平地方法院刑事判决
（三十五年度重字第九十二号）

公诉人：本院检察官

被告：许信鹤、马至善、张教全、陈志中、李至慧、陈金明、杜信龄、金宗彦、赵心慧、何理修、陈宗山、郭理臣、赵明俊、曹明芳、张郎缘、王理云、陈复恒、袁明义、冯意诚、李崇林、刘永慧、杨宗锁、薛至杰、袁明理。

选任共同辩护人凌昌炎律师

被告：郝明俊、张高锁、李诚柱、赵嘉修、阎圆德、赵明智、常赴崑、李明亮、郑理厚、黄义忠、陈诚明。

指定共同辩护人：王金诏

右被告等，因杀人案件，经检察官提起公诉，本院判决如下：

主文：许信鹤、马至善、杜信龄，共同杀人，各处无期徒刑，剥夺公权终身。陈志中、李至慧共同杀人，各处有期徒刑十五年，剥夺公权十年。陈金明，共同杀人，处有期徒刑十二年，剥夺公权十年。张教全，共同杀人，处有期徒刑八年，剥夺公权八年。袁明义、李明亮、曹明芳、杨宗锁、冯意诚、陈宗山、张郎缘、李崇林、郭理臣、王理玉、赵心慧、刘永慧，共同杀人，各处有期徒刑四年，剥夺公权四年。袁明理、薛至杰、何理修、郑明厚、金宗彦、郝明俊、黄义忠、赵明智、陈诚明、李诚柱、陈复恒、阎圆德、常赴崑、赵明俊、张高锁、赵嘉修，均无罪。木棍二根，绳子八小节，没收。

事实：马至善，系白云观道士，与同观下院关帝庙道士杜信灵、许信鹤，对于该观住持安世霖，执事白全一，处理观内事务，及日常行为，多唇齿相依，而怀恨安世霖白全一之心日积。继探悉观内道士，亦不满安世霖、白全一，遂萌杀机。藉名整理清规，相谋，依道教清规第一条："凡奸盗淫邪，败太上之法律，坏列祖之宗风者，架火烧身"之记载，焚化安世霖、白全一。本年十一月初，安世霖、白全一自外念经回观，忽在卧室夹墙挖掘洞门，以备遇难遁避。马至善、杜信灵、许信鹤，乃乘此时期，于同月十一日，纠邀吕祖祠道士陈志中、李至慧，马神庙道士张教全，及曾在白云观挂褡之天津城隍庙道士陈金明，在逃之同庙道士田恒意，八人在关帝庙计议，并得观内道士之赞同，当夜分持煤油及绳棍赴白云观，由陈金明把守安世霖外室之夹墙洞口，刘永慧把守殿门，张教全、袁明义、李明亮、曹明芳、杨宗鍈、冯意诚、陈宗山、张郎缘、李崇林、郭理臣、王理云、赵心慧、田恒意，协同搜集观内破笼、麦梗子、豆皮、茄皮、劈柴，堆积于四御殿前，点火灌注煤油。许信鹤同杜信龄、陈志中三人，马至善领同李至慧，分头将安世霖、白全一，从卧室睡中揪起，用绳套勒颈部捉出，推入火堆烧毙。事后，敲板召集在观全体道士至客堂，由杜信龄诵读缮就之榜文，说明安世霖、白全一有盗卖观产，容留奸妇，勾结敌伪，残害道友，诸违观行为，依清规成例，予以火化，以保白云观等语。众道士咸表同情，当场三十六名分别盖章，或捺指印。翌晨具状，向本院自首，并电话报告北平市警察局郊四分局。经该分局派警驰往，除田恒意一人未到案外，将许信鹤等三十五人解送本院，检察官侦查结果，以被告许信鹤、马至善、张教全、陈志中、李至慧、陈金明、杜信灵、赵心慧、李明亮、陈宗山、郭理臣、王理云、袁明义、冯意诚、李崇林、刘永慧、杨宗鍈与在逃田恒意十一人，依刑法第二十八条，第五十六条，均犯同法第二百七十一条第一项之杀人罪，其余各被告有同条项之帮助犯嫌疑起诉。

　　理由：查已死安世霖，项心连偏，左右颈门、额头、两额角，并连两臂至十指甲缝、胸膛、两乳心坎，连至两脚面，并连合面脑，后连顶、两耳根，连至两脚跟，均皮焦卷，肉红色，伤参差相连，难量分寸，上有膏黄，肚腹左方已被烧裂，肠污流出，系火烧伤。又咽喉连左右颈平过，合面项，有焦红色绳物勒痕相连一道，量周围八寸二分，宽三分，深分余。已死白全一，项心连偏左右，连颈门，额头，并连两膀、两臂、胸膛、两乳、心坎、肚腹、两腿，连至两脚面，并连合面脑，后连顶、两耳根至两脚跟，均皮焦卷，肉红色，伤参差相连，难量分寸，上有膏黄，系火烧伤。其右手五指，已被烧化焦存。又咽喉连左右颈平过，合面项，有焦赤绳物勒痕相连一道，量周围八寸五分，宽三分，深分余，均系带绳勒痕，因火烧伤身死。业经本院检察官督员验明，呈具验断书附卷。讯据被告许信鹤、马至善，供认率众分头将安世霖、白全一，架火烧死属实。被告陈志中、李至慧随同许信鹤、马至善，捉安世霖、白全一；被告陈金明把守夹墙洞口，张教全、李明亮、冯意诚、陈宗山、张郎缘、李崇林、王理玉、赵心慧，在场抱送柴火，亦各供认不讳。核与在郊四警察分局及检察官侦查中之自白相符。该被告等犯罪事实，已验明确。被告袁明义、郭理臣、杨宗锳，在初讯及侦查中，迭经自白抱送柴火，被告曹明芳，在郊四警察局初讯时亦指称："马至善叫我快去抱柴火，我就在客堂院里抱的干冬瓜皮什么的，烧的时，我就在旁边看着。"被告刘永慧在检察官侦查中亦称："拿着棍子把门，怕他们（指安白）跑了"。在本院审理中，该被告等，均不承认有参与抱柴或把门情事，惟查曹明慧、郭理臣所辩称："系马至善事后叫说抱柴"等语，已为马至善否认。袁明义已供明：半夜听见有人喊叫报仇，就起来抱柴，扔入火堆在先。则其后所称，"打板召集才出去"显属避就之词。杨宗锳之帮同抱柴，已有同住之冯意诚、陈宗山、张郎缘，供述足证。刘永慧之把门，亦经李至慧、陈金明证明无误。是该被告等之犯罪事实，亦至堪认定，自难任凭饰词翻异。被告杜信龄，虽自云在二道门外把手，惟讯据张教全供称："我搬了柴火，杜信龄也进去了。"陈志中供称："我同着杜信龄和许信鹤到安世霖的屋外，我和杜信龄在屋外等着。许信鹤由腰里拿出绳子来，进屋去了。我在门外，听见安世霖嚷，杜信龄就进去了。许信鹤当时叫我快来拉他的腿，我摸着黑，就拉着安世霖的一条腿，到四御殿前。"又马至善亦证明：杜信龄系同许信鹤捉安世霖，并供称："因为我在庙里，听见杜信龄他们说'安世霖、白全一有盗卖庙产情事'。我以前就问过杜信龄，盗卖庙产应该怎么办？杜信龄说'按照道规，应该火化'。"（均见郊四警察分局笔录）是该被告杜信龄，不仅把门并捉拿安世霖，且马至善、许信鹤之下手焚杀安世霖、白全一之企图，亦系该被告所引起，可以断言。上列被告许信鹤等十九人，互有杀人之意思联络，并共同实施杀人行为，应共同负杀人罪责，毫无疑义。复查该被告等于同时同地烧毙安世霖、白全一二人，自系一个杀人行为。共分头捕捉二人，扔入火堆，不外为共犯分担实施之计划。以一行为而杀害二人，应从一重罪处断。该被告等均在犯罪未发觉前自首而受裁判，有自首状呈郊四警察分局司事字第一七八号公函附卷可稽，应予减轻本刑。被告马至善、杜信龄、许信鹤，首领烧毙安世霖、白全一，居心至为残忍，量罪应予从重。被告李至慧、陈志中、陈金明、张教全，各按分担行为情形，分别论罪。被告袁明义、李明亮、曹明芳、杨宗锳、冯意诚、陈宗山、张郎缘、李崇林、郭理臣、赵心慧、刘永慧，蛊惑于整理清规之说，或出于盲从，犯罪情状，不无可悯。爰各予应减刑期，以示矜恤。被告袁明理、薛至杰、何理修、郑理厚、金宗彦、郭明俊、张高锳、赵嘉修，均称在睡中喊叫惊醒，旋听见击板声，始至客堂盖章按手印，未曾参与烧杀安世霖、白全一等语。查该被告等参加列名自首，系在许信鹤等烧死安世霖、白全一之后。所有自愿盖章按指印，不外为事后赞同之表示，薛至杰受马至善之命击板，亦系事后召集。未在场之道士，均不干涉于杀人行为。是不论该被告等对于许信鹤等杀害安世霖、白全一之议是不知情，因无确切证据，是为该被告等有参与实施，或予助力行为之佐证，即难使入于罪。扣押之木棍二根。绳子八小节，系供犯罪所用之物，并予没收。

据上论结，依刑事诉讼法第二百九十一条前段，第二百九十二条，第二百九十五条第一项，刑法第二十八条，第五十五条，第二百七十一条第一项，第三十七条第一项、第二项，第三十八条第一项第三款，第六十二条，第五十九条，第七十三条，第六十四条第二项，第六十五条第二项，第六十六条前段，判决如主文。本件经检察官王金岳莅庭执行职务，北平地方法院刑事庭推事唐秉钧。（被告申请上诉状因稿挤从略）

（《三十六道士火烧老道案（续）》，《法律知识》1947年第1卷第4期，第23—24页）

参考文献

一 中、日文部分

（一）档案

日本亚洲历史资料中心藏日本外务省外交史料馆档案
日本亚洲历史资料中心藏陆军省档案
《奏报勘修白云观估需工料银两折》，乾隆五十一年三月十二日，中国第一历史档案馆馆藏奏销档，缩微册数395。
《御史张廷燎奏请旨饬下地方官严查白云观倡为神仙之说及夜间容纳妇女事》，国家清史工程录副奏片，档号：3-5512-64。
北京市档案馆馆藏北平市政府档案
  J1-2-268 北京特别市社会局拟制寺庙管理规则草案原文
  J1-2-546 北平市社会局呈拟白云观临时保管委员会办法及细则
北京市档案馆馆藏北平市社会局档案
  J2-2-143 华北道教总会北京分会关于由副会长孟明慧代理会务的呈文和社会局的指令
  J2-4-483 白云观临时保管委员会任务终了向社会局呈报的庙产土地清册
  J2-8-163 西郊区白云观道士高信鹏等人为保陈明霖仍任主持的呈文及社会局的批示
  J2-8-376 西郊区白云观高信鹏呈请由陈明霖担任住持的呈及社会局的批示（附寺庙登记表）
  J2-8-565 外三区玉清观道士陈明霖登记庙产发放凭照的呈文和白云观主持关于呈报庙产的呈文及社会局的批示
  J2-8-1342 西郊区白云观安世霖关于沥陈被诬原委恳请秉公处理的呈及社会局签呈

J2-8-135 白云观会议记录

北京市档案馆馆藏北平市民政局档案　J3-1-128 白云观全体道众关于准僧人赵诚潘接充白云观住持的呈文（附白云观道众名单）

北京市档案馆馆藏北平市警察局档案

J181-14-537 关于白云观临时保管委员会成立呈请备案的公函文件（附组织简章、委员名册、会议记录、物品清册）

J181-23-9938 北京特别市警察局关于白云观主持与朱宗玉乔清心等伤害一案的呈

J181-23-9939 北京特别市警察局关于白云观主持与朱宗玉乔清心等伤害一案的呈

J181-23-9940 北京特别市警察局关于白云观主持与朱宗玉乔清心等伤害一案的呈

J181-23-9941 北京特别市警察局关于白云观主持与朱宗玉乔清心等伤害一案的呈

J181-24-2162 北平市警察局郊四区警察分局关于白云观主持安业霖督管白全一被许信鹤等谋杀一案的呈

J181-24-2163 北平市警察局关于派员接管白云观的函

J181-29-506 北平市警察局侦缉队关于白云观主持被同观道士烧死的呈

北京市档案馆馆藏北京市警察局郊区各分局档案

J185-2-3595 北京特别市警察局西郊分局关于白云观方丈安世霖与永大洋行地土纠纷案卷及监视白如斌的公函

（二）史料

白文贵：《闲话西郊》，出版地不详，1943年。

安世霖：《白云观住持安世霖为整饬观务声明书》，作者自刊，1940年。

安世霖编：《北京白云观全真道范》，白云观自刊，1940年。

北京市档案馆编：《北京寺庙历史资料》，中国档案出版社1997年版。

北京图书馆金石组编：《北京图书馆藏中国历代石刻拓本汇编》，中州古籍出版社1990年版。

北京市东城区园林局汇纂：《北京庙会史料通考》，北京燕山出版社2002年版。

毕凤鹏主编，黑龙江金融历史编写组编：《华俄道胜银行在华三十年》，黑龙江人民出版社1992年版。

蔡鸿源编：《民国法规集成》，黄山书社1999年版。
陈莲痕：《京华春梦录》，上海竞智图书馆1925年版。
陈明霖：《白云集》，载《藏外道书》卷24，巴蜀书社1992年版。
高仁峒：《云水集》，光绪十三年刻本。
顾廷龙主编：《清代朱卷集成》，台北：成文出版社1992年版。
顾太清、奕绘：《顾太清奕绘诗词合集》，张璋编校，上海古籍出版社1998年版。
贺葆真：《贺葆真日记》，凤凰出版社2014年版。
胡寄尘编：《清季野史》，岳麓书社1985年版。
黄夏年主编：《民国佛教期刊文献集成》，全国图书馆文献缩微复制中心2006年版。
金梁：《光宣小记》，上海书店出版社1998年版。
金梁：《近世人物志》，北京图书馆出版社2007年版。
金启孮、金适：《顾太清集校笺》，中华书局2012年版。
雷梦水等编：《中华竹枝词》，北京古籍出版社1997年版。
李信军主编：《水陆神全：北京白云观藏历代道教水陆画》，西泠印社2011年版。
李养正：《新编北京白云观志》，宗教文化出版社2003年版。
马芷庠：《北平旅行指南》，张恨水审定，新华书局1938年版。
内政部年鉴编撰委员会：《内政年鉴》，商务印书馆1935年版。
潘荣陛、富察敦崇：《帝京岁时纪胜·燕京岁时记》，北京古籍出版社1981年版。
让廉：《京都风俗志》，出版地点不详，光绪二十五年。
［日］服部宇之吉等编：《清末北京志资料》，张宗平、吕永和译，北京燕山出版社1994年版。
［日］小柳司气太：《道教概说》，商务印书馆1926年版。
［日］小柳司气太编：《白云观志》，载广陵书局编《中国道观志丛刊》第1辑，江苏古籍出版社2000年版。
沈德符：《万历野获编》，中华书局1959年版。
孙静庵、胡思敬：《栖下阁野乘国闻备乘》，重庆出版社1998年版。
翁同龢：《翁同龢日记》，中华书局1998年版。
熊梦祥：《析津志辑佚》，北京古籍出版社1983年版。
徐珂编：《清稗类钞》，中华书局1986年版。
杨毓麟：《杨毓麟集》，岳麓书社2008年版。

永忠:《延芬室集》,上海古籍出版社1990年版。
虞公编:《民国骇闻》,襟霞图书馆1919年版。
张元济、傅增湘:《张元济傅增湘论书尺牍》,商务印书馆1983年版。
张元济:《张元济日记》(1912—1926),商务印书馆1981年版。
张祖翼:《清代野记》,中华书局2007年版。
震钧:《天咫偶闻》,北京古籍出版社1982年版。
中国史学会主编:《中国近代史资料丛刊义和团(二)》,上海人民出版社1957年版。
中国人民政治协商会议全国委员会文史资料研究委员会编:《文史资料选辑》第120辑,中国文史出版社1990年版。
中国人民政治协商会议北京市西城区委员会文史资料委员会编:《文史资料选编》第1期,北京市西城区委员会文史资料委员会,1987年。
中国人民政治协商会议天津市委员会学习和文史资料委员会编:《天津文史资料选辑》第19辑,天津人民出版社1982年版。
中国人民政治协商会议北京市委员会文史资料研究委员会编:《文史资料选编》第29辑,北京出版社1986年版。
中国人民政治协商会议北京市委员会文史资料研究委员会编:《文史资料选编》第39辑,北京出版社1990年版。
中国人民政治协商会议全国委员会文史资料委员会编:《文史资料选辑》第48辑,中国文史出版社2002年版。
[日]吉冈义丰:《白雲觀の道教》,新民印书馆1945年版。
[日]清见陆郎:《先觉者冈仓天心》,东京:アトリエ社1942年版。
[日]五十岚贤隆编:《道教丛林太清宫志》,国书刊行会1986年版。

(三) 报刊

《长春游艺》《大公报》《法律知识》《妇女杂志》《国民日日报汇编》《河北民国日报副刊》《华北日报》《清华周刊》《申报》《圣教杂志》《顺天时报》《学部官报》《一四七画报》《娱闲录:四川公报增刊》《宇宙风》《政府公报》《中外问题》

(四) 论著

北京燕山出版社编:《京华古迹寻踪》,北京燕山出版社1996年版。
常人春:《近世名人大出殡》,北京燕山出版社1997年版。
[俄]N.R.科罗斯托维茨:《俄国人在远东》,李金秋等译,商务印书馆

1975年版。

黄运喜：《中国佛教近代法难研究（1898—1937）》，法界出版社2006年版。

黎志添：《广东地方道教研究——道观、道士及科仪》，香港中文大学出版社2007年版。

林克光等主编：《近代京华史迹》，中国人民大学出版社1985年版。

［美］杜赞奇：《从民族国家拯救历史》，王宪民译，社会科学文献出版社2003年版。

［美］霍姆斯·维慈：《中国佛教的复兴》，王雷泉等译，上海古籍出版社2006年版。

齐如山：《北京杂忆》，当代中国出版社2015年版。

卿希泰主编：《中国道教史》第4卷（修订本），四川人民出版社1996年版。

瞿兑之：《燕都览古诗话》，辽宁教育出版社1998年版。

［日］仓石武四郎著，荣新江、朱玉麒辑注：《仓石武四郎中国留学记》，中华书局2002年版。

［日］三谷孝：《秘密结社与中国革命》，李恩民等译，中国社会科学出版社2002年版。

［日］窪德忠：《道教史》，萧坤华译，上海译文出版社1987年版。

［日］窪德忠：《中国的佛教与道教》，东京：第一书房1998年版。

熊铁基、麦子飞主编：《全真道与老庄学国际学术讨论会论文集》，华中师范大学出版社2009年版。

严耀中：《佛教戒律与中国社会》，上海古籍出版社2001年版。

杨庆堃：《中国社会中的宗教：宗教的现代社会功能及其历史因素之研究》，范丽珠等译，世纪出版集团、上海人民出版社2007年版。

尹志华：《清代全真道历史新探》，香港中文大学出版社2014年版。

中国道教协会、苏州道教协会编：《道教大词典》，华夏出版社1994年版。

（五）论文

高万桑：《近代中国的国家与宗教：宗教政策与学术典范》，黄郁璇译，《"中央"研究院近代史究所集刊》第54期，2006年12月。

黎志添：《民国时期广州市"喃呒道馆"的历史考究》，《"中央"研究院近代史研究所集刊》第37期，2002年6月。

林超纯：《冈仓天心的中国文化观：形成、内涵及亚洲主义的定位》，硕士学位论文，香港中文大学，2013年。

林巧薇：《清乾嘉时期北京白云观事考论》，《世界宗教研究》2016 年第 4 期。

刘成有：《略论庙产兴学及其对道教的影响——从 1928 年的一段地方志资料统计说起》，《中国道教》2004 年第 1 期。

刘厚祜：《白云观与道教》，《道协会刊》1980 年第 6 期。

刘苏：《民国时期北平历任市长及有关问题》，《档案与北京史国际学术讨论会论文集》上册，中国档案出版社 2003 年版。

吕一然：《清俄合作开采外蒙古金矿初探（1899 年—1911 年）》，《中国边疆史地研究》1992 年第 4 期。

康豹：《西方学界研究中国社区宗教传统的主要动态》，《文史哲》2009 年第 1 期。

孔祥吉、村田雄二郎：《京师白云观与晚清外交》，《社会科学研究》2009 年第 2 期。

孔祥吉、村田雄二郎：《日本机密档案的白云观与高道士》，《福建论坛》2011 年第 1 期。

毛文芳：《一个清代闺阁的视角——顾太清（1799—1877）画像题咏》，《文与哲》2006 年第 8 期。

马颂仁（Pierre Marsone）：《白云观的碑刻与历史》，《三教文献》1999 年第 3 期。

[日] 吉冈义丰：《道士的生活》，余仲珏译，《道协会刊》1983 年第 1 期。

孙高苑：《缅怀乔清心道长》，《中国道教》1994 年第 2 期。

王见川：《清末的太监、白云观与义和团运动》，《台湾宗教研究通讯》第 7 卷，2005 年 7 月。

王炜：《民国时期北京庙产兴学风潮》，《北京社会科学》2006 年第 4 期。

武理真：《全真道教十方丛林之规制》，《中国道教》1987 年第 2 期。

吴真：《1920 年的北京白云观：日本最早的中国道观实地调查》，《中国道教》2010 年第 5 期。

尹志华：《北京白云观藏历代律师方丈监院画像的史料价值》，《中国道教》2014 年第 1 期。

张雪松：《清代以来的太监庙探析》，《清史研究》2009 年第 4 期。

张紫晨：《白云观传说的演变及北京有关的风俗》，《北京师范大学学报》1984 年第 5 期。

张兰普：《1837—1957 年的一组土地、房产、租税契据》，《历史档案》2001 年第 4 期。

赵芃：《蒙山道教初探》，《中国道教》2010年第3期。

赵世瑜：《民国初年一个京城旗人家庭的礼仪生活——一本佚名日记的读后感》，《华中师范大学学报》2009年第5期。

二　英文部分

（一）论著

Rebecca Nedostup, *Superstitious Regimes: Religion and the Politics of Chinese Modernity*, Harvard Asia Center, 2009.

Susan Naquin, *Peking: Temples and City Life, 1400 - 1900*, Berkeley, Los. Angeles, and London: University of California Press, 2000.

Shuk - wah Poon, *Negotiating Religion in Modern China: State and Common People in Guangzhou, 1900 - 1937*, Hong Kong: Chinese University Press, 2010.

Vincent Goossaert, *The Taoists of Peking, 1800 - 1949—A Social History of Urban Clerics*, Cambridge (Massachusetts) and London: Harvard University Press, 2007.

（二）论文

Liu Xun, "Visualized Perfection: Daoist Painting, Court Patronage, Female Piety and Monastic Expansion in Late Qing (1862 - 1908)", *Harvard Journal of Asiatic Studies* (June, 2004 issue), pp. 57 - 115.

Liu Xun, "Early Qing Reconstruction and Quanzhen Collaboration in Mid - Seventeenth Century Nanyang", *Late Imperial China*, Vol. 27, No. 2, Dec. 2006.

Liu Xun, "Immortals and Patriarchs: The Daoist World of a Manchu Official and His Family in 19th Century China", *Asia Major*, Vol. 17, No. 2, spring, 2006.

Shuk Wah Poon, "Refashioning Festivals in Republican Guangzhou", *Modern China 30*, No. 2, 2004.

Vincent Goossaert, "1898: The Beginning of the End for Chinese Religion?", *Journal of Asian Studies*, 65 - 2, 2006.

后　　记

　　2005年6月，在完成博士学位论文一年后，我在北京市档案馆查阅北平铁山寺等有关档案。当完成预定计划时，趁着还有时间，我将所有公开馆藏档案、图书目录全部浏览一遍，意外地发现了附录中的《白云观住持安世霖为整饬观务声明书》。由于在当时已经确定了近代中国庙产作为下一阶段的研究计划，自然毫不犹豫地请档案馆老师借出来，仔细阅读后顿时引起了我的好奇与兴趣，遂一鼓作气将所有公开的白云观档案全部借阅出来，细读之下发现安世霖竟然在1946年被白云观的道士们活活烧死。冥冥之中似有天意，当天下午闭馆后，我返回王府井大街附近住所前，转到中国书店看书，一不小心翻到一本北京文史资料，其中就有一篇主谋许信鹤20世纪60年代的回忆录！喜出望外之下当即买下，并在随后的几天阅读完所有的相关档案，做了详细抄录。得益于北京市档案馆的开放以及首都图书馆的北京记忆工程，在随后的几年中我基本收集全了白云观的档案史料。尽管史料收集比较早，但真正动笔却是在2008年初。2008年3月，在完成北平铁山寺案的专题论文后，我集中两个月的时间，完成了白云观系列研究的第一篇论文，也就是本书第五章的核心部分。初稿完成后，受益于中国人民大学吴真教授的惠示，我得以知道法国学者高万桑教授刚刚新出了相关研究著作，可惜当时只能在哈佛大学出版社网页看到章节目录以及绪论。较有机缘的是，时任中国人民大学博士生张蕾蕾学友得知我正在从事白云观的研究，她主动帮忙从正在香港中文大学攻读博士的张雪松兄处复印了高万桑教授新出的《北平老道士》，如果没有看到高万桑老师的大著，那篇小文也无法形成更有针对性的对话与反思，随后我将初稿投递台北中研院《近代史研究所集刊》，两位匿名评审人的肯定以及迅速刊发也鼓励了我继续推进白云观研究的信心。为了追寻白云观悲剧的起源，我的研究时段从民国到晚清不断上延。直到最近，当一位好友调侃说：你白云观的研究差不多有十年了吧，怎么还没有研究完啊？我说，越研究越发现好多资料还没有用，包括你老兄帮忙复印的《云水集》还没有写成专文呢。

从 2005 年在北京市档案馆第一次系统阅读白云观的档案到目前，已经十一年了；从 2008 年完成第一篇白云观的专题论文而言，已经八年；从 2010 年完成初稿并获得国家后期资助而言，已经过了六年。虽然抱着十年磨一剑的良好心态，但我心中仍惴惴不安，觉得随着网络的普及以及资料的不断发掘、新视角的转换，近代白云观的研究仍有很多的空间，比如从寺院经济的角度而言，20 世纪 30 年代寺庙调查中有大量丰富的白云观财产档案，新近有研究者发现了 20 世纪 50 年代前后白云观的财产登记，如果我们能够运用量化统计以及 GIS（地理信息系统）等方法做一初步研究，相信对拓展近代寺院经济而言是重大的突破；从历史长时段的视角而言，20 世纪 50 年代到中国道教会成立前后白云观的历史与作用，越来越引起学术界的兴趣，亟待有专题的研究问世，除此外还有很多重要的议题值得关注。可是在这本小书中无法容纳所有的问题，笔者限于资料与能力，暂无法有新的突破。不若暂时做一小结，待时机成熟，完成后续的研究，再呈请各位读者批评斧正。

在本书的写作过程中，除了前面提到的各位师友外，我还要特别感谢长期以来支持我从事这项研究的各位朋友，中国社会科学院近代史研究所的几位好友，如唐仕春、任智勇、李在全，每当我提出资料需求时，总是热情应允，特别是帮助收集到了极为重要的《白云观全真道范》、高仁峒《云水集》等文献。中国道教协会的尹志华研究员总是在第一时间与我分享他查阅、收集的公开或未公开利用的白云观资料。我要感谢王宗昱、何建明、高万桑、刘迅、康豹、黎志添、梅莉、吴亚魁、赵卫东、秦国帅、刘文星、范纯武、王见川、侯杰等各位师友，在我从事白云观的研究中，他们不断地给我各种鼓励，或邀请我参加他们的小型学术讨论会，或惠赠最新的研究成果、史料，让我感受到这个宗教社会史研究群的温暖与友爱。特别是王宗昱老师在炎热的夏季通读了本书的初稿，指出了本书中的诸多疏漏，并帮助收集最新的研究成果。对老师们的帮助，我永远铭记在心。

本书的写作，也是我与所指导的历届研究生同学们共同学习与成长的过程，本书所利用的不少史料与初稿曾在课堂、课外一起阅读，张文平、王鑫禹、郭辉、罗霄、向芳、李鹏、张卉、陈晔、白津玮、彭晓飞、李浩、肖真真、郭俊美、杭持菊、孙权、邸宏霆等，他们或已经毕业，或仍然在读，我至今仍然记得他们帮忙整理档案、文献的辛劳，祝他们的生活永远顺利！

本书 2010 年获得国家社科基金后期资助时，评审专家们提出了中肯的意见，虽然至今不知道他们是谁，但薪火相传、提携后学的恩情永铭在心。本书的部分内容还曾发表于中研院《近代史研究所集刊》和《近代史研究》《华中师范大学学报》等期刊，在投稿中曾得到各位匿名审稿人、编辑老师们的无私帮助。书稿的完成，也得到了学校以及所在单位师友们的帮助，在此一并致谢。书稿出版中，编辑、校对老师的细致与敏锐，帮助我最大程度上减少了种种疏漏；研究生彭晓飞、湛畅、李建国、郑则民、高航和我一道重新校对了所有引文、注释。他们的付出，不断警醒着作者在学术道路上更加严谨与认真，当然书中的不足均由我本人自负。

最后，我要特别感谢我的家人，这本书的酝酿、推进及完成，也是一个青年教师逐步成长的过程，没有他们的付出与支持，包括本书在的所有研究无法得以顺利进行。在这个不断变化与迎接挑战的时代，全家每个人都在做最好的自己，健康与幸福是我们共同的期盼与祝愿，同样的祝福也送给所有关心我们的师友。

作者